# 社会治理的
# 经络

## THE ORGANISM
### OF SOCIAL GOVERNANCE

张康之 著

社会科学文献出版社
SOCIAL SCIENCES ACADEMIC PRESS (CHINA)

# 内容简介

　　《社会治理的经络》是一部在全球视野中考察社会治理体系各构成要素及其运行机制的著作。书中在"世界历史"的意义上从历史与现实的纵横维度上分析了社会治理体系的发展和运行过程，探讨了社会治理赖以展开的前提和基础。特别是对社会治理中的权力、规则、道德以及它们之间的关系进行了深入探讨，并在全球化、后工业化的历史背景下把握了社会治理体系及其功能的变动。书中探讨了社会治理模式正在从控制模式向合作模式转变的状况，认为在行动体系的意义上，社会治理正在逐渐转化为合作行动体系。其中，服务型政府将成为合作行动体系中的主要行动者，将通过引导的方式去与社会中成长起来的行动者开展合作，实现合作治理。

# 目 录

# 导论： 社会治理的坐标

关于社会治理的研究，必须在特定的历史条件下进行。社会治理是一项历史性很强的社会活动，人类社会的每个时期都有着适应这个时期社会状况的社会治理，任何抽象地谈论社会治理的做法都是不可取的。所以，当我们思考社会治理的问题时，需要为它确立起一个坐标。我们认为，人类社会的发展经历过农业社会和工业社会，现在正处在全球化、后工业化进程中，正在走向后工业社会。人类社会的这三个历史阶段是我们考察社会治理的基本坐标，特别是这三个历史阶段中的人际关系，是社会治理得以展开的基础。

农业社会也被认为是熟人社会。熟人社会的人际关系是建立在亲缘、地缘基础上的，人们之间拥有一种天然的习俗型信任。工业社会被认为是陌生人社会，人际关系是建立在契约的基础上的，表现出契约型信任的特征。我们正在走进的后工业社会将是一个匿名社会。虽然这是一个匿名社会，但人们必须在高度复杂性和高度不确定性条件下开展合作行动，因而人际关系应当被定义为合作关系。在人们之间，也应当建立起合作型信任。人类社会的这个新的历史阶段中的人际关系是与历史上的各个阶段都不同的，因而，也决定了社会治理的不同。正是这一点，为我们提供了一个面向后工业社会去构想新型社会治理模式的出发点。

## 一 熟人社会与陌生人社会

农业社会属于熟人社会，工业社会属于陌生人社会。从熟人社会向陌生人社会的转化，是通过工业化、城市化运动而完成的。在率先实现了工业化、城市化的地区，从熟人社会向陌生人社会的转变是一个自然过程，经历过摧毁旧世界的革命运动，所建立起来的是我们今天身处于其中的这个世界。这个世界呈现出的是陌生人社会的特征，并按照陌生人的交往和活动的需要而建立起了与之相适应的社会治理模式。在后发展地区，也都经历过大致相同的工业化、城市化运动。不过，直到今天，这些后发展地区还有着艰巨的工业化、城市化任务。就这些国家和地区的现实表现看，熟人社会与陌生人社会往往混杂、重叠和胶合在一起，从而在社会治理上出现了政策和行为选择上的诸多困难。

正是由于这个原因，在学术界一直存在着历史发展"单线论"和"多线论"的争论。具体地说，"单线论"往往认为西方国家在工业化、城市化过程中开辟的道路是可以复制的，可以为后发展国家所效仿。我们所熟知的所谓现代化理论，开出的就是这一发展药方。"多线论"则认为，从农业社会向工业社会的转变可以有多条道路供选择。持这种观点的理论有很多，但在影响上都不及现代化理论。在这场争论中，各方为了证明自己的观点，也都会到更为遥远的历史中去寻找可以证明自己所主张的历史发展模式的依据。现在看来，这方面的争论已经没有什么意义了。不过，在 20 世纪的民族解放运动中，"单线论"与"多线论"间的争论曾经非常激烈，也为一些国家突出强调自主发展道路的选择提供了某种思想支持。但从总体上看，那些在民族解放运动中新建立起来的国家，往往在实践上更多地受到了现代化理论的引导。

总的说来，不管一个地区在社会发展中走出了什么样的道路，但都经历了从农业社会向工业社会转变的过程。也就是说，就既有的各个国家的历史来看，大都曾经历过一个农业社会的历史阶段，也都在晚近的时期相继进入了工业社会。尽管北非、中东一带迄今还具有明显的农业社会的特征，但其他地区都基本上实现了工业化、城市化。即便是中国这样一个前进步伐较为缓慢的国家，也在新中国建设和改革开放中基本完成了工业化、城市化的任务，正在走进一个扩大和巩固工业化、城市化成果的阶段。就中国 20 世纪后期开始的改革开放历程看，总体上说，不仅在工业化、城市化方面取得了积极进展，而且也较好地承担起了后工业化的诸多课题。中国沿海一带的经济社会发展成就本身就证明了工业化与后工业化的课题被同时承担了起来，而且作了较好的处理。虽然在此过程中关于后工业化问题的理论自觉尚未显现出来，但在"实事求是"以及"从实际出发"精神的引领下，还是作出了诸多宝贵探索。在今天，如果中国的理论界和研究者能够认真地总结中国沿海发达地区的经验并进行系统化的理论建构的话，相信能够对人类社会的整体发展作出独特的贡献。

工业社会与农业社会的不同是非常明显的。在农业社会的历史阶段中，或者说，在熟人社会的社会形态中，发挥社会整合作用的主要是习俗、习惯和道德等，人们之间因为拥有了建立在习俗、习惯和道德基础上的习俗型信任关系而能够在共同体生活中获得一种和谐机制。一些解读中国社会的学者往往对农业社会的所谓"小政府"（这是一个误会，政府是一个现代概念，在农业社会中根本就没有政府）津津乐道，认为"皇权不下县"为社会留下了广阔的自治空间。我们认为，所谓"自治"是与"他治"相对应的。农业社会是一个同质性社会，并未实现社会分化，因而也就没有"他治"。在没有"他治"的情况下，又怎会有"自治"呢？所以，试图从历史中去寻找理解当下社会治理的依据，肯定是不成功的。

如果说农业社会的那种基于习俗、习惯和道德整合所形成的生活状态是一种自治的话，那也应当被看作一种"自然的自治"。也就是说，它尚未实现自觉，并不是一种有着自觉性的"自我治理"。其实，"自治"与"他治"都是在工业社会中才出现的社会治理现象，只有在工业社会的历史背景下，"自治"与"他治"才是一个可以去加以讨论的话题。如果在农业社会的历史背景下去寻找和发现社会自治的样板，并试图去作用于实践，那必然会形成严重的误导。我们说农业社会中所存在的是一种"自然的自治"，实际上是在现代话语环境下对它的界定，所包含的是对那种治理形态的否定。也就是说，在那种治理形态中，并不包含现代意义上的"自治"概念所指称的内容。因为农业社会并不存在"自治"与"他治"的问题，那种基于习俗、习惯的生活状态是浑然一体的，不从属于现代性分析意义上的理解，不用在"自治"与"他治"的意义上去加以认识。

在工业化、城市化进程中生成了陌生人社会。对于这一社会形态而言，需要通过健全法制和民主的途径去获得理性秩序。因此，在社会治理的意义上，人们也将工业社会的治理形态称作法治。法治也往往被视为法律制度框架下的治理，而法律制度则是产生于熟人社会解体后的废墟之上的。熟人社会中的那些习俗、习惯以及道德等规范人们行为的因素的消失，或者说这些因素失灵了，留下了某些空白，以至于不得不建立起法制去填补这个空白。法制意味着系统化的规则，人们被要求在规则所规范的空间中去开展行动，从而极大地排斥了习俗、习惯和道德等对人的行为的规范作用。这也就是社会治理的外在化，即不再依靠那些可以为人们所内化的习俗、习惯、道德等而实现治理和达成秩序。

随着法制的健全，人与人之间是否存在着信任关系的问题也变得无关紧要了。可以认为，法制的完善往往潜在地包含着这样一重隐喻：一个社会即使没有信任也能够运行，而且其运行状况可能还是非常良好的。然而，事实并非如此。由于信任的消解，虽然法治可以在许多领域中显示其治理功能，而且在总体上，也是表现得较为良好的，但在日常生活的层面上，人们之间的交往却必须付出越来越高昂的成本。正是这一点，为改革开放后的中国提供了有益的借鉴。扩大而言，不仅是在日常生活领域，而且在私人领域，特别是在交往过程中，单凭正式文本确立起来的契约关系并不能使社会达到健康无碍的地步，而且，人们也逐渐地认识到，良序的社会生活形态还是需要得到信任的支持的。

从总的历史进程看，中国的改革开放所开启的是中国社会工业化、城市化的行程，同样，这也可以看作熟人社会的解体和陌生人社会的发生过程。尽管熟人社会的因素与陌生人社会的因素在此过程中处于此消彼长之中，但在某个静止的截面上，所呈现出来的是熟人社会与陌生人社会交叠在一起的状况。比如，由于计划经济时期的"单位制"所框定的身份松动了，以同事为特征的熟人开始朝着陌生化的方向转变。同时，在农业人口大量涌入城市的过程中，农村中固有的那种熟人社会中的习俗、习惯等又被带入了城市这一陌生的环境中来。在"农民工"转化为陌生人的同时，又在一定程度上保留了熟人社会中的习俗和习惯。此时，在社会治理方面，熟人社会中的习俗、习惯以及道德已经无法再为社会治理提供支持了，从而造成了这样一种局面：一方面，习俗、习惯以及道德无法为社会治理提供有效的支持，也就是说，在社会治理的过程中是不能够依赖习俗、习惯和道德力量的；另一方面，当我们要求去建立、健全民主和法制的时候，又受到习俗、习惯等因素的抵制，使民主和法制建设的进程无法有效地达到预期目标，使依法治理经常性地表现出一种漫画图景。

托夫勒在谈到农业社会时准确地指出了这个社会的基本特征：

"小规模的地方性生产，培养人们非常狭隘的浓厚的地方观念。他们大多数人只关心自己，而和他们的邻居和村庄一起排外。"① 这个时候，一个地域也就是一个世界，是只属于熟人的世界。在熟人的世界中，陌生人任何时候以及在任何地点都是可疑的和受到排斥的。在行动上，要么把陌生人赶出去，要么把陌生人变成熟人。总之，"消灭"陌生人。也就是说，这个历史阶段的社会是地域性的社会，而地域性社会又是确定性的社会，其中的一切，都似乎是千古不易的。熟人社会的格局是每一个人都熟悉的、习惯的和被看作自然的，人们排斥一切不确定性的因素，也总是能够成功地消除一切不确定性的因素。所以，这种地域性的社会不仅会由于自然的原因而封闭，也会由于社会的以及心理的原因而变得封闭，人们甚至在心理上不能接受陌生因素的侵入，即不允许陌生因素打破他们如此习惯了的世界。

可以说，在农业社会中，是非常容易对陌生人与熟人进行识别和区分的。比如，借助于风俗方面的因素，就可以明确地把熟人与陌生人区别开来。在这个社会中，陌生人就是陌生人，熟人就是熟人，他们都在作为人的完整性上属于陌生人或熟人。事实上，这是一个熟人社会，陌生人对于这个社会的生活以及社会治理并不构成实质性的影响。熟人是可以成功地"消灭"陌生人的。比如，中国农业社会在这方面就表现得极为典型。在北宋时期，用不到几代人的时间就从根本上把移民而来的犹太人变成了熟人，而在欧洲，直到今天，犹太人依然是犹太人。这说明在中国农业社会的历史阶段中，熟人社会发育得非常成熟和健全，有着强大的溶解异质因素的能力，能够把陌生人同化为熟人。与之相比，欧洲则要逊色得多。

然而，在工业社会中，陌生人和熟人之间的区别就变得模糊了，陌生人之间可能会因为有着共同的价值观而具有熟人的性质，而熟人

---

① 〔美〕阿尔文·托夫勒：《第三次浪潮》，朱志焱等译，新华出版社，1996，第83页。

之间可能会因相互猜忌而成为陌生人。由于都操普通话，人们可能来自一个地点甚至有着少量的血缘关系，进行交往活动的时候，也必须相互把对方看成陌生人，并不知道他们祖上曾经一个锅里抹勺子。事实上，他们已经被这个社会形塑成了陌生人。总体看来，在这个社会中，人与人之间，某些方面是陌生的，而在另一些方面，又可能是熟悉的。即便人们是熟悉的，也要按照这个社会的规则去开展交往和做事，而规则所适用的和形塑出来的，恰恰是陌生人社会。

吉登斯注意到了这一现象："在前现代文化中，地方性社区总是更大的社会组织的基础，'陌生人'在这里指的是'一整个人'：某个来自外部世界并潜在地让人感到疑虑的人。当然很可能存在许多其他因素，使这个从外部迁入某个小社区的人得不到这个社区内部成员的信任，甚至当他在这个小社区居住了许多年以后，情况可能仍然没有改变。与此形成鲜明对照的是，在现代社会中，我们不会以相同的方式如此特别地与作为'整体'的陌生人打交道。尤其是在许多城市情境中，我们不断地与之不同程度互动的，是那些我们或者知之甚少或者从未见过的人，而这种互动所采取的是转瞬即逝的交往形式。"[1]

这也就是说，在工业社会，人并不是以完整的人的形式出现的，所有人在参与到与人打交道的过程中，都只将其作为人的某个方面呈现出来，让他作为人的某个方面去与人打交道。事实上，人们相互也只需要了解与之打交道的人的某个方面就可以进行交往了，至于那些对交往没有实质性意义的其他方面，相互都不需要知道，甚至会当作隐私而加以尊重。其实，这种不需要了解和不需要知道交往对象全部的做法，就是对人的陌生性的承认和尊重。所以，在工业社会中，尽管也有熟人，但人并不需要把生活和交往对象当作熟人，而是需要把人当作陌生人。事实上，这就是一个陌生人社会，几乎所有社会设置

---

[1] 〔英〕安东尼·吉登斯：《现代性的后果》，田禾译，译林出版社，2000，第93页。

也都是建立在人是陌生人的判断之基础上的。

当然，正如吉登斯所说："在传统文化环境中，也充满了焦虑和不确定性。"① 但是，熟人社会的亲缘关系是能够在消除人的焦虑和不确定性方面发挥重要作用的。人的亲缘关系所凝结起来的信任让人们可以敞开心扉，把心中的所有都倾诉出来，从而把引发焦虑的原因清除。在不确定性的问题上也同样如此，由于人的亲缘关系的确定性，往往人可以抵御诸多不确定性引发的风险。由于人的亲缘关系具有确定性，即便这个社会中存在着风险，也不会长久地刻在亲缘关系之上，更不会对亲缘关系造成破坏性的冲击。那是因为，"传统文化的风险环境由物质世界的种种危险所主宰"。② 在某种意义上，这种"风险"只会更加强化亲缘关系和增强人们对亲缘关系的依赖，让具有亲缘关系的人们在面对风险的时候变得更加团结。

吉登斯描绘这种情景道，"用现代标准衡量，婴儿死亡率和妇女生育时的死亡率都极高。对那些有幸度过了童年时代的人来说，人均寿命仍然相当低，许多人还得忍受慢性疾病的痛苦，并容易受到各种传染病的侵袭……所有前现代的社会秩序都会程度激烈地受到变化无常的气候的影响，它们很难抵御诸如洪水、风暴、暴雨或大旱等自然灾害的影响"。③ 这类来自自然的物质性风险，根本不会对人们之间的亲缘关系作出任何消极暗示，不会让人在风险来临或面对风险时各自为了自我利益的谋划而去利用他人，或者作出逃避的行为选择，更不会让人们相互之间疏离，反而会使亲人们更加紧密地结成共同行动的群体，去对付这类风险。

总的说来，农业社会虽然也会有陌生人出现，但这个时候的所谓"陌生人"主要属于一种自然形态的陌生人，而且这个社会能够很快

---

① 〔英〕安东尼·吉登斯：《现代性的后果》，田禾译，译林出版社，2000，第93页。
② 〔英〕安东尼·吉登斯：《现代性的后果》，田禾译，译林出版社，2000，第93页。
③ 〔英〕安东尼·吉登斯：《现代性的后果》，田禾译，译林出版社，2000，第93页。

地消灭陌生人。可以想象，当一个陌生人在某一熟人圈内出现的时候，人们立即就会抱着充分的好奇心去了解他，当发现他不怀敌意和不具有危害性时，他立即成了熟人。同样，在试探性的接触中发现了他的敌意和危害性时，就会立即做出驱逐甚至将其杀死的决定。总之，不管采取什么方式，陌生人被消灭了，熟人社会恢复原状，一如惯常。工业社会不同，它不仅依然大量存在着自然意义上的陌生人，而且会随时随地地把自然意义上的熟人转化为陌生人，这个社会无时无刻不在制造陌生人。因为这个社会无法容忍熟人，它时时要求打破熟人圈子中的惯性、惰性和封闭性，它在何种程度上瓦解了熟人圈子，也就在同等程度上拥有了社会活力。

从熟人社会转变为陌生人社会后，人们也就开始只关注自己的活动和自己的利益，"确实，他通常既不打算促进公共利益，也不知道他自己是在什么程度上促进那种利益……在这场合，像在其他场合一样，他受着一只看不见手的指导，去尽力达到一个并非他本意想达到的目的，也并不因为事非出于本意就对社会有害"。① 正是工业社会以及它的市场经济，把完整的个体的人的存在抽象化为了"经济人"，使人只认识金钱和利益得失，时时处于计算与算计的谋划状态之中。应当说，这个社会中的每一个人都会有着他人能够清楚知道的一面，那就是，他只为自身的利益谋划，是自利的"经济人"。

既然每一个人都为了自己的利益而算计他人，那么，也就证明了，陌生人都肯定有着他人熟知的一面。正是人的这一相互熟知的一面，或者说，受到了人的这一相互熟知一面的传染，把一切亲情都无情地摧毁了。所以，农业社会熟人环境中的"亲情"也就不再能够在此时发挥联结人的社会关系的纽带作用了。可是，社会又必

---

① 〔英〕亚当·斯密：《国民财富的性质和原因的研究》下卷，郭大力、王亚南译，商务印书馆，1981，第27页。

须和必然是以人的集合体的形式出现的，而且人的精心计算或算计所欲获取的利益，也只有在社会中——与他人的交往中——才能实现。这就要求人们必须找到一种可以把他们联结起来而构成社会的中介因素。"契约"就是这种因素。在工业社会中，以契约为中介的社会关系是最基本的社会关系类型。在经济活动中，契约直接以合同的形式出现。在其他社会生活领域中的交往与联系中，契约则以其他形式化的规则体系的形式出现。正是这样，契约关系被确立了起来，并成为工业社会中的人们能够赖以交往的基本的社会关系模式。

我们经常把工业化与城市化并提，其实，城市化并不等同于工业化，尽管它们是相互联系在一起的。工业化是体现在产业属性上的，而城市化却造就了陌生人社会，从而为工业化所需的人际关系、规范体系、制度环境等提供了适宜的温床，让人在市场经济体系中的活动不再受到熟人及其亲情的羁绊。就工业化与城市化的功能不同而言，我们主张将它们区分开来。另一方面，把工业化与城市化联系在一起去加以认识也是可取的，因为它们是在同一个时间维度中发生的两场运动，而且相互影响、相互激荡。事实上，它们只是一场运动的两个面相。城市化所造就的陌生人社会为生产意义上的工业化提供了雇佣劳动所需要的劳动力，正是因为人们已经变成了陌生人，从而使得雇佣劳动成为可能。同时，工业化造就了与古代完全不同的现代城市，使古代城市所具有的那种作为物资集散地的功能转化成了生产功能。正是工业化使城市具有了现代性的特征，其生产功能逐渐地代替了物资集散的功能而取得了主导地位。

经历了工业化和城市化的洗礼，熟人社会从根本上转化为陌生人社会。在陌生人社会中，"对绝大多数人来说，亲缘关系是重要的，特别在核心家庭中更是如此，但是它们再也不是高度组织化的跨越时一空的社会纽带的载体了"。① 事实上，在随后的社会分化过程中，亲缘关系退居到了日常生活领域。在公共领域和私人领域中，亲缘关系则成了人们一直努力祛除的消极因素。特别是在制度安排中，亲缘关系所受到排斥的状况往往显得非常严苛，甚至在许多场合需要援用回避制度。比如，在经济活动中，一些在工业化、城市化进程中生成的家族企业总会努力实现转型，希望消除家族亲缘关系的羁绊。在几乎所有的公共事务中，都会要求有着亲缘关系的人回避。

吉登斯通过创造"脱域化"这个概念准确地描述了熟人社会向陌生人社会转变过程中所表现出来的某种特征，他说，"脱域机制把社会关系和信息交流从具体的时间—空间情境中提取出来，同时又为它们的重新进入提供了新的机会"。② 这对于理解陌生人社会的复杂性和不确定性以及人们在这种条件下的交往可能性来说，是一种合理的解释。也就是说，吉登斯试图在陌生人社会中去发现那种使熟人社会联系起来的因素，并希望证明这些因素仍然在发挥作用。事实并非如此。其实，吉登斯的所谓"脱域化"，在形式上也就是社会的开放性。或者说，在脱域化的过程中，社会走向了开放。可是，社会越是开放，人们之间的交往越是频繁，陌生感也就越强。这虽然与人们的感性知识不相符，事实却恰是这样的。我们所在的陌生人社会并不是因为人们之间交往得少了而陌生化，反而恰恰是因为人们交往得多了而更加陌生化了。可见，陌生人与熟人的区别并不取决于人们之间的交往频率与次数，而是由社会整体上的开放程度决定的。

在农业社会中，也许邻里因为某些事情而成为仇敌，相互之间并不交往，但他们之间是熟悉的，属于熟人。在工业社会，商人们因商务活动而频繁地交往，但他们之间是陌生的，属于陌生人。哈贝马斯

---

① 〔英〕安东尼·吉登斯：《现代性的后果》，田禾译，译林出版社，2000，第95页。
② 〔英〕安东尼·吉登斯：《现代性的后果》，田禾译，译林出版社，2000，第124页。

等现代思想家以为人们之间的交往可以改变社会，那其实只是一些不切实际的想法，属于一些产生于书斋之中的与现实不相符的推论。因为，陌生人并不会因为交往而成为熟人。一个显而易见的事实是，恰恰是在社会变得越来越开放的条件下，人们之间的交往变得更加频繁了；也恰恰是在人们的交往变得更加频繁的情况下，社会的陌生化程度更高了。交往既无助于把陌生人改造为熟人，也不可能使陌生人社会发生逆转，人类社会从熟人社会向陌生人社会的转变已经是不可逆转的历史。或者说，社会走向开放是一个不可逆转的现实。我们已经拥有了陌生人社会，也是一个不可能改变的现实。我们只有承认陌生人社会的不可逆转性，才能自觉地去发现陌生人社会进一步发展的方向，才会根据陌生人社会中所发生的新的变动去思考社会治理方面的问题。

在全球化、后工业化进程中，陌生人社会也遭遇了被替代的命运。种种迹象表明，一个匿名社会正在或即将取代陌生人社会。如果说全球化、后工业化已经引发了社会开放性的巨幅增长并使社会实现了质变，那么，也就意味着工业化、城市化进程中生成的陌生人社会必将为一种新的形式所取代。现实呈现出的各种迹象表明，正在向我们走来的就是社会的匿名化这样一种状态。事实上，20世纪后期以来，我们明显地感受到了社会的匿名化，全球化、后工业化进程中的诸多新的因素，都在助推这个社会匿名化。因此，我们正在或即将面对一个全新的世界和许许多多全新的问题。如果说陌生人社会中的人还是实实在在地存在于你的对面的人，那么，匿名社会中的人则是一种虽然与你交往或存在于你的生活场域之中却又不是你能够看得到的人，你时时处处都会发现有人在场并与你开展交往，你却无法确定他在哪个地方。他是存在着的，却以匿名的形式存在。这对社会治理而言，显然也构成了一种新的挑战。

在从熟人社会向陌生人社会转变的过程中，人的生活空间以及对人的判断标准发生了变化，因而使熟人成了陌生人社会中的"异类"。在陌生人社会中，熟人的善良表现为没有理智和愚蠢，他们没有判断是非的能力，往往爱凭情感办事，也容易上当受骗。陌生人奸猾却显得是理性的，时时看守着自我的利益，以自我利益实现为目的而去主动地建立与他人的关系，根据自我利益实现的需要去选择行为的方向和行动的路径。的确，陌生人是聪明的，陌生人最擅长使用的是言论的武器，通过言论去诠释民主的精髓，也同样是通过言论去煽动人们搞出各种各样的破坏民主的运动，还可能通过言论去诬蔑、攻击他所嫉恨的人。这个社会主张言论自由，却让言论变成了宵小之辈的武器。总之，在陌生人社会中，似乎言论变得无所不能，以至于各种各样的媒体出现了，并通过提供言论空间而谋取利益。

虽然我们不能够把社会的转型比喻成洪水猛兽来袭，但也是非常可怕的。亦如熟人社会向陌生人社会的转变一样，从陌生人社会向匿名社会的转变，也让人们遭遇了诸多可怕的问题。现在，我们正在走进匿名社会。当陌生人一只脚踏入匿名社会时，所看到的是"哈哈镜"中的自己。由于脱离了法治的约束，陌生人在匿名社会中变得非常怪诞，会成为万恶之源，思想意识和行为都会带着邪恶的光晕。在当前我们所看到的互联网社区中，似乎可以看到那些希望成为匿名人的陌生人，他们因为有着陌生人的观念、意识而让其行为表现得非常邪恶，他们似乎是一群没有思想、没有主见而又浑身散发着暴戾之气的人。比较典型的就是互联网中出现的一种"一犬吠形，百犬吠声"的现象。我们把互联网上的这种现象称作"犬吠效应"。因为，我们在农村可以看到一种情况，那就是当一只狗对着某个身形狂吠的时候，全村的狗都会跟着吠叫起来。这是一种"一犬吠形，百犬吠声"的状况。这种状况今天出现在了互联网上，所以，我们给这个现象一个名称——"犬吠效应"。就这种现象而言，如果说走进了陌生人社会的熟人变得愚蠢，那么，走进了匿名社会的陌生人在互联网变成了跟声"狂吠"的人。而且，我们倾向于作出这样一个判断，那就是，越是受过高等教育，越是自认为传承了工业文明的人，在匿名社会中就显得越是盲从。他们不以此为耻，反而以为是对言论自由的信仰。由此看来，陌生人向匿名人的转变，也将是一个非常艰难的历程。社会的转型也是人的根本性转变，虽然我们尚未生活在匿名社会中，但当我们根据互联网的经验想象匿名人的时候，不寒而栗地感知到，一种不同于陌生人的人出现了。

## 二 习俗型信任与契约型信任

熟人社会中的信任是基于亲缘关系和地缘关系而建立起来的，准确地说，是在亲缘关系的基础上自然生成的。在人们之间，我们首先看到的是人的亲缘关系，然后看到的才是人们之间的地缘关系。亲缘与地缘构成了人际关系的两大基本前提，也是人际关系中最为基本的内容。如果还存在着其他类型的社会关系的话，那也是在亲缘、地缘基线上扩展出的，应当说是属于一些衍生性的关系。亲缘、地缘是理解人际关系的出发点和落脚点，人际关系中的信任也需要在亲缘、地缘的基础上去加以理解和认识。也就是说，因为亲缘、地缘，或者说，在亲缘、地缘的基础上，人们成为熟人，也使社会成为熟人社会。人们因为是熟人，也就非常容易建立起信任关系，因为熟悉而相互信任。其实，"熟人"这个概念本身，就包含着信任关系的内涵，至少这是一个经验事实。

吉登斯认为："信任的第一类情境是亲缘关系，在大多数前现代制度下，它是社会关系'群'在当时的时—空条件下得以组织起来的相对稳定的模式。亲缘间的联系通常是紧张与冲突的焦点。但是，无论包含了多少冲突并引起了多少焦虑，亲缘关系仍然是人们可以依赖的普遍性纽带，凭此，人们才能在时—空领域内构建起行动。这一点，无论是从相当非个人化的还是更加个人化的关系层次上看，都是如此。换句话说，人们通常可以（在不同程度上）依赖亲戚们去承担各种义务，不管他们是否对被承担义务的具体个人有无同情心。更有甚者，亲缘关系的确还经常提供一种稳固的温暖或亲密的关系网络，它持续地存在于时间—空间之中。总体来说，亲缘关系所提供的，是一系列可信赖的社会关系网络，它们既在原则上也（常常）在实践上建构起了组织信任关系的中介。"① 这可以说是对熟人社会中信任关系的精确描述。

在这一社会中，即使人们之间没有亲缘关系，也可以通过"结义"等方式而模拟亲缘关系，并在他们之间建立起信任关系。然而，人们脱离了地域而涌入城市后，由亲缘关系构成的社会关系群也就解体了。即便在一个较长的时期内还没有完全解体，建立在亲缘基础上的社会关系在"群"的规模上也会变得非常小，以至于对社会关系的总体情况已经不再有大的影响。其实，就亲缘关系自身来看，也因为人们进入城市后而不再能够像过去那样发挥作用，这种关系因社会的陌生化而疏离了。一母所生的兄弟进城之后虽然还是兄弟，而且也经常性地聚会，但陌生因素却深深地揳入他们之间。他们是兄弟，即便每日照面，却在一定程度上变成了陌生人。这与农业社会的情况是不同的。在农业社会，邻里之间即使吵架而不交往，也是熟人。事实上，工业化使有着亲缘关系的人被分解开来而安排到不同的生产部门和不同的生产线上，从而生成了新的以生产关系形式出现的关系。而且，这种生产关系对亲缘关系构成了巨大冲击，使亲缘关系越来越疏离和淡漠。

总体看来，工业化、城市化造成了这样一种客观情势：有着亲缘关系的人共同行动的机会在减少，而且越来越少，甚至根本就没有共同行动的机会，他们的联系和交往也会因各自的工作和生存压力而变得很少。因而，亲缘关系在人们的交往关系中的地位和价值，也就越来越被排挤到边缘地带。与之不同，那种因生产和交换而结成的陌生人关系取代了亲缘关系，并成为社会关系的基本内容。

中国社会在改革开放的过程中开始了工业化、城市化进程，特别

① 〔英〕安东尼·吉登斯：《现代性的后果》，田禾译，译林出版社，2000，第89~90页。

是在初期，创业者往往倾向于同那些与他有着血缘、地缘、学缘关系的人们共同创业。这之中显然包含着那种既要走出农业社会又受到农业社会熟人间信任关系模式影响的状况。这些人对契约及其制度感到不适应，更习惯于熟人社会的行为模式，更信任熟人。所以，在走上了创业道路的时候，他们总是从建立家族企业开始。随着事业的扩大，共事者的圈子也像水纹一样呈现一圈圈地向外扩展的状况。在每一个圈的具体节点上，又会形成一个个小的圈。这种由"熟人圈"组成的企业，实际上在强化着农业社会的文化，会使人在无形中获得和拥有那种具有农业社会特征的天然封闭性倾向，并生成一种对一切陌生因素加以排斥的冲动。所有这些，都是与市场经济所需要的开放性相悖离的，无法积极地融入以契约型信任为基础的社会性协作体系之中。这也就是较纯粹的家族企业往往不拥有光明的发展前景的原因，也就是说，它与市场经济有着天然的抵触。当然，在亚洲国家，也可以看到一些成功的家族企业。但是，如果细察这些企业，就可以看到，它们的家族性质已经所剩不多了，它们往往是经历过一次或多次"改制"而把其创业初始阶段的农业文化、熟人体制及其信任因素涤涮净尽了，并变成了工业社会应有的企业模式。在这种企业中，兄弟父子已经变成了合伙人，而且事事都依契约而行。

熟人社会中的信任，在本质上是一种习俗型信任，或者说，它是一种不具有普遍性的信任。这种信任在很大程度上根源于熟人社会中的人的直接交往，建立在熟人间所共享的习俗的基础上，并未实现理性化。或者说，是一种感性的信任。这种信任的感性特征决定了它无法推广到间接交往甚至疏于交往的人们中间。当然，在工业社会中，熟人社会的地缘、血缘以及学缘关系也会在一定程度上得以延续，并对习俗型信任的存续产生着某种影响。比如，如果人们处在一个陌生人的环境中，那么"老乡"关系一下子就会把两个人拉近很多。但是，从整个社会的层面来看，地缘、血缘、学缘等对于信任的产生所起到的只是一种促进和增强的作用，而不是决定作用。由于这种信任表现为熟人社会中的每个成员感性地对待人际关系的状况，我们才将其归入习俗型信任的范畴。事实上，在工业社会中，这种信任所包含着的是诸种危险。

习俗型信任是发生在封闭性的社会形态中的，反过来，习俗型信任又强化着社会的封闭性，并使这个社会的熟人性质得到不断增强。所以说，这是一个熟人社会。特别是习俗型信任发展到了自己的极端化状态时，往往会以一种同质性极强的共同体的形式出现。比如，宗教就是这样的共同体，它往往把人们封闭在某种心灵圈子之中。在工业化进程中，当社会走向开放的时候，习俗型信任以及宗教等汇流而在的文化体系严重地束缚了人们的向外追求，并阻碍了社会的进步。在这种情况下，打破习俗型信任以及宗教的心灵桎梏，就是最为重要的拓展社会开放性空间的途径。

就此而言，怀疑主义的出现是有着积极意义的，而且这种意义是非常重大的。可以说，怀疑主义哲学对于近代社会理性精神的出现有着不可怀疑的贡献。近代社会之所以能够不断地在物理空间、科学认知空间以及心灵空间上"开疆拓土"，在很大程度上，是得力于怀疑主义的贡献的。在某种意义上，宗教改革先于启蒙运动，也说明，打破心灵共同体中变形了的习俗型信任是社会进步的第一步。但是，怀疑主义也瓦解了人们交往活动以及社会生活中的基本信任，使生活在社会中的人们不得不被契约关系格式化。在谈到这个问题时，我们也必须指出，中国是一个缺乏怀疑主义精神的民族，这是因为中国社会在陌生化方面滞后于世界历史。中国在陌生人社会的发育方面不甚充分，现在又仓促走向匿名社会，以至于熟人社会中的那种盲信盲从在技术网络上表现得非常夸张。

客观上讲，在陌生人之间是不可能存在习俗型信任的，因为"陌生人还没有理由去信任，也没有理由被信任，由于他们共有的行为虚无假设，他们互不了解，因此在彼此遇见时是小心翼翼、互不信任的态度"。① 但是，陌生人需要交往。一方面，人们被投入了陌生环境之中；另一方面，人们又必须在交往中获得生存和发展的机会。只要人们交往，就离不开信任，就必须得到信任的支持。所以，他们就发明了契约型信任。也就是说，陌生人社会中本来是缺乏信任的，人们因为是陌生人而不可能相互信任。但是，没有信任，人们之间的交往就难以发生。显而易见的一点就是，不信任使人回避和分离，只有信任才能让人们交往。在习俗型信任衰落的条件下，在陌生人的生存与发展都必须在交往中去寻求机会的时候，人们不得不交往。然而，交往又需要得到信任的支持，以至于不得不寻求一种新型信任。契约型信任因此而产生了。

习俗型信任是不适应陌生人之间的交往需要的，因为，在陌生人的交往过程中，习俗型信任将会使交往者陷入非常危险的境地。我们可以想象，当一个受到熟人社会习俗熏染的人进入了陌生人社会的交往关系中之后，如果还带着他已有的非常感性的习俗型信任去参与交往活动的话，那肯定是一种去寻求灾难的行动。在一切国家、一切地区，我们都能够看到，工业化初期阶段中的农民往往是最容易上当受骗的群体。原因就在于，农民持有的是熟人社会中固有的习俗型信任，而行骗者恰恰是利用了这种信任。或者说，行骗者运用了陌生人交往的经验而在缺乏陌生人交往规则的地方去开展交往活动，并从中受益。就此而言，熟人并不是无知和愚蠢，而是因为善良和轻信。

这是不是说在陌生人的交往关系中就根本不存在信任的问题了呢？不是的。在陌生人社会，一切交往活动在原则上也都需要得到信任的支持，只不过这种信任在表现形式上根本不同于熟人社会中的那种习俗型信任，而是一种契约型信任。也就是说，在从熟人社会向陌

---

① 〔美〕马克·E. 沃伦编《民主与信任》，吴辉译，华夏出版社，2004，第52页。

生人社会转变的过程中，用契约型信任代替了习俗型信任，即在习俗型信任衰落的地方建立起了契约型信任，并依据契约型信任去开展交往。

契约具有二重性。一方面，契约本身就是不信任的结果，也是不信任的标志。这是因为，如果人们之间相互信任的话，是不需要契约的，只有在不信任的时候，才会求助于契约。在陌生人必须开展交往活动的情况下，又因为不像在熟人社会中那样，能够得到习俗型信任的支持，从而使得交往活动变得非常困难，甚至难以发生交往。在这种情况下，只能寻求另一种信任去填补习俗型信任消解后留下的空场，契约就是这样一种替代品。正是在采用了契约这种形式的时候，陌生人才能够基于契约以及在履行契约的情况下开展交往。这应当说是一种比较明智的选择，它使相互不信任的人们可以通过契约而开展交往，而不是因为不信任而停止交往。也就是说，在契约被作为中介引入陌生人的关系之中后，我们看到了它的另一方面的特征，即看到了它的一种重要的功能性特征，那就是，使相互不信任的陌生人因为契约而变得信任了，从而能够开展交往，而且也在交往中有了建立在契约基础上的信任。

在这里，尽管人们在直接的意义上所表现出来的仅仅是一种对契约的信任，或者说，是对那种为契约提供支持的制度的信任，但就这种信任依然是发生在人与人之间的来看，或者，就这种信任应当被理解成交往者之间的信任而言，是因为契约而产生的信任，也是由契约所承载的信任。正是在此意义上，我们将这种信任称为契约型信任。事实上，它也确实构成了信任的一种类型，是一种不同于习俗型信任的契约型信任。契约型信任是以契约为中介的。契约把陌生人联结了起来，使他们相互信任并开展交往，契约所发挥的是中介的功能。同时，契约本身又创造了信任和承载了信任，也可以认为是与信任一体化的。总的说来，习俗型信任是熟人之间的一种不需要通过任何中介因素而拥有的信任，而契约型信任则需要求助于契约和以契约为中介。这是两种信任类型之间的区别。所以，我们不能说契约型信任不是一种信任，而是应当将其看作工业社会中的一种适应陌生人交往需求的信任。

在工业社会中，我们是不能站在习俗型信任的角度去否认契约型信任的，而是应当把契约型信任仍然看作人与人之间的另一种类型的信任。在我们看来，信任并不是抽象的，而是具体的，是与特定的历史时期和社会背景联系在一起的。虽然工业社会所拥有的契约型信任不同于农业社会中熟人间的那种习俗型信任，但也必须承认它是一种信任的具体类型，或者更准确地说，它是信任的一种历史类型。即使运用排除法去对人们交往关系中的各种因素进行一个一个地审视，也能够看到人们的交往之中必然包含着交往者之间的信任关系。只不过，对于陌生人社会而言，交往者之间的信任关系是有条件的，是建立在契约基础上的，是因为契约而变得相互信任。

比较两种信任类型，可以看到，熟人之间的信任有着血缘、地缘、学缘等前提条件，同样，陌生人之间的信任也是有条件的。在陌生人之间，信任就是以契约以及能够为契约提供保障的制度等为条件的。有了相应的条件，人们之间就有了信任关系。如果条件不具备，人们之间的信任关系就消失了。由此看来，陌生人社会中的信任是由契约造就的，是通过契约来加以维护和维持的。

习俗型信任是完整的和具有总体性的信任。对于这种信任形态来说，要么信任，要么不信任，没有中间形态。所谓"半信半疑"，是就近代工业社会中的契约型信任而言的，或者，也可能是针对"相信""信赖"等而言的。一般说来，工业社会的人们在信任的问题上会表现出半信半疑的情况，那是因为契约型信任在交往者之间所确立起来的只是关于人的某一或某些方面的信任。而且，对于工业社会的陌生人而言，只要建立起了关于某一或某些方面的信任，就已经能够满足交往的需求了。但是，陌生人在某个时候的某种情况下也可能是人，即使在人们交往的时候，人的那些原本不需要出场的方面或因素，也往往会不经意地出场，从而让人在交往中表现出了半信半疑的情况。

总的说来，考虑到契约型信任赖以发生和得以存在的环境，就会看到，工业社会中的人们不仅因为是陌生人而在交往过程中无法实现对交往对象的总体性认识，而且在领域分化的条件下，当人们活动在公共领域和私人领域中的时候，交往本身所具有的就是工具性的特征，人们是为了实现某个目的而去与他人交往的。在这种情况下，交往者对交往对象所应了解的，只是与他的目的实现相关的方面，至于那些对他的目的实现没有意义的方面，他不想去了解，也不应去了解。其实，那是没有必要去了解的。所以，工业社会中的人们所面对的交往对象，仅仅是其作为人的某个（些）方面，是人在角色扮演中需要出场的那部分，而不是完整的人。正是这一点，证明了契约型信任是存在于这种非完整性的人之间的。

就社会治理体系来看，由于它在组织的意义上所拥有的是官僚制结构，因而，在多数情况下，对于多数人来说，是不透明的。官僚体制中的权力运行、决策的真正动因及其过程等，对于多数人来说，只能了解一个大概。比如，同在政府中共事的人，相互之间因系统的安排而处在分工—协作关系之中。在很大程度上，他们之间的交往是公务行为而不是私人行为，甚至不需要得到信任关系的支持。只是在一些极其少见的例外事项上开展合作的时候，才会需要得到信任关系的支持。但是，这种情况也同样属于建立在所在系统的基础性设置的前提下而开展的交往和合作，并不直接表现出对信任关系的更多需求。

也就是说，在具有官僚制属性的社会治理体系中，人们之间的交往在直接的意义上往往并不对信任关系提出要求。但是，近代以来的这个社会治理体系是生成于"社会契约"的基础上的，在终极的意义上，社会治理体系中人们之间的交往也是与契约相关的。所以，这一社会治理体系框架中的交往活动也隐含着一定程度上的契约型信任。另一方面，就政府工作人员以及政府间关系来看，在广义上，可以看作，是因契约而结成的雇佣关系，而且在事实上，也会诉诸合同等形式去确认这种关系。这样一来，在他（它）们之间的关系中，也就会包含契约型信任关系的内容了。

在工业社会这个陌生人社会中，每个人每日每时都可能与不断变更着的陌生人进行交往。而且，相交往的人往往不是一对一的，而是一对多的。在这种条件下，一个人是不能够凭感觉来决定应当信任谁的。只有当某人与他确立起了契约关系时，他才能依据契约去信任所谓"签约者"。所以，契约就是选择信任对象的手段。通过契约，他所信任的也就仅仅是信任对象与契约相关的那些方面。正是由于这种信任不再是总体性的信任，而是有选择的、分部式的信任，各种关系才具有了沿着线性路径扩展延伸的可能性。也就是说，对签约了的陌生人的信任可以渗入其他关系中，也可以延伸到对匿名的签约者的信任。如果说习俗型信任只限于熟人之间，即只在拥有共同的习俗、习惯和理念的人之间才会拥有习俗型信任，那么，契约型信任则可以因为契约而得到大范围的扩展，可以沿着线性的路线扩展开去。契约型信任是对习俗型信任的超越，是工具理性对感性的超越和替代。有了这种超越和实现了这种替代，信任的人格内容消解了，理性色彩增强了，因而也就变得可以普遍化了。这样一来，契约型信任对于理解近代工业社会的社会治理结构，也就可以成为一个有价值的视角。

总之，在工业社会这样"一个具有流动性、需要合作及依赖陌生人成为突出特征的社会中，……基于个人交往经验的信任没有多大帮助。那些仅只依赖个人熟悉为基础的过时信任生成机制的社会是完全低效的，因为它使我们在缺乏可选择的信任产生机制的情况下放弃许多于彼此有益的合作机会"。① 所以，在工业社会的陌生人环境中，社会交往之所以能够得以大范围地展开，是因为契约型信任这一新的形式的信任取代了农业社会熟人环境中的习俗型信任。有了契约型信任，社会得以延续，而不是在个体意识生成的条件下被分解为一个个孤立的"原子"。虽然这个社会处处都是原子化的个人，但就原子化的个人仍然结成了社会而言，则是得益于甚至根源于契约型信任所发挥的功能的。人们之间因为这种信任而能够开展交往活动，并在必要的时候进行合作。事实上，在日常性的分工—协作体系的运行过程中，人们正是基于契约型信任而开展交往活动的。

从根本上说，契约型信任并不是信任的原生形态，在很大程度上，它正是信任的异化形态。因为，习俗型信任是基于情感的需要而发生的，是发生在熟人社会中的，人们共同的生活习惯和共有的习俗决定了他们相互信任，从而在他们之间建立起了信任关系。更为重要的是，熟人社会中的信任状况是，人们之间相互信任却不利用信任。也就是说，他们并不从相互信任中去精心谋划如何利用信任。人们可以因为信任而托付并做许多事情，却不会利用信任而去达成自己的目的，更不会制定经营信任的策略。契约型信任就不同了，就它是建立在契约基础上的信任而言，是一种具有理性特征的信任，是发生在陌生人社会中的，因而也是从属于利益谋划的。所以，契约型信任是可以被作为一种工具而加以利用的。就此而言，从契约型信任出发，必然会发展出人的行为选择策略。正是因为契约型信任有着这种可以加以利用的特征，西方学者往往将其称为"社会资本"。把信任视为资本，也就意味着可以在资本的视角或意义上去进行经营，就像投资而谋取利润一样，致力于发展出经营信任的策略，也希望像投资一样从中获得收益。现在，"社会资本"这个概念在中国学术界也得到了广

---

① 〔美〕马克·E. 沃伦编《民主与信任》，吴辉译，华夏出版社，2004，第52页。

泛应用。一些热衷于使用这个概念的人，可以说已经有了现代意识，有了将一切都加以利用并从中获得收益的市场经济意识。但是，可以断言，举凡谈论"社会资本"的人，在做人方面都是不值得信任的。如果谁对他投以信任的话，那是非常危险的。如果他表示了对你的信任，那么，你必须准备为他对你的信任付出你应当给予他的那部分超额利益。如果你没有做好这样的准备，那么，你必将会对整个世界失望。

我们必须指出，信任一旦成为一种可以通过策略的形式而加以利用的东西，也就失去了信任所应有的性质，从而转化成了制造不信任的一种社会机制。即使作为策略而加以利用的信任能够赢得交往者的一时信任，也会包含着人们相互之间时时加以提防的因素。契约型信任背后所掩盖的策略性动机一旦被识破的话，就会立即陷入破坏性的信任危机状态。当然，我们又必须看到，契约型信任作为陌生人社会和多元开放社会中的信任是深深植根于这种现代化的制度性承诺及制度性承诺的可信赖性之中的。正是制度性承诺以及制度性承诺的可信赖性，使契约具有了承载信任的功能。有了这种契约型信任，人们也就可以开展交往，可以使追求自我利益实现的人们出于自我利益实现的要求而能够与他人交往。特别是在把信任当作一种特殊的"社会资本"对待时，就会像资本家一样，通过经营信任而获取收益。在一切可能的地方，都可能采取欺骗性的手法去赢得交往对象的信任，哪怕是暂时的和一次性地赢得了交往对象的信任，也可以从中骗得可观的收益。从中国近年来非法集资、骗贷、电信诈骗案件多发的情况看，对于中国这样一个人口众多的国家来说，骗取信任是有着广阔空间的，能够骗取十多亿人口中的一小部分人的信任，已经可以获得巨大的收益了。所以，"社会资本"概念是极其可疑的。

我们知道，在工业社会这个历史阶段中，取得巨大成功的是资本主义文化。这种文化要求每一个人都精于算计，每一个人都为了自己的利益实现而去把他人当作工具利用一把。受到西方资本主义文化输入的影响，一些中国学者对这种文化表现出了非常崇拜的状况，他们首先成了时时刻刻以自我利益为中心而把他人当作工具的利己主义者。正是这个原因，决定了他们对"社会资本"概念的使用表现出了热情和偏好。但是，他们究竟在信任的经营中赢得了多少利益？他们是否在经营这种所谓"社会资本"中骗取了什么人的信任？目前为止，还未见有专门的实证研究去加以证实。

## 三　人际关系的新形态

在西方国家工业化、城市化的过程中，从熟人社会形态到陌生人社会形态的转变是一个自然进程。虽然在工业化、城市化进程中发生了暴力革命，究其根本，都应看作在自然演进过程中积累起的矛盾，致使必须通过革命去开辟前进的道路。也就是说，在西方社会近代早期，从熟人社会向陌生人社会的转变并不是自觉设计的结果，而是人类历史的一个自然演进过程。中国改革开放后也出现了从熟人社会向陌生人社会转变的历史性运动。在这一历史性的社会转变过程中，我们能否去自觉地加以引导呢？答案应当是肯定的，事实上，我们是可以有所作为的。首先，我们可以通过自觉的民主、法制建设去促进契约关系生成，从而加速熟人社会的解体，用陌生人社会取而代之。如果能够这样做的话，相信可以避免一些人运用陌生人社会的策略去骗取那些拥有熟人意识的人的信任并从中去获取利益。也就是说，让更少的人上当受骗。其次，我们还应根据全球化、后工业化的历史趋势去自觉地建构人际关系，促进具有后工业社会特征的人际关系的生成。

如果根据全球化、后工业化的历史趋势去主动地建构适应后工业社会的人际关系的话，那将是人际关系演进史上的一个跨越式发展，即跨越工业社会的陌生人人际关系，直接地从农业社会的熟人人际关系转变到后工业社会所应有的人际关系。在前一个方面，我们在改革开放中已经取得了巨大进展。虽然一些学者还一直对现状提出批评，认为我们与西方国家典型化的陌生人人际关系相比还有很大的距离，的确，我们在民主、法制建设方面，即在为契约型信任关系提供保障方面，做得还远远不够，但是，改革开放以来所迈出的步伐是巨大的，可以说，在这方面我们已经实现了一场"大跃进"，取得了巨大进展。然而，在后一个方面，我们并没有自觉地去做出安排，甚至关于这方面的理论探讨都是缺位的。学者们并没有根据全球化、后工业化的现实去认真地探讨关于新型人际关系建构的问题，更不用说提出什么可行的方案了。在某种意义上，关于信任问题的研究，由于"社会资本"概念的引入，妨碍了一切面向未来人际关系建构的探讨。

在熟人社会中，人际关系是建立在亲缘、地缘等基础上的。而且，这种人际关系表现为人与人之间的直接性联系，而不是表现为通过制度等社会设置的中介而建立起来的间接性人际关系。也就是说，在熟人社会中，由于人们在共同的地域中拥有共同的习俗、习惯等，人们之间的关系不仅表现为他们是熟人，而且人们之间也天然地相互信任。正是因为人们之间的这种信任是产生于熟人间的，是在人们共同拥有的习俗和习惯的基础上产生的，我们才将这种信任称作习俗型信任。在习俗型信任的前提下，人们所开展的交往活动以及有着交往活动的共同体也因为这种信任而具有有机性。但是，我们也看到，虽然熟人关系是亲密的，但在社会层面上展开的人际关系却受到了生产方式的制约。在农业社会这一历史阶段中，自然经济是一种主导性的经济形式，这种经济形式是人们以分散的方式进行生产和经营的形式出现的，而且在消费上，也表现为一种自给自足的状态。人们因为这种经济形式而没有表现出强烈的与他人开展交往活动的需要。事实上，在农业社会中，组织化的共同行动项目少之又少，人们在节日里或集市上相识，只能说那是一种偶然相遇的现象。从政治或社会治理的角度看，这个社会也是等级社会，人们没有资格去选择治理者，因而也不需要通过交往、交流的方式去选择谁去做主宰他们的人。

总的说来，在农业社会中，人们因为自然方面的和生产方面的原因而很少交往和交流，而且人们也没有在社会中去寻求自由的追求和意识，没有关于行动自由的愿望和追求，即便是自由恋爱，也是无法普遍化的。或者说，如果自由恋爱得到推广的话，人们立马就会发现可选作为自由恋爱对象的人是非常匮乏的。所以，这个社会中的人际关系是一种较为稀薄的人际关系，是存在于封闭性的小圈子中的，而且是沿着线性的路径展开的。就人际关系赖以展开的每一个原点来看，在最近的一个圈子内会表现出较为细密的状况。随着圈子的扩大，也就变得递次疏松了。或者说，这种类型的人际关系是有密有疏的。另一方面，农业社会中的人们在交往动力方面是比较弱的，甚至可以说存在着严重的交往惰性，以至于人际关系在整体上是较为稀薄的。所以，我们说熟人社会的人际关系是一种"稀薄的人际关系"。由于这种人际关系主要受到自然因素而不是社会因素的制约，我们也倾向于把这种人际关系看作自由的人际关系。这里所说的自由是一种社会意义上的交往自由，因为它不像工业社会那样存在着诸多限制交往和妨碍交往的社会因素。还需要指出的是，这种自由是一种不自觉的自由，也不是那个时候的人们感受到的。尽管如此，我们还是可以把熟人社会中的人际关系定义为"自由稀薄的人际关系"。

我们倾向于认为，正是农业社会中的人际关系的稀薄性，才对人们之间的信任提出了更为强烈的需求，至少是在心理上和精神上，对人们之间的信任提出了较为热切的要求。事实上，我们在所有地区的农业社会历史阶段中，也都看到了其文化、思想以及宗教中广泛地包含着对"信"的强调。虽然宗教中所讲的"信"有着更为广泛的内容，但信任，却是其"信"中的主要内容。同时，作为一种较为简单的人际关系，稀薄人际关系也是能够通过信任而得以维护的，使人们不至于感觉到生活在自然丛林之中，而是会从社会中获得做人的感受，即从共同体中去获得作为人的精神寄托和情感归属。但是，这种发生在熟人中的、满足于稀薄人际关系需求的信任还主要是从属于习俗的规范和满足于习俗得以维系的需要，是不具有直接的功利性的，也不会服务于某种（些）具体目的的实现。至少，如我们所指出的，人们不会有意识地利用这种信任关系而去获取某种利益。所以，是不能将其作为社会资本看待的。事实上，这个社会中的人并不知道资本是什么。

当然，我们在熟人社会中也发现了大量事例可以用来证明信任与"事功"活动联系在了一起，特别是思想家们会指出这一点。然而，在这个社会的人们的日常生活和活动中，信任只是一种状态，而且在很大程度上是一种自然状态，不会被经营，也不会被利用。我们发现，在世界上的每一个地区，这一时期的信任都是与习俗一体化的。也就是说，自由稀薄的人际关系是发生在"熟人社会"中的，它也构成了农业社会的基本特征之一。也许现代学者会解读道，在"熟人社会"中，"通过共同朋友和熟人的间接联系使行为更为公开化。这增强了信誉的重要性，使他我与自我更为谨慎地对待他们表现出来的合作形象，促进了自我与他我信任与合作的可能性"。[①] 但是，在农业社会中，人们并不是为了合作而去营造信任。如果在他们之间存在着合作的话——我们认为，存在着广泛的以互助形式出现的合作，那么，也不意味着人们为了合作而去精心地经营信任。在这里，信任就是一

---

① 〔美〕罗德里克·M. 克雷默、汤姆·R. 泰勒编《组织中的信任》，管兵等译，中国城市出版社，2003，第 92 页。

种"自然状态"，信任与合作的关系并不从属于分析性思维的理解，并不呈现因果关系，而是一体化的。

在工业化、城市化过程中产生了陌生人社会。出于陌生人交往的需要，产生了契约并把人们的交往建立在了契约的基础上。工业社会中的总体情况显现出：人际关系是以契约、物以及其他物化了的设置为中介的。同时，人们之间的交往也不像农业社会那样由于地缘和亲缘的原因而能够维持下去和一再地复制，并不是发生在稳定的群体之中的人与人之间的交往活动的绵延，而是表现出了偶发性、间接性和间断性。一方面，陌生人处在工业社会的分工—协作体系中，也由于社会的专业化而致使每一个人都无法独自地生存下去，人们需要在与他人的交往中寻求生存和发展的机会，也在实际上存在着依存性。所以，工业社会中的人既是陌生人却又必须相互交往，每一个人都必须与他人发生关系才能生存下来。另一方面，由于陌生人的流动性以及可供选择的交往对象的多元化，稳定的群体和恒定的交往对象往往并不存在。也就是说，进入交往过程的人和发生联系的人，基本上都是陌生人。也许一些人表面上看来是熟人，而在实质上则是陌生人。如果把表面上看来是熟人的人当作真正的熟人对待并在交往中表达了信任，那实际上就是置自己于风险之中了。所以，在人的社会活动中，每一次面对交往对象时，都必须把交往对象视为陌生人。即便是对有着亲缘关系的人，如果事先没有做好承担风险的准备，没有承受风险的能力，也必须将其当作陌生人对待。如果因为亲缘关系而将其当作了熟人并表达了信任，就极有可能遭遇没有预测到的风险。

从陌生人社会的生活和交往经验来看，这个社会中的人们往往会经常性地与某个（些）特定的交往对象进行交往，会在人生的大半时间中与固定的对象进行频繁的交往。但是，在每一次交往开始之前，如果根据以往的经验判定交往对象是可信任的，也是丧失理智的行为。正是因为人们之间的每一次相遇和交往都不是以往交往活动的延续，而是第一次；正是因为人们在每一次相遇时都是陌生人，无论过去多少次重复了相同的交往过程，也都必须把这一次的交往视为第一次交往，即把交往对象视作陌生人；正是人们之间的交往不能视作连续的，人们之间的每一次交往都应看作孤立的，每一次利益攸关的交往都需要签订具体的和完整的合同，所以，我们把这种状态中的人际关系表述为"间断性人际关系"。在另一重意义上，就人际关系中搀入了契约等中介因素而言，也不能将其理解成直接性的人际关系，而是有了间隔。在这一重意义上，也同样可以将这种人际关系理解成"间断性人际关系"。

在农业社会，熟人的人际关系在很大程度上具有自然的属性，受到自然因素特别是习俗、习惯的制约。到了工业社会，所有这些因素都不再重要，即使仍然发挥作用，它们也只是一些边缘化的制约因素，甚至是在理论上可以不予关注的因素，取而代之的则是制度性的规范和规则。事实上，一旦制度和规则确立了起来，熟人社会中的那些习俗、习惯、情感等因素如果还存在的话，也会被作为一种"价值巫魅"，是需要加以祛除的。比如，工业社会实现了组织化，而且这个社会中的组织基本上是以官僚制组织的形式出现的，官僚制组织就明确地作出了祛除"价值巫魅"的规定。也就是说，在要求遵守规则的情况下，必须把人们之间可能有的对习俗、习惯的遵从和受到情感、道德支配的方面抛掷一边。

在工业社会中，人际关系受到了制度性的规范和规则的规约。在制度性的规范和规则成功地实现了对人际关系的规范和形塑后，也就出现了哲学家们所说的那种"人的消失"的状况。如果我们不作出这种极端化的表述，而是把这种状况中的人依然看作人，即依然把发生和存在于这类人之间的关系称为人际关系，那么，这种人际关系所呈现给我们的也只能说是一种格式化了的关系。可以肯定地说，这种人际关系是被制度、规则等格式化了的。一切不合乎制度、规则等的人际关系都不受保护，甚至不允许存在，至少不允许对组织化的社会生活产生影响。即使未被制度、规则格式化的人际关系仍然存在于非正式组织以及其他的非正式场合中，也往往受到防范。正是因为工业社会中的人际关系都是被制度、规则等格式化了的，所以，我们也将这个社会中陌生人之间的人际关系看作一种"格式化人际关系"。总之，"间断性"和"格式化"是工业社会人际关系的两大基本特征。

在全球化、后工业化进程中，我们发现，社会的网络结构正在生成。当前，关于"网络"一词，通常可以作出两个方面的解读：其一，是指技术网络，即互联网或正在成长起来的互联网的替代形式；其二，是指社会的网络结构，即社会构成因素的多元化、交往的多向度化、社会关系的复杂化等带来的并已经以社会网络结构的形式呈现出来。这种社会网络结构，无疑是工业社会的社会线性结构的替代形式。其实，技术网络与社会网络结构两个方面是联系在一起的。不仅是因为这两个方面有着历史性的联系，即同时出现在全球化、后工业化进程之中，而且是因为这两个方面是相互促进、相互作用、相互影响和相互向对方转化的。

就技术网络而言，它改变了人的交往方式和交往途径，同时，也改变了交往主体的特性。通过技术网络的交往，是通过"人 机 人"的方式而进行的交往。正是这种交往，让我们看到了一种不同于以往的景象：当人处在交往过程中的时候，似乎是"在场"的，而实际上，人的身体、真实姓名、性别、民族、学历、学位、地域等，却有可能被掩藏了起来。事实上，绝大多数人在技术网络社区中活动的时候，是不愿意使用自己的真实姓名的。这说明，在全球化、后工业化进程中，人在社会交往的过程中遭遇了不同于工业社会的那种陌生人。或者说，人进入了一个新的陌生人社会。由于在场的人是不可见的、不可触摸的和难以确定的，也就不再是工业社会中的那种陌生人了，而是匿名人。匿名人既是陌生的，又是陌生人的一种新形态。甚至可以认为，匿名人是一种正在历史性地生成的人，将成为陌生人的替代形式，实现对陌生人的超越。

如果说工业化、城市化造就了陌生人，那么全球化、后工业化则造就了匿名人。我们正处在这场造就匿名人的社会运动之中，要不了多久，也许一个匿名社会就呈现在了我们面前。重要的是，工业化、城市化这场造就陌生人的社会运动是一场纯粹客观性的运动。虽然在工业革命、资产阶级革命中可以看到人的行动，但这种行动的目标并不在于把人都变成陌生人，而是从属于其他目标的。就陌生人的出现而言，并不是根源于人的主观追求，而是作为一个客观性的结果出现的，这个过程可以归入自然历史的范畴。全球化、后工业化中的匿名人的出现就不同了。在全球化、后工业化这场社会运动中，造就匿名人的行动表现为一种主观选择的结果，是因为人在网络中出现和开展活动的时候更愿意以匿名的形式出现。也就是说，工业化、城市化进程中的陌生人纯粹是社会发展的客观结果，而全球化、后工业化进程中的匿名人则是由人自我选择的，至少是部分地由人的选择带来的。

工业社会的启蒙运动是在陌生人已经成为一个基本事实的情况下发生的。或者说，正是因为社会的发展已经把几乎所有人都从熟人转化为了陌生人，才需要通过一场启蒙运动去规划陌生人的社会生活和活动空间，才需要去寻求陌生人的交往关系和交往活动的规范。现在，虽然我们正处在从陌生人社会向匿名社会转变的起始阶段，但是，如何适应匿名人的要求而对人际关系进行规范的问题却已经提了出来。这在某种意义上也反映出了理论的自觉性程度的提高。也就是说，既然我们社会中的人已经不再是近代以来的陌生人而是匿名人，而且匿名人显然不同于陌生人，那么，我们也就必然要面对如何规范匿名人之间的人际关系这样一个问题。

匿名人是新出现在人类历史舞台上的，是在以往的历史阶段中未曾见到过的。当然，在工业社会的某些专业性的领域中以及非主流性的社会生活中，也曾出现过匿名人。但是，由于它对社会生活的影响是无足轻重的，所以没有人认真思考过匿名人的行为规范问题。随着匿名社会的出现和匿名人的普遍化，关于匿名人的人际关系以及行为规范的问题也就无法回避了。如果说在工业化、城市化过程中生成了陌生人社会，而且这个社会成功地发明了契约，并通过契约及其法制框架的确立而成功地实现了对人际关系的规范，那么在面对匿名人的时候，沿用规范陌生人人际关系的做法显然已经不行了，而是需要根据匿名人及其交往特征重建规范。

虽然要表达对工业社会的制度、规范体系以及各种各样的社会设置的否定性意见是痛苦的，而且在今天也显得有些耸人听闻，但我们又怎能不正视全球化、后工业化已经推展出来的这个现实呢？我们已经处在一个从陌生人社会向匿名社会转变的过程中，亦如我们曾经在从熟人社会向陌生人社会转变的过程中那样，面临着一场深刻的社会变革。在这一次社会转变的过程中，我们又怎能不去建构适应新的社会要求的规范体系呢？如果说陌生人社会的出现使熟人社会的一切都发生了改变，事实上，使整个社会都接受了重建，那么，在从陌生人社会向匿名社会的转变过程中，我们又有什么理由拒绝重建社会的客观要求呢？显然，在此过程中，我们别无选择，必须勇敢地承担起重建社会的任务。

可以相信，匿名社会不仅存在于技术网络之中，在面向未来的发展中，我们也同样认为，匿名社会还不仅仅存在于一个正在成长中的虚拟世界之中。我们这个既存的世界，即工业化、城市化以来我们一直生活于其中的这个社会，也越来越呈现匿名社会的特征。我们这个社会将会因为匿名人的普遍化而成为名副其实的匿名社会，即把陌生人社会改造成匿名社会。我们相信，存在于技术网络中的交往方式与交往关系必将显现在我们生活于其中的这个实存的社会中，事实上，它们已经在我们这个实存的社会中显现了出来。或者说，由于网络平台的建立，人们已经不再是直接地面对面交往，也不是在特定的区域或领域中开展分工—协作活动，而是借助于网络的支持，在与不知姓名的人交往。

比如，在传统的商店里购物，买卖双方是面对面的，如果可以讨价还价的话，还需要相互审视对方的眼睛，以求从中读出真实的信息。然而，在一个被称作"淘宝网店"的虚拟商城上购物时，我们并不知道为我们提供导购服务的或把商品呈送给我们的那个服务员是什么样子，我们不知道他（她）姓啥名谁，我们甚至不知道那间商店在地理上的什么区域、什么位置。可以认为，对方也同样不知道我们是谁，但交易活动得以成功地展开，并一笔又一笔地兑付了商品。这种差距是多么巨大呀？我们在工业社会的商场中购物，面对一个态度温和还是一脸霸气的服务员，心情和购物兴趣会大为不同，而当我们面对一个匿名的服务员时，他（她）的一切都不影响我们的理性判断和选择。

同样，我们心中也许有着诸多烦恼，想找个人倾诉。你找个"熟人"倾诉了你的一切，但你很快发现这一倾诉给你带来的可能只是片刻的安慰和同情，其后则陷入更多更大的烦恼之中，你的倾诉给你带来了额外的烦恼。你找一个陌生人倾诉，首先，你会发现陌生人并不愿意接受你的倾诉；其次，如果陌生人表现出了接受你倾诉的热情，你难道不会表示怀疑吗？你还有倾诉的欲望吗？为了解决这个问题，西方国家往往在教堂里设置一个供你倾诉的地方。就这种做法一直得以保留来看，是一个成功的和有用的设置。现在，情况变了，你在网络中可以随时而轻易地找到一个接受你倾诉的对象，而且因为对象与你双重匿名，你愿意倾诉，这种倾诉也可以认为是非常安全的。你在倾诉之后解除了烦恼，而接受你倾诉的那个匿名人却在你的倾诉过程中获得诸多人生经验和教训。这个匿名人，不会像教区牧师那样让你再次见到而觉得尴尬。

但是，在初入匿名社会的时候，来自陌生人社会的自私自利追求，把陌生人当作工具而加以利用，为了自我的一点点蝇头小利而让陌生人遭受重大损失，都是司空见惯的事情。这说明，人们开始希望成为匿名人却尚未改变陌生人的品性，没有找到作为匿名人的位置以及行为格式。因而，这个社会转型中出现了各种各样的震荡，让诸多无辜的人为之付出惨痛代价。在陌生人社会成长起来的人，特别是那些在陌生人社会中就非常邪恶的人，走进匿名社会的时候，一下子把全部邪恶力量都释放了出来，似有把人类社会的一切有利于共同体存续的因素全部摧垮之势。这就是我们当下感受最为强烈的现实，也是我们告别资本主义时的必经之痛。然而，历史的客观必然性又是我们必须接受的，我们已经被带入一个由技术网络所改变的社会，无论我们怎么样的不情愿，不管我们对新的境况怀有什么样的畏惧心理，我们都不得不将我们的脚踏向匿名社会。

我们将要走进匿名社会，而且在社会结构上已经呈现网络结构的特征。一方面，技术网络形塑了我们的社会而赋予这个社会以网络结构；另一方面，非政府组织以及迅速涌现出来的各种各样新的社会构成因素完全打乱了既往的交往关系路线，也使我们的社会获得了网络结构的特征。在社会的线性结构中，人们处在相对稳定的线中，而且是相对固定在线的某个节点上的，人们虽然是陌生人，但可以识别和辨认。当然，我们可以说社会的线性结构是多线的而不是单线的，但多线未能改变社会的线性特征。尽管有些学者也把多线误解成网络，其实，那并不是一个网络社会。

我们所说的那种可以识别、可以辨认并不会改变陌生人的属性，是指陌生人在由其所构成的这个社会中依然是陌生人。无论编织起这个社会的线以什么样的方式辐射开来，也不管人们怎样去描画这些线，都不可能改变陌生人的属性。与之不同，当我们的社会获得了网络结构后，无限的开放性和流动性使人们想维持在陌生人的状态已经不再可能，人们变成了若隐若现的匿名人。匿名人既不是熟人也不是陌生人，而是我们在人际关系视角中发现的"新人"。如果说我们的社会无非是人的社会，是存在于人的行动之中和包含在人的生活之中的一种形态，那么，这种"新人"的出现，又怎能不被理解成社会的根本性变革呢？所以，一个全新的社会正在我们触手可及的地方，我们没有理由不去正视它和根据它的要求去重新安排我们的社会治理。

如果说工业社会中陌生人间的关系是格式化的、间断性的人际关系的话，那么，在拥有了网络结构的社会中，或者说，在网络社会中，我们面对的是匿名人。匿名人之间的人际关系显然不同于陌生人之间的人际关系。首先，匿名人的人际关系无法格式化，因为人的匿名而不可能对其关系进行格式化；其次，匿名人的人际关系虽然表现出若隐若现的特征，却不是间断的，而是因网络而处处在场，或者说是随处随时在场的。在你需要或意识到了任何一种属性的人际关系时，你都会发现它已经在场了。你以匿名的形式与同样匿名的人的交往，可以表现出任何一种你所期望的形式，也可以在你认为任何可能的途径和方式中进行。

在这个正在成长的匿名社会中，交往关系中的中介因素依然会发挥作用，但直接的多向度交往变得越来越频繁，那些使人成为陌生人的因素正在从发挥使人分离的作用转向发挥使人联结起来的作用。就其根本来看，匿名人之间的人际关系是以网络关系的形式出现的，即人的交往不再是在线中发生，而是以任意可能的多维度的形式出现。因为人的匿名，也由于信息搜寻成本的降低，可以使交往过程中的风险最小化。即使在交往过程中出现了某种或某些风险，补救起来也会显得非常容易。当然，一切新的社会现象都有两面，正是由于这种风险可以最小化，一些人在作恶方面就显得无比猖狂。因为，他在作恶的时候已经充分估计到，他不会像在陌生人社会中那样受到规则的约束和法律的制裁。但是，我们认为，这种邪恶的人只是虚假的匿名人，他们虽然已经有了匿名人的形式，却还带着陌生人的品性。在匿名人的成熟形态中，陌生人的所有不道德的品性，都将被洗涮净尽。

在从陌生社会向匿名社会转型的过程中，如果同样是匿名人的话，一个匿名人针对另一个匿名人的恶行也许不会导致恶劣影响，但是，若是有人以匿名的形式而对一个实名人采取行动的话，其恶劣影响可能就是给那位实名者带来惨痛的损失。所以，我们可以认为，存在于技术网络中的匿名人针对实名者的恶行是一种极其恶劣的犯罪行为。但是，我们的社会治理机构仍然囿于陌生人社会的行为规范，往往并未采取相应的措施去对这种犯罪行为实施打击。不过，我们也期待着这种存在于社会转型过程中的恶行会随着一个真正的完全的匿名社会的到来而得到改变。在一个真正的完全的匿名社会中，可以相信，尽管这样或那样的空隙可供人作恶和供人去为善，但它在人际关系方面会表现为一种"自由稠密的人际关系"。人因为匿名而变得自由，人因为在网络之中交往而使人际关系变得非常稠密。

就匿名人的人际关系是自由的而言，它能够使人们在交往活动中的行为选择机会和选择能力都得到提升。由上述可见，在格式化的人际关系中，人们之间的交往通道和交往方式都是固定的、程式化的。这不仅限制了人们的交往空间，也使人丧失了选择能力。匿名社会中的自由人际关系则意味着人们可以在全方位的交往空间中作出行为选择。就这种人际关系是稠密的而言，它会促使人们以开放的心态面对他人。其实，在人际关系的这种稠密状态中，人们之间的相互依存度是极高的，人们必须通过交往而实现共生共在。同样，损害他人的行为在影响力方面也会显得极强，对人的共生共在的冲击也会更加沉重。也就是说，在这种状态中，人们是不可能不面向他人开放的，但在向他人开放的时候，就难免遭遇突如其来的灾变。如果刻意地封闭自我，可能生存下去也是不可能的，但在这种不得不开放之中，又会受到不确定性的困扰。

当然，在今天这样一个匿名社会正在生成的过程中，各种各样的消极现象能够以极其夸张的形式出现，是有利于引起我们的重视和激发我们的思考的。它所提出的要求是，我们必须找到针对匿名社会的治理方式。我们认为，在人际关系的稠密状态中，人们只能通过合作行动去寻找和发现人的共生共在的途径。但是，妨碍合作、制约合作的因素也会在这种自由稠密的人际关系形态中显现出更大的破坏力。所以，为了求得合作和通过合作而实现人的共生共在，社会治理必须谋求全面创新。事实上，一个"人类命运共同体"的判断的提出，已经为社会治理的重构指明了方向。

合作是人的交往行为和交往关系的正向价值得到充分实现的过程，是人们之间的信任充分发挥作用的过程。而且，合作也从根本上把相互利用、互为自我利益实现工具的陌生人改造为通过合作而互惠互利的人，不管进入合作行动之中的人是实名的还是匿名的。合作是与信任联系在一起的，而且合作又是促进信任和增强信任的基本途径。这样一来，我们在全球化、后工业进程中所看到的，将是一种全新的信任类型，即合作型的信任。

自由稠密的人际关系发生在网络化的社会中，它将成为后工业社会的基本特征之一。如果说工业社会属于陌生人，人际关系呈现间断性和格式化的状态，使社会治理能够通过成文的规则体系和形式化的制度设置来加以调整，那么在网络化的社会中，成文的规则体系和形式化的制度设置等，都无法实现对人际关系的有效调整，而且会让成文的规则体系和形式化的制度设置等在调整自由稠密的人际关系方面显得非常不适应和无能为力。因此，面对匿名社会中人的自由稠密的人际关系，需要基于信息技术等新的科学技术条件去设计出保证行为公开化的社会运行机制。通过这种机制，能够对人的信誉进行评估，甚至进行定量分析，进而形成一系列关于每一行动者的信誉数据和信息资料。尽管人是匿名的，关于他的信誉数据和信息资料却能够与他终生相伴随，从而使进入合作关系中的匿名人能够以此为依据而开展合作行动。所以，我们认为，随着大数据技术的发展，匿名人将成为透明人。一旦匿名人变得透明，一贯为善的人也就可以在这个社会中畅行无阻，而屡屡作恶的人也就会寸步难行。事实上，他将因为自己的恶行而被这个社会抛弃。

在与农业社会即熟人社会中的自由稀薄人际关系进行比较时，可以看到，熟人社会人际关系的稀薄性决定了人们在开展共同行动时是很难实现信息共享的，而那种人际关系的自由，又决定了人们在共同行动中很难让各种非理性因素从属于共同行动的要求，反而会对共同行动产生消极影响。事实上，让熟人社会中的人遵守纪律是很难的事情。在自由稀薄的人际关系中，人们似乎无视一切外在于他的规则，人的也许是根源于动物的自由冲动，决定了他们只接受那些被他们视为自然而然的规范。他们做了什么事情，在他们看来那是必须做的，至于做这件事情的道理，则可以不去思考，也不接受任何追问。在现代性的视角中，可以认为那些人的行为中包含着规范，是得到习俗、习惯、道德等的规范的，他们自己却不以为然。所以，我们只能说那是自由的，反映在人与人之间的关系上也是一种自由的人际关系。

熟人社会也具有某些信息共享的优越性。由于人际关系稀薄且非常简单，某些信息的传播会有着"长波"效应，能够以较小的失真度在人们之间传播。但是，由于熟人社会尚未形成一种理性普遍化的局面，由于人们的一切行为都会受到感性因素的影响，或者说，一切行为都具有感性色彩，信息的传播也就同样是感性化的。所以，我们也就不难理解，熟人社会为什么会更倾向于传播那些对共同行动没有价值的信息，而那些有利于开展共同行动的信息，往往没有人关注，也得不到传播。比如，熟人社会中的人大都有着非理性的好奇心，对一些毫无价值的信息总是有着无限热情，而对那些与他们的生活相关性很强的信息，特别是对那些可能关系到他们未来很长一个时期的利益的信息，却会表现得非常冷漠，更不用说那些没有得到他们情感认同的共同行动信息了。当然，在农业社会中，需要采取共同行动的事项是较少的，也许正是人们较少地得到共同行动的习练，才没有生成理性化信息共享的要求。

在工业社会这样一个陌生人社会中，人际关系的间断性决定了信息传播也具有间断性的特征。在工业社会中，虽然人们会对信息进行理性的甄别和处理，传播那些有利于人们开展共同行动的信息，但这个社会中的人际关系的间断性也是以竞争的形式出现的。也可以认为，正是这个社会普遍化的竞争造成了人际关系的间断性。出于竞争的需要，人们必然会把那些有利于自己在竞争中获胜的信息封存起来，从而妨碍了信息共享。由此看来，工业社会可以实现信息的理性化共享，但人际关系的间断性决定了这个社会仅仅实现了部分信息的理性化共享。同样，工业社会人际关系的格式化又决定了信息传播被限制在有限的形式化通道之中。其表现就是，人们之间有着明确的人际关系界线，人们倾向于保留自己的隐私也尊重他人的隐私。在公共领域中，某些信息有着稳定的正式通道来加以传播；在私人生活领域，许多信息是不允许传播的，即使加以传播，也很少有受众，甚至根本就没有受众。在日常生活领域中，人们因为在某种程度上保留了农业社会的习俗、习惯等而倾向于传播那些与共同行动无关的信息。比如，关心和窥探影星无中生有的绯闻等。所以，真正属于工业社会的共同行动也呈现格式化状态，是以分工—协作的方式出现的，往往是严密的控制系统。在这个社会中，由于人们无法实现充分的信息共享，因而不可能让共同行动以合作行动的形式出现。

在全球化、后工业化进程中，随着社会网络结构的生成，人际关系呈现自由稠密的状态，从而实现了信息充分共享的局面。至于人在人际关系中的自由，则是在人的共生共在压力下的自由。正是人的共生共在的压力，认识到了他们同属于一个"命运共同体"，使得人们愿意公开一切有利于共同行动的信息。同时，人的自由也决定了信息传播不会在有限的通道中进行，而是表现为一种全方位的传播，而且也能够得到技术上的支持。人际关系的稠密性本身就包含着信息纽带把人们紧密地联系在一起这重内容。反过来，这种人际关系的稠密性，也决定了人们必须实现信息共享，而且也确实在信息共享方面变得极其方便。但是，由于存在着信息爆炸的问题，人们甄别信息真伪的能力也往往会下降到一个极低的点，往往会对那些能够带来刺激性感受的信息抱持极大的热情，从而丧失理智。另一方面，信息的时效性变得极弱，也使人的理性判断下降。所以，如果说在历史上曾经出现过"群氓"这样一个词语的话，那么可以认为，从来也没有像今天的网络一样赋予这个词以如此鲜活的内涵。在技术网络上出现了或存在着陌生人躁动，他们因为把活动场所转移到了网络上而已经成为匿名人，而且，做匿名人恰恰是他们自己的选择，但是，他们还不习惯去做匿名人，或者，他们尚未学会如何去做匿名人，陌生人所具有的一切优良品性却又都被他们抛弃了，而陌生人的一切恶行却又都被他们以无比夸张的方式去加以表演，以至于伟大的社会转型因为他们的行为而蒙上了阴霾。

在社会的网络结构中，每一行动者都是网络中的一个节点，都与其他节点处于总体互动之中，每一行动者对其他行动者的影响又都是不可测定的。为了使这种既不可预知又不可测定的影响降到最低限度，人们必须在交往过程中和共同行动中实现充分的信息共享。事实上，社会的网络结构打破了信息来源途径的单一化，人们在这一网络结构中可以拥有无限的信息源，而信息的传播也会有着无限的途径。处于网络结构中的每一行动者所面对的都是一个整体性的网络，而不是他挑选出来的个别的交往对象。所以，行动者的一切方面都会在网络结构中暴露无遗。正是社会的网络结构，让匿名人成为信息的载体，并因此而成为透明的人。一旦在网络中行动的人意识到了自己是透明的匿名人，那么也就意味着匿名人的自觉，他也就会彻底告别遗传自陌生人的一切不良品性。到了这个时候，人际关系将因为匿名人的透明而不再有消极因素和负向价值，从而使共同行动也能够以合作行动的形式出现。此时的匿名人成为道德的人，此时的匿名社会也是道德的社会。

总之，在既往的每一个历史阶段中，人际关系都有着明确的边界，信息源以及信息传播途径都是有限的和明确的。特别是信息传播，是在有限的、可控制的途径中进行的。然而，随着社会网络结构的生成，人际关系的边界变得模糊了和不确定了，甚至可以说，人际关系已经没有了内外边界。这样一来，也就能够实现充分的信息共享。充分信息共享最为直接的表现就是，人们之间可以建立起一种充分信任的关系，并因为人际关系涂上了浓浓的信任色彩而能够实现有效的合作行动。所以，我们认为，全球化、后工业化将为我们呈现一个充分信息共享的社会。在这个社会中，一切对人们交往关系和合作行动有价值的信息都会得到共享。人在人际关系中的自由是信息共享的前提，而人际关系的稠密性则是信息共享的有效途径，或者说，使信息实现充分共享成为可能。如果这个社会中的制度和法律阻止这种全面信息共享的话，就会与这个社会的要求不相一致。

从合作行动的角度看，我们也认为，并不是进入后工业社会后人们就一下子都变得相互信任和愿意合作了，而是因为社会的网络结构以及人际关系的稠密性，决定了人们能够相互信任和愿意开展合作行动，更何况人的共生共在的压力，也迫使人们必须这样做。同时，也正是自由稠密的人际关系以及社会的网络结构，决定了人们能够通过合作的形式去开展共同行动，成为真正的命运共同体。

# 第一章
## 在开放性的视野中

今天，那种现代性的通过划定边界而去开展社会治理和实施组织管理的方式正在遭遇挑战，作为一场伟大社会转型的全球化运动正在把人类引往一个开放的社会，要求打破一切妨碍开放的社会设置。这就是中国声音所宣示的，是"拆墙"而不是"筑墙"。其实，人类社会的总体发展进程所呈现给我们的就是一个不断走向开放的过程。近代早期发生的那场从地域性社会到民族国家建立的运动，就已经展现出社会走向开放的趋势。但是，民族国家框架下的政治以及社会生活并不是全面开放的，而是表现为一种有限的开放。全球化意味着一个全面开放社会的到来。这样一来，它向我们提出了一个问题，那就是，如果不是适应社会转型的这一要求，而是耽于旧的思路去开展社会治理，那么，给人类带来的就肯定是风险社会和危机事件的频发。社会是封闭性还是开放性，决定了社会治理会表现出完全不同的状况。

农业社会是封闭性的社会，这决定了它在社会治理上所采用的是依靠权力的治理；工业社会只能说是一个半封闭半开放的社会，从而决定了这一社会中的社会治理是以法治的形式出现的，或者说，法治是这个社会中社会治理的最佳选择。在全球化、后工业化进程中，我们即将迎来一个全面开放的社会，社会治理也应以合作治理的形式出现。合作治理是为了人的共生共在的治理，也是唯一能够使人的共生共在成为可能的社会治理。

## 第一节　开放性与社会治理

### 一　走向开放的社会

在 20 世纪的学术叙事中，经常有学者谈论开放性的问题。事实上，一个真正开放的社会是在全球化、后工业化进程中显现迹象的。我们已经进入了一个开放的时代，即使是最保守的估计，也必须承认我们正在走进一个开放的时代。事实上，开放性已经成为我们时代的基本特征。可是，我们在社会治理中所作出的制度安排和行为选择是否充分考虑到了社会的开放性，则是一个无法作出乐观评价的问题。在历史的维度中进行比较，我们可以说，今天的社会治理比以往任何时候都更具有开放性的特征。但是，这种开放性是根源于主动的和自觉的安排还是表现为一种被动适应？答案显然属于后者。也许正是由于这个原因，我们才时时感受到社会治理处于一种被动的局面，总是感到有那么多未能预期和无法预测到的问题被抛向社会治理的行动者。也就是说，我们处在一个开放的时代，而我们在思维方式和行为方式上，依然囿于封闭式管理的套路，从而无法适应这个时代的社会治理要求，并总是表现出不得已而对社会治理的方方面面进行调整的状况。

应当看到，自 20 世纪 80 年代起，世界各国政府都在改革的名义下对社会治理体系及其方式进行了不断调整。特别是在体制改革方面，表现出了一种自觉追求，以求努力适应迅速变动着的社会。可是，一旦我们希望去了解这场持续了数十年的改革运动是否拥有一个基本的和主要的可以比喻成"灵魂"一样的纲领时，立马就会陷入一种无比惊悚的状态。因为，在 20 世纪 80 年代开始的这场改革运动中，我们很难看到那样一个纲领性的因素。世界各国的改革路线，都可以说属于应对挑战的一些策略性的措施，至于面向全球化、后工业化的战略性规划则少之又少。其根本原因就在于，没有抓住开放性的问题，没有从开放性的角度去规划改革路线。就西方国家既有的这一在工业社会中生成的治理体系来看，它是把社会规划权完全交给了学者。然而，学者们囿于旧的理论框架，又不可能承担起这项任务。也就是说，既有的理论、思想、文化等意识形态以及社会治理的制度模式和行动偏好等，都决定了人们在这样一场社会变革的过程中无法去把握重心，更不用说能够抓住那些关键性的问题了。

就全球化、后工业化意味着人类社会的一场历史性的社会转型运动而言，正如从农业社会向工业社会的转变过程一样，所要实现的是社会的根本性变革。这场变革运动必然会表现出综合性的特征，而且会涉及方方面面。显然，在全球化、后工业化所展示出来的各种各样的特征中，开放性应当被视为一个最为基本的特征，它决定了社会治理变革的一切制度安排和行为选择都必须拥有开放性的视角，都必须基于开放性的要求去进行改革路线的设计，目前看来，也许只有中国社会充分地认识到了这一点。

鲍曼的研究发现，"'社会'第一次出现在社会学的语言中时，它是一个比喻，而且，像其他的比喻一样，也是精挑细选的；它揭示了被描述客体的一些特征，并认为其他的特征并不重要。社会这个比喻脱胎于社会学家认为重要并着手考察的世界的构成或特征，并凸现它作为'社团'的性质。……在社会学采纳这个术语以前，'社会'还有一些其他的意义：（1）'由共同兴趣或目的结合在一起的许多人'，这种说法出现于 1548 年；（2）'在与同类进行交往的过程中，出于和睦共处或共同利益和防卫等目的，由一群个体所接受的生活状

况或生活条件'（1553）；（3）'具有一个明确居住地的人的总体'
（1558）；（4）'生活在一个大体上有序的共同体中的人的集合体'
（1639）"。① 由此可见，"社会"一词是在中世纪后期开始出现的。作
为一个概念，我们应当把"社会"看作，是在现代化进程中建构起来
的，它意味着人们大致从这个时期开始有了认识社会的冲动，开始实
现"社会"的自觉。相应地，"社会学"的出现也正是适应了人们认
识社会的要求。正是在这种要求的驱动下，当人们认识社会的感性要
求达到了一定程度的时候，"社会"迈过了理性的门槛，从而以一门
科学的形式出现。

　　如果说人类的认识史确如鲍曼所说的那样，是在现代化进程中才开
始有了认识社会的要求，那么可以相信，在我们可以阅读到的社会史方
面的文献中，必然包含着现代意识。当然，在我们阅读近代以来描述社
会的文献时，会发现这些文献往往是把对古代社会的描述作为其主要内
容的。但是，当我们希望去理解这些文献时，就会发现，这些文献的生
产者在描述古代社会时，是站在现代性的立场上的，是在用现代的坐标
或标准去衡量、评判和描述古代社会的。所以，我们在现代文献中所看
到的古代社会，往往是以现代标准和在现代坐标系中加以重建的。虽
然现代文献的生产者告诉我们那是古代社会，实际上，它是由这些文
献的生产者亲手建构起来的一种现代造物。也就是说，古代社会中的
哪些方面是与现代社会相同的和哪些方面是与现代社会不同的，基本
上是由现代文献的生产者作出评估和筛选的。这样一来，对于那些涉
及价值方面的评价，就会有是否值得采信的问题了。

　　我们所指出的这一点，也适用于对未来社会的前瞻性认识和规
划。如果我们囿于现代性的立场和工业社会的思维框架，或者说，如

---

　　① 〔英〕齐格蒙特·鲍曼：《被围困的社会》，郇建立译，江苏人民出版社，2006，第
21 页。

果我们沿用这种思维方式，就会对全球化、后工业化进程中出现的许多新生事物抱有偏见，进而，就会要求采取遏制它们的行动。因为，一旦我们采用的是现代标准，就会把走向未来的征程中所生成的一切都纳入现代社会的坐标系中。那些能够被纳入进来的就会得到肯定，那些不能被纳入进来的，则会受到否定或扼杀，更为经常的则是视而不见和有意识地加以忽略。如果那样做的话，势必会使我们的行动包含更多有害的内容。一个浅显的道理就是，未来将是全新的，会有更多的因素是在历史上以及在当下尚不存在的。有的时候，我们接受了一个概念，却要扼杀这个概念内涵的指示物。比如，我们接受了虚拟经济这个概念，却不承认比特币存在的合理性。显而易见，没有比特币，虚拟经济将永远是一个虚假的或无实质内容的概念。只有当我们拥有了比特币之后，虚拟经济才能够成为一种实存的经济形式。但是，从各个国家都在扼杀比特币来看，这是一种不愿意接受新生事物的典型案例。而且，其危害可能是极大的，必将阻碍虚拟经济的成长。

在历史进步的方向上，产生新的社会因素是必然的。正是这些新的因素，一步步地丈量着历史进步的足迹。或者说，正是这些新的因素，开拓了走向未来的道路。如果我们只愿意接受已有的和被经验所验证了的存在而不愿意承认那些新生的和被经验所排斥的因素，就会封堵走向未来的道路。那样的话，新生的因素所包含的能量就会受到压制，并在受到压制的情况下积聚起来和演化成不安定的因素，会以风险和危机事件的形式加予我们。所以，在全球化、后工业化进程中，我们对社会的认识，是需要拥有更多的开放性观念的。也就是说，我们需要从现代性的视野中和立场上走出来，并转换到一个新的"频道"上。这就是一个面向未来的开放性问题。不认真处理这个问题，或者，处理不好这个问题，人类走向未来的道路就会荆棘丛生。

对于前工业社会，我们需要尽可能完整地去还原它的本来面目；

对于后工业社会的构想，也应从现实中已经呈现出来的新的社会特征出发。对不断涌现出来的新生事物，我们应当采取欣赏和包容的态度，这样的话，我们才有可能拥有一种开放性的视野，并从此出发去面对一切既已出现的新生事物。一旦我们准备这样做，也就能够去积极地捕捉社会前行道路上出现的和存在着的一切可能性。也只有这样，才是一种科学的态度。在全球化、后工业化进程中，归结起来，这种科学态度所给予我们的就是开放性的思维和行事风格，是面向未来积极前进的精神。或者说，所给予我们的是打破一切既有观念和理论束缚的勇气。

只有当科学认识拥有了开放性的视野，在科学指导下的实践才会获得更大的包容性，才能以包容的精神去回应全球化、后工业化进程中产生的新生事物。不仅是社会学，而且整个社会科学，均应拥有这样的开放性视野。特别是像政治学、公共管理学等直接作用于社会治理实践的科学，能否消除偏见，能否走出既定的思维框架，能否打破既有理论的束缚，都取决于其是否拥有开放性的视野和观念。一门拥有了开放性视野和观念的科学，就会自然地表现出一种以开放的心态去不断拓展认识边界的追求，就能够在建构适应全球化、后工业化时代要求的行为模式方面发挥积极的作用。然而，科学的开放性又是根源于我们时代的开放性的。我们正在走进——甚至可以说已经进入——一个开放性迅速增强的时代，全球化、后工业化正在向人们的思维、行动以及与人的思维和行动关联在一起的一切封闭的倾向提出挑战。事实上，我们所在的这个社会，正在以开放性荡涤一切封闭性。

应当看到，与农业社会相比，工业社会已经是一个开放的社会。或者说，工业社会的各种理论，几乎都向我们允诺了一个开放的社会。近代以来，自资产阶级意识形态生成后，就持续不懈地痛击每一种封闭性的社会现象。然而，在各种意识形态的进一步伸展中，我们却发现，现代社会甚至拥有了这样一种行动逻辑，那就是，在工业社会的行进中获得了某种霸权地位的国家，长期以来已经习惯于通过政治支配和武力干涉的方式去在区域性的围墙上打开缺口，并努力去把缺口撕裂成越来越大的开放性通道。但是，这种要求开放的霸权行为，显然是只希望他人开放，而自己却对一切不利于自己的开放采取保守的态度，甚至可以在开放还是封闭的选择上任意而行。

我们知道，整个工业社会的政治表现形式都是存在于民族国家的框架之中的，民族国家是现代政治的基础。就民族国家而言，无论在表面上何等开放，在实质上，都应当将其看作封闭性的政治共同体。以民族国家形式出现的这种封闭性的政治共同体，甚至在地理空间上也会划定明确的边界，更不用说在每一个国家的内部存在着无数个阶级、阶层、利益集团、社会团体等，它们都往往成功地把封闭性转化成直接的排斥性力量，都在开放性的观念下做封闭再封闭的活动，都通过封闭去实现所期望的利益。可以说，它们所做的几乎全部工作就是一再地去划定边界，并努力去排斥自我之外的一切。政府于其中所发挥的作用就是，为划定边界提供标准，或直接地参与到划定边界的行动中去，或采取一切可以应用的强力措施去维护边界。比如，近代以来的政治、法律、政府行动等基本的社会治理构成要素在终极的意义上，都无非是为了维护"人权"的边界。在工业社会，如果说存在着社会的开放性的话，这种开放性也只不过是把系统之外的因素当作工具或资源而加以利用的开放性，而不是一种消除了自我中心主义的开放性，更不用说那些用开放性来标榜自己的霸权国家往往是把开放性理解成它（们）对其他国家掠夺和剥削的便捷通道。

昂格尔说，"设若已经有许多有机群体存在的话，那么它们每一个都是为最初的一套非常清楚的共同经验和共享目的所联合在一起的。基于自身的经验或者目标，个人应该能够选择参加或者离开它们之中的哪一个。否则，个人在群体之中的分配就会是随机的，所导致的结果就是，在诸社群之中信念与理想的结合就可能表现出很大的困难或者根本是不可能的。但这种结合与群体是密不可分的，并且是后来在群体之间形成一个更为充分的一致性的前提条件"。① 在个人主义的视野中，所谓"有机群体"，无非是个人的社会存在形式，或者是个人的放大形态，或者是个人理想的表现方式。在理想的意义上，这种"有机群体"不应与个人之间产生任何矛盾。然而，在理论分析中，一旦个人结成群体，尽管它是"有机"的群体，也会包含着个人主义视野中的悖论。在现实中，这种理论上的悖论也恰恰是以矛盾的形式出现的。

其实，在工业社会的历史条件下，由于整个社会是基于个人和从个人出发而建构起来的，个人的利益矛盾和冲突也反映在了社会整体上，以至于社会从来也没有体现出理想的有机性。但是，人们总希望去解决已经呈现出来的和被发现的各种各样的矛盾，并以此去追求社会的有机性。这样一来，我们所看到的就是，为了解决个人主义的悖论以及个人主义社会建构所带来的矛盾，就会提出另一项要求，那就是，有机群体必须是开放的，以便个人可以拥有进出这个群体的自由。根据这项要求，"生活社群中一个被迫加入的成员或者对其一个成员离开社群的禁止，都违反了生活社群所赖以建立的条件"。② 如果社群违反了开放的原则而变得封闭，不允许个人自由地进出群体，那么，这样的群体就没有什么有机性可言了。为了保证社群是一个有机群体，为了保证有机群体的开放性，为了避免任何禁止成员进出的规定或做法出现，就必须杜绝以集权形式出现的权力意志任性而为的做法。因为，一旦一个群体中出现了集权，就会无处不施行权力意志，就会把群体导向封闭，从而使群体丧失有机性。这就是民主的证明逻辑。近代以来的社会建构在很大程度上得益于这个逻辑。

不过，当我们审视这个证明逻辑时，却发现，它之所以能够成

---

① 〔美〕昂格尔：《知识与政治》，支振峰译，中国政法大学出版社，2009，第401~402页。

② 〔美〕昂格尔：《知识与政治》，支振峰译，中国政法大学出版社，2009，第401页。

立，是因为社群有机群体被想象为或假设为一个相对静止的实体，是可以静态地加以考察和思考的对象。应当承认，在社会的低度复杂性和低度不确定性条件下，现实也的确是以这种形式呈现出来的，所以，可以作出民主的或集权的证明。然而，当我们进入高度复杂性和高度不确定性的时代，这一逻辑证明得以成立的前提就会消失，相对静止的群体不再是社会存在的基本形式。因而，对社群、群体的静态观察和思考都不再具有实质性的价值。社会的高度复杂性和高度不确定性消解了一切静态的群体，也使对社会的静态考察和把握变得不再具有现实性。

社会的高度复杂性和高度不确定性本身就意味着社会的流动性，就意味着一切边界的突破。原先的那些具有封闭性特征的一切，在高度复杂性和高度不确定性条件下都丧失了存在的合理性。黑格尔说，"存在着的都是合理的"，然而，我们却看到，社会的高度复杂性和高度不确定性改变了这一点。对于既存的许多现实，我们只能说，虽然它（们）是存在着的，但不再具有合理性了。在高度复杂性和高度不确定性条件下，如果说从个人、组织、群体到国家等所有实体性的存在都处在运动、发展、变化的过程之中的话，那么，它们所具有的和它们所包含的流动性本身，就赋予它们以开放性的特征。流动性和开放性本身就证明，一切存在都处在变动之中，是既存的存在，也是变动中的存在，因而不是黑格尔所说的那种有着合理性的静态的存在。

开放性是与流动性联系在一起的，或者说，它们是对同一种社会现象的两种表述，是我们这个社会所具有的两种并行地显露于外的特征。从现实来看，我们在全球化、后工业化进程中直接感受到的是社会的流动性。但是，一旦对这种流动性进行观察和思考，就会发现，与这种流动性相伴随的，或者说，包含在这种流动性之中的，再者说，作为流动性前提而存在的，是一切实体性存在的开放性。所以，全球化、后工业化呈现给我们的是一个具有开放性的社会，每一个具体地存在于这个社会中的系统，都正在朝着开放系统的方向演进。可惜的是，面对这样一个开放性的社会，我们在思维方式上依然恪守那种在近代以来的社会发展中所获得的已经系统化和结构化了的封闭性原则，以至于开放社会的运行与我们对这个社会的封闭式管理之间的矛盾，导致了风险以及危机事件频发。

在全球化、后工业化进程中频发的危机事件以及关于风险社会的讨论，都证明了工业社会的一切基本的和重要的社会设置都正在走向失灵，政治的以及社会治理的所有做法，都不再能够原封不动地加以施行。不过，我们也应看到，人类在工业社会中所确立起来的一个基本信念可能是有益于我们去规划未来社会的，那就是鲍曼所揭示出来的，在近代以来的社会中，人们确立起了这样一个信念："通过设想人类有能力改善自己的状况，并成为自身存在的唯一主人，现代性向否认和排斥任何一种不满意和不公正的条件敞开了大门。"① 在社会治理的意义上，这就是一个开放性的问题。人们基于平等的观念而表现出了对一切不平等的敏感性，并在开放性的维度上去寻求一切可能有助于消除不平等的通道。

的确，循着历史的轨迹，特别是对工业社会与农业社会进行比较时，我们所看到的就是社会变得越来越开放。正是在社会不断地走向开放的道路上，在向未来延伸的方向上，我们看到了社会的开放性日益增强，我们感受到了近代以来的社会所存在着的那些不足以及所产生的问题，并相信在社会的开放性增强的过程中能够找到解决所有这些问题的根本性途径。全球化、后工业化正是沿着开放性的轨道前行的，它必将突破一切阻碍开放的边界，必将撕破一切阻碍开放的篱笆，必将打破一切不利于开放的社会设置。全球化、后工业化给我们

---

① 〔英〕齐格蒙特·鲍曼：《被围困的社会》，郇建立译，江苏人民出版社，2006，第38页。

带来的，将是一个更加开放的社会和更加开放的社会治理。在这一即将到来的社会中，社会治理中的一切边界标识都将被拆除。

## 二　开放性的逻辑

综观工业社会，它在每一个层面上所存在的封闭性都是可以归结到个人主义的思维逻辑上去的。个人主义的思维逻辑是把"原子化"的个人作为社会建构起点的，是起点也是原点。在个人主义的思维逻辑中，"群体乃是个人的意志与利益的产物。对于个人来说，群体乃是满足目的的一种典型方式，除了通过成为群体的成员之外，他不能通过别的方式来达到这些目的"。① 个人相对于他人的封闭性，在个人得以放大的每一个层面上都会存在。由个人组成的群体，相对于其他群体是封闭性的，组织乃至于国家都是封闭性的。个人需要通过群体或组织去实现个人利益。对于个人来说，群体或组织只不过是个人利益实现的途径或工具，是在工具的意义上去加以利用的。

当个人利用这些工具的时候，并不是个人开放的表现，反而是个人封闭的实现。也就是说，对于个人的封闭性而言，并没有因为通过群体、组织等去实现个人利益而发生改变。在个人是否参加到某个群体或组织中去或者参加到哪个群体或组织中去等问题上，是依对个人利益实现的可能性以及状况而定的。个人如果在不同群体或组织间流动的话，也是由个人利益驱动的，是在对个人利益实现状况以及可能性的预测中做出的选择。个人利益决定了他是封闭的甚至排他的，他不会在流动中获得开放性，甚至有可能在流动中变得更加封闭。比如，个人会对一切妨碍他流动的因素提出批评，要求组织或群体开放，而一旦他希望流动的目的得到了实现，个人利益追求也在流动中同时得到了实现，那么，他就会提出相反的要求，即要求组织或群体

---

① 〔美〕昂格尔：《知识与政治》，支振峰译，中国政法大学出版社，2009，第118页。

用封闭去保护他的既得利益。他完全以个人的利益实现的要求去作取舍。如果流动能够使他个人的利益得到实现,他会要求流动,反之,他就会反对流动。特别是当他掌握了权力的时候,为了使他个人的利益能够最大限度地实现,他会运用自己所掌握的权力去极力阻止流动。

总之,个人的封闭性是根源于个人的自我中心主义的,而建立在自我中心主义前提下的社会,也是被要求置于个人本位的基础上的。当个人扩大而成为组织的时候,则会表现为组织本位主义。或者说,当个人集合起来构成了组织的时候,个人主义的思维取向决定了组织也是"类个人"的存在物,组织依然按照个人主义的原则去为了自己的存在和发展而把外在于组织的一切存在都作为组织利益实现的工具。归根到底,还是把组织还原为了个人。组织是个人利益实现的工具,而组织外的所有存在物,只要是能够与组织发生关联的,都是作为组织存在和发展的工具而加以对待的。一旦个人组织了起来,那么,每个人相对于他人而在组织中形成的关系,或者,通过组织建立起来的社会关系,也就都表现为以个人这个自我为中心而层层展开的状态,形成了一种中心—边缘结构。另一方面,近代社会又对个人作出了平等的规定,每个人在以自我为中心的同时,又都必然会成为他人的边缘,每个人都以自我为中心而把他人转化为自我的边缘,同时又都在客观上成为围绕着他人的边缘。这样一来,在中心与边缘之间,就构成了一对矛盾。这种矛盾在外显的时候,就是以竞争的形式出现的。

近代以来的几乎所有试图理解竞争的理论思考都是直接地从个人利益实现的要求出发的。实际上,在人际关系的结构中,恰恰是中心与边缘间的矛盾而不是所谓人的欲望,才是竞争的终极驱动力。在社会生活中,我们看到,并不是所有的竞争都根源于利益追逐,即使在利益一致性的条件下,人们也会开展竞争。有的时候,有些竞争行为显得非常难以理解,表现为由情绪性冲动引发的竞争。实际上,许多导致竞争的情绪只是一种假象。在其背后,则是由自我中心主义结构化的中心—边缘结构引发的竞争，正是因为有了这种中心—边缘结构，才使一些由情绪引发的竞争过程得以展开。所以，个人主义以及在个人主义前提下生成的中心—边缘结构，是全部竞争行为得以生成的最根本原因。也许表面上看来，竞争是建立在竞争者之间平等的基础上的，似乎人们之间的不平等只能引发支配、控制而不是竞争，而在实际上，一切竞争的背后都有着中心—边缘结构这样一个终极性的不平等作为其基础。

既然近代以来的社会是建立在个人主义原则上的，那么，个人也就确定无疑地成为社会建构的出发点，进而，也是人的一切活动得以展开的出发点。从个人出发而展开的整个社会图式是有着中心—边缘结构的，致使我们身处于其中的是一个竞争的社会。在这个竞争的社会中，每个人都在"为了承认而斗争"（霍耐特语），赢得他人的承认一直是激励人们奋进的重要动力。在资本主义条件下，人们是通过什么方式去赢得他人承认的？基本上是通过社会地位的获得去争取他人承认的。即使他人的承认可以表现为或归因于个人的才智、对社会或群体的贡献等，但是，如果这些因素没有首先转化为人的社会地位的话，所谓承认，也依然不是真实的。在你没有获取某种社会地位的时候，你可以获得一些表面上的恭维，却不会获得真实的承认。只有当你获得了某种地位后，人们才会表达对你的承认。这说明，资本主义社会的承认是对人的地位的承认，而不是对人的承认。这种因人的地位而得到的承认，只能被表述为一种异化了的承认。

在异化普遍化的社会中，卢卡奇所揭示的"物化"现象让人们感受至深，以至于我们经常看到一种承认假象，即掌握权力的人会时时处处得到纷至沓来的奉承，这似乎是对那个掌握了权力的人的承认，实际上，那绝不是承认，而是一种承认假象——"拍马屁"。我们也发现另一种现象，即经常有一些手中掌握重权的官员在行使权力的时候有着莫名其妙的表现，为什么会这样呢？是因为在他的心中，或者，他明确地感受到，他已经手握权力却地位不稳固，人们因为他的地位不稳固而没有表达应有的承认，所以他才会通过行使权力去向人表明，他已经在某种地位上了，他需要得到承认。然而，他并未明确地认识到，对他的承认与对他所在地位的承认是不同的。一般说来，这些掌握权力的人只是在"玩过了头"的时候，即突破了规则的时候，才走向"真正的承认"。比如，把他关进了监狱，那无疑是对他的恶行的承认。

总的说来，在工业社会中，无论人们是被承认还是不被承认，都可以找到社会地位方面的原因。就这个社会只有对人的地位的承认而没有对人本身的承认而言，我们认为，它并不是因人的才智和贡献而对人的直接承认，而是通过对人的社会地位的承认去表达对人的承认。我们之所以认为对人的社会地位的承认是一种异化了的承认，是因为"每一个社会地位都或多或少被作为外在于个人个性之实质的某种东西而被经历的，而不是像躯体那样，作为个体个性实质的一部分而被经历的。它乃是一个人们必须投降的命运，或者一个人能够赢得的战利品，但首先，不管在哪一种情形中，它都是人们所戴上的面具"。① 既然谋求他人的承认需要首先获得一定的社会地位，那么，获得和占有某种社会地位的竞争，也就会包含着排他性。这种排他性，又会使社会地位染上封闭性的色彩。

哈贝马斯是一位致力于对社会学进行哲学建构的思想家，他的诸多理论贡献都是基于交往行动理论展开的。从交往行动的视角出发，近代以来的个人本位和自我中心主义实际上也可以理解成"主体中心主义"。自康德开始，德国哲学中的无论是黑格尔所代表的一系还是叔本华所代表的另一系，都只不过是把英国的个人中心主义表述成了主体中心主义。在哈贝马斯的交往行动理论中，则包含了对主体中心主义取向的否定，他的交往框架下的主体间性，实际上就是"主体中

---

① 〔美〕昂格尔：《知识与政治》，支振峰译，中国政法大学出版社，2009，第225页。

心主义"的一个替代方案。当然，哈贝马斯是在始于胡塞尔的 20 世纪哲学转向中成长起来的，他收获了从"主体中心主义"转向"主体间性"的哲学成果。正如我们指出的，虽然主体的概念可以追溯到康德等人，甚至可以追溯到笛卡尔，但在古典哲学的时代，主体的概念是对作为自我的个人或可以归结为作为自我的个人的认识或行动的哲学表述，而自胡塞尔开始，主体则被作为用来替代个人的概念提了出来，从而使主体概念的内涵发生了变化。正是因为主体概念在这里有了不同于古典哲学的性质，才在认识以及实践的维度中有了开放地面对他者的内涵，而不是将主体之外的存在列入客体或对象的范畴中去，也才有了"主体间性"这样一个提法。但是，在"主体间性"的概念中，开放性仍然是受限制的。

当哈贝马斯在交往的视角中去把握和使用"主体间性"的概念时，显然对胡塞尔以来的哲学中所包含的主体开放性内涵进行了充分发掘。但是，就近代以来的哲学语境一直表现出一种封闭性而言，哈贝马斯在使用主体间性这个概念时，仍然是处在这一封闭性的语境之中的。所以，我们只能说哈贝马斯是在封闭性的语境下和在宏观的社会封闭性的框架下去构思人的交往的开放性的。"主体间性"的概念是可以扩展到组织之间、国家之间的交往的。比如，近些年来，中国与一些国家进行了"本币"结算，以求降低对美元的依赖，这就是"主体间性"的一种体现，或者说，可以认为是对"主体间性"理论的一种印证。而且，在初步的实践中，我们看到了其积极意义。尽管这在较大范围内的实施会导致各国财政部门的机构膨胀，也会存在着不可能覆盖世界上的所有国家的问题，但就目前来看，这无疑是对"主体间性"理论的一种实践，对于打破美元的世界中心地位来说，是非常积极的一步。至少，在"本币互换"过程中，实现了国家间的相互开放。在共建"一带一路"的过程中，类似于本币互换的交往活动不胜枚举。

我们可以认为，"主体间性"概念的提出是一项创新性的哲学建树。但是，同时我们也需要指出，如果我们把由哈贝马斯完成了的这场自胡塞尔开始的 20 世纪哲学转向理解成社会进步的话，那还只是极小的一小步。即便是在思想史上，我们也很难说造就了一个"后形而上学"时代，更不能说它完成了革命性的思想飞跃。

首先，"主体间性"所反映的还是一幅静态观察中的交往图景，它如何在交往实践中真正取代"主体中心主义"？并不是提出了"交往理性"以及把交往本身设定为目的就能够达到推翻"主体中心主义"的目标的。这是因为，在近代哲学和科学发展中逐渐形成的认识论模式绝不会因为把聚焦点转移到了交往上就会抛弃还原论的线性思维。我们认为，只要认识世界的主张还有着被人们广泛接受的"市场"，只要人们顽固地认为对象世界是需要加以改造和加以应对的对象，就会在"主体中心"还是"客体中心"的问题上发生持续的争论。在这些争论中，就会在认识与实践上都要求把作为自我的个人以及可以归结为自我的个人作为主体，也同时会坚持认为这个主体是世界的中心。甚至可以认为，只要我们保留了"主体"这个概念，或者有着"主体性"意识，就不可能存在真正意义上的"主体间性"。主体这个概念本身就意味着，即使有主体间性，主体之间也是有边界的，而有边界本身就必然意味着会有封闭的问题。而且，主体这个概念本身就会令人产生一种倾向，那就是在非行动的意义上（主体间性恰恰是在非行动的意义上去看主体关系的）把主体按层次排列，形成一种线性的上下结构或中心—边缘结构。

其次，近代以来的全部社会建构都是从"原子化"的个人出发的。个人是社会的原点，也是认识和实践活动的主体，人的交往只不过是个人目的得以实现的工具。交往行动中的每个人，都是从自身的要求、利益等出发的；一切进入交往行为体系中的他人，也都是被作为围绕着主体扩展开来的环境、工具和利益实现路径等对待的。在这两种情况下，个人都处在中心的位置上，而且，这是现代哲学中的一个似乎无法移动的思维定式。在把交往作为工具而加以利用的观念深入人心的条件下，交往理性本身就可能被理解成"经济人"的理性，并会努力按照工具理性的要求去塑造交往模式和开拓交往路径，而不会因为哈贝马斯对"交往理性"的定义就从根本上全面改写人们对交往的既有认识和观念。事实上，交往理性也不可能成为目的。对于人来说，交往只是人的社会生活的手段，人通过交往必然要去达成某个目的，事实上，人的交往恰恰是服务于目的的达成的。提出了交往理性，只不过是使交往得到规范，而不是把交往本身作为人的社会生活的目的。如果说交往理性只是主体间性的观念形态或理想的观念形态，那么近代以来建构起的社会规则体系实际上已经达成了这一理想。在这种情况下，再去提供哲学证明，已经没有必要了。

最后，在社会生活实践中，哈贝马斯的"主体间性"是一对一的还是存在于互动网络中的？这也是一个有待解决的问题。如果说是一对一的，那只能说还处在个人主义的基本框架之中。一对一的交往在何种意义上能够遵从哈贝马斯所设定的交往理性，或者说，在什么样的条件下可以保证一对一的交往始终恪守哈贝马斯所说的交往理性，显然需要进一步的证明。如果不仅是一对一的交往，而是一对多的交往，那么在逻辑的意义上层层扩展开来的时候，又有什么因素可以保证它不会生成"主体中心主义"？所以，我们并不认为"主体间性"的提出可以终结作为自我中心主义变形的"主体中心主义"。既然如此，我们认为，所谓"主体间性"，是无法适应全球化、后工业化社会转型的需要的，更不可能成为社会建构新方案的哲学基础。由此看来，哲学家们所津津乐道的所谓"20世纪哲学转向"，在很大程度上是言过其实了。直到今天，哲学仍然没有突破近代早期确立起来的基本框架。如果说科学史把相对论、量子力学视为科学结构的转型是可以接受的，那么在哲学上，其实并未实现这种转型，没有建立起新的哲学范式。主体间性的提出，只不过意味着近代以来的哲学思考得以完善，有了新的修补。

我们认为，"主体中心主义"以及它在社会生活中的各种"中心主义"殊相的终结，是需要在交往互动的网络中去把握其方向的。而且，这个网络是"非主体性"的，或者说，主体在这里被转换成了行动者。这个网络是行动者的行动网络。只有在不停息的行动之中，只有在由行动所构成的开放性的和始终指向未来的网络之中，各种各样的或以各种形式出现的"中心主义"，才能得到消解。这样一来，我们也就看到，哈贝马斯其实对交往行动寄予了过高的期许，以为在交往行动中就可以让交往主体拥有交往理性，以为交往理性可以使交往过程本身具有"主体间性"，以为可以在对交往行动的规范中使主体间性实现和拥有交往理性，这其实都只不过是一种空想，在实践上是不可能得到普遍验证的。但是，近代以来的"主体中心主义"已经如此地深入人心，即便在理论上，哈贝马斯的这一构想以及证明也都具有明显的形而上学色彩。尽管哈贝马斯把自己的思想称作"后形而上学"观点，并自以为是胡塞尔开启的"后形而上学"时代的代表，但在实际上，他仍然是把研究对象看作静止的存在了。也正是在这样做之后，他才从胡塞尔等人的哲学中发现了"主体间性"这一概念的解释价值，才用"主体间性"的概念去对可以静态观察的交往行动进行合理性证明。

我们发现，哈贝马斯在分析交往行动时又补充道，"如同所有的行为一样，交往行为也是一种目的行为。但能够协调行为的理解机制打破了个体行为计划和实现这些计划的目的论，通过无条件地完成以言行事行为的交往'路线'，把最初是针对具有自我中心主义思想的行为的行为趋向和行为过程，纳入到主体间共同拥有的语言结构的束缚之下。语言结构内部的理解目的迫使交往行为者改变他们的视角；这点具体表现为，从想对世界中的事物发挥作用的目的行为的客观立场，必然转变为努力与第二人称就某事达成理解的言语者的完成行为或立场"。① 显然，一切理性化的行动都会包含着目的，每一项行为选择的背后都有着特定的目的，所以哈贝马斯无法回避目的的问题，而是必须把交往行动与目的联系起来进行考察。但是，哈贝马斯并未将行动本身视作目的，而是将行动看作从属于目的的。这样一来，他实际上又把行动与目的区分开来了。这一点恰恰是整个近代以来的哲学都无一例外地包含着的论证逻辑。所以，哈贝马斯并未真正地把哲学引向所谓"后形而上学"阶段。

既然一切行为都具有目的性，那么目的的内容以及指向，就决定了行为的路线和性质。如果目的是个人利益的实现，那么行为的自我中心主义取向也就是必然的了。可能正是看到了这一点，哈贝马斯求助于语言的交流——"以言行事行为的交往"。的确，如果说行为动机中的利益导向会使人走向"以自我为中心"的方向，从而把自我利益实现作为标准，把他人作为自我利益实现的工具，那么，这种交往就只能达成一个单一的或单向的利用他人的开放性，而不会有面向他人敞开的开放性。这样一来，利用他人的开放性就只能是一种建立在自我封闭的基础上的开放性，而自我的封闭则会让人倾向于选择通过信息垄断的方式去维护自我的封闭性，以求通过封闭而达成或拥有更为方便地利用他人的优势。因为，在与他人交往的过程中，他人的不知情显然会使我的操纵变得更加容易，我垄断了信息本身，就意味着我拥有了相对于我欲利用之人的优势。所谓"囚徒困境"亦如此。所以，在任何一种意义上，我们都不能将此看作开放，不能认为它具有开放性。

在政府这里，信息垄断就是我们经常谈论的所谓"行政秘密"。有的时候，政府中的官员可能并不拥有实质性的行政秘密，但他们也往往会向公众暗示说自己掌握了更为全面的情况。政府这样做的目的

① 〔德〕哈贝马斯：《后形而上学思想》，曹卫东等译，译林出版社，2001，第115页。

就是，让公众相信他们所有人表达的意见都只是具体性的，而不是具有普遍意义的，不是政府可以接受的，更不是政府可以去执行的。通过这种方式，政府官员往往能够成功地化解危机，并让公众在这种心理战的失败中去服从行政部门及其官员的意志。以此为例，我们看到，在政府与公众之间，是存在着"以言行事"的交往的。对于公众参与，政府是可以通过语言的形式去表达拒绝、吸纳和认可的。然而，在政府这样做的时候，它处在操纵的地位上，政府与公众之间并无平等可言。推广而言，地位不平等条件下的交往不论在语言结构方面是怎样的，都会让言说者积极地把自己置于语言交往的主动地位上，争取在交往系统中成为中心、成为主体。结果，交往过程中主动的一方就会封闭自我，而另一方也会受到这种封闭自我行为的传染，都希望在对自我的封闭中去寻求相对于对方的优势，并将交往过程转化为竞争过程。在竞争中，各自都是主体，却包含着相互对对方的封闭和排斥。所以，哈贝马斯的交往行动理论以及"主体间性"并未给我们提供一个开放性的视野。如果依据这一理论去做出实践上的安排，是不可能赋予我们的社会以真正的开放性结构的。

与哈贝马斯在人的交往行为中去寻求开放性不同，福柯希望在人的历史发展中去发现走向开放性的原因和动力。根据福柯的看法，人并不会凝固在某种形态或某种存在形式中，不仅人的知识、文化等都在历史的积淀中改变内容和形态，而且人本身也是处在变化之中的。撇开人的自然生命不谈，就人的社会生命而言，时时都处在变动之中。对此，福柯所表达的意见是，"人是这样一种存在方式，即总是开放的、从未一劳永逸地界定的，但被无限浏览这样一个维度能在人身上建立起来，这个维度是从人在我思中并不加以反思的自身的一部分伸展到人据以重新领悟这个部分的思想活动；反过来，这个维度又从这个纯粹的领悟进到经验充塞，进到这些内容的混乱的高升，进到那些避开自身的经验的突悬，进到在非思的沙质疆域中被给出的东西的整个沉默镜域"。①

在福柯的思路中，由于人是面向未来开放的，因而历史也具有了面向未来的开放性维度。从这一点来看，如果制度安排以及各种各样的社会设施的配置不变的话，社会就会从与人相适应的状态走向与人相异化的方面。正是人的面向未来的开放维度，决定了与人相关的一切都必须在不断的变革中去寻求与人的存在和需求相适应的制度和行为模式。即便一个国家或民族所拥有的可以被证明是成功的那种与人相适应的安排，在时间的推移中也会变得不再适应。而且，所有已经被证明是成功的安排，在向另一个国家或民族移植的时候，也应充分考虑到其发生的语境和在历史维度上的位置。比如，西方国家现代性的制度安排和社会治理方式选择是发生在工业社会的语境之中的，虽然一些在现代化进程中落在了后面的国家或民族会认为那是先进的制度和社会治理方式，但当人类在整体上已经进入了全球化、后工业化进程之中时，如果不对其历史性进行评估就照搬过来的话，肯定是不适用的。这也说明，面向未来的开放性不仅是一个客观的历史进程，也是人们的观念和态度——要求开放性地面对一切既存事实和经验——的必要取向。我们需要拥有开放性的心态，需要在开放性观念的指引下去开展各项活动。

## 三 政治封闭性的终结

从哈贝马斯和福柯的论述中去发现开放性的思想，所看到的还是哲学层面的描述和分析，因而必然会要求从对人的观察入手。如果不是这样，而是希望直接地通过对现实中的人之外的实体性存在进行分析，并通过这种分析去揭示开放性的意义，那么，首先映入我们眼帘

---

① 〔法〕米歇尔·福柯：《词与物——人文科学考古学》，莫伟民译，上海三联书店，2001，第420页。

的就会是民族国家。特别是在全球化、后工业化运动已经取得了积极进展的情况下，民族国家政治的封闭性显得更加让人无法容忍，更不用说那些"逆全球化"行为了。令人惋惜的是，我们所面对的现实却是，在经济全球化已经取得了巨大进展的情况下，政治却依然运行在民族国家的框架下。也许正是因为政治依然运行在民族国家的框架下，才产生了逆全球化行为，某个（些）处在世界中心地位的国家（如美国）才可以凭借霸权而公开地反对全球化，要求封闭国门或对那些张开怀抱迎接全球化的国家进行制裁，采用政治运作的方式而滥用"贸易战"等。这必将以经济与政治间的矛盾不断加剧的形式呈现给我们，并会不断地对政治构成挑战，甚至会有导致军事冲突的危险。不过，我们相信，这种对政治的挑战是可以理解成对政治施加的某种压力，而且这种压力必然会迫使政治走向开放，尽管呈现出来的是再度封闭的逆行，但那只不过是暂时的倒退。在走向未来的维度上，当我们向前看的时候，就会看到政治从封闭走向开放将是一种必然趋势，一切封闭的要求，都会被历史所否定，即便在墨西哥边境上筑起了再高再坚的墙，也不会阻碍社会的开放。

既然政治将从封闭——准确地说民族国家的政治是半封闭的政治——走向开放，那么政治的开放将从哪里开始，就会成为一个我们首先遇到的问题。我们认为，政治的开放应当从公民身份的淡化开始。曾几何时，公民身份是平等人权在政治生活中得以实现的现实通道。然而，全球化却使公民身份显现为政治封闭的屏障。正是因为公民身份，民族国家才会在民粹驱动下以就业等为借口而挑动"贸易战"。从实际情况看，在民族国家的框架下，参与政治活动的条件是公民身份，有了这种身份，才有参与政治活动的资格，而身份本身就意味着某种排除。一般说来，在民族国家建立起来后，一国的国民也就是公民，国民与公民是基本重合的。公民在平等的原则下参与民族国家的政治生活，既实现了他们的公民权，也活跃了政治民主和促进了民主政治的发展。然而，全球化却造成了这样一个新的局面，那就是，社会的边界已经不再与政治的边界相重合，更不能覆盖民族国家的全部事务。全球化使得政治成了社会的一个构成部分，而且这个部分变得越来越小，当政治仅仅属于公民和只允许公民参与的话，也就是说，当政治不向那些不拥有公民身份的人开放时，非政治的地带将成为这个社会中越来越大的部分。

在这种情况下，一国国民开始变得模糊了起来，我们不知道什么样的人属于一国的国民。全球化助长了这一现象，那就是，外国人居住在不属于他的公民身份获得国，而且这已经成为非常正常的现象，也变得越来越普遍。就他居住在一个国家而言，他理所当然属于那个国家的国民，但他的公民身份却属于另一个国家，只因为他出生在另一个国家才被赋予他属于那个国家公民的身份。可是，他的出生地是别人给他的，而不是他的自主选择。如果我们不去甄别国民，而是在"居民"与"公民"之间加以辨识的话，就会看到，一个国家的居民中有了越来越多的人不属于这个国家的公民。就他们仅仅是居民而不是公民而言，是不被允许参与到政治生活中来的，政治生活对他们来说是封闭的。

就政治生活仅仅是拥有公民身份的人的一种社会生活而言，由于公民数量相对于居民的减少，也使得政治与社会相重合的部分变得越来越小了。一方面，拥有公民身份的人减少了；另一方面，政治又仅仅属于那些拥有公民身份的人。这样一来，拥有公民身份的人就会在政治生活中生成排斥那些不拥有公民身份的人的倾向。也许他们并不愿意这样做，但在民主政治的框架下，参与到政治活动中来的人，却会在这种自己并不愿意拥有又必然会拥有的排斥倾向驱动下把民主玩成民粹。进而，他们选择出领头的人带领他们，或者被某个人或某些人鼓动而被动地跟随着，汇入反对人的流动的合唱中，甚至通过行为去排斥、歧视、驱除那些没有公民身份的人，做出许多逆全球化的过激行动。在国际关系上，则把这种排斥性的行为转化为"贸易战"

等，甚至以收回绿卡等方式剥夺一部分人的居留权。

总的说来，在近代社会早期，在民族国家甫一确立之时，一国中的所有成员都会被给予公民身份，并因为有了这个身份而被认为可以平等地参与政治生活，尽管这种平等从来也没有出现。现在，在全球化的条件下，由于民族国家边界的日益模糊，人口的流动变得越来越频繁，使得几乎所有国家都积聚起了大量不具有公民身份的居民。特别是那些作为移民意愿目的地的国家，已经积攒起了大量的非公民身份的居民。然而，政治仍然是公民的游戏，那些居住在一国之中并时时受到政治影响的人，却像古希腊的"外邦人"一样，被剥夺了参与政治游戏的资格。对于这些人来说，政治是向他们封闭的。他们居住于一个国家中，显然有着与这个国家的公民相同的生活内容，公民对政治的相关要求也会在这些居民那里产生。但是，他们因为没有公民资格，也就不能像公民那样参与政治生活和反映他们的利益诉求。当他们被排除在政治生活之外的时候，事实上，已经是让公民去主宰他们的命运了。在这种情况下，即使近代早期思想家们关于人的平等的设定也不再涵盖他们，他们是不被承认的人群，甚至是没有被关注的人群。这也说明，在全球化运动中，曾经被各种理论和学说所许诺的民族国家及其政治的开放性，荡然无存了，事实上，民族国家框架下的政治是具有排斥性的政治。对于同样居住在这个国家的国民来说，这种政治对一部分人开放，而对另一部分人却封闭了大门。

在全球化运动中，我们迎来了一个人的流动性日益增强的时代，更多的人并不长期居住在某个固定的地方。就人的流动而言，也许会让人想起原始时代的游牧部落。然而，他们并不像游牧部落那样整体迁徙，而是各自流动。即便是组织起来的，也是以个人的意愿而去决定是否流动。所以，他们并不构成一个部落。如果说游牧部落的流动是受到自然因素支配的，全球化中的人的流动则是人为建构的，是人的活动的影响而促使他们流动。实际上，全球化中的人的流动更多地取决于主观意愿，更多地表现为个人选择。即便人是受到工作指派，也应归于人的自我选择。也就是说，如果你要陪伴妻儿而不愿意流动的话，你是可以拒绝那一工作的。这就是全球化中人的流动的新特征，是以往从未出现过的。特别是在人们有了居民的概念后，对于这种流动中的人来说，他们的一宿之居也应被看作他们居民身份的证明。他们作为居民是个事实，是不容怀疑的，但他们却无法获得公民身份。

在这种情况下，公民身份的合理性程度还有多大？或者说，公民身份难道不是一个非常可疑的问题吗？一旦我们提出这个问题，就会发现，人的流动性正在对人的公民身份形成挑战，不仅公民身份的合理性正在丧失，而且，人的流动也会让行使公民权利既不方便又成本高昂。可以相信，随着全球化运动的持续推进，人们将会逐渐淡化公民意识。随着公民意识的弱化和居民意识的生成，或者说，随着居民而不是公民人数的增多，民族国家得以支撑的公民在统计学上的数量将会表现出急剧下降的趋势。这样一来，存在于一个国家之中的大量人口并不属于这个国家的公民，相反，它的公民却居住在其他国家之中，或者流动于国家之间。这不禁让人发问，既然公民处于流动或不确定之中，那么，民族国家框架下的既有政治模式在何种意义上还具有合法性和合理性？这显然是一个必须作出回答的问题，是一个越来越迫切需要作出回答的问题。

当前，人们一直在谈论经济全球化，往往对政治全球化的事实视而不见。其实，经济全球化的意义绝不限于经济本身，而会成为改变既有的政治以及生活模式的基本力量。如果我们不希望政治以及生活模式的改变过程因矛盾的积累而产生重大危机和剧烈的社会动荡，就必须自觉地和主动地调整政治和设计新的政治生活方式。然而，现实的政治运动却与全球化逆向而行，即不断地对其国民灌输公民意识，而不是通过淡化公民意识而让其国民去承认自己作为居民的新现实。比如，在美国，政府通过一定的设置把人们分成公民、持绿卡的人、

"墨西哥人"等，从而限定参与政治活动的人（群），把大量居住在美国——事实上已经成为美国人——的人排除在了政治生活和活动之外，形成了一个封闭性的政治系统。这样做的结果是，当一国公民流动到了另一国时，他不是安于做个居民，而是在观念中希望把自己变成这个国家的公民，而权威机构却总是不愿意满足他的这一愿望。

可见，正是因为政治的运行走在近代传统的轨道上，以至于那些作为居民的人成了"消极公民"。也就是说，尽管人们的公民身份已经丧失了合理性，特别是那些无法获得公民身份的人，已经不再能够从公民身份中发现自己的政治价值，但他们仍然不愿放弃近代养成的那种公民观念，他们仍然希望自己拥有公民身份。在这一身份无法获得的时候，则在心理上感受到自己作为"客居者"的流浪窘境，对所在国的政治以及公共事务抱持冷漠态度。排斥、冷漠、对立等，构成了民族国家今天社会生活的基本内容，这也反映到了政治系统的运行之中，特别是反映到了诸如选举等类似狂欢的活动之中，使人们陷入集体性的非理性状态之中。结果，理性的民主设计转化为感性宣泄的民粹。基于民粹而作出的选择，又成了排斥、封闭、对立等再度升级的起点。

民族国家是"移民"现象得以出现的根源。或者说，在民族国家尚未兴起的时候，人们流动和迁徙并不被看作移民。再者说，在"移民"概念尚未产生的时候，人们并无移民意识。随着移民概念的产生和被人们广泛接受，也就出现了种族主义的问题。从 20 世纪的情况看，几乎所有的所谓"移民"国家，都存在着程度不同的种族冲突。阿明说，"种族看起来是虚幻的，他其实是当前政治环境的产物"。[1]可以认为，种族问题本身就是由民族国家制造出来的，种族主义本身

---

① 〔埃及〕萨米尔·阿明：《全球化时代的资本主义——对当代社会的管理》，丁开杰等译，中国人民大学出版社，2013，第 57 页。

就是民族国家的派生物。

种族的出现并构成一个问题，是可以追溯到资本主义世界化运动的起点的。在资本主义世界化进程中，一方面是民族国家的出现；另一方面是资本主义社会大生产对劳动力的需求，造成了人们成批的迁移，汇集到民族国家之中。同在一个民族国家之中，却又是不同的人群，从而让人们于其中识别出了种族。进而，给予所有不同的人群以种族意识，挑起了他们之间的矛盾、对立甚至冲突。就此而言，民族国家造就了公民，同时也造就了种族，至少是在那些率先成长起来的民族国家中，基本上都存在着种族和面对着种族问题。如果说在前近代的社会中，特别是在欧洲，因为人口迁移而携带着不同的信仰，进而产生了宗教冲突，那么，近代以来，特别是在民族国家生成之后，种族冲突已经在很大程度上取代了宗教冲突，尽管种族冲突也会以宗教冲突的形式去加以表现。鉴于此，我们认为，种族问题的彻底解决，也肯定意味着对民族国家这种政治形式的扬弃。

认识到了这一点，我们必须宣布，全球化将消灭"移民"的概念。在人的流动普遍化的情况下，将不允许在"移民"与"本地人"之间做出区分，更不应把人区分为不同的种族，即便人的相貌、肤色不同，也是共生共在和相互依存的存在物。对人进行区分，在移民与本地人等之间进行划界，是陈旧观念的反映。在全球化和人的流动性增强的新现实面前，正是基于旧观念而建构起来的制度以及基于旧观念而开展的行动，才会要求把"移民"与"本地人"区分开来，但这肯定是极其有害的。至少，旧的观念和基于旧观念的行动，会激起甚至培育出种族主义，以至于种族冲突永无穷期。即便在诸如美国这样一个"种族"一词被作为禁忌看待的国家，也会把种族观念转化为对尚未融入美国政治体系的人的排斥。特别是在民粹精神弥漫的气氛下，塑造出可以排斥的对象，往往是成功达到政治目的的必要途径。

在全球化进程中，民族国家已经成了孕育危机的根源，而民族国家的存在本身，又会在遇到各种各样的危机时致力于危机管理。正如阿明所指出的，在全球化进程中，"资本主义主导力量将会优先考虑危机管理策略。在这种诉求中，资本主义主导力量总是尽可能多地将危机转嫁给了那些最弱小的伙伴国——处于东方、南方外围地区的国家。这么做，为的是减轻中心发达国家的危机后果，确保以后不发生剧烈危机。这种做法与寻找解决方法是背道而驰的。主流意识形态的新辞令见证了这些短见的先入之见"。① 在今天这样一个拥有中心—边缘结构的世界体系中，尽管中心国家一次又一次地将危机转嫁给了边缘国或边缘地区，但每一次出现的新危机又都会携带着更大的破坏性能量，而且危机爆发的频率也变得更高。在出现了危机的时候，中心国家和地区的每一次故伎重演，都意味着全球风险的增加，也意味着危机转嫁过程的可控性变得越来越弱。

既然绝大多数危机都是由工业社会的经济和政治运行方式造成的，而且主要产生于中心国家和地区，也是在世界体系的中心—边缘结构中从中心转移到边缘的，那么，打破中心—边缘结构就是阻断危机转嫁的做法。但是，如何去打破既有的世界中心—边缘结构呢？显然这需要在对工业社会的经济和政治运行模式进行彻底改造中去谋求出路。然而，这一谋求出路的追求，又无疑是后工业化进程中需要研究的迫切性很强的课题。恰恰是在面对这一问题时，中心国家和地区不愿意去探讨，甚至根本不愿意去触及，而是耽于工业社会既有的思维方式之中。这就是阿明所说的，"资本主义主导力量的思维方式，其作用在于分裂外围国家。这些外围国家处在世界体系的底层，极易受到伤害。它们向全球市场力量开放，却没有控制它们的方法，因而

---

① 〔埃及〕萨米尔·阿明：《全球化时代的资本主义——对当代社会的管理》，丁开杰等译，中国人民大学出版社，2013，第65页。

承担了全球危机的最大负担。这种灾难性的政策和各种难以解决的矛盾交织在一起。在衰退和暴力中，总会出现无休止的混乱，于是，（军事上的）'低度冲突'管理理论成为资本主义支配力量解决此类冲突的有力工具"。① 从近些年的实践看，中国经历了 2008 年"金融危机"和 2015 年"债务危机"的转嫁，承受了巨大的经济社会发展压力，在这种情况下，试图通过"一带一路"倡议而实现边缘联合，这可以说是抵抗中心地区危机转嫁的一种实践尝试。但是，由于中国知识界有些人所拥有的是来自西方中心国家的既有观念，他们不仅不愿意融入"一带一路"的实施路径设计中，而且采取极其消极的态度。至于一些积极表现的人，也可能是一些并未提供知识支持的人。这就是当前未见走出世界中心—边缘结构困境的原因所在。

正是因为世界的中心—边缘结构无法突破，而中心国家和地区的危机生成速度又不断加快，需要不断地向边缘国家和地区转嫁，所以世界变得动荡不安。在这种动荡不安的状态中，虽然地区性的和局部性的冲突养肥了中心国家和地区的军火商，但同时也培育出了仇恨。而且这种仇恨被不断地积累起来，并借助于全球化之机发泄到中心国家和地区。当然，更多的发泄仇恨的行为还是留在了本地。尽管这种发泄仇恨的做法是非理性的，而且力道微弱，迄今为止所制造的最大事件也就是"9·11"事件，但其影响却是巨大的，以致人们的不安全感、恐惧感与日俱增，也使世界显得更加不安宁。所以，中心国家和地区所固守的既定思维方式是极其有害的，它必将把整个人类拖入危险的边缘。到了那个时候，即便中心国家和地区也无法独享安宁。这就是我们倡导全人类确立人的共生共在观念的理由，也是我们构想合作秩序的原因。既然世界的中心—边缘结构是当前人类社会中绝大

① 〔埃及〕萨米尔·阿明：《全球化时代的资本主义——对当代社会的管理》，丁开杰等译，中国人民大学出版社，2013，第 65 页。

多数风险和危机的根源，那么打破世界的中心—边缘结构，也就是根本性的出路。在打破世界中心—边缘结构的道路上，第一步就是改变民族国家边界的性质，使其获得开放性，不再成为阻隔的屏障，或者说，将其由阻隔的屏障转化为合作的桥梁。

阿明看到，在全球化进程中，"新自由主义学说不能回答全球化的真实挑战，除非根据它的原则假设向资本、商业和移民工人同时开放所有边界。但是，这种学说仍有局限，它提出向资本开放边界，却不向人开放边界。因此，它的建议只能加剧全球资本主义的两极分化"。[①] 其实，"新自由主义"理论在根本属性上是属于工业社会的，它只不过是在全球化已成为现实的时候要求把自由资本主义原则从民族国家搬到全球。即使"新自由主义"乐意于去谈论全球化的问题，也不意味着它能够准确地理解和把握全球化运动的实质。事实上，"新自由主义"并不属于一种基于全球化的现实而建构起来的新理论，而是一种在几个世纪之前产生的旧理论的翻版。全球化如果按照这种理论去做出安排的话，必然会把民族国家近代数百年上演的那幕戏剧在全球舞台上重演一遍。那样的话，近代以来所发生过的几乎所有事件，都极有可能以放大了的形式接连出现。由于全球舞台更大，所有那些在近代曾经发生过的事件重新出现的时候，影响也会被放大。那可能是人类所无法承受的，或者干脆说，那肯定是人类所无法承受的。

阿明在这里揭示了"新自由主义"的一个致命的问题，那就是放开了资本的流动而限制了人的流动。这对于全球化来说是极其有害的，必将扭曲全球化。如果说全球化是对民族国家的解构，不断地消磨民族国家的边界，那么资本的放开不仅不会对民族国家构成冲击，反而会使它得到增强，而且也会更加强化世界体系的中心—边缘结

---

① 〔埃及〕萨米尔·阿明：《全球化时代的资本主义——对当代社会的管理》，丁开杰等译，中国人民大学出版社，2013，第 67 页。

构。结果，必然会阻碍全球化的进程。如果说它能够形塑出一种全球
化模式的话，那绝不是具有历史发展必然性的全球化，而是一种资本
在全球舞台上重演民族国家资本主义活剧的运动，仍然属于资本主义
世界化的范畴。那样的话，就会激起更大的反对全球化（实则资本主
义世界化）的能量。相反，如果资本的放开是与人的放开同步的，同
时突破民族国家的边界而在全球范围内自由流动，那么全球化就会走
在康庄大道上。人的流动是非常重要的，它是民族国家最大的消解力
量。所以，打破世界中心—边缘结构的追求，首先需要从促进人的流
动开始，需要努力寻找能够促进人的流动又不至于造成动荡无序的
途径。

如果这一途径得以发现的话，可以说，全球化就已经取得了积极
进展。就此而言，把"移民"称作一类现象是极其错误的。正是因为
人们的头脑中有着"移民"的概念，在移民与本国"公民"间做出
了区分，才会在全球化的时代出现"逆全球化"的诸多消极现象。比
如，墨西哥边界筑墙的行为，民粹主义驱动下的排外冲动，对自由贸
易原则的挑衅，等等，就是反全球化的倒行逆施。我们认为，在全球
化的条件下，所谓"移民"，不仅不应是一种消极的社会现象，而应
当被认为是人的流动标杆，是每一个人都应当学习和效仿的榜样。进
一步地说，对"难民"的收留更不应被看作一项具有慈善性质的事
业，更不应冠之以"人道主义"的名目，而应是一项理所当然的事
情，是责无旁贷的和必须做的事情。事实上，当民族国家的边界被抹
平后，根本就不会出现所谓难民。在全球化的条件下，"难民"这个
词应当从辞典中彻底删除，无论是什么原因促成了人的流动，都不应
当把流动的人们称作难民，而是应当在他们到达的每一处都享受与当
地居民相同的待遇。我们必须指出，在任何一个人的心中，如果存在
着"难民"的观念，并用这种观念去识别某一类人的话，那么，他无
论做了什么样的事情，都缺乏平等意识。也许他以为自己是在做一项

慈善事业，实际上，他在这样做的时候，在他所投注的那份对难民的同情中，灌满了歧视，他实际上已经把难民看作与他相区别和与他不平等的人，是需要他高高在上地给予施舍的人。

尽管全球化对民族国家的历史合理性提出了越来越强烈的质疑，但在一个较长的时期内，民族国家的存在仍将是一个不可否认的现实。只要民族国家依然是一个基本的政治现实，那么国家间的竞争就不会缓和，不仅如此，还有着愈演愈烈的可能性。不过，也存在着另一种可能性，那就是，随着全球问题的增多并对民族国家的利益实现构成不断增大的威胁，民族国家就会被迫使认真考虑合作的问题，并努力探寻合作的各种可能的途径。这样的话，合作的理念就会生成并不断地潜移默化，进而也会使民族国家在开展竞争的时候变得更加理性和更加谨慎地去选择竞争手段。也就是说，在全球化进程中，"在较长时期内，被保护的自我中心式的发展是不可避免的；全球化并不反对它，而是通过有计划的周密组织，甚至通过推动发展不平衡的区域交流来帮助它获得成功……多极世界体系就是这样的。在这个体系里，南北合作和东西合作将能支持共同进步"。[①] 在中国的"一带一路"倡议中，实际上恰恰包含了这种精神。

就全球化意味着人类历史的一场伟大变革而言，在从工业社会的历史阶段向后工业社会的历史阶段过渡期间，必然会有多种因素的并存。一方面，民族国家的边界变得日益开放，致使民族国家间的竞争更多地和经常性地直接以私人组织乃至个人的接触和冲突的形式出现，而不是以民族国家的整体形式出现；另一方面，民族国家的观念中可能包含着更为激进的民族性内容，从而出现一波新的民族国家重组的运动，以至于一些民族国家会被打碎，从而转化成更具民族单一

---

① 〔埃及〕萨米尔·阿明：《全球化时代的资本主义——对当代社会的管理》，丁开杰等译，中国人民大学出版社，2013，第 68 页。

性的民族国家。即便出现了这一现象，新生的民族国家也必然要面对
开放性的问题作出选择，需要在拥有更强、更充分的开放性中获得生
存下去的可能性。所以，在这场运动中再造的民族国家，也会不同于
那些在二战后的民族解放运动中以及更早时期中产生的民族国家。它
们将会以其开放性而成为全球化的推动力量，而不是走向封闭并阻碍
全球化。或者说，如果出现了新的民族国家的话，它们将会在民族国
家的再造中为民族国家最终移出人们的视野而送行。

这也说明，全球化不会呈现给我们单一线性的发展轨迹，而是包
含着多种可能性，会有多条道路。在排除了那些"逆全球化"的行动
后，可以认为，无论全球化走上什么样的道路，都将殊途同归，甚至
会同步走进后工业社会。尽管如此，全球化进程中也必然会包含着自
觉性、主动性得以施展的空间，而不是像工业化、城市化那样表现为
一个自然历史过程。其中，最为重要的聚焦点就是合作行动与开放
性。每一个行动者——无论是以国家、民族、组织还是个人的形式出
现的行动者——都应确立起合作的理念，并在一切可能的条件下用合
作代替竞争。同时，在每一个层面上，也都自觉地和主动地去营造开
放性的局面，去基于开放性的要求做出各种各样的安排，努力突破一
切根源于传统惯性的封闭，拆除一切妨碍开放的障碍物。

全球化首先会使民族国家的空间形态呈现开放性，并逐渐与全
球空间相重合。或者说，民族国家的空间将被全球空间所替代，从
而使民族国家在全球空间中运行，而不再是一个相对封闭的、供各
种利益集团和各个社会阶层开展竞争活动的空间。在全球空间中，
原先那些民族国家的构成要素，都将不再被局限于民族国家内部，
而是在全球空间中开展活动。这样的话，每一个行动者也都将拥有
更为宽广的全球视野，都将更为关心全人类的共同命运，都将更愿
意为了人的共生共在而贡献自己的力量。在某种意义上，我们也倾
向于认为，全球空间中的行动者将更愿意接受有益于人类共生共在

的道德规范，将更愿意作出有益于人的共生共在的道德行为选择。到了那个时候，西方世界中的那些坚守工业社会旧模式的力量，也就会受到根本性的冲击。

## 第二节 开放社会中的治理

### 一 开放进程中的知识与文化

根据鲍曼的观察，"新全球精英是流动的，犹如滑冰和冲浪；这种流动通常是身体上的，然而，精神上的流动一直都在进行着。其成员同曾经普遍存在的地域性的感觉无关。他们的定位点不仅是流动的，也是短命的：前者如同他们自身，不管是身体上的还是精神上的；后者如同他们所认同的忠诚……全球精英的成员资格取决于他们的无拘无束，取决于他们不受地域性承诺约束的自由"。[①] 虽然我们并不认为鲍曼所观察到的事实有着积极推动全球化进程的意义，但被鲍曼称作"全球精英"的这部分人，确实已经不再有强烈的国家意识了，他们甚至已经不在乎自己的公民身份了，而且，他们明显地表现出不愿意履行与公民身份相伴随的义务和责任承诺。

虽然我们不相信一个群体就能推动历史进步，但我们相信，某个群体更早地获得了未来标识却是可能的。被鲍曼称作"全球精英"的人就属于这个群体，他们率先地感受到民族国家边界对他们的束缚，他们希望没有那么多的"关卡"和"盘问"，也不希望本来可以放置钱包的地方被护照挤占。所有这些，在今天看来都是消极的。在我们既有的社会治理中，这些是被作为冲击秩序的因素看

---

① 〔英〕齐格蒙特·鲍曼：《被围困的社会》，郇建立译，江苏人民出版社，2006，第226页。

待的，因而是需要加以遏制甚至制止的。即便各个国家因为经济和社会等各个方面的需要而开放性地看待这些问题，但那也更多地反映了民族国家在这些问题上的一种无奈。所以，我们认为，反映在所谓"全球精英"这里的行为，代表了一种要求摆脱既有约束的愿望。如果说这将意味着一个趋势的话，那么，这种愿望总有一天能够得到实现。果若如此，那一天肯定就是一个全球性开放社会到来的一天。

事实上，从 20 世纪 80 年代以来的全球化、后工业化进程看，已经增强了资本在全球范围内的流动性，使资本的力量显得更加强大了。值得注意的是，在增强了资本的力量的同时，却动摇了资本统治的基础，使资本不再与某种相对稳定的政治势力或社会群体恒久地联系在一起，不再与国家机构甚至政权勾结在一起。与资本相结合的那些形态，也具有流动性，因而无法实施实质性的资本统治。这在自由主义立国的资本主义国家表现得尤其明显，美国之所以近一个时期表现出躁动不安的状况，通过民粹的方式去反全球化，就是因为资本与政治势力间的联系开始松动了，以至于政治势力借助于无处不在的媒体力量煽动起不知情者的民粹情绪。这说明，全球化、后工业化已经把人类领进了一个新的历史阶段。或者说，全球化、后工业化意味着人类历史将进入一个新的阶段。在这个新的历史阶段中，工业社会中的社会治理模式将不再适用，取而代之的将是一种合作治理。有的人将这样一种构想称为"乌托邦"，那只能说是对"乌托邦"一词的滥用。

鲍曼说，"乌托邦是确定性与稳定性的堡垒，是宁静的王国。它代表了清晰和自信，而不是混乱。它代表了稳定而持续的，即没有意外的因果关系，而不是命运的反复无常。它代表了径直的、常走的、标识明显的道路，而不是充满岔路口和死胡同的迷宫。它代表了透明，而不是模糊。它代表了确立已久的和完全可预测的惯例，而不是随机"。① 如果说乌托邦在整个工业社会中从来都不绝于迹的话，或者说，从来都未给予人们能够将之实现的希望的话，那么，在全球化的进程中，乌托邦所向往的那种宁静的社会也就更不可能出现了。实际上，乌托邦仅仅是一种在工业社会的背景下对农业社会作出的理想化描绘，是面对工业社会的嘈杂而对农业社会的诗意想象，工业社会的数百年行程已经证明了，乌托邦仅仅是空想。

到了全球化、后工业化时代，作为空想的乌托邦更加失去了发生的前提。全球化带来的是高度复杂性和高度不确定性，不仅带有典型农业社会特征的乌托邦难以成为有价值的想象，即使工业社会那种用稳定的制度框架匡正一切的模式，也丧失了合理性。在全球化、后工业化的时代，将不再会有乌托邦，甚至任何谈论乌托邦的人都会颜面尽失。也就是说，在人、财、物等几乎所有的社会构成要素的全球流动和相互激荡之中，莫尔所想象的那个封闭的、与外界隔绝的具体地域，在人的想象中也不可能存在了，人们也许不再能够从头脑中搜寻到乌托邦的影像。所以，假如谁还在全球化、后工业化运动中谈论所谓乌托邦的话，那无非是要向人们表明自己是来自几个世纪前的一件"古董"，希望唤起的也只不过是人们对他作为一件"古董"所具有的某种价值的承认。即便用"乌托邦"一词来表达批判或谴责的意见，也说明其观念太过陈旧。

那是因为，"乌托邦思想想当然地认为，所有的秩序都是地域性的，包括它试图做成模型并铭刻于社会音容宛在中的'美好秩序'。尽管各种乌托邦模型在很多方面都有所不同，但是，它们都位于某个地方——这个区域有别于其他的空间，并同其他的空间相隔绝；同时，它是一个有机结合的整体，礼让的力量在其内部是至高无上的。

---

① 〔英〕齐格蒙特·鲍曼：《被围困的社会》，郇建立译，江苏人民出版社，2006，第220~221页。

需要指出的是，任何一个乌托邦在其物理——哪怕是想象的——空间内显然都有一个固定的地址，并且，长老会或仁慈的太阳王所拥有的完整的主权，是其稳定性的基础和持续性的保证"。① 全球化不仅突破了所有地域，也使所有的门牌号褪色，以至于字迹难辨。因而，乌托邦失去了鼓动人心的价值，以至于我们无法把任何在我们时代中和基于我们时代的现实而形成的思想归类到乌托邦中去。乌托邦的彻底衰落甚至绝迹，将意味着一切地域性的划界设置丧失了合理性。最为根本的是，一切建基于地域性存在的观念及其思维方式，都将不再在人的社会实践中发挥积极作用，只会发挥消极作用。

我们也看到，农业社会其实并不是乌托邦主义者所想象的那样。在农业社会的历史阶段中，地理上的地域边界呈现封闭性，也正是因为它的封闭性造就了熟人社会。在熟人社会中，人们在亲人、朋友或敌人两极处集结，处于中间地带的人是极少的。在工业化的进程中，随着地域界线的消解，人们之间的心理边界却被刻画了出来。在工业化、城市化进程中，人们流动了起来，进入了陌生人社会。结果，处于两极的人急剧减少，更多的人既不是亲人、朋友，也不是敌人，而是陌生的却又可以交往甚至必须交往的人。在陌生人的交往中，习俗性的规范不再发挥作用，而是由系统化的、人为制定的规则来规范人们间的交往关系和交往行为。当人们进入了交往关系之中并做出交往行为选择的时候，规则也就同时作用于他；当人们退出交往关系的时候，规则也就与他无关了。

近代以来，规则构成了一个规范空间，这个空间与地理空间不再重合，与其他的社会空间的关系也会因人的行为而变，会出现重合与分离的状况。所以，规范空间是具有一定开放性和可选择性特征的，

---

① 〔英〕齐格蒙特·鲍曼：《被围困的社会》，郇建立译，江苏人民出版社，2006，第218页。

人们因为这些特征而可以做出"进入"或"退出"的选择。同时，规范空间也具有变动性，是能够在历史演进中改变自身特性的，从而在人类社会发展的不同时期以不同的形式出现，并通过人的行为去证明自身具有不同的性质和内容。在全球化、后工业化进程中，我们看到，人的生活以及活动的规范性空间将获得更大的弹性，甚至一切独立于人的行动之外的规范性空间都将走向消解。这个时候，一切能够对人的行动发挥实质性规范作用的因素，都是与人的行动相伴随的，是存在于人的行动之中的，因人的行动的需要而定，也因人的行动的需要而变。

在地域性的社会中，知识的内容也局限在了地域的范围内，当人们走出地域的时候，知识也开始在更大的范围内传播。于此过程中，知识以其普遍性程度决定了被接受的状况，普遍性程度愈高，接受者愈众。相反，一些具体性的知识则被保留在原先的地域范围内，甚至许多具体性的知识消失了。比如，当女性不再构成一个封闭性的群体时，中国湖南一带的所谓"女书"也就消失了。由于知识打破了地域界线，人们的眼界开阔了，上下几千年，纵横几万里，都可以在一人那里了然于胸。如果说知识包含着智慧，或知识能够激发出人的智慧，那么，当知识流动并在人的头脑中汇聚时，也就能够激发出人的创造力。而且，当这种创造力作用于社会时，社会也呈现加速发展的态势。

但是，如果说我们这里所谈的知识流动能够带来新的世界图景的话，那还只能说是一种理论推定。在近代资本主义世界化的过程中，在世界的中心—边缘结构生成的过程中，知识的流动并不是散射的，不是一种自然而然的现象，在很大程度上，是借助于某种话语霸权而由世界的中心强加给世界的边缘的。如果说在近代早期的脱域化进程中知识还表现出了自然流动的特征，那么，在世界中心—边缘结构确立了起来并变得稳定的时候，知识的传播就主要是依靠话语霸权推行的，而且也是服务于对世界中心—边缘结构加以维护的要求。这虽然在一定时期内并未表现出知识以及与知识相关的创造力衰竭的状况，但其运行趋势则是必然造成思想僵化、知识枯竭的局面。

虽然在世界的中心—边缘结构中话语霸权发挥了推动知识传播的作用，但是，可以肯定地说，话语霸权是知识的毒瘤，也是一切创造力的腐蚀剂，它必然会"窒息"人类的思维。悲哀的是，面对话语霸权的时候，人们往往要求用另一种话语霸权来击垮这一种话语霸权。比如，在一些地区，由于人们尚未融入世界体系之中，会存在着区域性的话语霸权。在这些地区中，就会有人渴望将区域外的某种话语霸权引入，从而替代域内的某种话语霸权，总以为"外来的和尚会念经"。其实，没有任何一种话语霸权会成为知识的温床，所有的话语霸权都倾向于扼杀人类的创造力。所以，任何一位钟情于任何一种话语霸权的人，都是知识与智慧的敌人，因而也是历史进步的敌人。在人类开拓未来世界的征程中，消除所有话语霸权，将是首要的任务。尽管这项任务是极其繁重的，却是必须承担起来的。我们认为，全球化、后工业化将给我们呈现一个"知识意味着权威"的时代，但是，那绝不是一个允许知识获得霸权地位的时代。

就文化而言，我们看到，农业社会的文化具有区域性的特征，或者说，一种文化总是与某个特定的区域联系在一起的。到了工业社会，区域性文化被保存了下来，但其区域性色彩却呈现逐渐褪色的状况。随着人的流动和区域边界的消解，文化原有的价值内涵变得日益稀薄，不同文化间的碰撞，给了个人选择文化认同的行为自由。特别是作为文化坚固内核的信仰，在严肃性上显得日益松动。与此同时，领域性的文化逐渐成长了起来，它与地域性文化之间既有冲突又有交集，处于一种不停歇的互动之中。一般说来，在工业革命较为彻底的国家和地区，领域性文化发育得也就较为健全，而且有着相对于区域性文化的优势地位。相对而言，在工业革命不甚彻底抑或工业革命发生较晚的国家和地区，领域性文化呈现先天性畸形或发育不全的状况，它（们）的地域性文化始终保持着相对于其领域性文化的优势地位，往往渗透到了专业性活动之中。可以说，在这些后发工业化国家或地区的专业领域建构中，地域性文化发挥着干扰甚至阻碍各领域中的专业活动的作用。这就是我们在工业社会的历史阶段中总是感受到文化问题如此复杂的原因。

　　谈到这个问题，也许人们会立即想到平衡地域性文化与领域性文化的问题，会以为，只要在这两种文化之间建立起一种相对平衡的关系，就可以达致工业社会的健全状态。应当承认，在工业社会的成长期中，产生了这种想法是可以接受的。但是，我们现在正走在告别人类历史这个阶段的路上，或者说，我们已经进入了全球化、后工业化的进程之中，它决定了上述想法已经不再有付诸实施的价值了。在全球化、后工业化进程中，我们所要实现的是对上述两种类型的文化的全面超越。区域性文化将随着全球化、后工业化脚步的加快而得到进一步消解，而领域性文化则会因为领域融合而失去价值。在具体表现上，这一进程将以文化载体"虚拟化"的形式出现。当人变成了匿名人的时候，作为文化载体的人，也就会在形象上显现出虚拟的特征。不过，这个进程将会产生各种各样的阵痛，一些希望成为匿名人的人，可能会带着原先所拥有的区域性文化和领域性文化，而且是这些文化中的糟粕，以匿名的方式作恶，极力展示那些文化对社会生活的破坏作用。

　　显然，无论是区域性文化还是领域性文化，都需要以一定的人群为其载体。然而，全球化、后工业化进程中的领域融合则使人类进入了高频流动的状态。这种大规模的高频流动，使人以"匿名人"的形式出现，从而使上述两类文化都失去了固定的载体，以至于每一个行动者都必须在文化认同上去作出自主选择。结果，不同文化群体间的差异，将转化为自由选择文化认同的行动者之间的差异，而作为行动者终极状态的个人，则需要在一切社会活动中以人的共生共在为出发点。但是，这将是经历过一个痛苦的过程才能达到的状态。在这一状态中，个人首先需要拥有人的共生共在的观念，需要基于人的共生共在的要求去开展活动，并赋予每一个行动体系以合作行动的特征，去通过合作行动解决人类所面对的一切问题。事实上，一旦个人拥有了人的共生共在的观念和在这种观念的指导下去开展社会活动，个人文化认同上的差异也就会被人的共生共在的要求所中和，从而使合作行动表现出承认差异和包容差异的特征，个人也就会融入合作行动之中。

总体看来，在从农业社会向工业社会的转变中，一切乌托邦的诗意想象都变得不现实了，社会治理必须根据陌生人社会的特征选择依据规则的治理。也就是说，社会治理要求把规则放置在至高无上的地位上，不允许任何凌驾于规则之上的人和人群存在。然而，在这个依据规则治理的社会中，却存在着知识霸权，不仅是在人与人之间，而且在群体之间、国家之间，都存在着某种知识霸权，从而破坏了平等，使依据规则的治理成为一种假象。在另一个方面，由于脱域化，社会呈现了多元文化并存的状况，不仅地域性的文化交汇于一个相互碰撞的空间之中，而且出现了多样化的领域文化，使文化的载体共存于一个体系却又有着巨大的差异。不同文化间的差异与文化中的某种排斥性的交汇，就产生了文化冲突，而且文化冲突会以其他形式的冲突表现出来。这样一来，社会治理必须针对因文化冲突导致的各种各样的社会问题而开展行动。这样的行动是依据规则的社会治理，即用规则所具有的同一性去中和或消解文化的差异性。

事实上，对于依据规则的治理而言，必须在差异之间寻求同一性，而差异万千的文化载体之间的同一性，又只能在抽象中获得。结果，就会有大量质的因素在抽象的过程中流失。从工业社会的社会治理实践来看，显而易见，为了满足依据规则的治理之需要，在获得同一性的过程中删除了人们之间质的方面的内容。正是沿着这个逻辑所指引的方向，社会治理越来越显现出形式化的特征。所以，工业社会在社会治理的问题上一直处在矛盾和悖论之中。之所以会陷入这种矛盾和悖论之中，是因为在面对知识霸权和文化差异的情况时，人们总是通过抽象同一性去开展社会治理。也就是说，规范人的生活和活动的规则得以建立的前提是一种抽象的平等，而规则得以执行的结果则是制造了虚假的形式平等，在实质性的意义上，却无处可以发现平等。

现在，当人类社会进入全球化、后工业化进程时，以抽象平等为前提和以形式平等为目标的社会治理显然是应得到扬弃的社会治理方式。在全球化、后工业化进程中，我们应当寻找一种新的社会治理方式，它虽然需要得到规则的支持，却不依赖规则。这种社会治理方式将把全部关注点放在行动上。在这里，规则是产生于行动过程之中的，是作为行动的支撑性因素出现的。或者说，我们在全球化、后工业化进程中所应建构的社会治理模式突出了行动优先的原则，而不是恪守规则至上的原则。一旦行动的原则被放置在突出的位置上，知识的霸权就不再会出现。相反，一切不利于行动的知识，都会被标识为无用的知识；一切通过知识霸权去谋求话语霸权的做法，都会受到行动的无情冲击。另一方面，文化的差异不仅不会成为行动的障碍，反而恰恰是行动能够获得合作属性的前提。这样一来，我们在行动原则的优先性之中，所获得的就是一种合作治理的方式，而且能够从此出发建构起合作治理模式。

## 二 领域分离中的社会治理

在认识论的意义上，近代以来，人们所拥有的是一种实体性思维。也就是说，认识的对象是一种实体性的存在，人们所要把握的是实体性存在的性质以及实体性存在之间的关系。根据这种思维，假设每一个实体性的存在都是可以与其他实体分离开来的,可以在理论上被假设为孤立的自在自为的存在;就实体间的关系而言,实体之间并不是相互包含的,而是相互影响的;一个实体性存在对另一个实体性存在的影响,可以促其发生变化。影响被定义为"因",变化则被定义为"果"。以因果关系为坐标,就可以甄别出其他各种各样并列的以及派生出来的关系。但是,就实体自身而言,其存在的现实性则是由其封闭性所决定的。因为,即便在一个非常简单的逻辑中,也可以看到,如果实体是开放的,就不会表现为一种现实的存在。既然不能够成为现实性的存在,也就没有对它加以关注的必要了。这就是客观主义的认识论逻辑,要求一切认识对象都应当是静态的存在,是可以在此一存在与彼一存在之间进行区分的,每一存在都是可以观察、可以把握的实体,即便是以思想、精神、文化等形式出现,也是被作为实体性存在对待的,因为被作为实体性存在对待,才能成为认识的对象。所以,在这种认识论的逻辑中,无法形成一种开放性的观念,即无法让对象拥有开放性,更不能在对象的开放性中去把握对象。

对此,我们可以举例来说,莱布尼茨的单子也许是有一定开放性的,但那仅仅是有一个小小的可供出入的"窗口";斯宾诺莎的实体是"自因的",因而拒绝了其他实体的影响,更不用说实体性存在可以处于一个互动的过程之中了。这说明,实体并不是开放的和相互包容的存在。在某种意义上,可以说近代以来的认识论逻辑决定了全部社会科学思维都对开放性的思想采取排斥的态度,至多只承认了事物之间的相互影响,无论一种理论表面上如何宣称自己对开放性的青睐。就这种承认事物间互动的思想而言,也只是对伊壁鸠鲁思想的复述。因为,在伊壁鸠鲁那里,就是因为发现了原子的"偏斜运动",从而找到了事物间互动的原因。在这个带来了事物间互动的原因中,所解读出的自由意志仍然是可以在实体性存在的意义上去加以把握的。我们必须指出,近代以来的社会正是依据这种思维而建构起来的，社会治理的一切物化设置和行动也都体现了这种思维。所以，具有了一定的开放性，但这种开放性只是在与农业社会的地域性的封闭社会及其治理的比较中才能发现的，是在这种比较中才能辨识出的一种开放性，而不是真正的开放性。

显然，当人类进入一个真正开放性的社会后，实体性思维就无法再对社会及其治理提供支持了。开放性的社会是反原子主义的，它不把任何人看作自足的个体，每一个人都如马克思所说的，是社会关系的总和，都只有在社会关系的系统中，才能得到理解和把握。而且，这个系统是与全球以及全人类相重合的，更为重要的是，全球并无边界，而是呈现给我们一个无界的网络。我们所说的开放性是多维度的，而且多维度的开放是相互促进和相互推动的。虽然这是在平面展开的系统中所构想的开放性，但是，如果没有平面展开的那种向各个方向的开放性，也就无法想象指向未来的开放性。

我们承认，近代认识论的实体性思维也在行进之中发生了一些变化。比如，20 世纪的人们在社会观察的视野中就看到了领域分离，即整个社会分化成了公共领域、私人领域和日常生活领域。虽然公共领域、私人领域和日常生活领域的划分只是关于社会构成的模糊分类，但领域的边界还是可以厘定的，而且，每一个领域的核心构成部分也是清楚的。从现代社会治理的逻辑来看，对社会治理的每一次调整（亦称"改革"），基本上都是要去进一步地明确划分领域间的边界，从而弄清政府应当做什么和不应当做什么。诸如中国的一些理论家们，在改革的过程中就不断地呼吁政府与社会之间划清边界，甚至要求在所有方面都把划界的工作放在首位。这在思维上很明显的是把领域作为实体性存在来看待的。正是因为把领域作为实体性的存在来看待，才会要求在不同的领域之间进行明确的划界，希望通过划界把领域搞得越来越细。然而，在实践中，又很难做到对每一个领域的边界进行明确定义，因为领域毕竟有着诸多无法被纳入实体性存在标识中的因素。或者说，领域不再能够被作为封闭的独立自洽的实体性存在来对待。

领域之间有着相互包容和交叉的地带，而且领域间的相互影响、相互作用也不再表现为实体性存在之间的互动。如果说在国家与社会分立的视角中，可以发现一个发挥缓冲作用的中间地带，那么，在公共领域、私人领域和日常生活领域的边缘地带，则存在着相互交叉和相互影响的现象，而且这种相互交叉和相互影响会传导到它们的核心构成部分中去。也许正是由于这个原因，能够正视现实的一些西方学者，或者说，有着较为深厚造诣的一些西方学者，从20世纪中期开始，在开展理论叙述的时候，往往更愿意从领域分离和分立的角度去看问题和提出思考现实问题的解决方案。对于中国学者来说，由于引进和学习的时间尚短，还不能理解领域分离、分立是一种什么状态，才会基于近代早期国家与社会分离、分立的视角去为改革提供建议。这种贩卖早期自由主义的做法，在理论上是一种不能做到与时俱进的表现，或者说，这种根源于资产阶级早期意识形态的主张，在思想上是较为幼稚的。幸好中国直接从事改革实践的人们基于现实的要求去思考改革方案，才取得了中国改革开放以来经济发展和社会进步的巨大成就。如果按照学者们的意见，从国家与社会分离、分立的角度去思考改革方案的话，也许中国已经变成了苏联那种状况了。

在对公共领域、私人领域和日常生活领域的认识中，我们可以看到，它的核心构成部分之间是有明显不同的。公共领域中的政府及其公共行政与私人领域中的企业和市场以及日常生活领域中的家庭及其生活之间，是有根本性不同的。但是，如果我们不是把视线紧盯着各领域的核心构成部分，而是把视线从这些核心地带中移出并扩展开来，就会发现，视野的范围越大，公共领域、私人领域以及日常生活领域的特征也就变得越模糊。在领域的边缘地带，存在着相互交叉和相互重叠在一起的混杂形态，以至于难以分辨哪些因素属于哪个领域。所以，领域分离条件下的社会治理既可以按照实体性思维去寻求方式、方法，也可以根据领域边缘地带的情况去做出安排和进行治理方案的设计。工业社会的治理显然是运用实体性思维去把握各领域的中心构成部分的，而且是根据中心部分的特征和要求去开展社会治理的。从20世纪后期世界各国的改革来看，依然是陷入了对这种思维的路径依赖，没有根据领域分离、分立的哲学认识去规划改革方案。所以，其结果是危机事件频发，风险社会到来。

领域分离的后果是，造成了人的身份与角色的二重化，即人的身份与角色的分化。随着身份与角色的分化，又出现了义务与责任的分离。身份所承载的是义务，而角色总是与特定的责任相伴随。也就是说，由于公共领域、私人领域与日常生活领域的分化，身份和角色在不同领域中有着不同的表现。在公共领域中，身份是以一种抽象的形式存在的，因而，所承载的义务也主要是一些原则性的规定。在这个领域中，能够对行动以及各种各样的活动产生实际影响的，主要是角色。在私人领域中，身份往往是由财富和资本等因素所决定的，因而不同于公共领域中的身份那样仅仅表现为一种抽象的形式，私人领域中的身份获得了实质性内容。但是，财富和资本如果不是僵死的而是"活"的因素的话，就必须求助于角色。可以说，是角色赋予财富、资本等以活力，使它们增殖。也就是说，私人领域中的身份意味着占有，而角色则促成这种占有发生变化。在日常生活领域中，我们所看到的主要是身份。虽然在现代语境中人们也经常性地把日常生活领域中的身份理解成角色，并谈论角色责任，但实际上，那是对身份的误读，所谈论的责任也应理解成义务。日常生活领域中的人总是以拥有某种身份的形式出现的，而且这种身份是具体的、拒绝抽象的身份。

显而易见，工业社会中的身份与农业社会中的身份有着根本性的不同，工业社会中的身份丝毫不意味着人的社会地位的不平等，反而要接受平等的规定。特别是在政治领域中，公民身份本身就是以人的平等为基本内容的。本来，农业社会与工业社会在身份上有着如此巨大的差异，也许会让人想到应当去用不同的词语分别表示它们，但人们没有这样做，而是沿用了"身份"一词。这又说明，在工业社会中的身份与农业社会中的身份之间，是有着某些相同的方面的。是的，确实存在着一些相同的方面。比如，身份本身的社会特征就是封闭性，包含着排斥性的内涵。这就是我们所看到的，一国的公民身份意味着它不是另一国的公民（当然，有些国家会采用双重国籍的做法，但所有采用了这一做法的国家，都明显地不具有典型的民族国家特征，即使是一个民族国家，也在世界体系中有着某种隐性的附庸性质），任何国家也都不会将居住于国土上的所有人口都确认为公民。角色则大不相同，一个企业中的 CEO 是一种角色而不是身份，充任这个角色，基本上可以不考虑出生于哪个国家和对哪个政治团体效忠，至少在理论上是这样的。

在农业社会，人可以单纯地拥有某种身份而不去扮演角色。相对于农业社会而言，工业社会中的人往往是身份与角色并存的，或者说，人在拥有身份的时候还同时必须扮演某种（些）角色。身份是封闭的，而角色是开放的，所以，因为角色，工业社会成了开放性的社会。的确，这个社会在空间的意义上，在量的意义上，都有着明显可视的开放性。但是，工业社会的开放性并不意味着这个社会的全面开放，相反，这个社会的所谓开放只是一种有限的开放。在工业社会中，"身份"一词所具有的是某种表征的意义，它并不意味着梅因所作出的那种乐观的判断彻底地实现了。或者说，从身份向契约的转变只反映在私人领域中，而在公共领域中，即便有了社会契约论，那种"契约"也是捉摸不定的，更多地具有隐喻的性质。所以，身份依然存在。即便认为国家机构以及法律制度等是签约的结果，也没有消除身份。不过，我们也应看到，新的身份与农业社会中的身份不同，新的身份是一种抽象的身份，"公民"就是这种抽象的身份的代表。尽管新的身份是抽象的，但工业社会的全部治理活动以及与治理相关的或作为治理支撑因素的社会设置等，又是建立在公民身份的基础上的，也是出于维护和保障公民身份的需要。比如，人们参与到社会治理过程中来的条件就是必须拥有公民身份，社会治理的基本宗旨就在于保障公民权的实现。这在逻辑上虽然有些混乱，让人很难完全厘清脉络，却又是确定无疑的现实。

一般说来，身份是对人的静态规定，而角色则是人的一种动态的表现形式。角色是一个反映了人的流动性的概念，一方面，人在进出不同的领域时，是通过转换其角色而去证明自己的行为正当性的；另一方面，人的地位变化或职位升迁，也是通过角色的改变去加以表现的。当然，在工业社会的低度复杂性和低度不确定性条件下，角色的流动性显得较弱。随着人类进入高度复杂性和高度不确定性的状态，人的社会活动就会以频繁变换自己的角色的形式出现。在身份与角色二重化的视角中去看工业社会的治理，就会发现，这种治理也表现出了二重化的特征：在国家治理的意义上，是基于人的身份去开展社会治理活动的，而对人的角色的规定、调整等，则是交由组织去做的。也就是说，社会治理分化为国家治理和组织治理两个部分。不仅这两个部分是分别进行的，而且这两个部分的治理之间并不衔接，甚至经常性地处在矛盾和冲突的状态中。

如果说国家治理与组织治理之间有什么共同之处的话，那就是国家治理是在民族国家这个封闭系统中进行的，而组织治理则是在组织这个封闭系统中进行的，两者都属于封闭系统中的治理。正是因为国家治理和组织治理都属于封闭系统中的治理，所以，都会形成话语霸权，而且事实上也存在着话语霸权，应当说，两者都包含着发展出从属于话语霸权的一整套建构逻辑。首先，为了保证治理活动的顺利展开，就需要通过话语霸权去驱动角色行为；其次，为了保证话语霸权的有效性，就需要运用权力去支持话语霸权；再次，为了使权力不受到挑战，就需要作出一系列的安排和物化设置去维护权力；最后，权力一旦由具体的人去掌握，都有可能被滥用或用来谋取私利，因而需要对权力加以规范……在形成了这样一个路径依赖的情况下，就会朝着无穷尽的逻辑延伸的方向走去。也正是由于这个原因，在同一个话语霸权之下才派生出了各种各样的理论以及表面上看来不断推陈出新的社会治理方案。

这个逻辑的另一重表现则是对同一性的追求，即排斥文化多元化和压制差异，从而使社会治理走向形式化的方向。表面看来，社会治理是与人相关的，是作用于每一个人的，而实际上，所面对的或者说所作用的对象，则是抽象的人。社会治理无论是在国家治理的意义上，还是在组织治理的意义上，都使每一个人把治理感受为外在于自己的压迫力量，是人的本质的异化。也正是由于这个原因，每一个人都处在焦虑和怨愤之中，甚至会把自己与社会治理之间的冲突理解成与他人的冲突。当社会治理为了矫正这种冲突而不让其表现出人与人之间的暴力相向时，又给出了一个利益引导机制，让人们为了利益争夺而开展竞争，也同时使社会治理简化为规范竞争的活动。国家治理是这样的，组织治理亦如此。

在国家与社会分化的基础上所发现和建构起来的社会治理方式是法治，它就是我们上面所说的依据规则的治理，是运用以法律形式出现的规则而实现社会治理的治理方式。法治所依靠的法律，所面对的是一般性的、无差别的人。这被认为是法律平等的基本内涵，也因此而使法律能够实现相对于人的公平、公正，从而使社会获得正义的属性。但是，法律并没有对人作出进一步的定义。关于人的定义，可以说更多地是由经济学做出的，那就是把人定义为"理性经济人"。实际上，工业社会的治理就是建立在对人的这一抽象规定的前提下的。而且，当经济学发现了"理性经济人"之后，法律的公平、公正功能也就更加彰显了出来。

显而易见，理性经济人为了自我利益最大化而开展的竞争会导致社会分化，会使一部分人陷入困境之中，而且也会在利益追逐的过程中选择不正当手段。因而，有必要通过法律来规范人的竞争行为。既然作为规则的法律是适用于全体社会成员的，所要实现的是相对于每一个社会成员的公平、公正，那么，法律就应当具有公开性。在20世纪，许多学者是把法律的公开性解读为开放性的，并以此去责难集权治理的封闭性。根据他们的意见，法治是开放社会中唯一适用的治理方式，而法治又反过来维护了社会的开放性。其实，把法律的公开性解读为法治的开放性完全是一种误读。我们承认法律的公开性，正是因为这种公开性，使它能够有效地消除一切隐蔽的权术和权谋。但是，法律的公开性绝不是法治的开放性。即便是要使用"开放性"一词来描述法治的特征，也只能说它是受到了限制的开放性，或者说，是一种半开放性。

法律的公开性是有条件的，正是工业社会这个阶段的社会分化和社会结构状况，决定了法律的公开性。昂格尔指出，"法律的公开性特征，其直接的依据就建立在国家与社会之间的区分，以及公共生活与私人生活之间更具包容性的二元对立之上。国家是在双重的光亮之中出现的：对于私人贪婪的盲目性来说，它是幸运的选择，在某些人针对他人自私自利的斗争中，它是超级武器。在公共生活与私人生活之间的区分，交织着前者对后者的破坏。无论是这样还是那样，两者之间的冲突从来没有被解决"。[①] 为了使公共生活与私人生活的冲突不至于以隐蔽的方式积聚起足以爆发的能量，就需要借助于法律的公开性给予私人生活以明确的标准，让私人生活中的贪婪达到某个限度时适可而止，或者沿着法律所指示的方向运行，或者在法律鼓励和节制的空间中进行自觉地调整。即便如此，公共生活与私人生活的冲突仍

---

① 〔美〕昂格尔：《知识与政治》，支振峰译，中国政法大学出版社，2009，第108页。

会持续地展开，要么是私人的贪婪汇聚起了突破法律的能量，要么是社会的变迁让法律公开宣示的标准显得不再具有合理性。因而，都需要提起对法律进行调整的要求。

法律能够得到不断调整，本身就证明了法律公开性的价值。正是法律所具有的这种公开性，可以使法律所表现出来的许多不适应性问题能够及时地暴露出来，并催生出调整法律的动议。但是，我们必须在工业社会的特定背景下来认识法律的公开性。这是因为，正是工业社会的低度复杂性和低度不确定性对法律的相对稳定性提供了支持，依据法律的社会治理才可以按照"以不变应万变"的思路去开展行动。在全球化、后工业化进程中，我们所看到的一个正在展露出来的趋势是，法律将会从覆盖整个社会的层面退居到合作制组织之中，会以组织及其行动规则的形式出现。这样一来，已经转化为组织规则的法律，在灵活性方面会得到增强，而其稳定性则会相应地受到削弱。结果，法律的公开性也就能够转化为开放性。

另一方面，在全球化、后工业化进程中，出现了领域融合的迹象。如果这种领域融合演化为一种趋势的话，那么，工业社会基于社会分化而做出的社会治理安排就不再适应了，甚至不再有什么现实意义了。可以说，既有的社会治理方式对于人的共生共在将不再具有积极价值，反而会成为有害的因素。事实上，社会的高度复杂性和高度不确定性已经不再对公共生活与私人生活的区分提供支持，更不用说在国家与社会的区分中去开展社会治理了。这样一来，必然会要求法律的地位和功能都发生根本性的变化，法律将不再发挥普遍性的调节公共生活和私人生活的功能。到了那个时候，关于法律的公开性，也就会不再成为一个需要关注和探讨的问题了。如果说全球化、后工业化正在走进的是一个信息社会的话，那么，可以认为，信息社会中整个社会生活的几乎所有方面都将变得公开和透明。因而，公开和透明也就不再是法律所独有的特性。那样的话，也就同样无所谓公开性的问题了。或者说，到了此时，公开性将不再是一个值得专门去加以探讨的问题了。

## 三 "言语者"与"听众"

米歇尔·鲍曼认为，"只有当目的是为了贯彻特殊利益并将特定人群从规范受益者圈子分离，促进社会群体间的相互孤立和社会的不流动性才显得顺理成章。封闭和孤立，形成群体和画地为牢是以强力为支撑的统治基础和结果。强力痴迷者必然也是封闭社会的痴迷者"。[①] 为了避免这种情况出现，学者们往往把注意力集中在公共领域的开放性上。比如，弗雷泽就提出了所谓"能够接纳多元竞争性公共领域"的构想，并用以与哈贝马斯的"单一性、综合性、包罗万象的公共领域"相区别。根据弗雷泽的意见，"在阶层化的社会中，那些能够接纳多元竞争性公共领域进行论辩的安排，比单一性、综合性、包罗万象的公共领域更能促进参与平等理想的实现"。[②] 但是，弗雷泽所能够列举出来的新生的公共领域，其实只是一些社会边缘群体的话语平台。这样一来，她就必须面对她所发现的这些公共领域与哈贝马斯所发现的公共领域之间的关系问题，需要在社会中为这两种不同的公共领域定位。如果是这样的话，也就必然会让我们看到"多元公共领域"之间的中心—边缘结构。结果，人与人之间的不平等、阶层间的不平等等问题还未得到解决，又出来了一个"多元公共领域"之间不平等的问题。

其实，弗雷泽在谈论所谓"多元公共领域"时，显然存在着对哈贝马斯的误读，因为她更多地关注了哈贝马斯公共领域的狭义内

---

① 〔德〕米歇尔·鲍曼：《道德的市场》，肖群等译，中国社会科学出版社，2003，第478 页。

② 〔美〕南茜·弗雷泽：《正义的中断——对"后社会主义"状况的批判性反思》，于海青译，上海人民出版社，2009，第 86 页。

涵。如果弗雷泽能够理解哈贝马斯的公共领域是覆盖整个社会的公共空间的话，就会看到这个公共领域是具有多重面相的，是在社会的中心—边缘结构中持续延伸和不断展开的，在社会的不同层面会有不同的表现。这样一来，弗雷泽的所谓"多元公共领域"实际上只是指哈贝马斯的公共领域的多种形式而已。也就是说，一个社会中存在着多元群体和不同的社会阶层，不同的群体和阶层也会拥有其独特的文化甚至独特的思维方式和语言表达方式。但是，这些多元群体以及不同社会阶层的人，必须汇聚到一个由全社会所共有的公共领域中，才能够使他们的意见表达产生影响。如果像弗雷泽所断定的那样，一个社会中存在着"多元公共领域"的话，那么，每个群体或社会阶层各自在自己所拥有的公共领域中活动，所呈现给我们的只能是一个个"自足的单子"（莱布尼茨语）。即便弗雷泽肯定了公共领域不像某些俱乐部或黑社会组织那样封闭，而是具有开放性和相互渗透性的，但若孤立地看待所谓多元公共领域和每一个自足的公共领域，如果将这种认识转化为公共领域建构的实践，是不是会制造出一种割据状态呢？所以，在关于公共领域的见解方面，弗雷泽可能是因为其最初所学的原子物理学专业而使她把公共领域也比拟为原子了，至少是把公共领域看成了一个个孤立存在的系统了。

在哈贝马斯的全社会共有和共享的公共领域中，交往的意义被自然而然地突出了。在交往过程中，就会出现沟通的问题，而言语表达则是沟通的基本途径。哈贝马斯说，"为了与听众就某事达成理解，言语者与听众之间形成了一种人际关系，在此过程中，言语者通过反思来确定听众反驳其表达内容的有效性的可能性。从概念上来说，通过他们各自都承认的世界关系，理解行为的这种完成行为式立场可以同目的行为的客观立场区分开来：通过我们的言语行为，我们在变换主题的同时，也与客观世界、主观世界和社会世界发生了关系，而我们干预客观世界所使用的只是目的行为"。①

从工业社会的实践来看，对客观世界的干预是通过组织的形式展开的。组织是一个分工—协作体系，协作行动中的协调在很大程度上是通过言语进行的。因而，形成了言语者与听众之间的关系。在主观世界中，则是通过观念、知识、方法和话语环境的共享而获得"类意识"的。在社会世界中，言语者与听众间的人际关系实际上是以治理关系的形式出现的。作为一种哲学描述，哈贝马斯在此所揭示的是一种具有普遍性的关于人际关系方面的言语行为原理。可以认为，它是从工业社会的现实中领悟出来的，是普遍存在于人际关系中的，在社会治理的意义上也是适用的，而且也适用于对未来社会的理解，并能够有助于社会治理建构。

不过，我们也必须指出，虽然人的平等的问题在哈贝马斯的交往行动理论以及言语者与听众间的关系中都是作为一个不容置疑的前提而被加以接受的，但在实践中，言语者与听众间的关系总是不平等的。在某种意义上，言语的力量恰恰是在人的不平等的势差中获得的。特别是在社会治理过程中，言语者与听众往往被结构化到了一个体系的两端，而且凝固了下来。言语者恒定地掌握了话语权，而听众总是听众。再者，关于客观世界、主观世界和社会世界的区分本身，也是对世界的一种形而上学的把握，而不是哈贝马斯所说的"后形而上学思想"。也就是说，哈贝马斯的描述是与社会实践的现实相去甚远的，我们在社会实践的现实中，特别是在社会治理的过程中，所看到的不仅是言语者与听众的分立，而且是一种对立。从言语者与听众的维度上去看，人际关系中的话语权总是掌握在少数人的手中，而社会治理体系则将此结构化，以组织结构的形式去确保话语权为少数人掌握，让更多的人成为听众。

---

① 〔德〕哈贝马斯：《后形而上学思想》，曹卫东等译，译林出版社，2001，第116页。

　　显然，关于语言的功能问题，是需要在行动中来加以理解的。一旦把语言与行动联系在一起，我们便看到了"使动"与"被动"的问题，而不是哈贝马斯所设想的平等主体间的交往，也不具有所谓"主体间性"。在迄今为止的历史中，"使动"与"被动"构成了恒定不变的线，人类文明无非是反映在对这条线上的每个点进行合理规范上的，也同时包含着赋予这条线上的每个点在性质上的不断更新的内容。然而，线本身从来也未受到过怀疑。所以，工业社会的治理无非是"使动"与"被动"的不断复制过程，是在时间的序列中持续展开的。在工业社会低度复杂性和低度不确定性条件下，这种不断复制的持续展开是可以的。即使社会发生了变化，也只需要在"使动"与"被动"的关系中加入一些新的方法或新的变量，就可以使之再行复制下去了。但是，20世纪后期以来的全球化、后工业化运动打破了这种复制模式可以再行延续的可能性。因为，既已出现的社会高度复杂性和高度不确定性拒绝任何简单地去复制"使动"与"被动"之关系的做法。

　　也就是说，我们在高度复杂性和高度不确定性条件下遇到了这样一些问题，那就是谁可以成为言语者？或者说，一个人或一个人群凭借着什么而成为言语者？他（们）依靠什么把其他人都安排在听众的位置上？一旦去回答这些问题，立马就会发现，工业社会赖以把人们区分为言语者和听众的一切社会设置，都将被社会的高度复杂性和高度不确定性冲击得七零八落。虽然我们今天在互联网上看到的是某个人挑起某个话题，然后一大帮无聊的人如"吠声之犬"一样地围绕着那个话题嗜起哄，但是，随着匿名人独立自主意识的生成，只有那些对在高度复杂性和高度不确定性条件下开展行动具有积极意义的话题，而且经过了自己的独立思考的，才能够得到响应。

　　在社会的高度复杂性和高度不确定性条件下，即使存在着言语者和听众的区分，那也是暂时的和随机性的。在此时此地或此一事件中是言语者，而在彼时彼地或彼一事件中就可能是听众。言语者与听众都是流动的，因而，言语者与听众间的关系也是不确定的。实际上，社会的高度复杂性和高度不确定性将让人意识到人的共生共在的重要性，而且是针对每一个实存着的人的重要性，从而在言语者与听众之间形成了在某种意义上可以说是先验性的合作关系，并会以合作行动去表现和诠释这种合作关系。一旦人们的行动在性质上被确认为合作行动，我们关于"使动"与"被动"的认识，如果不是局限于某个具体行为的发生方面，而是在整个社会中进行，其实就已经难以确定了。或者说，"使动"与"被动"的区别消失了，行动者间的关系转变为一种互动的关系。

20 世纪后期以来的全球化、后工业化进程所呈现给我们的另一个迹象是，社会结构已经开始具有了某种网络化的特征。"'网络'使人们首先想起了一张联系之网——但恰恰是不联系或隔绝，分开了各种新型的人际关系，并充分展现了它们最明显的特征。'交往'意味着，联系的目标是创建社会纽带——而今天真正强调的是纽带的易断性。"① 如果某种纽带是牢不可破的，那么，人们就会被固定在纽带的某个位置上，也就不可能在他们之间形成网络关系。我们经常看到一些学者在描述历史上的某些关系时使用"网络"一词，但我们并不认为在历史上的任何一个时代存在社会网络，因为，在那种看似社会网络的社会状态中，人是被固定在某个不变的点上的，没有自由，也不流动。真正的社会网络中的每一个人都不会被固定在某个不变的点上，而是处在流动或可能流动的状态中的。所以，我们今天在使用"网络"这个概念时，是无法把过往人类社会中的那些人际关系纳入网络的概念之中的。我们今天所谈论的社会网络也许是从互联网社区

---

① 〔英〕齐格蒙特·鲍曼：《被围困的社会》，郇建立译，江苏人民出版社，2006，第140 页。

复制过来的，但是，不管它是因为什么而产生的，都是一种全新的人际关系网络状态。

我们正被吸纳到一个全球性网络之中，虽然传统的人际关系纽带依然存在，而且言语者与听众的关系也仍然得到了产生于工业社会的全部社会设置的支撑，但我们又明显地感受到，每一个人都无时无处不在网络之中。人们处在网络之中，完全是一种无形的客观力量发挥作用的结果。也许在具体的情境中，我们可以指出，是共同行动的任务和目标等把人们纠集在了一起，但这并不能经得起追问和审查。因而，我们只能将此归结为一个非常模糊的原因，那就是人的共生共在的需求。也许诸种客观的力量把所有人都纳入社会之网中，然而，如果不存在人的共生共在的需求，就会有人试图从这张网中脱离出去。至少在逻辑上是这样的。就当下的现实而言，虽然我们还不能说社会的网络结构已经成型，但 20 世纪后期以来的情况已经表明，"生活在网络之中，通过网络移动，从一个网络过渡到另一个网络并很快地返回，轻便地旅行和不断地移动，所有这一切都是获得成功的关键"。① 如果说获得了成功，那肯定是对人适应新的社会条件的一种犒赏，也为人们提供了榜样。

面对即将获得网络结构的社会，每个人都需要熟悉网络和了解网络对人的社会生活能力提出的新要求。因为社会发生了变化，只有那些适应社会变化的人，才会在社会生活中显示出更强的能力。虽然人的这种能力在后工业化进程中不会服务于达尔文所说的"适者生存"原则，而是一种能够造福他人的能力，但是，一旦社会的网络结构成为我们不得不承认的现实，言语者和听众在行动网络中的角色也就是不确定的和难以辨别的。这样一来，当言行的一致性得到增强甚至合

① 〔英〕齐格蒙特·鲍曼：《被围困的社会》，郇建立译，江苏人民出版社，2006，第20页。

为一体时，丝毫不会削弱语言的丰富性。即便是从语用学的角度去观察语言，也会发现语言的功能随着人的社会生活的内容和形式的多样化而得到了迅速提升。这是因为，合作行动中的行动者无论以什么形式出现，都是可以归结为完整的人的。在这里，人已经不再是工业社会中的碎片化的人，不再是职业活动与日常生活相分离的人，不再是角色与身份相异化的人。进而言之，人在行动中并不仅仅遵从科学的原则和技术的规定，而且同时包含着日常生活的内容，其道德生活和审美活动都包含在了合作行动之中。所以，言语行为也会满足合作行动的多方面要求，并使语言变得非常丰富。

合作行动显然需要得到共识的支持，或者说，合作行动也需要建立在共识的前提下。但是，合作行动中的共识是非强制性的，不需要得到某种强制力去进行维护和为它提供保障。在某种意义上，合作行动中的共识与人的道德状况具有某种关联性，也许它是来源于某种道德承认而获得的共识。这种共识具有开放性和包容性，能够随时得到调整，无论在内容还是形式方面，它都不会固定在某种既定的状态上。当共识凝固在某种状态时，异见是对共识的否定，当共识是开放的和具有包容性的时候，异见、歧见、异议等都将被包容在共识之中。特别是在人们对共识有着道德承认的条件下，异见、歧见、异议等不仅不是对共识的否定，反而是增强共识的途径，使共识得到优化。从这样一种共识出发，人们之间的关系就是一种合作关系，人们所开展的所有行动都是合作行动。社会治理也就自然地包含在了人们的合作行动之中，是一种真正意义上的合作治理。一旦合作治理模式得以生成，工业社会中一切出于自我利益要求而恶意挑起事端的做法，都不再会赢得群蝇逐臭，反而得不到任何响应。因而，也就不再会造成实质性的消极影响，挑起事端的人也就无法达成其目的。

# 第二章

# 从身份到角色

迄今为止，社会治理是建立在身份识别的基础上的，或者说，社会治理的一切物化设置和一切活动的开展，都包含着对人的身份的默认，是建立在身份的基础上或在身份的前提下展开的。然而，近代以来，社会治理过程中的一切行动又都是与角色联系在一起的，属于角色扮演活动。

在从农业社会向工业社会转变的过程中，等级身份制瓦解了，但身份却没有消失，人们获得了"公民"等身份。一国的国民基本上都拥有公民身份，也有部分国民还会同时获得其他的身份。人们除了拥有居民、公民等抽象的身份之外，还会在自己的人生努力中去获得一些具体的身份。一般说来，身份是角色扮演的前提条件，但身份更多的时候只具有标识的功能。在社会生活实践中，往往是人的角色扮演活动在发挥作用，特别是在组织之中，人们总是扮演着特定的角色。比如，公务员是一种身份，政府官员则是一种角色。在建立起了公务员制度的国家和地区中，一般说来，要扮演政府官员的角色，往往需要获得公务员的身份。然而，公务员的身份又是建立在公民身份的前提下的，几乎所有国家都只允许其公民去获得公务员的身份。

总的说来，工业社会中的人的身份是开展社会性活动的资格，而人的具有现实意义的社会活动，则是通过角色扮演去展开的。角色规定了人也形塑了人，决定了人应当做什么和能够做什么。在全球化、后工业化进程中，身份正在受到冲击，而角色的功能则不断增强，我们正处在一个身份走向消失的历史进程中。我们认为，人的身份和角色都具有历史性，全球化、后工业化将意味着人的身份走向消解。在身份得以消解的条件下，人的社会活动将以角色为依据。可以设想，后工业社会中的角色将不再是由某种外在性力量强加于人的，而是人的自主选择的结果。因而，社会治理也将从对身份的维护转向对角色的规范上来。

# 第一节　身份与角色

## 一　市民和公民

在西文中，"公民"与"市民"可以是一个词。市民是与城市联系在一起的，狭义的市民其实就是指城市居民，它意味着在一切有城市的地方都会有市民。但是，广义上的市民并不是严格意义上的城市居民，而是在近代工业化、城市化进程中生成的与国家相对应的一种社会存在形态，在某种意义上，是指一国的国民。在学术表达中，我们经常使用"市民社会"这个概念，这里的市民就不仅是指城市居民，而且是学术视野中的全体国民。所以，在对现代市民的确认中，包含着某种文化内涵，那就是，具有现代性观念和经历过现代性熏陶的所有人都可以被称为市民。即使你生活在农村和从事农业生产，你也已经不再是古代社会中的农民，而是现代意义上的市民，是被看作市民社会的构成部分或存在形态的。这个时候，只有在与城市居民并列的时候，才会把你称作农民，其真实所指是"农村居民"，对应于

"城市居民"。就你同城市居民共享现代文化和观念而言，都应归入市民的范畴。总的说来，农业社会向工业社会的转变使人发生了属性的变化，即从农业社会中的各个等级的人转化为工业社会中平等的市民。虽然这是经历过工业革命或资产阶级革命而实现的一种转变，却又应当看作，是在历史演进中自然地生成了市民。

就狭义的市民是指"城市居民"而言，可以认为，古代社会也有这类人。城市从什么时候产生，也就意味着什么时候出现了市民。但是，准确地说，古代社会中的城市居民所拥有的可能还是农业文化及其观念，也可能过着农民的生活，尽管他不从事农业生产。从历史上看，古代社会的城市居民基本上是不从事生产活动的，是依靠农民供养的人，他们并不能够构成一个独立的"类"。如果农业社会的城市更多的是农业产品的集散之地，那么，城市居民其实是在农业产品的集散过程中从事活动的，他们服务于农民却没有造就服务业。所以，如果将他们称作市民并用以区别农民的话，那只是一种日常经验，而不是理性概括，是经不起推敲的，在科学上是无法证明的。就此而言，我们认为，广义上的"市民"概念是一种具有现代性内涵的历史现象。

我们知道，工业化是与城市化联系在一起的，这场运动在造就了城市的同时，也把农民改造为市民。这是因为，具有现代性的城市不再仅仅担负着农业产品集散的功能，还具有了生产功能。只有当城市具有了生产功能，才能够被看作工业化、城市化进程中所造就的现代城市，也才是包含着市民的城市。古代的城市有居民，但在严格的意义上没有现代性概念所指的市民，居住在城市中的人所拥有的依然是农民的属性。与之不同，在工业化、城市化进程中产生的城市意味着一种新的城市生活方式、城市文化及其观念等的出现，而且，反映在生产上，是以分工—协作的形式出现的。另一方面，我们也可以看到城市不再像以往那样意味着市场，而是与市场经济联系在一起的。甚至可以认为，现代城市把古代的市场改造成了市场经济，即造就了一种新的经济模式。

当然，市场经济与市场都拥有同一种行为，那就是交换。但是，如果我们去观察交换的内容，就会看到，古代城市中的交换是以农业产品为主要内容的。虽然一些西方学者认为，在人类社会的发展进程中出现过"农业与手工业的分工"这样一种历史现象，并对这种分工的历史价值给予高度评价，但是，我们需要指出，在农业社会的历史阶段中，手工业在何种意义上可以构成一个独立的生产部门，却是一件非常可疑的事，更不用说手工业者并不拥有自己的生活方式和文化观念。如果说手工业能够成为一种相对独立的业态，那也是在近代早期转型为"工场手工业"之后。所以，我们并不把工场手工业尚未出现时的手工业者看作市民，它与现代市民有着根本性的不同。至于工场手工业出现后的手工业者是否属于市民，需要在过渡意义上去加以认识。也就是说，他们属于向现代市民转化过程中的一群人。特别是在中国的农业社会历史阶段中，城市居民的产业往往是在城市之外，他们仅仅把在城市之外所拥有的土地看作产业。这也说明，那个时期的城市居民实际上还是农民。

现代城市不仅意味着一种新的生活方式，也意味着一种新的文化及其观念，还意味着工业生产以及市场经济，所有这些都不存在于古代城市之中。正是这些古代城市中不曾存在的因素，造就了市民。所以，我们认为，市民本身是一个现代性造物，是在工业化、城市化进程中生成的一种新的历史现象。从逻辑上说，可以认为，是首先在城市中生成了市民，然后，随着城市生活方式、文化观念等向广大的农村地区传播，所有农民才都被改造成了市民。不过，这一判断是很难得到史实支持的。那是因为，就市民的生成而言，是人类的一次整体性进化，并不存在着时间顺序上的先后问题，我们这里所指出的先后，更多的是一种逻辑上的理解。当然，在不同地区，市民的生成是有着时间差的，但在任何一个地区的城市与农村中，我们都不认为会表现出市民生成的先后差别。只要一个地区发生了工业化、城市化运动，这个地区的全部社会成员就都会很快地被形塑成市民。正是在此意义上，我们说从农民向市民的进化是社会整体进化过程中的一次飞跃。

社会的属性在市民生成的过程中得到了改变，同样，反过来说也是成立的。那就是，在社会的变革中生成了市民，有了市民也就有了市民社会，反过来说，有了市民社会也就有了市民。总之，现代社会拥有了市民社会。就市民与公民间的关系来看，却可以作出时间先后的区分。也就是说，在时间的序列中，就社会的整体情况看，可以认为，在中世纪后期和近代早期，是首先出现了市民社会，形成了市民社会与绝对国家并立的状态。然后，随着绝对国家被改造为民族国家，臣民才被转化成了公民。或者说，公民的出现使民族国家成为现实。因为，民族国家没有一个至高无上的统治者，而是确立了公民的主权地位，公民是民族国家的构成要素，也是民族国家的所有者。这个时候，市民从绝对国家中走了出来，在进入民族国家的同时，也获得了公民身份，因而形成了市民社会与公民国家分立而在的状态。当然，于此过程中，主权问题的争论以及人民主权观念的确立，发挥了举足轻重的作用。

当国家从绝对国家转化为民族国家后，国家与社会的分离也比绝对国家时期更为清晰了。此时，当人以市民而不是臣民的身份存在时，也就形成了一种不同于以往的社会——市民社会；当人意识到自己是"政治动物"的时候，也就获得了另一种身份——公民。一旦人们意识到自己对国家拥有主权的时候，一旦人们开始宣示对国家的主权并愿意参与政治生活的时候，也就开始用行动去证明自己是公民，也就实际上把国家变成了公民的国家，从而塑造出了一个与市民社会相对立的或相对而立的存在物——国家。这个时候，从表面上看，一个地区或一定的地理空间中所存在的就是那群人，但这群人有着双重身份：一个身份是市民；另一个身份是公民。作为市民，构成了市民社会；作为公民，构成了公民国家。反过来说，社会属于市民，国家则属于公民。国家与社会的分离，也就是人自身的分化，或者说，是人的身份二重化的结果。当这种分化再度投射到政治安排方案之中时，就以各种各样的矛盾、悖论、冲突等形式出现了。

市民社会与公民国家的分立是现代社会的基本事实。正是这一点，成了我们理解现代社会治理全部安排的钥匙。如果我们在学术表达上说"市民国家"或"公民社会"的话，那是不可思议的。市民是一个社会范畴，市民仅仅属于社会，市民构成了市民社会，并站在国家的对面；同样，公民只属于国家，公民构成了国家。市民社会与公民国家的分立是如此明显的事实，难道还有谁对此分辨不清吗？我们相信不会有人去把"市民社会"与"公民国家"颠倒成"公民社会"和"市民国家"。假如有人这样做了而把"公民社会"挂在口头上，我们不要以为他是一个太过聪明而喜欢标新立异的人，而是应当像对待智障人士一样对待他，即怀着一份怜悯的心，而不应当表达歧视，应当把他当作一个不懂得什么是科学和无法理解理论的人，而不应轻视他作为人的存在形态。近代以来，社会治理的一切活动都是基于市民社会与公民国家的分立而展开的，与社会治理相关的一切物化设置也都是基于市民社会与公民国家的分立而作出的安排。尽管 20世纪出现的公共领域、私人领域和日常生活领域的分化对市民社会与公民国家分立的社会结构形成了冲击，但是，基于市民社会与公民国家分立而作出的社会治理安排，却依然是一条主轴，即使社会治理方面的改革和调整时时发生，这一主轴也没有更换。20世纪后期基于公共领域、私人领域和日常生活领域分化而进行的社会治理建构，更多的是在改革的名义下进行的，事实上，并未对市民社会与公民国家的分立构成根本性的变革。

　　市民和公民都是人的现代性身份。由于市民是在历史的自然演进中生成的，而且把所有人都纳入了市民的概念之中，所以，它并不是一种有价值的身份。这是因为，市民这一身份是每一个人都拥有的，以至于我们无法在人们之间去进行身份区分。只有当市民集结成了社会，以市民社会的形式出现，才会形成一个与国家分立的对应物，并在社会治理中显示出其价值。尽管市民在社会治理的实践中没有什么价值，或者说，无论在表达和行动方面都无法发挥实质性的作用，但在理论上，却是近代诸多理论和学说的思想出发点。在理论的视野中，市民是分散的个体性存在，是被设定为原子化的、自利的个体性的人。正是这一点，与公民有着根本性质上的不同。公民是一种建构性的身份，是得到了政治的以及法律确认的身份。公民身份是可以给予的，也是可以剥夺的。剥夺了一个人的公民权，也就意味着取消了他的公民身份，但他的市民身份无法被剥夺。因为，人在历史的自然演进中获得的这种身份既无法授予也无法剥夺。除非剥夺了人的生命，否则，他就会载着自己的市民身份而继续存在下去。

　　在中文里，"市民"的概念与西方有所不同，迄今为止，中文里的"市民"还是一个狭义上的市民概念，仅仅指城市居民，更为广阔的农村地带的居民并不被当作市民看待，而是被称作"村民""农民"等。这是因为中国社会的市场经济发育较晚，城市化并不充分，广大农村地区中的人并未实现市民化，特别是他们的生活方式、文化观念等都未实现市民化。在某种意义上，中文里所使用的"市民"一词可能需要到西方的前现代历史阶段中才能发现其踪迹，因而，不是指现代性的"市民"。就中文语境中的这一"市民"而言，应当将其准确地理解成"居民"。也就是说，在中国城市与农村并立的条件下，与市民概念相对应的是农民或村民，而不是作为市民社会构成因素的市民。所以，我们认为，中国迄今尚未生成一种西方意义上的成熟的市民社会，市民社会这个概念完全是从西方移植过来的。在中国，事实上并无一个独立的、与国家相对而立的社会，更不用说市民社会了。然而，一些学者往往不顾现实，总是按照西方理论所提供的解释框架去框定中国问题，把国家与社会的分立作为一个默认前提，并在这个前提下去思考社会治理方面的问题。在几乎所有关于行政改革和经济体制改革的讨论中，都会看到要求将国家、政府与社会、市场分开的主张，甚至会表述得非常激烈。

"公民"一词不同，虽然它也是移植过来的，但我们的国家建构却是基于公民而做出的。从历史上看，我们的国家也是在二战后的民族解放运动中建立起来的。在我们建立国家时，它的民族国家属性决定了我们必须引入"公民"概念，也只有在把包括农民在内的绝大多数国民转化为公民的情况下，才能建立起这个"社会主义的"民族国家。所以，就"公民"是与民族国家联系在一起的历史现象而言，在一切有民族国家的地方都有公民，或者说，一切民族国家都是建立在公民身份的基础上的。所以，"公民"这个词在各种文字中都有着相近的含义，而"市民"的概念则会因为一个国家的社会发展状况不同而有着不同的内容，人们往往会对其作出不同的理解。

由于西文中的"市民"与"公民"往往是使用同一词来表达的，因而，一些西方学者也往往会将它们混淆，在理论叙述中经常存在着随意偷换概念的做法，从而使个人主义的原则既适合于对市民的考察也适合于对公民的定义。当然，西方国家的现代化进程是从市民社会生成开始的。一开始形成了与绝对国家相对而立的市民社会，民族国家出现后，这个市民社会虽然没有改变，但构成了市民社会的市民却因为民族国家的性质而获得了另一重身份——公民。所以，在西方语境中，使用同一个词来指代市民和公民，往往不会引发歧义，人们能够准确地在不同的地方解读出是市民还是公民。中国没有经历过西方这样一个历史过程，所以，对市民与公民进行区分就变得非常必要。然而，在西方文献的翻译中，关于"市民"与"公民"概念的误译是非常严重的，这导致了中国社会科学研究中的一种极大的词语混乱。

其实，如果我们看到西方语境中的"市民"与"公民"尽管是一个词却又代表了两个完全不同的概念的话，就会发现，它们所代表的是人的两种完全不同的身份。一般说来，在社会学的视角中所看到的往往是市民，全体社会成员都有着市民的身份；在政治学的视角中，市民是社会治理的对象，必须通过身份转换才能进入政治过程参与政治活动。也就是说，政治学所看到的是人的公民身份，人们是在有了公民身份的情况下，才能参与政治活动并表达他们的政治主张和利益诉求。

在一个历史截面上去看这个问题，我们可以认为，市民与公民间有着这样一种逻辑关系：政治生活实现了人的身份从"市民"向"公民"的转变。从历史上看，这种转变并不仅仅是一种逻辑上的推论，还是历史事实。也就是说，在西方国家的近代早期，基本上是在民族国家建立的那一刻，把全体市民都转变成了公民。然而，在民族国家成为各个地区乃至世界上的普遍现象时，出现了人在国家间流动的现象。我们可以想象，在民族国家建立的时候，一个家庭的成员可能被分隔成不同国家的公民。一个人为了实现家庭的团圆，离开了那个给予他公民身份的国家，在进入了另一个国家后，却将其身份留在了那个给予他身份的国家中。因而，他在与家庭团聚的时候，只有一个市民的身份。实际上，自从民族国家生成后，移民现象就一直存在，而且变得越来越活跃，形成了统计学上可观的数字。这样一来，也就造成了几乎所有国家都遇到的问题，那就是市民与公民并不重合的现象。一些可以被确认为市民的人不再是公民，或者说不被允许转变成公民。全球化使这一问题变得越来越突出，甚至对既有的政治生活模式提出了挑战。

从西方社会的演进看，到了 20 世纪，随着社会治理的研究走向深入，形成了公共领域和私人领域的社会结构划分。因而，也把市民与公民分别归入私人领域和公共领域之中，认为它们是人在两种虽然相关却又完全不同的领域中所拥有的不同身份。在私人领域中，人是以市民的身份出现的；在公共领域中，人的公民身份则是他开展活动的条件。由于私人领域是个体性的领域，人以个体的人的形式在这个领域中活动，以个人利益最大化为行为目标，所以，对于市民，适合作出个人主义的理解和把握。但是，当人进入公共领域和开展公共生活时，就是以公民的形式出现的，所拥有的是公民身份。相应地，也要求他把自己作为市民而具有的那些特性搁置到一边。他必须以促进公共利益的实现为一切行为选择的目标，这被看作他作为公民应当履行的义务。在这里，如果他出于追求个人利益的需要而开展活动和进行行为选择，就会被看作对公民身份的背离。所以，个人主义原则是不能够被用来理解公民的。事实上，启蒙思想家所看到的主要是市民，虽然那个时候已经有人自觉地去理解公民，却未构成启蒙思想的主流。这说明，作为启蒙思想延伸的个人主义更适合理解市民而不适合用以理解公民。然而，从理论的演进来看，西方学者中也存在着一些由于某种莫名的原因而有意识地混同市民与公民两个概念的做法，其消极影响就是致使社会治理实践总是处于一种矛盾和混乱的境地。到了后发展国家那里，学者们更是把根源于西方理论的那种混淆当作"圣经"，慷慨激昂地去表达那些自己根本搞不明白的主张。

我们必须承认，也许是因为理论本身就存在着混乱，以至于现实中很少见到人们自觉地把自己的公民身份与市民身份加以区分，而是无时不以个人利益追求为判断整个世界的标准。究其根源，就是因为个人主义无视近代社会领域的分化以及人的身份的多重化。也正是这种情况，反过来决定了理论和思想表述更加混乱。或者说，随着社会出现了公共领域、私人领域和日常生活领域的分化，原先国家与社会分立的局面发生了改变，而理论却依然在近代早期国家与社会分立时的思想框架中去开展活动，以至于与现实相脱离。这样一来，也就在实践上造成了人们无法在社会活动中去根据领域的不同形成正确的身份意识的问题。当然，在全球化、后工业化进程中再去区分市民与公民这样两种身份已经没有什么意义了，因为面向未来的社会治理建构将不从身份出发。不过，对于科学研究者而言，往往难以掩抑这样一种冲动：在面对一个长期存在着的错误认识时，不能不去点破它。事实上，关于"市民"与"公民"两个概念的混淆牵涉到了历史观上的问题。虽然全球化、后工业化将把我们引向未来，但是，我们在开展面向未来的行动时，是需要拥有一个正确的历史观的。

我们看到，由于"市民"与"公民"概念被混淆了，理论叙事经常性地与社会治理的现实相冲突。而且，我们还看到，许多理论活动甚至对社会治理形成了误导。其实，"市民"是工业社会中的人们普遍拥有的一种身份。如果说"公民"的概念随着工业社会的发展而越来越显现出它的排斥性的话，那么，市民概念却愈加显现出其包容性。每一个人都可以是一个地区或一个城市的市民，但并不是每一个人都能够成为一国的公民。然而，许多学者却在其作品中不加区分地随意使用"市民"与"公民"的概念，甚至一些蜚声学界的学者也犯了这方面的错误。这说明，理论与现实的冲突是如此之大。如果我们默许这一理论谬误的存在，不去加以澄清，势必会对我们面向未来的社会建构造成严重的误导。

我们看到，达尔就经常性地把"人"与"公民"两个概念相混同，比如，他说，"影响一个人对某种结果的评价的因素众多……由于在信息、倾向、价值和身份等方面的差异，公民们不仅在客观情境上，也在对事件的主观解读方面有所不同。一项决策的回报或许对一个人唾手可得而对其他人则遥不可及；它有可能是明确的或笼统的，也有可能是有形的或无形的。几乎总是存在着这样一部分公民，不论可能的情况会是什么，他们感觉从既存境遇中获得的利益要远远多于由支持变革的人们所推动的任何可选择方案。从一份工作、一纸市政合约或一项人事提名的具体收益或损失到诸如一个好的居住区、好的学校、清廉的政治、或作为公民在履行义务过程中对个人满意度的认知这样更为抽象的结果等方面，一项政策的预期后果或许都会存在差异"。①

公民是一种抽象存在，应是人的身份标签，是不能以复数的形式出现的。当达尔说"公民们"，实际上所指是"人们"。当然，这种错误并不仅仅发生在达尔身上，在英语中，确有复数形式的"公民"一词。这说明，在近代社会——或者说在英语形成——的整个历史阶段中，人们尽管要求在公民身份的基础上去建构政治生活形态，但对于"公民"一词的准确内涵却从来也未深究过。也许人们会说那是因为翻译上的问题使我们混淆了公民与市民的概念，其实并不完全是这样的。就英文中没有分化出两个不同的词去分别表示"市民"与"公民"来看，他们在市民与公民之间并没有形成合乎实际的科学区分。由于整个英文世界的人们都分不清公民与市民，所以，他们在政治安排上就会出现各种各样的问题，以至于他们建立在公民权利基础上的政治本身，也一直存在着诸多矛盾和悖理的漏洞。准确地认识这一问题，也就清楚地看到，是因为把"公民"误读为"市民"了，才在社会治理过程中满眼所见的都是自利的追逐者。

可惜的是，这种已经成为传统的错误认识移植到中国来之后，却成了一种话语霸权。比如，人权虽然是一种政治设定，但那是被作为一种自然权利对待的。在政治生活中，人权必须转化为公民权才能发挥作用，公民权在不同的国家中有着不同的内涵。然而，不仅在中国，而且在几乎所有的发展中国家中，由于话语霸权方面的原因，人们往往不加区分地去谈论所谓"普世价值"。当然，就人权被规定为

---

① 〔美〕达尔：《谁统治——一个美国城市的民主和权力》，范春辉、张宇译，江苏人民出版社，2011，第325～326页。

一种自然权利而言，可以认为它是一种包含着"普世价值"的社会因素。但是，人权的观念并不是存在于人类历史的每一个时期中的，它仅仅是与近代以来的这个社会联系在一起的。就此而言，也是不能断定它与"普世价值"有什么关系的。也就是说，在现代性的意义上，也就是在我们所在的这个历史阶段的平面上，人权是与市民相关联的，只要一个国家或地区进入了工业化、城市化进程，有了市民，也就有了人权问题，是市民作为自然人的人权。但是，对于公民来说，所拥有的是公民权，这种公民权也可以说是人权，但公民纯然是一种社会属性，或者说公民根本就没有自然属性，这又决定了公民权已经完全不同于作为自然权利的人权了。认识到公民权是一种社会权利，也就会自然而然地想到，不同的社会必然会对权利作出不同的认定或规定。那样的话，当一个国家谴责另一个国家，认为其存在着"人权"问题，其实是没有可以作为依据的标准的。所以，把人权看作一种"普世价值"，在逻辑上是讲不通的。其实，所谓"普世价值"就是一个"神"，你非信不可的话，别人也无话可说。如果有人与你争辩，那就暴露出了他的幼稚，因为信仰是不可争论的。

"公民身份是个人在一民族国家中，在特定平等水平上，具有一定普遍性权利与义务的被动及主动的成员身份。"[①] 公民身份之所以是"被动"的，是因为这个身份是由民族国家所授予的，公民的权利是被动获得的；至于它为什么又是主动的，则是因为公民身份意味着相应的义务，即必须参与国家活动。特别是参与政治生活，应是公民必须履行的义务，而且公民义务的履行应当是主动的。其实，人只是在公民与非公民的区分中才会以公民身份的形式出现。也就是说，人们并不总是基于公民身份而去开展活动，而是在不同的领域中拥有着不

---

① 〔美〕托马斯·亚诺斯基：《公民与文明社会》，柯雄译，辽宁教育出版社，2000，第11页。

同的身份。一般说来，只是在人们被认定为属于公共领域中的主体并参与公共生活的时候，公民身份才是必要的。在私人领域中，他可能是商人、企业家或其他类型的谋利者；在日常生活领域中，他是父亲、朋友、同学或同乡等。

公民身份只有在政治过程中才有意义，扩大而言，也只有在参与到了社会治理过程中的时候，才有意义。这是因为，如果（形式）民主是通过一定的程序来加以实现的，则必须在一定的条件下进行。也就是说，民主是有条件的，无条件的民主是不可想象的。这样一来，民主也就意味着每一个进入民主程序中的人都必须拥有公民身份。缺少这个条件，民主就无法受到程序控制，就会演化为失序的状态。那样的话，民主就会转化为一种恶，会对民主欲达之目标造成破坏。所以，民主的制度和治理方式之所以能够成为现实，是因为有了对公民身份的确认，并将公民身份作为民主得以展开的前提对待。总之，是因为有了公民身份这样一个前提，现代民主政治才成了现实的政治形态。

工业社会是人类历史上的一个特定历史阶段，人类社会是经历了一个漫长的农业社会历史阶段而转型为工业社会的。农业社会的政治生活形式是建立在等级身份制的基础上的，或者说，表现为等级身份制的形式。就近代以来的学术叙事来看，人们一般都把从农业社会向工业社会的转变过程看作身份制的瓦解，以为身份从此走出了人们的视线，或者说，不再在政治生活中发挥作用了。事实上，工业社会所抛弃的是农业社会中的等级身份，而不是放弃了用身份去定义人的做法。工业社会显然没有消除身份，工业社会的政治生活依然是建立在身份的基础上的，只不过身份的内容和形式都发生了根本性的变化。

在某种意义上，我们认为，身份就意味着政治，一切政治都是与身份直接联系在一起的。反过来说，没有身份也就没有政治。在今天，我们还无法想象没有政治的社会是什么样子。即使像马克思主义者所说的那样，国家将走向消亡，但在国家消亡后，相信还会有政治。只要人类社会中还有政治活动，也就意味着还存在着身份。不过，在全球化、后工业化进程中，我们也看到身份在对人的定义中所发挥的作用正在下降，而人的角色却在社会生活以及共同行动中发挥着越来越重要的作用。在未来的一个相当长的历史阶段中，身份也许依然会在对人的定义方面发挥一定的作用，但它将不再像在农业社会中那样，作为定义人这样一个社会动物的标准而存在，也不会像在工业社会中那样，成为人参与社会生活的门槛。

身份无非是人的社会规定，而社会之所以要对人作出身份规定，主要是出于政治生活。在更广泛的意义上，是出于社会治理的需要，是为了方便对人实施"分而治之"。人天生具有自然差异，但人的社会差异需要通过某种标准或尺度去作出区分。特别是在人类社会的早期阶段，当人还不能够通过自己的活动和行为去有效地制造出与他人的差异时，就需要借助于某些社会标准或尺度去对人作出区分，即对人进行身份界定。在工业社会中，虽然人能够通过自己的活动和行为制造出社会差异，而且人的差异化在工业社会的行进中得到了持续展开，但是，在建构工业社会的初始阶段，人们的身份意识依然潜伏在人的思想深处，而且发挥着支配性的作用，以至于人们建构工业社会的活动也首先是以身份确认为起点的，即要求赋予社会成员一个统一的身份——公民。特别是对于工业社会的政治生活而言，身份具有基础性的意义。所以，如果将工业社会说成身份制的社会，亦无不可。只不过它不再是等级身份制的社会，而是均质身份制的社会。

在农业社会，身份是人的单一性的社会规定，一个人只有一种身份，而且是完整的身份。到了工业社会，人的身份不再是单一的，而是多重的。如果说农业社会中人的身份在个人这里是单一的，而在社会的层面上是多样的，并在等级序列中排列了起来，那么，在工业社会，多样化的身份则是在平面上铺开的。至少在理论上，工业社会中的人是没有贵贱之分的。同时，工业社会中的个人会成为多种身份的载体，呈现身份多重叠加的状况。工业社会中的人具有多重身份，至于哪一个身份对人来说更为重要，取决于人的自我定位。农业社会中人的身份是具体的和完整的，一个身份就意味着人的全部。工业社会中人的身份的多重化则是以抽象的形式出现的，身份规定只是人参与社会生活的准入门槛，在社会实践活动中，一旦人们过了这个门槛，身份也就不再发挥明显的作用了。

如果说身份是抽象的，那么，角色则是具体的。在工业社会中，能够在人的广泛的社会实践活动中发挥决定性作用的因素，是人的角色。即便身份构成了政治生活的准入条件，人在政治过程中的具体活动，还是以角色扮演的形式出现的。人在这个社会中扮演着各种各样的角色，也通过角色扮演活动去开展社会生活和活动。不过，角色并不是人的全部。一个人在社会生活中可能扮演着多种角色，一种角色也可能会从一个人这里转移到另一个人那里，可以由许许多多具有相应条件的人来扮演。实际上，能够胜任某个角色的人有许多，他们构成了一个巨大的"后备军"。而且，这支"后备军"往往需要通过激烈的竞争去获得扮演某个角色的机会。

与之相比，身份往往不是通过竞争而获得的，特别是那些由于自然原因而确定的身份，基本上是人无法去争取的。虽然移民可以通过自己的努力而争取到某个国家的公民身份，但这种形式的努力也只有在真正得到了相应的回应的情况下，他才能获得所期求的身份。如果移民机构不予批准，那是无法取得这个国家的公民身份的。角色不同，它主要取决于自己所拥有的各种因素，同一个角色在此处无法获得，则可以在另一处获得，完全取决于自己的努力。角色是流动的，角色的流动性以及与人的联系的不稳定性在全球化、后工业化进程中将会得到进一步的诠释。在我们所构想的合作行动中，角色与人的关系会表现出一种随机性耦合的特征。

## 二 身份: 从具体到抽象

在从农业社会向工业社会转变的过程中, 等级身份制瓦解了。虽然身份依然存在, 但不再被纳入等级序列之中了, 而是在一个平面上铺展开诸多身份。不同身份之间的区别, 主要反映在普遍性程度上。比如, 居民身份是居住在一个国家范围内的所有成员所拥有的; 公民身份则是由民族国家确认的拥有相应政治权利的所有国民的身份。在一些开放性程度不高的国家, 居民可能是与公民基本重合的, 也就是说, 所有居民都可能是公民。在一些开放性程度较高的国家, 只有居民中的一部分被确认为公民。同样, 公民中的一部分还可能获得政治精英或技术精英的身份。

在农业社会中, 身份是基于自然的原因而获得的。比如, 出身于某个社会阶层, 也就自然而然地获得了某个身份。虽然这种身份也是社会规定, 但这种社会规定的依据则是人们无法选择的自然原因。在工业社会中, 身份也主要是由于自然的原因而获得的。比如, 出生于某个地理范围内, 就自然而然地成为某个国家的居民或公民。但是, 一些普遍性程度较低的身份是可以通过个人的努力而争取到的。比如, 政治家的身份、律师的身份、教师的身份等, 基本上是可以通过个人的努力争取到的。它们往往是社会依据个人的知识、能力以及技能而对人作出的某种规定。

在从农业社会向工业社会转变的过程中, 一方面, 人们获得了同一个身份, 那就是每一个人都是某个民族国家的公民; 另一方面, 出现了人的身份的多元化, 人除了拥有公民身份之外, 还拥有一些具体性的身份。同时, 在人开展社会活动时, 直接发挥作用的是人的角色, 身份往往是人参与社会生活和开展社会活动的前提条件, 而角色扮演才是人的社会生活和开展社会活动的现实状态。农业社会中的人的身份一般说来是稳定的, 可能与人终生相随。在工业社会中, 由于人可以获得多种身份，因而身份与人的关系也就会表现出不同。一些身份会稳定地与人联系在一起，也有一些身份会表现出一定的流动性。一般说来，在具体的领域中或因具体的专业化活动而获得的身份，是具有流动性的，会表现出并不稳定地与人联系在一起的状况。这些身份在外在表现上会与角色相似。但是，在身份与角色并存的情况下，身份任何时候都是人的一种抽象标识，而角色任何时候都是需要通过人的行为去加以证明的具体性标识。

由于角色需要通过人的行为来加以证明，所以，也就会处在变动之中。身份是一种社会规定，而角色则根源于人的自我证明，是自我通过行为加以证明的。所以，人们无法通过自己的行动而把身份转让给他人。身份的获得和失去，是由社会去决定的，或者说，是由社会中的某种权威机构、权威力量去直接做出决定的。当然，人能否获得某个角色，也会受到自身之外的一些因素的影响。就像你在一出戏里出演某个角色一样，首先需要有剧本，然后要准备排练这出戏，这样你才有可能在其中出演那个角色。那个角色是否一定由你出演，却更多地取决于你自身的情况。你可以说那需要由导演去决定，但若导演不是一个偏私的人，他能够根据角色需要而选择扮演者，那么，你个人的素质与能力，就是角色扮演的决定性因素。正是因为人自身的条件能够成为角色扮演的决定性因素，所以说，角色是可选择的。与角色相比，身份的可选择性是很弱的。事实上，一些身份是你无法选择的，特别是那些由于自然原因而获得的身份，一般说来，是不向你的选择开放的。

总的说来，工业社会在身份与角色两个方面都呈现出了多元化，人可以有多重身份，也可以扮演多重角色。就身份与角色的区别而言，在两极处会显现出不同的外在特征，但在身份的具体化中，却使得身份在表现上趋近于角色，会与角色的外在特征趋同。也就是说，人既拥有诸如公民、居民等抽象身份，又会获得一些与职业以及活动领域联系在一起的具体身份。那些具体身份虽然在性质上依然不同于角色，是不能与角色相混同的，但在外在特征上，却很难与角色区分开来。比如，教师是一种身份，但是，你是大学教师还是中学教师、语文课教师还是物理课教师，则是角色。在这里，教师的身份与角色之间在一定程度上是趋同的。

就农业社会向工业社会的转变过程看，应当说货币在身份制解体的过程中发挥了至关重要的作用。因为货币提供了另一个不同于身份的尺度，能够让人在通过货币去进行交换时开辟和建构另一重意义上的社会生活，而且，这重社会生活包含着公平的隐喻——一元钱在谁手里都应当是一元钱，除非制度破坏了这种公平。货币作为物的价值尺度，为交换行为的普及提供了基础，货币引发了市场经济。更为重要的是，货币让人认识到了等级身份的不平等、不公正。但是，随着等级身份制的社会被基于货币尺度去度量和加以建构的社会生活所取代，货币自身的公平隐喻丧失了。通过对货币的追逐、占有并将其转化为资本而重新建构起了一个不平等的社会。虽然这表现为经济生活的不平等，却是具有决定性意义的不平等。特别是在等级身份制这一主要"敌人"从人们的视线中消失以后，这种经济生活的不平等更加肆无忌惮地向社会生活的每一个角落渗透和扩张，制造出了全面的社会不平等。

当人失去了身份标签的时候，只能通过自己的行为来定义自己和向别人作出证明。比如，当你移民美国后，你还没有获得美国公民的身份，甚至你还没有被给予"绿卡"，这个时候，你能否立足下来并得到人们的承认，就只能取决于你自己的行为。此时，你没有一个作为社会规定的身份，或者说，你的身份还留在你的出生地，但你可以用自己的行为去证明你是可以扮演某个角色的。"墨西哥人"这个称呼，所表达的就是这种状况。当然，这个时候，身份对于你来说是一种排斥力量，也限制了你的角色选择。也正是在此情况下，可以看到角色扮演对于你能否获得身份会有着重要影响。比如，你作为一个持"绿卡"者，所拥有的是一个外国人（如墨西哥人）的身份，但当你的角色扮演得到了美国的某个权威部门的承认，它就有可能给予你美国公民的身份。

同样，在中国，改革开放后出现了一个新的身份——农民工，这是一个事实存在的却未得到正式确认的身份，在文件以及政策文本中，被称作"流动人口"。在客观的意义上，这个群体是（狭义的、与农民相对应的）市民，而且也是得到了社会承认的市民，但根据户籍制度的规定，他们是农民，因而是得到了社会承认却未得到法律和政策规定的身份。近些年来，一些城市试图拆解这个身份群体，也效仿美国的"绿卡"制度，通过一些量化指标去判断这个群体成员中的人们在角色扮演上的情况，并以此为据去决定是否接纳他们为城市居民，即是否赋予他们市民的身份。应当承认，在法律和政策尚未承认农民工身份的情况下，这显然是地方政府作出的较为积极的承认举措。虽然它会分化农民工这一身份群体，但也说明，它不再是一种从整体上对农民工的身份加以"排斥"的举措，所以，应当看作一项积极举措。但是，户籍制度是中国始于隋唐的一项伟大的社会发明，也是在社会管理中行之有效的制度设置，如果实现对农民工市民身份的确认，就需要寻求替代性的制度。显然，这是一项非常重要的制度变革，也是非常艰难的。

一般说来，普遍性程度较低的身份虽然也是源于社会规定和以社会规定的形式出现的，但更多地取决于角色扮演的情况，或者说，需要在角色扮演中去得到维护。如果角色扮演不成功的话，这种身份就有可能失去。这说明，工业社会的某些身份具有一定的流动性。可以认为，依据自然原因而获得的身份是稳固的、不具有流动性的，而依据社会的原因或个人的原因而获得的身份往往是不稳固的和具有流动性的。之所以农业社会中的身份是稳定地与个人联系在一起的，就是因为农业社会中的身份都是社会基于自然的原因而对人的规定。由于工业社会中的一部分身份是基于社会的原因而对人的规定，这些身份不是稳定地与某个或某些人联系在一起的，因而具有一定的流动性特征。其重要的溢出效应就是，让人感受到工业社会是一个平等的社会，人们可以通过自己的努力而在竞争中获取自己希望获得的身份。另一方面，农业社会的身份是唯一性的，一个人获得某种身份就不会同时拥有另一种身份；工业社会中的人则可以获得多重身份，一个人是居民、公民，是可以通过自己的努力去获得的。也就是说，人们可以通过自己的努力以及自己的行为去获得一些具体的身份。

在现代化的过程中，随着公民身份的确立，即当人们从臣民转变为公民后，政治生活成了每一个人的生活内容之一部分。参与政治是人的公民身份中所包含的一项基本权利，也是一项基本义务。但就人的权利之中包含着自由这样一项原则而言，是否愿意参与政治也是人的权利，进而会对义务的承担产生影响。所以，现代政治的性质决定了人们有参与政治的权利，也有不参与政治的权利。也正是权利概念中的这种悖论，导致现代政治生活中出现了严重的政治冷漠问题。本来，政治与每个人都有关系，却又不是每个人都热衷于政治。事实上，绝大多数人都是受到了高分贝的政治动员声音的驱使而抱着无可无不可的心态参与了政治，还有很大一部分人即使在强烈的动员声浪中也坚持不参与政治，即抱持着政治冷漠。为什么会出现这种状况？因为政治并未真正成为全体公民的政治，而是由少数政治精英把持，以至于绝大多数人并不能对政治的日常运行发挥自己的影响力。正是因为人们无法对政治发挥自己的影响力，一部分人在动员之下参与政治活动，所表达的是类似于被迫做"慈善"的心态，似乎参与政治不是他（们）的义务；另一部分人即使被动员也坚持不参与，其实是对自己的影响力不能得到发挥的一种计较。

由此看来，欲使全体公民都积极地参与政治生活，就必须根除政治受少数人把持和操纵的状况。如果这一点无法改变的话，关于政治参与的一切技术性的探讨，都不可能真正取得所期望的成果。我们认为，政治精英、利益集团等把持政治、操纵政治是工业社会这个历史阶段中具有存在之必然性的历史现象。这一个问题的解决，正是在人类社会的全球化、后工业化中获得了历史契机。全球化、后工业化将是社会及其政治模式重建的运动。在政治模式的重建中，把政治归还给全体社会成员将是一个基本的目标。当我们说后工业社会是一个合作的社会时，其实就包含了对这种我们欲求重建的政治模式的判断。

当政治不再从属于统治和管理的需要，或者说，当政治成为合作应对人们共同关切的问题时，当政治成为关系到每个人的利益的行动时，当政治成为人的相互依存和共生共在的重要途径时，每一个人都会因为参与到政治中来而体验到作为合作共同体成员的价值，每个人也都能够认识到自己在参与政治活动时所发挥的影响力，因而，也就不会对政治抱持冷漠的态度。但是，那个时候，由于身份已经失去了现实意义，政治在何种意义上还是政治，也将是一个值得去观察的问题。或者说，政治的属性、内容以及功能都将发生根本性的改变。

一切身份都是社会规定。在这里，社会规定一词中的"社会"，是在广义上加以使用的，它包含着"政治"以及狭义的"社会"等多方面的内容。尽管身份是一种社会规定，但不同身份之间在性质上的区别是依据不同而造成的。我们说身份是一种社会规定，其中也就包含着身份取决于社会认同的意思。与农业社会中的身份相比，工业社会中的身份更多地源于社会的承认。不过，即便是工业社会中的身份，那些基于自然的原因而获得的身份，也往往需要得到认同。比如，在西方国家就存在着种族问题。其实，这些问题归根结底就是身份认同的问题，是因为不认同而将人们区分为不同的种族。至于那些基于社会的原因而获得的身份，则不因人或社会的认同而有所损益，而是更多地取决于人们基于专业知识等而做出的承认。当然，这是就认同与承认两个概念所表达的是人的不同心理状态而言的，一些不从事学术工作或缺乏学术素养的人，往往并不在这两种心理状况之间作出区分。

　　昂格尔的深刻见解包含着对这样一种悖论的揭示："为了获得一个连贯一致的自我，他们必须赢得他者的承认。这种承认，是由于他们实现了那界定市民社会中各种不同角色的期待，作为报偿而获得的。但是，这些角色都是外在的规约。尽管它们可能会给予自我以独立存在的幻觉，但也拒绝自我任何真正的自治性。"[①] 这就是近代以来"自我"与"他人"的矛盾。随着同质性家元共同体的解体，人们被一种客观力量拖入了族阈共同体中。在族阈共同体之中，作为个体的自我，不仅与他人处于这种自我与他人的矛盾之中，而且也与共同体确立了这种自我与他人的矛盾关系。

　　早期的启蒙思想家也许意识到了这种矛盾，所以才会提出一种要求，即用人的共同性去消解矛盾。事实上，在昂格尔看来，"在其与他者之间的关系上，自我经历着一种失重的状态，这是它对所有作为个体性特征之威胁的社会联接的恐惧的对立面。人类并未以对共同人性的承认开始，这种共同人性是其与那些和他们相距甚远的人们所共享的。最后，通过这种共同性的无休止的瓦解，他们开始变得对自己也陌生起来"。[②] 社会陌生化了，原先家元共同体中的人已经为觉醒了的个人所取代，族阈共同体也因而是由个人所构成的。生活于这种共同体中，也就意味着每一个人都必须与他人交往，处于同他人的直接或间接联系中，每一项行动都受到他人的制约和规定。这样一来，他人是交往对象，却又是陌生的。在与他人的交往之中，必然要受到他人的制约和规定，人不仅不会在这种受到他人的制约和规定中与他人建立起熟人关系，反而处于持续陌生化的过程中。也就是说，人们不再是原先家元共同体中的那种人了，他们处在一种不同于家元共同体的族阈共同体之中，却以陌生人的形式成为共同体的成员。

---

[①] 〔美〕昂格尔：《知识与政治》，支振锋译，中国政法大学出版社，2009，第34页。
[②] 〔美〕昂格尔：《知识与政治》，支振锋译，中国政法大学出版社，2009，第34页。

所以，在自我得以觉醒的过程中，在自我意识到自己是个体的人的条件下，不仅遇到了需要他人承认的问题，而且也经受着自我能否承认自己的折磨。承认或不承认，本身就是个矛盾，即使得到他人与自我的双重承认，也是在具体的语境中获得的，仅仅意味着矛盾被暂时地搁置或掩盖了。正是因为这些，个体的人总是处在一种尴尬的状态中。个体的人的出现，显然是在历史的进步中所取得的一项伟大成果。关键的问题是，共同人性的假设引发出了上述矛盾。如果我们将这一假设搬除掉，并去正视人的共生共在的客观要求，也正视人在共生共在中的差异，那么，反映到社会建构上的方案就会完全不同。具体地说，就会让人确立起在差异条件下去追求合作行动的观念，并付诸制度等安排。

## 三 角色：组织中的行动者

我们已经指出，与身份一样，角色也是人的社会规定。但是，作为角色的社会规定是与作为身份的社会规定不同的，或者说，这两种社会规定的依据是不同的。诸多身份规定基本上都是依据某种自然原因作出的，而角色规定则纯然是由社会原因引起的。而且，角色规定是可以由人去选择的，或者说，角色的选择性更强。就中国的农民工而言，表面看来，是因为他们选择了进入城市打工而获得了这一重身份，这表现为他们的选择。但是，就法律和政策未承认他们是城市居民这一点来看，他们作为农民工的身份仅仅获得了狭义的社会规定而没有获得包括政治、法律等在内的广义上的社会规定。因而，这是一种不完整的和不稳定的社会规定。就此而言，农民进城后仅仅是选择了某个打工的角色，而不是选择了农民工的身份。谈到农民工，我们必须指出，这是中国社会在工业化、城市化进程中产生的特有的历史现象，在历史上未曾有过。与英国历史上的那场"血与火"的"羊吃人"运动相比，农民工现象所代表的是最文明的社会转型方式。可以相信，未来的历史学家们将会对它大书特书。特别是中国政府为其作出的制度安排，包含着令人惊叹的远见卓识。我们知道，20 世纪 80 年代初改革开放伊始，中国政府启动了"身份证制度"，改变了中国社会实行了千多年的单一户籍制度。虽然今天仍然是两个制度并行，但身份证制度的制度变革意涵已经充分显现了出来。

我们说农业社会是一个等级身份制的社会，是因为人在一出生的时候就被给予某个身份，这种身份是得到社会认同并由社会作出确认的。但是，这种身份的获得所依据的是自然的原因，即出生在某个等级之中就自然而然地获得了那种属于这个等级的身份，而不是由人自己作出的选择。在现代社会，人的诸多身份也都有着类似的表现，不是由人自己做出的选择。只有那些在工业社会中特有的与职业活动相关的身份，才会表现出人的自我选择的状况。身份的多重化是社会进步的标志，说明人已经可以通过社会活动而在有限的空间中去作出选择，而不是仅仅受到诸如自然因素的约束。我们说，与农业社会相比，工业社会具有复杂性和不确定性的特征。在某种意义上，这也是由人的身份的多重化所引起的。至少，人的身份的多重化，是使社会获得复杂性和不确定性的一个重要影响因素。单从身份的角度看，已然把我们的视线引向了对工业社会复杂性和不确定性生成原因的探究上去。如果考虑到身份与角色的分化，如果考虑到在社会分工之中凭空产生了那么多角色，那么，也就会更加明了造成工业社会的复杂性与不确定性的原因了。

在工业社会中，身份与角色的社会表现是以义务与责任的形式出现的。或者说，身份作为一种社会规定，只有反映在义务上，才会成为一种实然性的存在。同样，角色作为一种社会规定则是反映在人的责任之中的。反过来说，人的义务意识来源于人的身份，而人的责任感则是由角色决定的。这就要求我们在思考人的义务时，必须将其与人的身份联系在一起；在思考人的责任时，则要充分考虑人的角色。如果我们不能看到人的身份与角色之间的不同，也就不可能在思考人的义务与责任时获得正确的答案。我们看到，现代社会治理总是通过梳理和界定人的义务和责任而去寻求"抓手"的，但我们也同时看到，在社会科学的诸门类中，关于义务和责任的探讨往往流于浅尝辄止的地步，很少有人明确地认识到义务与身份、责任与角色的对应关系。因而，在这种所谓社会科学研究成果的指导下所作出的社会治理安排，导致了诸多社会治理实践上的混乱。

我们一再强调，身份是稳定地与人联系在一起的，特别是那些普遍性程度较高的身份，往往是在人一出生就被赋予的，一生与人相伴随，并不是人所作出的选择。即使那些可以通过人自己的努力而争取到的具体性的身份，一旦获得，也往往会终生与人相伴，从而弱化了其可选择性的特征。比如，教师的身份并不会因为人的退休而离开人。角色不同，人们可以选择自己所希望扮演的角色，也可以随时调整或变换自己的角色。不过，角色总是意味着人在恰当的时候做出了恰当的行为选择，合乎或能够证明自己在一个群体、一个组织或社会生活圈子中的地位。在更深入的考察中，还会发现，"角色还涉及到一套信念系统——人们在何种情况下、在多大程度上认真对待他们自己的行为和他们身处其中的场合……还必须解决一个问题：人们对'特定场合'的行为到底有多少看重。角色是由这种信念系统和行为共同组成的，而且正是由于这个原因，对角色进行历史研究才会如此困难。因为有时候人们会继续用旧的信念系统来解释新的行为模式，有时候即使人们对行为模式产生了新的信念，这种行为却依然会继续存在下去"。①

在现代性的视角中进行解读，会认为，农业社会的治理是由身份

---

① 〔美〕桑内特：《公共人的衰落》，李继宏译，上海译文出版社，2008，第39页。

精英承担的。在农业社会中，虽然人在一出生时就能够获得某种身份，但拥有某种身份并不意味着必然承担社会治理的义务。只有那些被认为是身份精英的人，才能参与到实际的社会治理过程中。根据现代性的观点，在农业社会的社会治理过程中开展活动的人也有着角色扮演的问题，或者说，在人"为官"的时候，身份转化为了角色。正是因为身份可以实现向角色的转化，平民、布衣等才能够突破身份的限制而进入"官"的行列。这一点在中国古代表现得最为典型。比如，有着贵族身份的人被"削官"之后依然是贵族，只有在极端的情况下，贵族在"削官"的时候才会被贬为庶民，而来自平民的官在"削官"之后就返为平民了。这说明农业社会中的身份是人的基础性的社会规定，是稳定地与人联系在一起的。但总体看来，农业社会的身份与角色之间的区别并未显性化，不是因为平民为官者甚寡和主要的、基本的官职都是由高等级身份的人所占据，而是因为作为角色的官本身就是直接地从属于维护身份制体系需要的。而且，官本身也时常被认为是一种身份象征。实际上，从农业社会的实际情况看，为官的人如果成功地实现了角色扮演，也是可以得到给予某个身份之回报的。

人们之所以把农业社会定义为等级身份制的社会，是因为角色并未成为这个社会的重要现象。即使在一些需要进行角色扮演的地方，人们也未生成角色意识，而是持有身份意识。我们知道，角色是一种组织现象，人只有在组织中才能扮演某种角色，也往往是通过组织而扮演某种社会角色。农业社会尚未在全社会的层面实现组织化，只有在诸如社会治理、军队等方面才有着较为发达的组织。然而，也恰恰是在这些组织中，人们扮演着某种角色并有可能实现身份与角色的转换。比如，你可能因为贵族身份而不需要从卒逐级升迁为将军，而是直接地就成为统领军队的元帅；同样，你可能因为有了某些军功而被授予某种身份，即因角色扮演的成功而获得了身份的变更。但是，在农业社会中，就整个社会而言，特别是在经济生活方面，人们并不是通过组织去开展生活的。即便出现了组织，在很大程度上也是一种偶然性的现象。所以，农业社会中的人在更多的时候并不是以角色的形式出现的，更不用说生成角色意识了。

近代早期，在反身份精英的设计中，几乎一切社会建构的原则都从属于大众参与政治的要求。但是，随着代议制民主的出现，大众又重新被遮蔽在政治精英的阴影之中了。到了进步主义时期，技术精英也开始粉墨登场。在政治精英和技术精英的双重阴影中，大众变成了无足轻重的或失去了实际意义的多数。在政治精英和技术精英掌控的社会治理体系中，大众不仅丧失了话语权，而且变得完全失语了，他们的一切要求都需要通过精英代为表达，或受到精英的惠顾和垂怜。这是一种很不正常的现象。在全球化、后工业化进程中，必须从根本上改变这种状况。其实，基于合作的理念所开展的社会建构，正是扭转这种状况的根本途径。从身份向角色的转变应当视为近代早期的那场革命未竟的事业。如果说始于近代早期的从身份向角色的转变使得角色成了社会生活中的基本要素，那么，在全球化、后工业化进程中，工业社会中生成的那些身份将会再一次转变为角色。

就工业社会的实际表现来看，从身份向角色的转变是通过社会的组织化实现的。也就是说，在从身份向角色的转变过程中，社会也处在了组织化的过程之中。正是因为有了组织，或者说，正是因为社会的组织化，人们需要在组织之中和通过组织去开展社会活动，才以角色扮演的方式参与到了社会生活之中。组织使人的社会角色明确化，或者说，组织因为提供了职位、岗位而让角色有了附着物。当人们进入工业社会后，无论是在政治领域还是经济领域中，都是通过组织而参与社会活动和开展社会生活的。在工业社会这样一个组织化的社会中，一方面，人们是通过组织去开展活动的；另一方面，人们又不是把自己的全部都投入组织过程中，而是让自己的一部分去扮演某种角色。一个人可能同时参与到多个组织之中去扮演多个角色，一个组织在人的构成要素方面也表现为多种角色的聚合体。

工业社会也同时是一个协作的社会，社会化的活动都是通过协作的方式进行的，而组织则是典型的协作系统。对于这种协作而言，表面上看来是人们之间的协作，实际上，由于参与到协作行动中的人并不是完整的人，而是以人的一部分的形式出现的，是人把自己的一部分投入了角色扮演之中，所以，在组织之中，我们所看到的是一个个的角色，组织无非是角色的集合，而协作也只是角色间的互动。虽然角色是由人扮演的，但角色毕竟不是人的全部。因此，我们在工业社会的组织中是不能看到完整的人的。如上所述，身份意味着人的完整性，而角色只是人的一部分。如果组织引入人的身份的话，就会与职位、岗位的要求相冲突，就不可能在不同的角色之间建立起协作关系。所以，组织是拒绝身份的，尤其是在工业社会的政治领域以及广泛的公共领域中，与组织相联系的或在组织之中的，仅仅是角色。

在工业社会中，一般说来，人的身份是存在于组织过程之外的。一旦人们进入组织，他的身份便被消解了，为角色所取代。比如，我们把公民看作一种身份，但它仅仅在抽象的意义上才是身份，一旦行使公民权利，就必然会被国家组织起来，或在某个政治过程中开展组织活动。此时，公民消失了，而角色出现了。我们说公民有选举权，在公民不行使这项权利的时候才会拥有这项权利，当他行使这项权利的时候，却是被组织起来的，公民权也就转化为了角色责任。无论是在显形的还是隐形的组织中，行使公民权的活动都事实上是在组织之中进行角色扮演的活动。抽象地说，拥有公民身份的所有人都拥有公民权，但就这项权利的实现来看其是否真实拥有，却是一个问题。即便说拥有了公民权，在行使的时候，也是通过角色扮演活动去付诸实现的。因而，所谓公民的义务，也就在实际上转化为了一种角色责任。

就每一个作为公民的人都同等地拥有公民权而言，所有的人在公民身份的意义上都是具有同一性的存在。作为公民，他们是没有什么区别的。然而，一旦公民被组织起来去参与投票，公民就变成了选民。也就是说，公民身份就被选举角色所替代，扮演着选举人与被选举人的角色。选举人与被选举人显然是有着不同的角色属性的。毫无疑问，一旦公民转化为选民等，选民之间就会产生歧见，甚至会陷入冲突之中。这种冲突显然应被合理地理解为不同角色间的冲突，而不应被看作公民身份上的冲突。可以肯定地说，如果这种冲突产生了，我们就无法将其理解成"公民反公民"的斗争，而只能将其理解成这群选民相对于另一群选民的争执，是不同角色的对抗。这也就是我们所说的，就选民是被组织起来的而言，或者说，当公民被组织起来之后，也就转化为选民了，实现了身份向角色的转变。总之，组织就是角色的奥秘所在。

身份能够在角色的扮演中发挥重要作用。在农业社会中，身份甚至对角色的扮演发挥着决定性的作用。有着贵族身份的人去做官，会被看作自然而然的事情。在工业社会，身份在政治生活领域中也是角色扮演的前提条件。比如，只有作为民族国家的公民，才能参与这一国家的政治生活。与农业社会相比，工业社会中的身份虽然也是角色扮演的前提条件，但所发挥的却不是决定性的作用。在许多领域中，身份的作用往往并不会引起人们的特别关注。尽管如此，角色扮演中的身份优势，特别是诸如政治家这种具体身份，还是显而易见的。如达尔所指出的，"有政治身份的人能够利用资源谋取影响力，然后再利用影响力获得更多资源。政治资源能够逐渐积累起来，这与一个打算经商的人有时可以将小额投资慢慢积累成一个企业帝国的方式相同。对于拥有技能和动力的政治企业家来说，政治系统提供了将小额原始资源逐渐积累为大规模政治资产的非同寻常的机会"。[①]

角色是与组织中的岗位和职位联系在一起的，人只要被填充到具体的职位和岗位中去，也就获得了相应的角色。但是，这个角色还需要由承担了职位和岗位的人通过行动来加以证明。当人通过行动去证明自己能够承担和已经承担起了职位和岗位上的责任时，才赋予自己所扮演的角色以现实性，才证明了自己所扮演的角色是与职位、岗位的要求相一致的。如果没有通过承担职位、岗位责任的行动去对角色作出证明的话，那么，从职位和岗位设置中所获得的角色就可能是一种不现实的角色，至少是不稳定和不牢固的角色，随时都有可能被他人所替代。我们之所以经常见到某人与某个职位、岗位不相称，或者，有的人在某个职位、岗位上被他人"架空"而没有所谓"实权"，就是因为他没有通过自己承担责任的行动去证明自己的角色。

由此看来，两个方面的因素决定了角色的现实性：其一，组织所设置的职位和岗位为人们提供了扮演某个角色的前提条件，可以使人有机会被填充到某个职位、岗位上，从而获得某个角色；其二，被填充到某个职位、岗位上的人需要通过自己承担职位、岗位责任的行动去赋予角色以现实性，即证明这个角色是现实地与他联系在一起的。在一定程度上，是人的行动决定了角色。用自己的行动去证明角色本身虽然会导向能否胜任的评价，但在结果上，则是一个能否持有某个角色的问题。因为，如果不能用自己的行动去证实角色的话，就必然会失去那个角色。当然，组织的职位、岗位设置是客观的，要求角色扮演活动与职位、岗位的要求相一致，应当被看作一种基本要求。一

---

[①]　〔美〕达尔：《谁统治——一个美国城市的民主和权力》，范春辉、张宇译，江苏人民出版社，2011，第254页。

般说来，一个组织的每一个职位和岗位都还会被寄托某种主观性的要求，即以角色期待的形式出现。一个人能否通过自己的行动去证明自己是一个合格的角色扮演者，除了需要满足职位、岗位上的客观要求外，还要努力满足来自各方的角色期待。

我们已经指出，与身份相比，角色具有流动性，但当角色受制于职位、岗位时，这种流动性也受到了约束。虽然人并不总与某个职位或岗位联系在一起，但某个职位或岗位却意味着某种固定的角色。也就是说，对于个人，他所扮演的角色处在变换之中，而相对于职位和岗位来说，角色则是稳定的。只要组织不在变革的意义上去对职位、岗位作出调整，那么，其职位、岗位就会稳定地存在下去。你若不在这个职位、岗位上，他就会去填补这个职位、岗位。所以，组织有着成系列的、固定的角色可供人们选择。正是因为有了这些固定的角色，个人才可以通过变换职位、岗位而进行角色调整。个人所扮演的角色处在变化中，这使得角色呈现流动性。或者说，角色的流动性所指的就是个人改变角色的事情每日每时都在组织中发生。

不过，我们也应看到，即便是在个人这里，角色的流动性也是较为缓慢的。这是因为，组织的职位、岗位是按等级分层的方式排列起来的。虽然个人的角色也会在组织的某个层次中平行流动，但它必须考虑到心理接受度的问题。一个有希望在组织中获取垂直流动机会的人，往往是不能在心理上接受某一层级上的多次角色变换的。他更愿意从一个较低的层级流动到更高的层级上去，即实现角色意义上的职务升迁。可是，这种角色变换方式会受到组织资源、组织发展状况等诸多因素的制约，因而是较为缓慢的。由此看来，组织的等级结构是限制角色流动的基本因素。如果组织的等级结构得到了根本性的消解，显然也就扫除了角色流动的障碍。那将是合作制组织呈现给我们的一幅图景。

对于处在官僚制组织中的人而言，虽然他在形式上是以组织成员的身份存在的，但在事实上，他从来都不会完全接受这种身份，而是会更加关注自己所扮演的角色。他可以全身心地投入角色扮演中，也可以满足于角色扮演得到组织认可的合格角色，却不在意他作为组织成员的身份是否得到了认同的问题。比如，一名教师从来不会去考虑自己的教师身份为自己带来了什么，而是关注自己角色扮演中所取得的教学和科研成果以及收入的变动。当然，如果人们处在一个等级化色彩非常严重的社会中，而教师的社会地位又被安排在一个极低的社会阶层上，那个时候，人们就会想到教师的身份，并为作为教师的身份认同发表意见。如果一个社会是真正平等的社会，教师身份不仅不会得到教师的关注，而且也不会得到其他社会群体的关注。作为教师，他更多地意识到了他的责任，会努力去扮演教师的具体角色。所以，人的身份意识的强弱，是由社会决定的。在一个平等的社会中，人们只会保留普遍性的身份意识，他作为某个群体而获得的属于那个群体的身份则会被他所忽略。

在官僚制组织中的每一个成员那里，都存在着角色冲突的问题。这种角色冲突不仅是由近代以来公共领域、私人领域与日常生活领域的分化造成的，也是由官僚制组织的政治生态与组织结构的矛盾引发的。在官僚制组织的政治生态中，包含着自由、平等等人权观念。当人们把自己在组织中进行角色扮演的活动误读为他作为人的活动时，就会强烈地感受到，他作为人的自由和平等都被剥夺了。这样一来，即使他不在其行动中有所表现，也会在内心之中形成冲突的状态。也就是说，官僚制组织的政治生态要求人们是自由和平等的，而官僚制组织的等级结构则把人们安排在不同的层级之中，从而造成了组织成员自我观念上的和心理上的冲突。一方面，作为组织成员的人会从其政治生态中获得自由、平等的观念；另一方面，在组织的等级结构中进行角色扮演活动的时候，又会受到等级力量的有形和无形的压迫。

由于这种矛盾会在组织成员心理上引起冲突，而且在不加规制的情况下就会以行动的方式去加以表现，所以组织必须通过一系列设置去防范和压制一切可能出现的组织冲突。因而，有了作为规范性设置的组织制度、纪律等，组织成员也就会被要求必须受组织制度、纪律等规则的规范。

总体看来，与身份相比，角色具有明显的功能导向特征。当一个人能够在一定的群体、组织之中承担起一定的任务并取得被期望的业绩时，他就被认为成功地扮演了某个角色。如果不是这样，他的角色扮演就是不成功的，就有可能被剥夺继续扮演那个角色的资格。身份则因普遍性情况而有所不同。组织成员的身份是与具体的组织联系在一起的，与角色的相关性程度较高，会在获得和失去上都表现出与角色的相关性。但是，一个人失去了某个角色，或作了角色变换，却不意味着失去组织成员的身份。只有当他离开了这个组织时，才失去了作为这个组织的成员的身份。就工业社会是一个组织化的社会而言，当他离开了这个组织的时候，就有可能又获得了另一个组织的成员身份。与具体组织的成员身份相比，教师的身份则具有"类"的属性，即具有更为抽象的特征，不因任职的学校而改变这种身份。也就是说，越是抽象性程度高的身份，越是稳定地与人相联系。

身份是与社会的封闭性联系在一起的。当社会走向开放的时候，身份对于人的行为的影响作用就会减弱。社会愈是封闭，人们就愈在乎自己的身份，也就会根据身份状况而去过属于自己的生活，并刻意地使自己的行为举止合乎身份的要求。相反，随着社会的开放性的增强，人们的身份意识会变得越来越弱，会更多地关注自己的角色以及角色扮演情况。一般说来，越是那些角色扮演非常精彩的人，越不在意自己的身份。我们经常看到，那些能够得到学生尊重的老师，往往衣着随意、言行谦和，而那些水平较为一般的老师，往往会在每一次上课前都刻意地打扮一下自己，要维护他作为教师的尊严，为教师这个身份增光。此外，社会发展的历史进程中也有一个从强身份意识到弱身份意识的变化过程。农业社会的人们在身份意识方面显得非常强，工业社会的人们除了关注自己的公民身份之外，对他同时拥有的其他身份则给予较少的关注，甚至意识不到这些身份。

近些年来，在全球化、后工业化进程中，人们的身份意识开始呈现迅速弱化的势头，这使得人们在不同的国家间流动时不再刻意关注自己的公民身份。如果不是护照、海关等时时提醒人们的话，也许人们根本就不会想起自己所拥有的公民身份。我们已经指出，民族国家的存在是与公民身份联系在一起的，它必须通过对公民身份的维护而使自己不丧失合法性。这也说明，随着公民身份意识的弱化，民族国家受到冲击也就难以避免了。当然，在民族国家尚存之时，一些新生的社会因素也会有着某些身份色彩。比如，非政府组织就有着某种身份特征，人们也会在身份的意义上去解读这种组织。非政府组织在整体上也许可以从身份的角度去加以认识，而非政府组织的成员，应当说并没有与这类组织相对应的新的身份。非政府组织其实所拥有的是一种模糊的群体身份，而不是与个人联系在一起的身份。从现实来看，一些跨国性的非政府组织往往会极力淡化自己所拥有的身份，会通过强调自己的社会责任而去表明自己所扮演的某种角色。比如，我们看到了一种"世界公民"的提法被用来与作为一国公民的身份相区别。就这个提法而言，包含着明确的身份意识，而在实际效果上，恰恰是对"公民"这一身份的解构。

当我们设想后工业社会是一个全面开放的社会时，也就会想象，这个社会中将不再存在任何身份。在这一社会中，人们处在合作共同体之中，并为了人的共生共在而开展行动。在这里，行动就是人的最基本的社会生活方式，每一个人都在行动中不断地寻找自己所应扮演的角色，去发现最适合自己的角色，并因行动的需要而不断地变换自己的角色。我们认为，后工业社会将是一个有角色而没有身份的社会，一切身份都将在这个社会中丧失存在的合理性。当身份不再成为人的社会生活的影响因素时，近代以来关于平等和自由的所有追求，也就都能够真正地得到实现了。

当然，在后工业社会中，角色也会反映出人们之间的差异，甚至会让这种差异以人的不平等的形式出现。但是，我们明显地感受到，引起角色差异的因素都不是先天的，而是在人的成长过程中产生的，是由人的能力、素质和知识涵养所决定的，是可以根据合作行动的要求而不断进行调整的。因而，如果出现了角色错位的问题，也是容易得到矫正的。如果说工业社会的身份是同一性和普遍性的社会规定，而角色扮演恰恰要求在不同的人那里有着不同的角色，那么，随着身份的消失，社会生活也就具有了充分的开放性。这个时候，任何排斥和封闭的问题都不再会出现。因而，人们将不再因为身份而被禁止进入某项社会生活或活动之中，或者说，因为身份的消失而不再有依据身份的排斥了。在这个社会中，社会治理也不再基于身份去开展行动，而是把全部注意力转移到角色整合方面，即在角色间的差异中整合出合作行动的力量。

## 第二节　社会治理的依据

### 一　社会治理中的身份

哈贝马斯发现了公共领域，并借助"公共领域"的概念而为人们理解公共生活制定了一个基础性的框架。可是，他关于公共领域边界的认识是模糊的。一方面，哈贝马斯没有让人们看到是谁在公共领域中活动；另一方面，哈贝马斯也无法让人们知道什么人有资格在公共领域中活动。虽然哈贝马斯试图在"公共领域的结构转型"这一议题上梳理不同时期公共领域的基本构成状况以及公共生活的基本内容，但他没有让人们看到那些在公共领域中活动的主体有着什么样的面目，或者说，他没有描绘出公共领域中的活动主体的清晰面目。所以，在如何通过实践去建构公共领域，在公共领域与私人领域相对而立的条件下如何协调公共生活与私人生活等一系列问题上，哈贝马斯实际上留下了广阔的可争议空间，更不用说他没有看到在公共领域、私人领域之外还存在着一个日常生活领域。如果按照哈贝马斯的思路撇开私人领域和日常生活领域去阐述公共领域的规范和原则的话，其实是很容易产生一种理论上的误导的，更不用说付诸社会治理安排的实践了。

社会作为一个整体是由公共领域、私人领域和日常生活领域构成的，一个社会中的成员不可能都活跃于公共领域之中。虽然每一个人都至少具有公民、市民和家庭成员三重身份，但并不是每一个人都时时承担起了与这些身份相对应的义务。许多争议其实都是因为忘记了或忽视了公共领域之外的其他领域。或者说，由于人们忘记了人除了有公民这重身份之外还有其他的身份，才会时时考虑作为公民的那部分生活——公共生活，才会在对公民义务的关注中忘记了对人的其他义务也投去一瞥。其实，一旦人们让一切都以公共生活的原则为取舍之标准，就会不断地建构起新的问题，人在私人领域特别是日常生活领域中的价值以及生活意义，就会受到忽视。这样的话，在思考社会治理方面的问题时，也就必然会引发各种各样的主张以及争议。

我们并不要求人们一定要去重新强化私人领域（像早期自由主义的继承者和撒切尔夫人那样），也不要求人们一定要去重建日常生活领域（回到农业社会），因为，社会发展正在呈现领域融合的趋势，或者说，全球化、后工业化呈现了某种领域融合的趋势。如果领域融合成为一场现实运动的话，那么，人的身份将会出现重大变化。参与社会生活的人也会因为身份的变化而不再有既有的资格限制，社会治理也将因此而必须做出相应的调整。就领域融合而言，如果说这是一种历史趋势，那就会要求我们在思考社会发展的走向以及社会治理变革的问题时，拥有一种社会整体观，发现新的社会建构原则，从而实现对现状的超越。那样的话，也就意味着我们需要告别工业社会领域分化条件下的社会治理思路。也就是说，不再根据不同领域的不同性质去开展社会治理，而是需要在社会整体的意义上去思考和寻求社会治理的方案。其中，人的身份和角色对社会治理会产生什么样的影响，就是一个首先需要加以研究的问题了。

哈贝马斯把公共领域看作独立于国家和政府的一种社会存在范畴，这显然是错误的。正是这一错误，致使他无法勘定公共领域与私人领域的边界。所以，他总是把公共舆论作为公共领域的标志性特征来看待，或者说，他所说的公共领域更多的是一种话语形态的领域。其实，如果不仅仅在话语的意义上去看公共领域，也在实体的意义上去认识的话，就可以看到，国家和政府恰恰是公共领域的核心地带。公共领域是围绕着国家和政府而生成的，公共领域与私人领域以及日常生活领域的关系，恰恰体现在了国家和政府作用于私人领域以及日常生活领域的过程中。当然，公共领域中显然是存在着或者说可以生成制约国家和政府的力量的。事实上，就公共领域是民主政治的舞台而言，全体公民在这一领域中开展公共生活时，确实表现出了制约国家和政府的功能。

公民权利的设定，是其能够对国家及其政府实施制约的基础。当公民凭借他所拥有的权利而对国家及其政府有所制约时，也应看作公共领域作为一个领域而拥有的自我平衡机制。但是，我们必须指出，这种机制得以形成的秘密是包含在社会成员的两种身份之中的。也就是说，一个社会中的绝大多数成员都同时拥有市民和公民两种身份。在私人领域中，人所拥有的是市民身份；在公共领域中，人则拥有了公民身份。人的市民身份是不可以成为参与公共生活的依据的，或者说，人作为市民是没有资格参与公共生活的。即使他们在媒体上发表了意见，也只是他个人的意见。事实上，他的个人意见基本上是无法出现在媒体上的。即使在"自媒体"风行的时代，他的意见也不可能引起人们的关注。如果说他的意见能够出现在各种各样的媒体上，那肯定是关于公共生活的意见，或者，所涉及的是一项公共议题。一旦他的意见与公共议题相关，那也就意味着他是基于他的公民身份而去发表了意见，并以这种方式参与了公共生活。即使他不是一国的公民，他的意见也只有让这个国家的公民感同身受，才能引起广泛的共鸣。这个时候，他只是代替了那个国家的公民而把那个每个公民都希望表达的意见表达了出来。

公民身份是参与公共生活的资格，反过来说，人也是通过参与公共生活的活动去证明自己的公民身份的。在人同时拥有了市民和公民两个身份的情况下，人们是在穿行于公共领域和私人领域的过程中而随时变换身份的。如果对这两个身份的性质进行界定的话，我们可以说，市民是人的一种自然身份，是在工业化和领域分化进程中获得的，是在人抛弃了臣民身份后获得的一种身份。公民身份则是建构性的，表现为国家的授予，或者，是由国家确认的。所以，公民身份更多地表现为人的一种参与公共生活的资格，也是国家为人能否参与政治以及诸多社会生活而设置的一道门槛。

在工业社会中，虽然人们拥有了同一个身份——公民，但是，"由于客观情境上的差异，因此很少有政府决策能够对公民产生普遍性和一致性的影响。大多数政策仅对相对较小的部分人口产生强有力的和直接的后果，而对其他人至多是微不足道的或延迟的人们来说，往往对结果漠不关心并且也不会有兴趣对此施加相应的影响。总体来说，只有期望决策能够为自己或为那些具有强烈认同感的人带来重要而直接后果的公民，才会尝试去影响结果。甚至其中也有很多人针对一项决策做得很少或者什么也不做。随着政策性质和后果的变化，某些角色也会发生改变，在政策参与的人数上也会此消彼长。然而，无论在什么时候，只有那些预期现行政策可以产生重要且直接后果的公民才会表现得非常积极。但他们在人数上通常并不多"。①

对于这种现象，许多理论是寻求从利益的角度去加以理解的。其实，这些理论所证明的恰恰是哲学上的同一性与具体性的矛盾。具体的人是千差万别的，每一个人都不同于另一个人，每一个人都是特殊性的存在，一旦对人进行抽象而赋予所有人同一个身份，人的差异就流失了。所以，基于公民身份而作出的社会治理安排并不适应于人，在某种意义上，恰恰是对人的异化。这就是近代以来社会治理的一个最为根本性的缺陷。在全球化、后工业化进程中，随着一国的居民不再与公民相重合，随着非公民人数的增长，社会治理中的这一问题也就变得越来越突出了。

在社会的运行中，特别是在人们思考社会治理应当为一个社会提供什么的时候，终极追问往往会指向社会正义。其实，在每一个社会的每一个历史阶段中，人们都有着与其相对应的正义观。在农业社会，正义观念的基本内容就是身份正义。一旦人的"所为"和"所得"与其身份相一致，就会被视作正义的实现，相反的情况则被认为是不正义的。到了工业社会，人往往会同时拥有多重身份，除了拥有居民、公民等抽象的和普遍性的身份之外，还会因为自己的才智、能力和专业技能等而获得一些具体的身份。不仅如此，人还在社会生活中扮演多重角色。这样一来，社会正义的问题也就复杂化了。

①〔美〕达尔：《谁统治——一个美国城市的民主和权力》，范春辉、张宇译，江苏人民出版社，2011，第326页。

一般认为，在身份多元化的条件下，正义的供给需要寄托于制度。从实践来看，通过制度去为人的自由和平等提供切实保障也确实获得了基础性的社会正义，即获得了一种与农业社会的身份正义不同的另一种身份正义。但是，工业社会中的身份正义时时都受到角色正义的挑战。工业社会中的每一个人都扮演着一个或多个角色，所带来的问题就是陷入了一种无法调和的困境之中。因为，身份正义要求人必须是平等的，而角色扮演恰恰要求人是有差异的。也就是说，工业社会中的角色是多样的，角色的社会功能和价值又是不同的，人所扮演的角色往往也是不同的，即便是扮演着相同的角色，每个人的角色表现也是不同的。总之，角色差异在工业社会中无处不在。在这种情况下，如果基于平等的原则去对待每一个角色的话，也就会要求所有角色扮演的社会回报是相同的。那样做的确平等了，却往往被认为是背离正义的。这说明，身份正义与角色正义从属于不同的原则。

工业社会中的身份正义遵从平等的原则，而角色正义则要求遵从社会贡献的原则。根据社会贡献的原则，确定某个人的所得与应得的一致，往往被看作制度正义的基本要求。不仅如此，当制度希望发挥更为积极的作用时，希望在面向未来的维度上促进社会发展时，或者出于鼓励某些行为和建构某种社会风气的考虑时，往往又去塑造某些角色模范，并给予这部分人高出其应得的份额，从而去激励其他社会成员向他们学习。就这部分人的所得超出其应得而言，可能会被定义为非正义。然而，如果这样做能够切实地激发其他社会成员对这些角色模范的效仿，又是可以被看作合乎正义原则的做法，甚至是可以被看作一种积极的正义。比如，出于经济发展的要求，让华尔街拥有一个大大超出社会一般水平的高薪群体，可能是合乎正义原则的，也可以被视作发展正义的要求。但是，就服务业尚处于方兴未艾之际而言，还没有得到合适的规范，又是不能用正义的观念去解析它的。至少，根据现有的正义标准，它是非正义的一种表现。所以，在身份正义和角色正义的逻辑中还可能派生出第三种正义，我们可以将这第三种正义称作发展正义。

由于正义的多样性，对工业社会中的正义，是不能够用同一个标准来衡量的，而是在每一个维度上都会生成一个或多个标准。而且，这些标准可能是相互排斥的。结果，社会治理的功能其实不是提供社会正义，而是一直去做平衡不同正义标准的工作。然而，从工业社会的社会治理现实来看，可以说，从来也没有处理好这个问题。原因就在于，关于社会治理的一切理论都没有系统地去探讨工业社会身份多元化的问题，没有认真地去关注过身份与角色的关系问题，更没有去弄清楚身份与角色在社会治理中发挥着什么样的作用等问题。

以人的身份多元化为例，我们看到，农业社会虽然存在着多样化的身份，但每个人基本上只拥有一种身份。在工业社会中，人在拥有市民（居民）和公民等抽象的、普遍性的身份的同时，还会拥有具体的身份，可能拥有工人、农民、教师、律师、知识分子、政治家等身份。然而，从各学科的文献来看，除了公民身份得到了专门研究之外，其他诸多具体的身份并没有进入学者甚至思想家们的视野。结果，一些具体性的身份在社会治理中受到了理论忽视，也就在实践上人为地制造了很多社会治理的困难。

## 二　从身份到角色的历史演变

农业社会是一个等级身份制的社会。尽管世界上的各个地区在这个历史阶段中都是相互隔离的，属于封闭的区域性社会，在各区域之间基本不存在学习和借鉴的问题，但是，几乎所有的区域性社会都在自然演进中生成了等级身份制，只不过在典型化程度上有所不同而已。我们说身份是一种社会规定，但作出这种规定的依据是不同的，可以以自然因素为依据，也可以以社会因素为依据。在农业社会的历史阶段中为何所有地区都形成了等级身份制，是需要在这种社会规定的依据中作出回答的。那就是，在人类历史的这一阶段中，人们首先发现的是基于自然因素去对人作出社会规定的方法和途径。

在某种意义上，我们认为，农业社会中的身份更多地具有生物学属性。我们说农业社会中的身份是依据自然原因而对人的社会规定，这个"自然"与达尔文所看到的生物界的那种等级系列，是有着很大相似性的。人在生物学上或物质意义上的差异，是自人类社会产生以来就一直存在的。在人类社会的早期阶段，这种生物学上的或物质意义上的因素在人的群体生活和活动中发挥着巨大作用。人会因为这种差异而在社会生活中有不同的表现，对群体的存在和延续作出不同的贡献。但是，随着社会的发展，这种生物学上的和物质意义上的因素越来越退居到了次要的地位，而人们所拥有的观念形态的因素，则越来越显现了出来，并发挥越来越重要的作用。

不过，农业社会又是一个同质性的社会，这似乎对我们这里所说的"基于身份等级差异而有着不同社会表现"这样一个判断形成否定。其实，这两种现象之间并不是矛盾的，反而是一致的。我们之所以把农业社会称作同质性社会，其实是以人的观念的同质性为依据的。也就是说，生活在同一个区域中的人，或者同属于某个共同体的人，身份等级差异并不影响他们拥有共同的观念。而且，他们的观念自然而然地汇聚成习俗、习惯和文化模式，从而让他们相互忘却他人不同于己的差异，共同融入共同体生活之中。因为人们有了这种自然观念，所以，在共同体的任何形式的需要面前，都会毫不犹豫地舍弃自己而成就共同体或成就他人。在这种社会形态中，观念的力量是巨大的，共同的和共有的观念能够赋予一个社会以同质性。相形之下，人的身份差异、人们财产拥有上的差异、人的社会地位上的差异等，虽然在人的生活以及全部行为选择中发挥着决定性的作用，却无损于共同体的同质性，甚至对共同体的存续并不产生多大影响。

工业社会中的人首先在自由和平等的基础上再造了抽象的、普遍性的身份——公民。或者说，所有人都被赋予同一个身份，也就是要求人在身份上无差别。但是，在工业社会的行进中，在运用自由和平等的观念消除了某些差异（如等级）之后，却又制造出了更多的差异，而且促进了差异的普遍化。不仅生物意义上的和物质意义上的差异依然被保留了下来，而且观念上的差异也进入了扩大化的进程，表现出要将一切同质性因素荡涤净尽的势头。这样一来，在理性化的理论叙事中，为差异寻求同一性支点（如，让自我在每个人那里都是相同的），并在理性的实践安排中建构起能够在同一性的轴线周边稍稍包容一些差异的制度，就成了社会治理的基本窍门。所以，在民主制度的运行中，一个基本做法就是，给予拥有公民身份的每一个人同一个东西（如选票），去让他们获得某种感受或体验，让他们以为政治生活以及社会生活的一切都是属于他的。但这仅仅在一定程度上解决了差异得到包容、得到承认的问题，却没有真正解决差异共在条件下的互动问题，没有找到将差异整合成合力的路径，以至于必须求助于诸多外在于人的规则去规范人的行为，以求差异不构成对身份的破坏力量，让人在"以言表意"中去感受公民身份对他的生活的意义。

人的身份有一个历史演进的过程。从农业社会的等级身份到现代性的公民身份的转变虽然是在资产阶级革命中完成的，但此前市场经济的发展已经积聚起了革命的力量，从而使革命能够得以发生并建立起公民身份。如上所说，在农业社会中，最先对等级身份制形成冲击的因素可能是货币，因为货币是一种包含着平等内涵的社会尺度。在现代性的视角中，货币是等级身份制的天敌；从思维方式的角度看，货币则是分析性思维的同一性追求得以实现的最原始形式。商品千差万别，但它们包含着可以通过分析去把握的价值，而这个价值又是可以用同一个尺度去加以衡量的。这个尺度就是货币。

比较而言，人的等级身份制源于人的出身。当人由于出身而获得某种身份时，实际上是社会对自然因素所作出的认同，或者说，是一个社会依据自然因素而对人所作出的规定。货币则是纯粹的社会因素，它从来不去识别人的出身。当货币被发明出来后，等级身份制就受到了它的冲击。所以说，货币天然地就是平等的尺度。随着货币这一社会尺度的强化，也就是说，随着货币的应用越来越广泛和越来越频繁，等级身份制的解体也就是一种无法逃脱的命运。即便如此，公民身份的获得还是由制度安排作出的。比如，法国大革命的结果是明确地给予了市民以公民身份。但是，法国1793年的宪法至少是把法国人口的一半排除在公民之外，即不承认女性的公民身份。如果同性恋不是显得较为隐蔽，而是容易识别，或像今天这样公开宣示，那就可以想象，在当时是会把这类无法列入男或女的人群也排除在公民之外的。那样的话，能够获得公民身份的人也就会不到人口的一半。

我们已经指出，当我们说公民是人在工业社会中的一种身份时，其实是说工业社会也是建立在人的身份的基础上的。但是，为什么我们把农业社会看作身份制的社会，却从来也没有人对工业社会作出这种判断？原因就在于公民身份是与农业社会的那些身份有着根本性不同的。尽管一切身份都是对人的社会规定，而且许多身份是以自然为依据而对人的社会规定，但在农业社会，身份的获得往往是基于血缘，即人出生在什么样的家庭就会获得什么样的身份，而且获得这种身份也被视为自然而然的事情。在工业社会，一些抽象的、普遍性的身份也是基于自然的原因而获得的，但血缘因素不再是其依据，而是把"地缘"因素放在优先考虑的地位上了。公民身份的获得显然是基于自然的原因，但这种自然是民族国家边界所框定的自然，在外在表现上，则是地理边界所构成的范围。正是民族国家边界所划定的地理上的因素，成了身份获得的首要原因。不过，地理因素只是部分依据，就公民身份的获得而言，更为直接的依据表现为政治规定和法律规定。这一点又决定了公民身份比农业社会身份少了几分自然而然的特征。

其实，人类社会的发展越是远离自然，人的社会建构特征就变得越是纯粹。工业社会已经使人类走到了这个地步，那就是，每个人都是由社会形塑而成的。虽然诸如公民、居民等普遍性的身份是以自然因素为依据的，但又是得到社会认可和确认的。在很大程度上，可以认为人的身份是由社会形塑的。最为重要的是，身份成了许多社会生活的准入条件，对于社会生活的许多领域来说，都是在人拥有了某个身份的时候才被允许进入。为了识别人们的身份，我们还通过颁发各种各样的证书去加以认证。比如，"教师证"、"律师证"、"居民身份证"以及各种各样的其他证件，都标明了我们是否有进入某个社会生活领域的资格。但是，我们同时又看到，在工业社会中，人不仅受到身份的规定，而且也受到角色的规定。如果说身份的功能表现在标明了人进入社会生活某个领域的资格，那么，人在这个领域中能够做什么或者如何去做，又都是由角色决定的。

工业社会是一个组织化的社会，这个社会中的几乎每个人都不得不扮演某种或某些角色，而角色又反过来规定了和定义了人，使人成为由角色建构起来的生物体。在工业社会中，人在扮演角色的同时也被角色所塑造。可以说，人在受到身份规定的同时，也是由形形色色的角色形塑而成的。一般说来，身份意味着人应当做与身份相称的事。但是，在这些事是否被做了的问题上，则不具有强制性。因为，身份本身意味着义务，身份作为一种社会规定是反映在与身份相关联的义务之中的。这种义务在农业社会反映在人的认同中；在工业社会，则来源于人的承认。虽然认同和承认是可以制度化的，但一般说来，不会以强制性条款的形式出现。与身份不同，就角色存在于组织之中而言，是与相应的责任联系在一起的，或者说，是通过责任来对角色进行规范和加以定义的。

对于具体的、现实性的社会生活以及活动而言，身份往往并不产生实质性的影响。因为，在工业社会这样一个组织化的社会中，人是通过组织而进入社会生活的。组织的职位和岗位基本上可以看作这个社会中的最为基本的规范，而人正是在被填充到了组织的职位和岗位之中后，才获得了某个社会角色。所以，工业社会中的身份虽然构成了对人的社会规定，但这个社会规定很少再受规定。即便法律、政策等对某些身份作出了描述，也都是以原则性规定的形式出现的，而不是包含着可操作性的规定。比较而言，角色是受组织的职位、岗位规定的，既明确又具体，为人的角色扮演行为提供了非常充分的依据。不仅如此，组织的职位和岗位还具有很强的同化作用，它总是能够成功地把那些被安排到一些相同职位或岗位上的人转化为相似的甚至相同的人。正如昂格尔所说，"角色总是一个不断重复出现的位子，除你之外，还有许多人在这个位子之中。你将自然而然地，具有与他们一样的兴趣或者倾向。用不了多久你就会承认，在许多方面你与他人是相似的"。①

　　实际上，组织职位和岗位的这种同化作用也是权力意志的实现。因为，在做出这些职位和岗位设置的时候，就已经包含了把什么样的人填充到其中的设定。而且，在指派人去填充职位和岗位的时候，又会再次对职位和岗位进行衡量，以测定什么样的人适合被指派到职位和岗位上去。而且，还有着最后一道保障，那就是对新填充到职位和岗位上去的人进行培训，以消除人的那些个性。所以，我们总是看到官僚千孔一面，没有什么个性。另外，当我们在工业社会的语境中把角色看作组织的构成要素时，就会同时看到，角色具有可分配的特征。因为，职位和岗位是预先设定的，人只不过是被指派到某个职位和岗位上去承担某个角色。这一点也与身份不同。

---

① 〔美〕昂格尔：《知识与政治》，支振峰译，中国政法大学出版社，2009，第89页。

身份的获得并不是由谁来进行分配的。在农业社会，身份来自社会认同，而在工业社会，则来自一种社会承认，或者说，是经由权威部门确认后的社会承认。在一些集权色彩较浓的国家，政府可以在社会生活的各个方面分配指标，即通过分配去证明权威和行使权力。但是，就身份而言，往往不能够理解成分配的结果。在农业社会，身份可以由国王赐予，但那种赐予也不是以分配的形式出现的。在工业社会，人们获得某种身份，更多的是因一种非正式机制作出了承认。一些普遍性的身份的获得——如移民获得公民的身份——可能要由权威部门加以确认，但这种确认也同样不是分配的。与身份不同，角色则是可分配的，或者是通过分配的方式去决定什么人可以扮演什么样的角色，以及怎样去扮演角色。个中原因就在于，角色扮演活动总是与一定的职位、岗位关联在一起的。分配角色的真实意思无非是把已经设定的职位、岗位分配给具体的人。现在，我们经常看到围绕着角色的竞争有时可能是激烈的，用人力资源管理的术语说，这种竞争也被称作"竞聘"或"竞争上岗"，但它丝毫没有淡化角色的可分配特征。这是因为，职位、岗位的设计和配置本身就包含着具体的专业技能和才智要求，围绕职位和岗位的竞争无非是为了分配角色而作出的准备，并不是竞争本身能够决定某人获得某个角色。即使表面上看来一些人胜出而获得了某个职位或岗位，而另一些人与某个职位或岗位无缘，但在其背后，在竞争过程中拥有裁判权的人，已经将分配意志注入各个环节之中，悄悄地把竞争转化成了分配。

当我们认识到了官僚制组织中角色的分配性质时，实际上就是揭示了角色相对于人的异化性质。也就是说，人们并不是出于某种真实的内在要求去扮演某种角色，而是出于利益、权欲等要求去争夺职位、岗位，以至于组织必须求助于角色分配的方式把这些"经济人"因素导向对组织有利的方向。所以，组织中的角色分配是由两个因素决定的：其一，是组织的职位、岗位对相应角色有着特定的要求；其二，是因为组织成员有着"经济人"特性，必须通过分配的方式加以节制。之所以经常性地引入竞争的方式，也恰恰是基于组织成员的"经济人"特性而作出的设计，只不过是用其来对分配加以掩饰而已。我们所指出的角色的可分配性，主要是对工业社会现实的描述，而不是认为这种可分配性可以被带到后工业社会之中。在人类实现了从工业社会向后工业社会的转变后，角色的可分配性也将消失。可以认为，在后工业社会中，每一种角色都是人的自主选择的结果。

在工业社会中，角色作为个人与社会规范的一致性，也是在人作出选择之后而实现了对人的同化或使人异化的。角色是在分配中获得的，在获得角色的起点上，角色扮演者已经开始受权力意志的支配。这些是角色在工业社会中所具有的基本特征。如果人类社会实现了从工业社会向后工业社会的转型，那么，角色的自由选择特征将会迅速地呈现出来。托夫勒在憧憬后工业社会的组织时说："组织机构彼此比较平等，上层机关的压力比较少。它由很多小单位组成，机构比较容易改变。每个小单位有自己的对外政策，也就是说，它的活动不需要经过中央。"① 不仅如此，"它同时兼备两种或多种不同的结构形式，根据不同的条件随时进行改变……"② 至于"这些组织机构的成员，必须经过训练，能够随时应变，在广泛的机构形式中对于自己所担任的角色感到运用自如、胜任和愉快"。③

也就是说，未来的组织将较少地通过制度、结构及其职位、岗位去定义人的角色，而是让人有更大的角色选择的自主性。显然，组织

① 〔美〕阿尔文·托夫勒：《第三次浪潮》，朱志焱等译，新华出版社，1996，第289页。
② 〔美〕阿尔文·托夫勒：《第三次浪潮》，朱志焱等译，新华出版社，1996，第289页。
③ 〔美〕阿尔文·托夫勒：《第三次浪潮》，朱志焱等译，新华出版社，1996，第290页。

的制度、结构甚至职位、岗位都是相对固定的，在高度复杂性和高度不确定性条件下，其僵化的一面将会凸显出来，会让组织显得不再具有适应性。或者说，许多在组织制度、结构形成时和职位、岗位设立时没有被考虑到的因素，都会对组织形成冲击，特别是层出不穷的偶发性事件，往往是组织无法应对的。所以，后工业社会中的组织必须让其成员有着更多的自主性和更大的自由度，以便组织成员能够因应需要而随机性地选择自己的角色。由于角色来自组织成员的自主选择，他也就会"对于自己所担任的角色感到运用自如、胜任和愉快"①。而且，组织也能够因此而在整体上获得更强的随机应变能力。

由上述可见，身份的可选择性程度是很低的，事实上，那些基于自然的原因而获得的身份，基本上是不可选择的。即使那些具体的、基于社会的原因而获得的身份，也主要是根源于他人的承认而不是自我的选择。也就是说，身份的稳定性决定了它在高度复杂性和高度不确定性条件下不能够成为社会建构的基础。进而，社会治理也不应从人的身份规定出发，而是需要在一切社会活动中都抛弃身份，转而用人的角色扮演去替代人的身份。正是身份的不可选择性和角色的可选择性特征，决定了高度复杂性和高度不确定性条件下的社会建构将基于人的角色去展开，社会治理的一切安排也将围绕着人的角色扮演进行。而且，社会治理本身就是为了这样一个目的，那就是，为每一个人的角色扮演提供基础性的服务。反过来，当社会建构是从人的角色出发的，当社会治理是围绕着人的角色展开的，也就意味着人的自由和自主性都包含在了社会建构和社会治理过程中了。在人通过角色选择去展现自己的自由和自主性的时候，也就意味着人在角色扮演活动中主动地承担起了作为人所应承担起来的责任。

---

① 〔美〕阿尔文·托夫勒：《第三次浪潮》，朱志焱等译，新华出版社，1996，第290页。

## 三 身份与角色的功能

语用学区分出了"以言行事"和"以言表意"两种言语行为，在现实生活中，在语言应用的实践中，我们却很难将这两种行为严格地区分开来。但是，如果我们将它们放入官僚制结构中，又是能够清晰地看到这两种行为与职位间的关系的。一般说来，处于领导岗位上的人也许就是"以言行事"的言语者，而处于被领导岗位上的人，言语与行动往往是分离的。如果需要有言语活动的话，那些处于被领导地位上的人也只能"以言表意"。"以言表意"的行为没有任何约束力和强制性，只是一种表达，能否对行动产生影响，必须在得到回应时才能觉察到。

显然，"以言行事"和"以言表意"行为是在静态观察中获得的，但它在一定程度上反映了工业社会的真实情况。在这里，我们实际上是在组织中考察了"以言行事"和"以言表意"的主体，发现组织中的领导者、决策者等更多地通过"以言行事"的方式去开展活动；被领导者、执行者则更多地通过"以言表意"的方式去表达他在行动中或对行动的个人看法。而且，这仅仅是在民主化程度较高的组织中才会出现的情况。如果组织的集权程度较高的话，被领导者、执行者是被剥夺了言语权的，他们只用自己的身体去行动，基本上是不会有通过言语去表达意见的机会的。集权组织甚至形成了一种氛围，那就是要求被领导者、执行者任何时候都闭上嘴。所以，人在组织中的角色决定了人以什么方式开展行动，"以言行事"的行动只属于领导者、决策者。

如果我们把人的身份和角色与"以言行事"和"以言表意"的行为对应起来，就会看到，在工业社会的治理结构中，"以言表意"往往是基于身份做出的，而"以言行事"则是一些角色的职责所在。具体地说，你有了公民身份，就可以通过言语去表达意见。但是，如果你在选举中成了代表和获得了议员的角色，就可以开展"以言行事"的活动了。当然，从现实表现来看，议员是一种角色，但它同时还有一种身份——政治家、代表。在我们的印象中，议员总是说得比做得多，表现为一个专门"以言表意"的人群。而在实际上，我们可以认为，议员们所拥有的政治家身份决定了他们是"以言表意"的，而在他们以议员的角色在议会中开展决策活动时，又是"以言行事"的。总之，在工业社会，如果确实存在着"以言行事"和"以言表意"两种行为的话，那么，这两种行为是分开的，是可以进行静态区分的。

在后工业化进程中，我们认为，随着每一位社会成员都获得了行动者的属性，"以言行事"和"以言表意"的行为将变得不确定，即不会稳定地与某个（些）人联系在一起。即便一个人在某种场合或某种情况下"以言表意"，而在另一个场合或另一种情况下又会"以言行事"，他是否在进行着"以言表意"或"以言行事"，也是不确定的。在后工业社会中，什么人能够"以言行事"，什么人会"以言表意"，都依具体的语境而定。我们上述关于议员的例子也说明工业社会的政治生活因其复杂性而使议员的身份与角色处在不断转换的过程中。到了后工业社会，这种情况会显得更加突出。也就是说，工业社会中的那种决定了谁成为恒定的"以言行事"者和"以言表意"者的制度和结构，都将不再发挥作用。在每个人都是行动者的情况下，如果只允许通过"以言表意"的行为去扮演参与者的角色的话，那将是不能够被接受的制度安排。也就是说，当人的身份消失了的时候，当每一个人都在社会生活中扮演一些角色的时候，是采取"以言行事"还是"以言表意"的行为，都会因具体的环境而定。这个时候，对于每一个角色而言，都是一种随机性的行为，而不是由制度去决定谁应当成为"以言行事"者或"以言表意"者。

在工业社会中，无论是"以言行事"还是"以言表意"，都无非是发挥个人影响力的方式和途径。具体是谁在"以言行事"和谁在"以言表意",则由身份和角色决定,人的身份和角色决定了人能够和被允许选择哪一种方式。

我们看到,在农业社会,身份是与影响力关联在一起的,特别是高等级的身份,将会有着许多无形的影响力与之相伴随。如果说官吏是通过分享或代为掌握"皇权"而能够直接地实施支配和控制的话,那么,贵族身份的拥有者则依靠其影响力而在社会治理过程中发挥作用。在工业社会中,虽然身份依然存在,而且出现了身份多元化的状况,但工业社会的身份并不与人的影响力联系在一起。这是因为,工业社会的身份不是按照等级次序排列起来的,而是在平面上排列起来的。一些普遍性的身份(如居民、公民等)是每一个人都拥有的,而且身份本身就包含着平等这样一重意思,因而不会生成影响力。至于不同的身份之间,也同样是在平等的平面上分布的,以至于人们不会因为获得某种身份而同时获得影响力。总的说来,在工业社会中,人的影响力是来自人自身的,即来自人的知识、道德和能力等方面。这实际上意味着工业社会中的人们是可以通过自己的努力而去获得影响力的。从工业社会中人的表现来看,也基本上是通过这样的途径去获得了影响力。

在工业社会的历史条件下,对于人们希望获得和拥有影响力的问题,可以作出各种解释。可能是根源于人的自我实现的追求,也可能是来自人的利益实现之期望,即通过影响力去获取所期望的利益。但是,对这一问题的探讨越细致,归因也就越困难。因为心理的、社会的、政治的因素会变得极其复杂,以至于我们无法抽象地列出几个条目去说明人对自己影响力的偏好是如何生成的。不过,就每一个人都希望发挥其影响力这一点而言,是一个谁都不会表示怀疑的经验事实,甚至无须对此进行理性探讨。所以,工业社会中的人们不满足于所获得的身份,而是更为关注自己所扮演的角色。只是当身份限制了角色扮演的时候，才会对身份给予关注。比如，移民因为没有公民的身份而在角色选择上受到了限制，因而，他们才会有着较强的获取身份的渴望。

理性分析所应解决的是这样一些问题：为什么我们社会中的一些人能够发挥自己的影响力而一些人却不能？为什么一些人会放弃发挥自己的影响力之追求？对这些问题的回答，就把我们导向了对社会结构、制度、运行机制以及人的角色等方面的考察。也就是说，是社会原因致使一些人能够或愿意发挥自己的影响力，而一些人却不能够和不愿意发挥自己的影响力。一旦获得这种认识，建构一个让所有社会成员都能够和愿意发挥其影响力的社会，就会成为我们的追求。

我们已经看到，在工业社会的语境下，普遍性的身份不再是人的影响力的来源，只有那些在外在特征上趋近于角色的身份才表现出一定的影响力。在社会生活以及人们所开展的各种各样的社会活动中，人的影响力是在人的角色扮演过程中获得的。也就是说，人若能够在角色扮演中充分展示出自己的知识、技能和道德品质，也就会获得相应的影响力。由此看来，如果社会治理希望把提升每一个人的影响力作为其一项内容的话，就不应把注意力放在处理那些与人的身份相关的事务上，而是应当在人的角色扮演方面做文章。以公民身份为例，在全球化的条件下，由于人的流动已经对民族国家的边界形成了巨大冲击，也模糊了市民（居民）与公民间的界限，使政治生活以及广泛的社会生活都受到了巨大挑战，以至于既有的社会生活模式给人带来的不是安全感和舒适感，反而是焦虑和恐惧。在这种情况下，如果社会治理耽于近代早期纯洁的民主理想之中，就会把大量精力投注到对公民身份的维护上来。那样的话，就会逆全球化的趋势而动，就会使社会治理显得越来越被动。所以，在全球化、后工业化已经成为一场现实的社会运动之际，社会治理应当从人的角色而不是身份出发去做出制度安排和去构想行动方案。

在工业社会中，对于人的存在而言，身份与角色有着不同的功能。工业社会实现了身份多元化，而且，当人有了身份意识的时候，可以实现自我约束，能够促使人努力去做与身份相称的事。这样一来，人就能够在身份意识的作用下保留完整的人格。角色不同，在人扮演多重角色的时候，带来了人的碎片化。也就是说，人是把自己打碎成了若干个碎片而去填充多个角色和在多个领域中去开展活动的。这样一来，人就极有可能处理不好在不同领域进出时的角色变换问题，从而出现角色错位，而且会在角色扮演中产生人格分裂的问题。因为，与身份不同，人的角色在工业社会中是被作为一种工具来看待的，或者说，人的角色扮演只是他实现某种目的的工具，以至于人的人格也在角色扮演中被工具化了。我们看到，官僚人格就是一种工具人格，就其作为人而言，官僚角色扮演使他陷入了人格分裂的状态。也许他在日常生活中拥有独立人格，而在职业活动中，则必须以工具人格示人。事实上，角色之所以需要去扮演，本身就说明了并不要求人们将自己真实的一面放置在角色上，在某种意义上，恰恰需要人们去把自己虚伪的一面用在角色扮演活动中。就如一个演员，如果把自己真实的一面放置在了角色之中，那么，他（她）就不可能是一个合格的演员。

关于人的角色扮演导致人的碎片化以及角色相对于人的工具化问题，昂格尔在思考解决方案时所提出的意见是，通过官僚个体多重经验的获得而加以矫正。昂格尔说，"当同样的一些个体去共同经历许多不同的经验时，他们在工作中所获得的经验与利益，则不能再被与他们关于劳动的组织与目的上的观点相分离。如此，在工作与休闲之间的区别，以及在公共存在与私人存在之间的区别，丧失了其大部分的力量，而同时，人格的一元性得到了再次承认"。[①] 昂格尔在这里所

---

① 〔美〕昂格尔：《知识与政治》，支振峰译，中国政法大学出版社，2009，第 378 页。

给出的虽然是一个可行的做法，但未必能行之有效。因为，在官僚制不发生根本性改变的情况下，仅仅通过官僚个体多元经验培育的方式，是不可能解决官僚人格工具化的问题的，更不可能让作为人的他们重新获得完整的独立人格。所以，我们是把这一问题的根本性解决寄托在角色获得的方式上的。也就是说，让人的角色不再来源于某种权威的分配，也不是因为经济生活上的压力，而是来自人的自我选择。如果没有任何一种力量去决定人必须扮演某个角色，而是由人自己去对角色作出选择，那么，人就不会因为角色扮演而牺牲其人格的完整性和独立性。

虽然在社会的意义上人的角色是多元化的，但从组织运行的实践来看，人只能被分配给一个角色，只有在集权程度较高的组织中，才会出现"一身多任"的情况，而且往往是组织的高层官僚，或者说，只有组织的领导才会承担多个角色。即便如此，他所承担的多个角色也是象征性的，往往不具有实质性的意义。因为，他的助手（秘书等）才真正行使管理权。他在承担多个角色的时候，往往只是在进行决策时以及在管理活动中去提供咨询建议，具体的决策和管理事务则指派给了他的助手。对于普通组织成员来说，如果被同时指派了多个角色的话，是不可想象的。也许在作业面上，会有一些人因为技术全面而频繁地出现在各个岗位上，但那只能说他所扮演的是工长的角色。与官僚制组织不同，"灵活性组织以员工适应更多角色、对抗界定好的工作为特征；这些组织鼓励跨部门和其他界限的工作。……在更高层次上解决复杂问题，这样下属才被授予'无论承担什么责任都要做完工作'的权利，组织成员在组织横向和垂直交流时才会觉得自由"。[①]

---

① 〔美〕迈克尔·贝尔雷等：《超越团队：构建合作型组织的十大原则》，王晓玲、李琳莎译，华夏出版社，2005，第36～38页。

显然，在社会的高度复杂性和高度不确定性状态中，具有适应性的组织基本上都是这种"灵活性组织"。因而，也就意味着组织成员的角色会出现多元化的趋势，会沿着工业社会人的社会角色多元化的道路前行到人在组织中的角色多元化。对于这种人在组织中的角色多元化，也可以理解成组织成员对角色的随机性选择。他可以在不同的角色之间随时作出选择，既变换自己所扮演的角色，也可以同时选择多个角色。如果说这种灵活性组织还存在着职位和岗位的话，那么，职位、岗位也不应成为妨碍组织成员角色选择的固定设置，而是具有弹性的。或者说，这种灵活性组织的专业性只是作为一种专业类别标志而供组织成员聚集时去做参考的，而不是一个"汽车泊位"或"拴马桩"。对于这种情况，也可以表述为人的角色的流动性。

贝尔宾在反思官僚制组织的时候指出，"能够产生共同的工作角色的组织往往由于太大或太过复杂而难以由单个人来有效领导。当超大团体以大团体的方式运作时，承受着持续不断的压力。很多超大团体是以这种方式来运作的。它们变得头重脚轻、官僚化并且缺乏基层的积极性。这是因为工作角色的分配是按照掌权人物的个人亲疏关系来决定的"。① 因而，人的角色扮演也就呈现被动性。与官僚制组织不同，"合作型组织较好地开发了员工的技能，这些组织关注于帮助员工开发他们感兴趣的以及对组织有益的那些技能。通常组织以更具战略性的方式用人，当管理者从每日员工监控中脱身时，其角色以更富价值增加的方式重新定义"。② 同样是由人去进行角色扮演，角色是来自组织及其上层官僚的分配还是由人自己作出的选择？对这个问题的不同回答，则会使人的行为有着完全不同的表现。当人能够自主地选择角色的时候，他就能够充分地诠释角色的内涵，就能够去活灵活现

---

① 〔美〕梅雷迪思·贝尔宾：《超越团队》，李丽林译，中信出版社，2002，第154页。
② 〔美〕迈克尔·贝尔雷等：《超越团队：构建合作型组织的十大原则》，王晓玲、李琳莎译，华夏出版社，2005，第16页。

地展现角色；相反，如果由组织及其官僚分配角色，人就会仅仅按照规则以及其他要求而被动地承担角色，从而使角色扮演活动成为应付差事的所谓"工作"。

根据我们的判断，从工业社会向后工业社会的转变，将是合作制组织对官僚制组织的替代过程。随着合作制组织的出现，人的角色都是由人通过自己的自主选择而获得的，以往人在社会中所承受的各种各样的压抑力量都将在人的角色扮演过程中消失。显然，当一个社会存在着诸多压抑人的因素时，就会把人的行为塑造成某种被动的反应模式。结果，即便一个人拥有一些影响力，也会以潜伏的形式存在，是一种潜在的影响力，没有得到发挥和应用，其主体往往也没有意识到或并不打算将其付诸实现。在后工业社会，那些对人造成压抑的社会因素都将最大可能地得到搬除。即便是在组织之中，由于官僚制的层级结构得到消解，由于实施组织控制的权力和权威丧失了合理性，人们也就不再受到某种外在于他的力量的压抑。这样一来，人的角色扮演将会显现出更为积极和主动的特征，并愿意发挥自己的影响力。

所以，在合作制组织中，组织的每一位成员都会主动地发掘自己的影响力，并积极地发挥自己的影响力。这一点甚至构成了合作制组织的基本特征之一。合作制组织不再设置固定的职位和岗位，而是任由组织任务所唤起的道德责任感去引发组织成员的角色扮演活动。这样一来，角色也就不再会成为组织成员用以追求和实现个人利益的工具，进而，也就不会以一种异化力量而作用于人。合作制组织中的角色是根源于组织成员的自主选择，也就使得每一个角色都具有个性色彩。而且，角色的个性化也会为每一个组织涂抹上个性化的色彩。所以，合作制组织是在组织成员的角色个性化之中获得了个性化色彩的。

总之，合作制组织将避免组织职位和岗位对人的同化，将实现人对职位和岗位的充分驾驭。角色的流动性和不确定性，就是保证合作制组织的个性得以维护的基本途径。在合作制组织中，虽然角色是流动的，但你依然可以"根据你所处的不同地位而被期待去做的事情，如果你做了的话，仍然有许多事情留给你去自行决定。你可随着时间的变化而改变倾向，并且在不牺牲遵从的情况下追求你所选择的目标"。① 当然，无论你的选择具有多大的随意性，都将从属于人的共生共在的目标，都将是有益于人的共生共在这一总体目标的。对于这种角色的建构，也是合乎全球化、后工业化进程中社会治理行动目标建构的精神的，是开放性地面向未来那个后工业社会的。

---

① 〔美〕昂格尔：《知识与政治》，支振峰译，中国政法大学出版社，2009，第 89～90页。

# 第三章

# 身份承认与道德规范

　　农业社会中人的身份认同，往往成了人能够做到"各安其位"的根据。在工业社会，人除了拥有居民、公民等抽象的普遍性身份之外，还有着多元化的具体身份。在民族国家边界并不完全封闭的情况下，即使公民身份也不是一个社会中的每个人都能拥有的。因而，人们之间存在着身份差异，以至于身份认同的问题转化成了身份承认的问题。身份承认决定了一个社会的健全程度，也反映了社会治理的基本情况。在社会生活、政治生活的具体场景和具体过程中，身份与角色处在不断变换之中，而且是相互影响的。相比之下，身份对人的行为的影响更加稳定也更加隐蔽，而角色扮演的行为则具有随机性和灵活性的特征，人们在角色扮演过程中往往倾向于选择策略性的行动方案。

　　在工业社会的历史阶段中，由于人们更多的是基于角色扮演的需要而去开展行动的，因而，往往更多地关注职业活动中的知识、技术、能力和专业技巧等。至于人的道德状况，则受到了某种程度的忽视。到了 20 世纪后期，随着专业分工的细化，随着职业流动性的增强，也随着"傻瓜"技术的出现，对从业者的道德要求呈现日益增强的趋势。对于社会治理而言，随着管理型社会治理向服务型社会治理的转变，对社会治理者的道德要求也越来越多地显示出来。服务型社会治理中的职业活动者在角色扮演和行为选择上，都需要以道德为基础，需要从此出发去开展道德化的社会治理。

# 第一节　社会治理中的身份承认

## 一　身份承认问题

在全球化、后工业化进程中，似乎身份承认的问题又凸显了出来。许多学者把黑格尔在《精神现象学》一书中观察市民社会时发现的这一身份承认现象再一次发掘了出来，并作出了新的阐发。大致从20世纪60年代开始，一些敏锐的思想家就开始关注这一问题，并作出了诸多探讨。在20世纪后期，关于这一方面的研究几乎汇成了一股政治学思潮。所以，我们也不厌其烦地对这一问题进行反复地陈述。

根据霍耐特的看法，社会冲突往往源于不被承认的心理感受。从承认的角度去看，"和所有功利主义模式不同，这种解释模式包含这么一种看法：（1）社会反抗和社会叛乱的动机形成于道德经验语境，而道德经验又源于内心期望的承认遭到破坏。（2）这些期望与个人同一性的发展有着内在联系，因为它们显示了社会承认模式使主体自我认识到社会文化环境中他们既是自主的存在，又是个体化的存在。……（3）但是，仅当主体能够在主体间解释框架内表达对伤害的感受，并把它作为整个团体的表征时，这种对伤害的感受才能成为集体反抗的基本动机"。①

---

① 〔德〕霍耐特：《为承认而斗争》，胡继华译，上海人民出版社，2005，第170页。

　　承认与不承认在很大程度上决定了社会治理的状况。一个人们相互承认的社会总会显得能够实现良序运行，而一个人们相互不承认的社会则会陷入普遍性的矛盾和冲突之中。当一个社会存在着人们相互不承认和不愿意承认的问题时，每一个人都会有着莫名的怨气，并使整个社会笼罩在某种暴戾之气中。一切承认都首先是对人的身份的承认，而且，这种承认不只是停留在言语表达上。比如，改革开放后的一段时间里，中国的一些重要文献中也提出尊重知识、尊重人才，但在"官本位"文化仍有影响的条件下，知识分子得到了"理论承认"，但在"事实承认"的问题上，可以认为，并没有得到应有的承认。即便是在高等学校这样一些知识分子最为集中的地方，承认也被更多地投注到了掌握权力的人那里，而不是反映在对知识分子身份的承认上。在知识分子得不到承认的条件下，冀望知识分子带着某种使命感在某项事业中承担义务又如何可能呢？当然，这个问题正在得到解决，已经呈现了理论承认与事实承认相一致的状况。总之，人们之间的承认与不承认应当被理解成一个社会是否健全的标志。

　　从社会心理甚至意识形态的角度看，承认问题显然是工业社会中的一种心理或社会现象。农业社会中并不存在社会学意义上的承认问题。在农业社会的社会生活形态以及语境中，存在着的一种与现代性的承认具有某些相似性的心理或社会因素则是认同。承认不同于认同，承认是建立在理性判断的基础上的，而认同则是基于一种感性认识而作出的反应。在农业社会的家元共同体中，人是同质性的存在，是消融于共同体之中的。在这里，人们间的等级身份不允许人们去对身份作出理性的判断，人对等级身份唯一能够采取的态度就是认同或不认同。认同意味着接受，而不认同则意味着反抗和叛乱。在工业社会中，由于人的平等被作为一个前提性设定而确立了下来，事实上，是以物化为制度等设置的形式存在的，以一种客观性的力量作用于人的社会生活。或者说，工业社会的社会生活空间就是在人的平等的前提下建构起来的。在这个空间中，不仅允许而且要求人们必须根据平等的原则去对人的身份作出理性的判断和认识，因而，农业社会的身份认同也就转化为了工业社会的身份承认。

承认问题的出现是与关于人的平等的设定关联在一起的，是在人的平等的前提下才有了承认或不承认的问题。就此而言，当承认替代了认同而成为一个社会问题时，本身就成为社会进步的标志，意味着社会的文明化。但是，我们又必须承认，承认的问题对一个社会的健全有着至关重要的意义，而且也在很大程度上决定了社会治理目标能否实现。如果一个社会中存在着不承认的问题，就必然会引发矛盾和冲突。正如我们上述所指出的，中国改革开放后出现了一种新的身份——农民工，但中国的法律和政策未对这个身份给予承认，从而导致了农民工的基本权利无法得到保障，甚至出现过国务院总理替农民工讨薪的事。这说明权利的实现在很大程度上取决于承认。在农民工的身份缺乏承认的情况下，即便是中国的党和国家领导人也无法完全解决他们因不被承认引发的问题。

虽然霍耐特认为社会反抗和社会叛乱根源于人们之间的相互不承认，但我们也同时看到，与农业社会相比，在近代以来的社会治理过程中，反抗和叛乱还是要少得多。之所以这个社会能够有效地抑制或扼杀反抗和叛乱，可能是得益于两个方面的治理技术。其一，不承认的经验无法成为稳定的事实，而是只存在于极少数社会成员那里。这些少数社会成员即使以激烈的方式表达对不承认的反抗，也往往属于个体性的行动，至多也是以偶发性的群体性事件的形式出现。其二，在社会治理上成功地采取了"分而治之"的技巧，即使不承认是一个普遍性的经验事实，但在"分而治之"的条件下，这种经验也基本上无法在主体间进行交流。不承认的经验不能在主体间进行交流，也就大大地减少了或压缩了在"主体间解释框架内表达对伤害的感受"的机会和场合，从而避免了一切可能集结起来去开展集体反抗的力量。

正是由于这个原因，人们对近代以来的社会治理模式极尽推崇，而且政治学家们也一直是沿着"分而治之"的思路去探讨社会治理的技巧。但是，正如黑格尔的天才预见所揭示的那样，工业社会中的矛盾普遍性是更甚于以往任何一个历史时期的。事实上，因矛盾的激化而导致的社会冲突也从未停歇过。其根本原因就是，工业社会存在着严重的承认问题。就这个社会中的社会治理能够通过上述两项基本技术手段去有效地防范反抗和叛乱而言，说明这个社会还是处在低度复杂性和低度不确定性的状态中。因为，在低度复杂性和低度不确定性条件下，通过制度化的方式是可以实现对人的"分而治之"的。特别是制度所划定的各种有形或无形的边界，能够成功地阻断人们对不承认经验的分享，使你所遭遇的不承认没有在我这里得到同样的感受。即便我们都感受到了不承认，在不承认的内容和程度上也是完全不同的，以至于你无法因为你强烈地感受到了不承认而去劝服我与你一道采取反抗或叛乱的行动。

这就是我们上述所指出的，尽管工业社会中的承认问题是一个普遍性的问题，但制度把人们隔离了开来，使得每一个人所遭受的不承认境遇都不同，从而很难集结起反抗或叛乱的力量。不过，我们也发现，在历史转型的时期，制度对人的隔离往往不再有效，"分而治之"的方式也因此变得失灵了。这样一来，在社会中就会出现有着相同不承认经验的人们聚集起来的可能性，从而出现集体性反抗的行为。单就近些年来互联网的普及以及自媒体的广泛应用来看，人在遭遇了不承认的问题时已经可以去与他人分享那些属于他个人的具体经验。有些时候，这类经验往往引起巨大的共鸣，从而形成一波舆论声浪。可以相信，这一情况所展现的一个不久的将来就是，如果既有的社会治理框架不变的话，关于不承认经验的分享就会引发严重的社会危机。

不过，就目前来看，互联网上如涨潮退潮般集结起来的力量是没有准确和明确目标的，而是随机性地对某个人或某个群体发动一番攻击，然后就迅速撤离，表现为我们所说的那种互联网上的"犬吠效应"。这是因为，互联网上的这个遭受不承认的群体心中所有的，完全是对不承认的愤懑，他们完全丧失了道德和理性，也不愿意用脑去思考。当然，不承认的经验也可能是一种伪经验，肯定会有人制造了某种虚假经验去通过自媒体散播，假装是与受众分享经验。我们发现，在互联网平台上，这种情况是非常普遍的，特别是在互联网上的点击量与某种利益挂钩的情况下，一些人往往会瞅准形势以毫无根据的指控或制造谣言等方式去获取点击量，进而谋取某种利益。这种情况也同样会导致社会失序，甚至造成极大的社会危害。这也同样向工业社会的治理模式提出了挑战。即便与利益脱钩，互联网上也同样会存在着"看热闹不嫌事大"的人群，甚至许多人喜欢通过闹事找些"乐子"。互联网上的一些所谓"网络大 V"在现实生活中可能就是人们所不齿的人，无论他们是一些在改革开放过程中发迹的不良富豪，还是一些好逸恶劳、贪图享乐之辈，都与法国大革命时期的流氓无产者有着大致相同的行为特征。正是这群人，在互联网上却拥有众多拥趸。不过，我们认为，这种现象所反映的是一个社会问题，他们是因为强烈地感受到了不承认才成为这样的人。

工业社会在"分而治之"方面取得了巨大成功，可以说，这是人类历史上最为成功的"分而治之"。所以，承受不承认之苦的人们总是以分散个体的形式出现。正是这个原因，才使社会没有发生法兰克福学派所说的那种"总体革命"和"大拒绝"。然而，在全球化、后工业化进程中，工业社会"分而治之"的结构性基础正在发生变化，如果不承认的经验继续积累的话，反抗和叛乱是有产生的可能性的。当然，活跃于法国大革命中的流氓无产者也在革命过程中发挥过积极作用，今天也许会出现同样的情况。如果说从工业社会向后工业社会的转变也是一场革命的话,那么,互联网上出现了暴动也不应当是令人惊诧的事。即便在现实中,我们也看到国际社会中存在许多地区性冲突。"恐怖分子"以及"恐怖活动"都表明,不承认问题已经是一个必须加以正视的问题。从欧洲的一些人加入中东地区的恐怖组织来看,那些人肯定是因为在所生活的国家中强烈地感受到了不被承认,才通过加入恐怖组织和从事恐怖活动去发泄怨恨。在某种程度上,不承认的问题使人类社会的风险度增加了,由不承认引发的反抗,直接地对工业社会的"分而治之"提出了挑战。

20世纪后期以来,在全球化、后工业化进程中,非政府组织的迅速涌现是作为一场社会运动呈现在我们面前的。目前,我们在考察非政府组织的时候,更多地关注到了它的积极的一面。的确,直到今天,它也更多地展现出积极的一面。其实,非政府组织也包含着相对于社会的双重性:一方面,它作为一支新的社会治理力量出现在了社会治理的舞台上,改变了社会治理体系的构成和结构,打破了原有的治理主体的单一性和垄断性格局,造就了治理主体多元化和合作行动萌发的格局;另一方面,非政府组织由于具有自愿结合在一起的特征,也就不排除有着这样一种可能性,即成为有相同不承认经验的人结合到一起的形式。那样的话,即使它不会以传统的反抗或叛乱组织的形式出现,也会成为新的反抗或叛乱力量。即便所采取的是极其温和的形式,那也仍然可以将其定义为反抗或叛乱。

应当说,不承认只是一种现象,即使是以经验和心理感受的形式出现的,所导致的不承认问题也是根源于社会中所存在的不平等。工业社会的法制框架和政治原则包含着避免人们因身份不平等而引发承认问题的内涵,但它在付诸社会建构和社会治理时,所营造出的仅仅是形式平等。形式平等所造就的仅仅是形式上的承认。在形式平等背后,则存在着广泛的和普遍的实质不平等。在实质上的不平等背后,就必然会有实质性的不承认。由此看来,要想避免非政府组织转化为由有着不承认经验的人所集结起来的反抗力量，根本的出路就是在建构实质平等方面采取积极行动，从而杜绝不承认经验的产生，而不是沿用"分而治之"的方式去控制非政府组织和防止它们实现不承认经验的共享。事实上，在信息化、网络化的条件下，防止不承认经验共享的任何措施都会显得收效甚微，我们所要做的，应当是根除所有引起不承认问题的根源。

面对工业社会普遍性的不承认问题以及由不承认问题所引发的各种各样的社会问题，弗雷泽希望通过重建社会批判理论去加以解读。弗雷泽在对女性主义和同性恋问题进行了深度分析后所提出的任务是："批判理论家必须创造对结构压迫和集体身份的新的、后形而上学的理解，它们能够阐明那些非阶级运动的斗争，以及那些继续把它们的热望连接在阶级语言之中的斗争。"[①] 在工业社会的建构逻辑中，这样做的确是必要的。正是这样一项必要的工作，被人们意识到的时候却显得太晚了。显然，工业社会并没有实现对所有身份的承认。比如，女性主义运动显然就是要争取对女性身份的承认。因为，女性与男性的性别差异一直是被作为一种自然现象来看待的。也就是说，性别差异作为一种社会规定的属性，在工业社会这个历史阶段中一直未能得到明确的认识。整个工业社会的历史表明，人们没有承认男性与女性是两种不同的身份，而是把男人与女人的生理差异误读为他/她们的全部，让女性由于生理的原因而受到歧视性的社会规定，即对女性应当拥有的与男性相同的社会地位不予承认。如果认识到女性与男性只不过是两种身份，就像教师与政治家一样，那么，基于平等的原则，女性与男性就应当拥有相同的社会地位。至少在理论上是这样的。但是，在女性主义运动引入中国后，一些以女性主义或女权时尚

---

① 〔美〕南茜·弗雷泽：《正义的中断——对"后社会主义"状况的批判性反思》，于海青译，上海人民出版社，2009，中文版序言，第3页。

来标榜自己的人，心里所想到的仅仅是性。也就是说，他（她）们仅仅把女性看作性动物，而不是把女性看作社会动物。这显然是对女性主义的严重误读。同样，同性恋作为一个身份群体也只是在近些年才在某些地区得到了一定程度上的承认。就对同性恋的承认而言，仅仅意味着在不承认同性恋身份的问题上打开了一个缺口。就这种承认的影响来看，在全球范围内，对同性恋群体的现状虽然有着广泛的新闻报道，却在是否承认其身份的问题上，仍然表现出了极其保守的状况。我们认为，对于工业社会来说，对同性恋身份的不承认也许与这个社会对生产力的崇尚有关，因为，同性恋至少在人口生产上表现出了生产力低下的状况。因而，人们认为，对同性恋的承认是与促进生产力发展的理念相矛盾的。不过，在另一个方面，对同性恋的不承认又是与这个社会的基本建构理念不一致的。因为，工业社会最为基础性的建构理念就是平等和自由，这种平等和自由首先应表现在对人的身份的承认方面。不承认某种身份，就意味着排斥了人所应拥有的某种权利。尽管同性恋这样一个群体产生的原因不明，对于异性恋的人们而言，无法理解为什么会产生这样一种现象，但是，作为一个事实，我们应当从社会的角度去认识它，而不是从自然的角度去思考其产生的原因。如果将同性恋看作一个社会问题而不是自然问题的话，就会有一个是否得到社会承认的问题了。但是，从当前的同性恋主张看，他（她）们更多的是从自然的角度去论证同性恋的合理性，有些文献甚至从动物也有同性恋行为来证明同性恋的神圣性，并以此来要求社会承认。

如果我们去考察移民群体，就会发现，在私人领域中，每一个新移民都会积极地投入社会活动中。在很大程度上，他的移民行动本身就是为了参与到移居地的经济活动中去的，希望借此去获取更大的收益，并能够更大程度地使他的生活条件优化。在公共领域中，移民参与公共生活的积极性要比在私人领域中参与活动显得弱一些。但是，一旦移民获得一个国家的公民身份，特别是发现他在私人领域中的活动需要得到公共生活的支持的时候，他是愿意参与公共生活的。不过，在日常生活领域中的表现就要显得保守多了，移民可能会在很长时间内都无法融入移居地的日常生活。移民一般都会保留自己的日常生活圈子，就像美国各大城市中都有"唐人街"等华人社区一样。当然，在移民群体中，我们也看到有一种所谓的"政治移民"现象，这类移民往往是因为其流出国的政治迫害、意见不合等而移民的。他们在政治上可能与流出国之间有着某种怨恨的情感，即对流出国的政治怀有深度不认同的心理情结。但是，在日常生活领域中，他们不仅不会表现出对自己祖居地的怨恨，反而会表现出一种无比留恋的状况。所以，在不同的领域中，人们在承认还是不承认的问题上，所表现出来的行为往往有着很大的差异。同样，在几乎所有的多民族国家中都存在着所谓"民族问题"。其实，"民族问题"可能不是一个"真问题"，至少，在法律和政治的层面上，民族平等的原则都得到了确认和遵循。不过，如果从承认的角度看，在交往活动中又的确存在着"民族问题"，但那是个承认问题。由于那些多民族国家没有引入承认的理念，在社会治理上也就找不到着力点，所以，才会出现"北爱尔兰问题""魁北克问题"等。在承认的视角中，所谓民族问题实际上是由"承认不足"或"承认过剩"引发的。从现实情况看，一些多民族国家的权威机构由于并没有看到公共领域、私人领域和日常生活领域间的差异，以至于其民族政策往往存在着目标不明、可操作性很低等问题，致使民族矛盾长期存在。其实，如果从公共领域、私人领域和日常生活领域的视角出发，在制定民族政策的时候，是能够找到有效化解民族矛盾的方案的。也就是说，民族政策应当主要反映在处理日常生活领域中的问题方面，而私人领域和公共领域中的所有问题，都不应属于民族政策调控的范畴。事实上，许多多民族国家错误地把"民族问题"当作政治问题，并通过政治途径加以解决，结果是对问题的解决越多，引发的问题也就越多。如果能够认识到所谓民族问题只是日常生活问题，主要反映在文化、风俗、习惯、饮食等方面的承认上，就会寻求管理的途径加以解决，也就不会因为政治上的错误判断和盲目行动而造成事实上的"承认不足"或"承认过剩"，而且有利于各民族从承认的角度审视他们的关系和处理各种问题。

根据昂格尔的看法，"除了从其同伴那里获得的承认以外，一个人并没有前后一致的自我，因为他的目的并不构成一个稳定的体系，并且他的生活的不同部分也在处于相互的斗争之中。他乃是由其他人所定义的。因此，人们必须通过相互赞美，相互结合以给予彼此自我，并且尽可能地安慰他们对死亡的畏惧"。① 在合作的社会中，人们之间的联系会更为密切，特别是在人的共生共在作为一种每个人都必须时刻铭记于心的压力而存在的情况下，每个人都需要通过他人来定义自我，都需要在与他人的合作行动中去证明自己。不仅作为社会存在的自我，而且作为自然存在的生命，都必须在合作行动中去实现彼此给予。

如果说在工业社会的政治生活中需要"通过符合期待地履行社会角色，人们至少能够获得一点必要的赞同，从而能够给予人们一种前后一致性的外表"②，那么，到了合作的社会，在合作行动中扮演好每一个角色，不仅能够获得令人赞许的外表，而且能够予人以终生的合作期待。虽然角色是流动的，但合作者这一角色却能够与生命持续相伴。我们设想，在合作的社会中，如果说还有身份的话，那么，人们将被划分为两个身份群体，那就是"合作者"与"不合作者"。在这里，说合作与不合作是人的身份，实际上是说这个社会中已经不再有身份，每一个人都在合作行动中扮演着他所发现、所意识到的角色。

---

① 〔美〕昂格尔：《知识与政治》，支振峰译，中国政法大学出版社，2009，第95页。
② 〔美〕昂格尔：《知识与政治》，支振峰译，中国政法大学出版社，2009，第95页。

这是一个一切身份都将得到彻底消解的社会，即使存在着某种对人的社会规定，也是暂时的和随机性的，而且是人可以选择的，而不是由社会强加于人的。也就是说，所剩下的仅仅是以角色形式出现的对人的社会规定。

在合作的社会中，身份承认的问题将转化为角色评价，即对人的角色扮演作出客观的审视和科学的评价。事实上，在全球化、后工业化的社会转型运动中，我们已经看到，身份承认的问题似乎已经没有必要再去计较了。全球化带来的人的全球流动，正在使身份标识失去价值，以至于人们对身份的计较变得没有意义，至少在理论上是这样。也正是由于这个原因，我们认为，女性问题、同性恋问题等，都将得到根本性的解决。因为，全球化、后工业化意味着人们不再关注身份的问题，每一个人都会因为身份的消失而获得平等的社会地位，都能够自由自主地去选择自己的角色，并参与到合作行动之中。总之，身份承认的问题是具有历史性的，生活在工业社会中的人必须正视这个问题。但是，一旦人走出了工业社会而进入一个新的历史阶段，承认问题就会得到扬弃。因而，社会治理如何对待承认的问题，取决于所处的历史阶段。

## 二　身份多样化条件下的承认

在熟人社会中，人并没有自我意识，或者说，他不需要有自我意识，他融入共同体之中，与共同体同呼吸共命运。但是，随着熟人社会转变为陌生人社会，人就开始有了自我意识，而且，需要借助于各种各样的手段去证明自我和张扬自我。根据桑内特的看法，服饰的个性化是与陌生人的出现联系在一起的，正是陌生人社会中的人们提出了服饰个性化的要求。这是因为，人一旦处在陌生人的环境中，而且也必须去与陌生人打交道，就不得不通过服饰去征服交往对象的视觉。"在家庭，绅士意味着体贴，特别是要无微不至地关心他的妻子。

在家庭里面，一个女人是否放荡则和她的行为有关，根本不用从她的相貌或者衣着去找线索。"[1] 然而，一旦进入陌生人社会而面对着陌生人，情况就不同了。"陌生人试图通过解读外表的细节来确定某个人是否已经将他的经济地位转变为'绅士'的身份。"[2] 但是，如果他刻意地加以隐藏的话，也是无法识别出他是不是个绅士。比如，一些学者或艺术家，本来是非常绅士的人，却有意识地要装扮成"流氓"的样子；一些政治家或商人，可以说是百分之百的流氓，却极力装扮成"绅士"的样子。

在陌生人社会中，人的外在表现和行为才是他的标识，一个人需要用不同于众的穿着去表明他是一个不同于众的人，也需要用他刻意修饰或训练出来的优雅行为去证明他是一个绅士。我们把农业社会视作熟人社会而把工业社会看作陌生人社会，这实际上是要说明，在农业社会，人们虽然是熟人，却有着身份等级差别；到了工业社会，人们之间都是陌生人，人的身份却被抹平了。其实，在工业社会中，活生生地开展着各种各样社会生活的人，所扮演的是各种各样的角色。我们一再指出，如果说人的身份在进入工业社会后完全是对人的抽象，那么角色则是具体的。人不仅要在具体的环境和具体的行动中扮演具体的角色，而且人的角色本身就是从属于某个或某些具体的目的的。但是，亦如我们一再指出的，角色意味着人的碎片化。人在扮演某个角色的时候，并不是将其全部都投入角色之中，而是将其一部分投放在角色上。或者说，人在社会生活中需要扮演多重角色，人必须把自己打碎成多个部分，将每一个部分投放到一个角色上去。也就是说，工业社会中的人的身份多样化了，每一种身份都是人的抽象，或是对人的抽象规定。在抽象的意义上，人虽然不是完整的人，或者

---

① 〔美〕桑内特：《公共人的衰落》，李继宏译，上海译文出版社，2008，第210页。
② 〔美〕桑内特：《公共人的衰落》，李继宏译，上海译文出版社，2008，第209～210页。

说，无法对人的完整性作出判断，但也不是碎片。角色的具体性意味着，人在扮演多个角色的时候，只能将其一部分投入一个角色中去，人把自己打碎成了碎片，把每一个碎片投放到一个角色中去。因而，我们满眼所见的都是碎片化的人。不过，人的每一个碎片都是人的具体性的存在，而不是抽象的存在形态。

总之，农业社会等级身份制条件下的身份是对人的完整规定，而在工业社会中，身份与角色相分离了。身份是人的抽象存在，而角色则是人的具体存在。因而，人获得了双重规定。一方面，人受到基于身份的抽象规定；另一方面，又必须接受来自角色的具体规定。一般说来，在工业社会，人的价值不是体现在身份上的，尽管身份意味着人在社会中的地位，但并不必然与人的价值联系在一起，人的价值是通过角色扮演活动实现的。

工业社会的身份可能来自某种正式的承认，也可能来自非正式的承认。比如，由某种权威机构为教师颁发"教师证"或为律师颁发"律师证"，这些意味着某种权威机构代表了社会对某种职业资格的承认。某些身份可能是来自非正式承认，如企业家的身份不可能由某个权威机构来加以确认，而是来自社会的非正式承认，是这种非正式承认赋予某人以企业家的身份。同样，政治家的身份也不是以正式承认的形式出现的，而是社会对那些以政治活动为业的人的承认，应当属于非正式承认的范畴，是因为角色扮演而获得的社会非正式承认。我们上述谈到了"农民工"的身份没有反映在国家法律和政策的文本中，但得到了社会的承认，是社会对一个群体的公认，属于非正式承认的范畴。类似的情况在许多领域中的许多具体身份的获得中都存在，是根源于直接的社会承认，而不是由某个权威机构去代表社会承认。

谈到承认的问题，就会看到"自我"与"他人"的关系。一切承认都是来自他人的承认，而被承认的对象就是自我。但是，如果从抽象的人出发去谈论"自我"的话，那个自我也就是抽象的，是麦金太尔所说的那种"不具备任何必然社会内容和必然社会身份"① 的自我。或者说，作为自我的各种各样的具体性内容都在抽象的过程中流失了，所有的人在被抽象之后都变成了同一个自我。这样的自我，显然已经不再是真实的自我。因为，任何一个人都无法承认自己是这样一种自我，无法接受更不可能宣布这种自我是"我"。这就引发了一个他人的承认是否具有真实性的问题。无论是正式承认还是非正式承认，对于自我而言，都不再是一个真实的自我，而是对自我进行了抽象之后作出的承认。

显然，对于解决具体的问题来说，在这种抽象的、普遍性的自我基础上所建构起来的理论只能在那些具有普遍性的内容方面表现出有用性，而对于特殊性的那一面，则是无助的。然而，在社会治理过程中，社会治理者实际上时时处处所遇到的都是极具特殊性的事务。比如，当社会治理去考虑"农民工"的问题时，就会发现，这是一个非常复杂的身份群体，拥有这个身份的人没有太多可以进行抽象的方面。也许正是由于这个原因，在法律和政策上无法对这个身份群体作出承认，而是任由社会去提供非正式承认。因而，带来了或引发了诸多问题，并将这些问题投向了社会治理过程，使社会治理受到这些问题的困扰。

如果说在农业社会中人的身份本身就可以为人带来或使人丧失物质利益的话，那么，在工业社会，身份并不具有经济内涵，并不与人的利益需求联系在一起。人们不可能因为某种身份而获得利益，反而因为某种身份而必须承担某种义务。当然，如果说在中国对农民工的非正式承认也使他们的诸多利益无法实现的话，那么，也只能说身份承认的问题成了某种制约利益实现的因素，却不能在肯定的意义上发

---

① 〔美〕麦金太尔：《德性之后》，龚群译，中国社会科学出版社，1995，第 42 页。

现身份承认会带来某些利益。在历史的视角中，我们可以看到，农业社会的人们尚未形成利益意识，但在这个历史阶段中的人的生活实践中，一种身份往往意味着有相应的财富相伴随。特别是高等级的身份，会获得来自王权的财富恩赐，以便为其身份尊严提供保障。平民的身份则意味着他们并不恒定地占有产业，即使通过自己的经营或遗产继承而拥有一定的财富，也存在着随时被统治者剥夺的可能性。在工业社会中，身份与经济利益分离了，抽象的身份仅仅意味着拥有某种抽象的权利，而具体的身份则是根源于一种社会承认。这种承认可能包含着某种荣誉，却不意味着经济利益，或者说，不直接意味着某种经济利益。工业社会中的人必须通过角色扮演去获得他所期望和追求的利益。也许是因为角色承载着利益实现的追求，人们在角色扮演中往往把自我真实的方面掩盖起来。结果，人在角色扮演的过程中必须做出虚伪的表演，而这种表现恰恰是出于得到承认的要求。比如，当你看到礼仪小姐在凛冽寒风中朝你微笑，你是否会把这种微笑与露背礼裙联系到一起？在某种意义上，也许恰恰是这种希望角色得到承认的要求，冲淡了人们的身份承认。角色承认与身份承认不同的地方主要表现在，对一种角色的肯定性承认可以带来相应的利益；对一种身份的肯定性承认，却不能带来直接的利益，反而，对一种身份的否定性承认会制约这个身份群体的利益实现，尽管在表现上是间接的。

在工业社会中，人既拥有身份又必须在社会活动中扮演一定的角色，或者说，当人的身份仅仅成为参与社会活动的准入门槛时，角色即成了人们开展社会活动的必要装备。这个时候，身份就是一种抽象的规定，对人的要求也就不再具有强制性。也就是说，身份规定往往是以一种模糊的义务的形式出现的，在内涵上并不十分明确，在是否承担义务的问题上并不具有强制性。角色是鲜活的，但角色只代表了对人的一部分规定。角色在对人作出规定时，主要是以责任的形式出现的。人扮演着许多角色，人是一个角色集，只有当人所扮演的所有角色都汇集到一起的时候，才能实现对人的完整性规定。由于角色仅仅代表了人的一部分而不是真实的人的全部，所以，虚假的东西也就有可能变得真实，"如果演员相信自己的眼泪，根据他的情感来进行表演，没有和他表现出来的情感拉开一定的距离，那么他就不能够连贯地进行表演。为了演出某个剧本，演员必须不能对剧本的内容有反应，他的艺术不能被剧本的内容所统治"。① 既然演员的角色扮演必须是虚假的，那么，他真实的眼泪也就无非是"虚伪"的代名词。他可能用"虚伪"骗取了观众的真实情感，而真实情感所投向的则是那个虚伪的表演，而且是被意识到的。总而言之，在工业社会，在陌生人社会，由于人不再是以真实的自我示人，而是适应环境的要求来扮演着各种各样的角色，这个社会也就成了由各种各样的角色编织起来的社会。角色是可以塑造的，塑造角色的技术也同样被用来塑造了社会。对于这个通过技术手段塑造出来的社会来说，理所当然地从属于技术的控制。在这种情况下，身份虽然是抽象的，却又是真实的；角色是具体的，却伴随着虚假。

工业社会不仅存在着身份与角色的不同，而且多样化的身份之间也存在着冲突。昂格尔说，"在民主中也存在一个明显的悖论。民主原则对精英式角色组织的主张以及工具理性是抱有敌意的，因为所有这两者都是通过一种非民主的方式进行权力分配的。但是，只要所有的共享价值最终都被认为是没有根据的，在权力的运用中，角色以及手段—目的的判断看来就成为少有的对非人格化的保证之一"。② 民主是近代以来整个社会的主基调，而精英对于这个社会而言，也是必要的。民主与精英必须共存，但共存的原则却是各有各的理由，因而以"民主的悖论"这种形式表现了出来。

---

① 〔美〕桑内特：《公共人的衰落》，李继宏译，上海译文出版社，2008，第 139 页。
② 〔美〕昂格尔：《知识与政治》，支振峰译，中国政法大学出版社，2009，第 385 页。

其实，这是两个方面的原因造成的：一方面，工业社会中的民主是形式民主，或者说，当民主背离了启蒙理想而形式化之后，就变得缺乏包容性了，并对一切不同于它的存在作出排斥的反应；另一方面，本来应当被限制在组织之中而作为角色出现的精英，却被不加节制地扩展到了整个社会。特别是在社会治理过程中，过多地倚重于精英，以至于精英不仅是组织活动中的角色，而且获得了身份的特征，成为得到社会承认的一种特殊身份。这样一来，身份化的精英实际上形成了对公民身份的否定，他们由于拥有了某种模糊的特权而剥夺了公民权利或压制了公民权利，以至于以与民主之间的冲突这种形式出现了。

解决这个问题的正确方案应当从两个方面同时着手：其一，应把形式民主改造为实质民主；其二，应框定精英角色的作用范围，即将其限制在组织内部。如果民主不是形式民主的话，那么，公民的各项权利也就都可以在民主过程中得到充分实现，既不需要精英去代理公民权利，也不在行使公民权利的时候受到精英的支配、控制和诱导。同样，如果精英被限制在了组织过程之中，是作为组织中的角色而不是社会意义上的身份而存在的，那么，精英也就只能是组织目标实现的工具，而不会与民主政治相冲突。事实上，如果把精英限制在组织过程之中，它也就不会构成一种身份。因为，在组织过程之中，原先被视为精英的人主要是一些专家，他们是以专家的面目出现的。专家又总是某个方面的专家，往往与组织中的某个或某些职位和岗位联系在一起。所以，专家更多地具有角色的色彩而不是身份的特征。

在整个工业社会的历史阶段中，有许多身份既没有得到正式承认，也没有得到非正式承认，以至于无法解决甚至无法理解身份引起的歧视和压迫。事实上，许多受剥削群体都是因为身份得不到正式承认而被置于受剥削、被压迫的位置上的。弗雷泽认为，受剥削群体和同性恋群体的非正义遭遇属于两种极端的情况。在这两极中间，更为广泛地存在着的是这两种非正义形态的混合形态。对这种混合形态的非正义问题的解决，使用"再分配的矫正"或"承认的矫正"都无法解决问题，反而会使非正义的问题复杂化，即陷入一种"再分配—承认矛盾"之中。

鉴于此，弗雷泽根据近代以来的实践以及思想概括出了非正义问题的另一套解决方案，即"肯定和改造"。弗雷泽是这样来定义这一方案的："所谓在正义的肯定性矫正，我是指那些在不破坏形成社会安排的基本框架的改造性矫正，我是指那些旨在通过重构基本的生成性框架来纠正不公平结果的矫正。"[1] 显然，面对非正义的问题，弗雷泽看到的是肯定的矫正和改造的矫正两种方案。在她看来，"肯定和改造"矫正模式是当代两种主导性的文化思潮，在解决文化非正义问题时，"这种非正义的肯定性矫正在当前与我所谓的'主流多元文化主义'联系在一起。这种多元文化主义主张通过重新评价遭到不公正贬值的群体身份来纠正蔑视，但同时并不触动那些身份的内容以及作为身份基础的群体差异。相反，改造性矫正在当前与解构联系在一起。它们通过改造基本的文化价值结构来纠正蔑视。通过破坏现存的群体认同和群体区分，这些矫正不仅会提升当前被蔑视的群体成员的自尊心，而且也会改变每个人的自我意识"。[2]

根据弗雷泽的意见，如果落实在承认的问题上，"肯定性承认矫正往往会促进现存的群体差异，而改造性承认矫正则往往会（最终）破坏这种差异，从而让位于未来新群体的重新组合"。[3] 也就是说，肯

---

① 〔美〕南茜·弗雷泽：《正义的中断——对"后社会主义"状况的批判性反思》，于海青译，上海人民出版社，2009，第26页。

② 〔美〕南茜·弗雷泽：《正义的中断——对"后社会主义"状况的批判性反思》，于海青译，上海人民出版社，2009，第26页。

③ 〔美〕南茜·弗雷泽：《正义的中断——对"后社会主义"状况的批判性反思》，于海青译，上海人民出版社，2009，第27页。

定性矫正和改造性矫正都是建立在承认的基础上的，肯定本身就是承认的一种形式，即肯定人的既有身份差异，并基于人的身份差异而作出社会治理的各项安排。通过合乎正义原则的社会治理安排去矫正现状，让不合乎正义的方面得到消除。按照这一思路去解决中国的"农民工"问题，就必然会要求对"农民工"作出承认，并通过消除否定性承认和提供保障等方式去作出实质性的肯定性承认。如果按照弗雷泽的思路去审查中国一些城市向农民工发放"绿卡"的做法，显然属于"改造性承认矫正"，所指向的是一个消除差异的方向。

当然，我们也应看到，历史是处在持续的进步过程中的，身份因而不应是恒久不变的，而是不断变化着的。不仅身份会因为社会的发展而发生属性上的变化，而且人与身份之间的联系也会发生变化，人可能在获得某个身份的时候也放弃了另一个身份。鉴于此，不是任由身份的变化处在自然演进过程中，而是需要根据社会正义的原则去作出主动调整，这就属于"改造性矫正"。就此而言，把"农民工"的身份改造成市民的身份，应是一个正确的方向。"农民工"作为一个身份群体，完全是历史的产物，是与中国工业化、城市化进程相伴的，是社会发展和转型中的一种过渡性的历史现象。如果中国社会的工业化、城市化任务完成了，"农民工"这个身份群体也就消失了。这个时候，人们并不因为居住在城市而被认为是市民，也不会因为居住在农村而成为农民，而是均质化了，无论居住在城市还是农村，所拥有的都是市民的身份。不过，我们又必须看到，当下的中国所承担的并不单纯是工业化、城市化的任务，而是把全球化、后工业化的任务也同时承担了起来。在全球化、后工业化的维度中，我们将不会再看到身份的转换和变化过程，因为全球化、后工业化将是一个身份得到不断消解的过程。这样看来，赋予农民工市民身份的"改造性矫正"是没有战略性意义的，而且有可能为社会发展制造了目前没有预测到的障碍。

### 三　身份与角色的互动

根据桑内特的考察，在近代早期的一段时期内，人被当作演员看待，人们生活的街道也成了演戏的舞台。街道与舞台经常性地被混同，甚至人们有意识地把戏台、剧院与街道相混同。这样一来，人生就成了一场戏，在人与人的交往中，也用演戏的态度对待交往对象。结果，人不会因为做了一件坏事而被认为是坏人，也不会因为做了一件好事而被认为是好人。人们所看到的都是一些角色扮演行为。人被深深地掩藏在了角色背后，而人是什么样子，往往会被人们所忘却。在对待世界方面，也是如此，总是要突出一些什么或掩盖一些什么。

对此，桑内特描述道，作为一种角色而不是完整的人，在复述某个事件的时候，就"不得不改造它们，选择一些细节来加以强调，掩盖另外一些细节，甚至伪造他的报告，这样才能让他的报告符合一种使听者能够理解"①他所讲述的故事是什么的标准。我们应当相信桑内特所描述的这种情况，因为，在人走出熟人社会而进入陌生人社会的时候，人作为人的完整性对于陌生人而言已经不再重要。成功的表演往往就是人的全部，至于人的其他方面，都无须深究。所以，人在这种条件下是以角色的形式出现的，而不是作为一个完整的人而存在的。

事实上，整个工业社会中的人的存在状况都是如此。也许人们会怀念自身的完整性，但他只有在一个地方才能找到自己的完整性，那个地方就是教堂。只有当人在教堂中向上帝忏悔的时候，才作为一个完整的人将心扉敞露给上帝。一旦回到现实生活中，人就重新把自己作为人的各个方面都掩藏了起来，并以一种演戏时的角色扮演形式出现。不过，需要指出的是，桑内特所发现的这一现象主要是在公共领

---

① 〔美〕桑内特：《公共人的衰落》，李继宏译，上海译文出版社，2008，第135页。

域和私人领域中普遍存在的现象。在日常生活领域中，当人把在公共领域和私人领域中角色扮演的戏份收起时，人的完整性应当说回到了人的身上，或者说，在日常生活领域中，人的完整性是能够得到保留的。

在桑内特的这一发现中，角色扮演让人忘却了身份的真实性。当某个决策者宣布其某项决策能够为人们带来广泛的利益时，当某个学者声称自己的某份研究报告能够解决某项棘手的社会问题时，人们以为他做了与其身份相称的事，把全部赞赏投向了他，却没有人看到他的角色扮演性质。其实，他的那些宣示和允诺，都不过是他骗取利益的角色扮演行为。也许正是看到了这一点，达尔作出了与亚里士多德相反的判断，说"公民并不是一种政治动物"，[①] 或者说，仅仅是追逐利益的经济动物。我们在上面已经指出，达尔分不清公民与市民，经常将这两种身份混淆，但是，就他在此处是用"公民"一词指称"人"而言，确实可以把人视为经济动物，甚至在人凭借公民身份参与政治生活和开展政治活动的时候，也满脑子都是经济利益。公民应当是政治动物，但近代以来的社会通过各种各样的设置把人改造成了经济动物，让人的公民身份也染上了利益追求的污渍。

总的说来，达尔显然错误地理解了"公民"这个概念，是把"公民"与"人"相等同了。就人而言，他肯定不是政治动物。一个人在更多情况下显然是以市民身份出现的。但是，当人进入政治过程和参与政治活动的时候，他就是以公民身份出现的。这个时候，他无疑是政治动物了。也就是说，一个人只有在特殊情况下和在特殊的领域中才是政治动物。就此而言，亚里士多德把公民看作政治动物也许更加体现出了哲人的睿智，达尔在否认公民的政治属性时，则缺乏了哲人

---

① 〔美〕达尔：《谁统治——一个美国城市的民主和权力》，范春辉、张宇译，江苏人民出版社，2011，第 251 页。

见解，所作出的是一个错误的判断。或者说，是因为达尔不知道公民仅仅是人的一种身份才会犯了这样的错误。事实上，正像我们已经指出的，在工业社会中，人不仅拥有一种身份。人除了拥有身份之外，还需要扮演各种各样的角色。多种身份的叠加以及身份与角色的交叉重叠，使人的行为动机变得复杂化了，以至于从任何一个角度去看和理解人的行为，都具有合理性。可是，如果社会治理按照某个理论去开展行动的话，则会发现，处处都是陷阱。

在公民是不是政治动物的问题上，我们也必须承认，在现代社会泛政治化的条件下，达尔的提醒是有价值的。因为，在时时事事都诉诸政治行动的情况下，频繁的政治动员不仅耗费了大量的资源，使人精疲力竭，而且也引发了诸多无谓的冲突。在希望对这个泛政治化的社会作出矫正的意义上，达尔提出公民不是政治动物，虽然包含着把公民概念泛化为人的错误，却又是有价值的。或者说，达尔的这个判断对于社会建构能够产生实践价值。因为，如上所述，人除了受到社会规定之外，还受到自然规定。即便是人的社会规定，也是随着历史的进步而发生变化的，而不可能定格于某一种状态之中。

就人受到自然规定而言，有着除了政治生活之外的多方面的生活内容和要求。政治生活可以看作纯粹社会性的。对于那些以政治为业的人来说，其政治活动主要是一种角色扮演，因而表现为受到社会规定。即便他以政治为业，也会有着其他的社会活动。当人参与和从事其他社会活动时，就需要因活动的内容和具体情况来判断他更多地受到自然规定还是更多地受到社会规定。一般而言，基于身份而开展的社会活动，是受到自然规定的。虽然人们会将其表象解读为社会性的，其实恰恰是自然的，被要求合乎所谓"自然之道"。与之不同，一切角色扮演活动都必须接受社会规定。如果说人在角色扮演中出了问题，做了不合乎其角色的事，那就说明，他的活动以及行为没有完全接受社会规定。比如，当人以公民身份而参与政治生活的时候，所接受的是自然规定。虽然这种自然是由法律所确认的，表现为一种社会规定，却被认为或被要求合乎"自然之道"。但是，倘若人以政治为业，或在政府中任职，其活动就属于角色扮演，就需要接受社会规定。如果在职业活动中滥用职权或以权谋私，就需要在他的社会规定方面去寻找原因，或者是因为社会规定不健全，或者是因为角色扮演者逃避了社会规定。

人的自然规定也就是我们所说的依据自然而对人的社会规定，在此，我们将其简称为"人的自然规定"。就这种"社会规定"而言，在历史演进中会表现出重心的位移，会因为某个方面被突出了出来之后而使其他方面消退或隐匿了起来。比如，列子所向往的"自由"和陈涉成王前所追求的"平等"，在那个时代都未成为人的规定，或者说，尚未显性化为关于人的规定。但是，在18世纪的启蒙运动中，这些自然因素却显性化为人的规定，人因而获得了这些自然规定。人的社会规定也就是我们所说的依据社会而对人的社会规定，在此，我们将其简称为"人的社会规定"。就这种社会规定而言，是在历史的嬗变中发生变化的。一个历史阶段中所拥有的那些关于人的社会规定，在性质上，会与其前一个历史阶段完全不同。就社会治理体系的运行来看，在农业社会中，虽然开展社会治理活动主要是以身份这一自然因素为依据的，但也有着角色扮演的行为。可是，这种角色扮演活动却表现为一种依附性行为。在工业社会，社会治理中的角色扮演活动却要求合乎公平、公正的原则，其来自自然的色彩基本上被抹去了。

在人类历史发展的总的进程中，身份作为社会生活以及社会活动的前提条件呈现越来越弱化的状况，而角色的重要性则不断增强。我们已经指出，在人类走出了工业社会这个历史阶段而进入后工业社会的历史阶段后，身份将会消失，人的社会生活和社会活动将会完全表现为角色扮演活动。事实上，我们已经明显地看到，全球化、后工业化所呈现出来的是人的身份日益式微的迹象。在全球化、后工业化运动的持续展开中，也许要不了多久，人的一切身份就会都趋向于消解。那个时候，人完全是通过角色扮演而去开展社会活动的，完全是角色决定了人的行为。同时，人也只能通过自己的行为去证明自己的角色。更为重要的是，当人的身份消失的时候，角色扮演也不再受到身份的羁绊，也就不需要再有任何掩盖了。到了这个时候，人在角色扮演中，将以真实的和真诚的面目出现。

我们经常说，人类历史朝着远离自然的方向运动，对这一现象的正确解读也应是，当人类走进了后工业社会时，就不再受到自然规定，或者说，很少受到自然的规定，而是主要受到社会的规定。工业社会中的政治在性质上应当说依然是身份政治，因为，参与到政治过程中的人必须具有公民身份这样一种资格，没有公民身份的人是被排除在政治过程之外的。正是这种情况表明，工业社会的政治虽然是一种社会活动，而参与者却受到自然规定。但是，工业社会的政治又是通过组织去开展活动的，所以，在政治的实际运行中，我们所看到的，又是一系列角色扮演活动，人在进行角色扮演时所受到的是社会规定。当然，在代议制民主模式中生成了职业政治家，他们因为专门从事政治活动而获得了政治家的身份。这种身份并不是参与政治活动的资格，而是用以与普通公民相区别的一种具体身份，在外在特征上，是与角色有着某种相似性的。所以，拥有政治家身份的人，在开展政治活动时，更多的是受到社会规定的。由于政治家这一具体的身份与角色相似，因而，在政治活动中，身份与角色的相互影响和相互转换也就变得非常容易了。

比如，政治家、公民等是身份，而代表、选民等则是角色。如果把政治过程分成若干个阶段再进行分析的话，可以看到，在某些阶段中，身份与角色之间是有着明晰的界限的，在另一些阶段中，身份与角色又是很难区分开的。而且，身份与角色是处在互动之中的。我们看到，在选举过程中，身份与角色之间的关系就会呈现复杂的情况。一般说来，参选人往往是有着政治家身份的人，但报名参选则意味着他在选举过程中扮演了竞选者的角色，即实现了从政治家身份向参选人角色的转换。在一个人能否成为参选人的问题上，政治家的身份往往是被作为一个默认的前提条件而得到接受的。在参选人的角色扮演中，为了胜选，往往会提出一些政治议题，而一项政治议题能否被确立，又取决于选民。一旦选民围绕着某项议题去开展活动，所呈现出的也就是角色间的互动。

达尔认为，"在获得对议题的关注过程中，政治阶层的成员会在着眼于下一次选举的政党政治家所设定的限制条件下开展活动。……政党政治家们并不一定只关注赢得选举，因为对作为政党政治家的这个人来说只是一种角色，他或许还有另外一个角色，是某个特定利益集团、社会阶层、居住区、人种、种族群体、职业或行业的一员。在扮演这个角色的过程中，或许他自己就可以引发议题。然而，仅仅以政党政治家的身份，他不仅有强大的动机去寻找政治上有利可图的议题，而且还有同等强烈的动机去回避那些在他看来并不能在上次选举中带来选票净收益的议题"。① 准确地说，在议题设定的过程中，政党政治家不再是凭借着自己的政治家身份去表达意见的，而是扮演了社会治理者的角色。他设定议题的行为是在组织之中进行的，或者，是在组织的框架下进行的。而且，如果他是以某个特定利益集团、社会阶层、居住区、人种、种族群体、职业或行业的一员的身份出现的话，那么，在设定议题的活动中，他也不会公开地宣称自己因为某种身份而要这样做，而是尽可能地掩盖其身份，扮演价值中立者的角色。在扮演这个角色的过程中，或许他自己就可以引发议题。当然，

---

① 〔美〕达尔：《谁统治——一个美国城市的民主和权力》，范春辉、张宇译，江苏人民出版社，2011，第 101～102 页。

政治家的身份肯定会在他的议题设定中产生影响，不过，这种影响往往会被刻意地掩藏起来，政治家们会用百般理由去说明某项议题对于增进公共利益是有价值的。

在政治家的活动中，虽然他的政治家的身份发挥着更为重要和更为关键的影响作用，但显露于外的则是角色扮演活动。这是因为，选举可以对政治家直接基于身份而作出的行为选择形成制约，从而迫使他以角色扮演的形式去表达意见。选举是政治家与公民互动的主要通道，但政治家和公民都是通过身份向角色的转换而进入选举过程之中的。围绕着政治议题的确立问题，由公民转换而成的选民，是用手中的选票去表达对某个政治议题的意见的。服务于选举的日常性的表现是，"每当某个部分的选民不满情绪增强的时候，政党政治家就可以转化为一个能够带来选举回报的政治议题。如果一个政党政治家看不到回报，他可能就不会有什么兴趣；如果他预见到会带来负面影响，他将尽可能回避这个议题。因此，在政治阶层中，通常会在提出议题的知识分子、专家及其他人和政党政治家本人之间存在着某种冲突，因为前一个群体经常要求给以关注的议题，在政治家们看来是无利可图甚至有可能是对选举产生危害的"。[①]

在某种意义上，这可以看作政治家在身份与角色之间所做出的妥协，即让身份为角色扮演让路。即便是做出了妥协，我们也会发现，政治家并不关注一项政治议题在解决当下问题时能否带来长远效益，并不关注政治议题对社会发展的影响。他所谋求的，只是公众感性的鼓掌声、口哨声和欢呼声，并借此而赢得选举。所以，身份在此之中发挥了作用，但这种作用更应该在角色扮演的意义上去加以定义。不过，就民主社会的运行来看，与政治家相比，知识分子的人文关怀

---

① 〔美〕达尔：《谁统治——一个美国城市的民主和权力》，范春辉、张宇译，江苏人民出版社，2011，第102页。

和专家们的科学关照就显得迂腐得多了。也许是由于这个原因，在政治议题确立的问题上，知识分子、专家等往往是政党政治家既爱又恨的一群人。政党政治家离不开知识分子、专家等，甚至需要利用知识分子、专家等来伪装自己。但是，民主政治条件下的知识分子、专家是与集权政治体系中的知识分子、专家有着完全不同的表现的。如果说集权政治体系中的知识分子、专家等是精心挑选出来的阿谀奉承之辈的话，那么，民主政治条件下的知识分子往往是一群不解风情的人，他们经常在政治议题确立的问题上不去领悟政治家的意图。他们在开展活动的时候，不是出于赢得选民叫好声的目的，而是出于一种真诚的解决问题的愿望。这说明，身份的不同影响着角色扮演的状况，而政治体制的不同又决定了身份特征不同。特别是知识分子的身份，在集权体制中是以一种依附性身份的形式出现的，而在民主体制中则表现为一种具有某些独立性的身份。

角色是组织的要素，也只有在组织中才会出现角色，离开了组织也就无所谓角色。在此意义上，我们倾向于说，身份属于社会，而角色属于组织。社会中没有角色，而组织中则没有身份。但是，在社会组织化程度不高的情况下，或者说在组织的可替代性不强的条件下，当一个人进入某一组织之后，他也许会逐渐相信，"他不仅仅是为组织工作或者与组织一起工作，而且他也归属于组织，依赖于该组织获得个人的价值和身份。一个人受雇于某个组织越久，他就越难以危害或者离开他的工作。如果他这样做了，他也许就必须放弃他的收入、地位、退休金以及额外福利"。① 但是，如果某人认为他把组织与自己的命运联系在了一起，那只能说明某种来源于农业社会的观念支配了他，他把自己在组织中所扮演的角色理解成了身份，他获得了作为组

---

① 〔美〕全钟燮：《公共行政的社会建构：解释与批判》，孙柏瑛译，北京大学出版社，2008，第139页。

织成员的身份意识，而不仅仅把自己看作在这个组织中扮演的某个角色。从管理学对日本组织行为的案例描述中看，许多日本企业的员工就是把企业作为自己的身份标识的，认为是他与企业间的联系使他获得了相应的身份，他们往往会为成为一个优秀企业的员工而感到自豪。在管理科学化引发了诸多消极后果的西方国家，人们对此表达了高度赞赏，甚至希望西方国家也能学习这一点。其实，那只是农业社会的（家元）共同体意识在现代社会的反映，并不是什么先进经验。相信西方不可能学得去，而且日本也不可能长期保留这种状态。

在现代化的过程中，在政治层面上为人们保留了共有的、同一的公民身份；在社会管理的层面上，保留了居民身份；在社会生活的层面上，却生成了各种各样具体性的身份，从而出现了身份的多样化。然而，在经济活动的层面，身份已经得到了完全消解，这实际上是现代化的一项最为积极的成果，是历史进步的表现。当然，全钟燮所说的情况在现实中也确实是存在的，那就是，组织成员会以为自己在组织中获得了某种身份。其实，在工业社会中，民族国家规定了人的身份，而组织则为人提供了各种各样的角色去供人做出选择。如果组织成员把自己所扮演的角色理解成了身份，那完全是组织的封闭性所造成的，是因为组织的封闭性转变成了一个类似于家庭的共同体这样一种社会存在物。如果组织边界是较为模糊的，也就是说，如果组织具有足够的开放性，那么，组织成员就不可能把自己在组织中的角色误解为身份。

角色是具有流动性和可替代性的。在现代社会中，可以说每一个人在组织中所扮演的角色都是临时性的，或者说，是可以由他人替代的。正是因为人的角色具有可替代性，人在某个组织中的角色可以在另一个组织中得到延续，甚至会得到更为理想的承认。这样的话，人们就会乐意于在组织间流动。结果，组织能够使得其成员凝聚到一起的主要因素就只能是组织成员共享的组织目标、知识、文化等因素了。但是，组织一般需要在一个较长的历史演进过程中才能够表现出这种状况。我们认为，从身份认同到角色承认，将会在人类历史的再一次转型之中实现。全球化、后工业化所给予我们的，正是这样一个从身份认同到角色承认转变的机遇。

## 第二节　职业活动及其道德要求

### 一　职业关系的逻辑颠倒

人的职业活动以及在职业活动中生成的特殊的社会关系，来自社会生产和生活的领域分离，正是因为领域分离，生成了现代社会的基础性结构。在近代社会早期，即在社会生产和社会生活领域分离的滥觞时期，主要表现为通过分工而把人们分成不同的人群。正是在分工的驱动下，社会生产以及社会生活的分化开始了职业化和专业化的历程。到了晚近，职业活动已经不限于生产领域，而是扩大到了生产领域之外的许多领域，几乎遍及社会生产和生活的绝大部分领域。职业活动导致了人的角色化，而人的角色化则打破了人的完整性。也就是说，由于人的角色化，人需要在社会分工的条件下去扮演各种各样的角色，使得人不再以完整的人的形式出现，而是在职业活动中被打碎了，从而分成不同的部分。人在不同的社会领域中扮演着不同的角色，每一个角色都是人的片段，完整的人被割裂成不同的碎片。这就是人的碎片化。在这种情况下，人之所以还能够作为人而存在，是因为人的若干个碎片又重新聚合到了一起。正如我们所说的，在这里，人是以一种"角色集"的形式出现的。

最为重要的是，当人在不同的领域中扮演不同的角色时，所遵从的是这一领域中的特殊规定。特别是在社会理性化的条件下，每一个领域都有着特定的理性规定，正是这些特殊的理性化的规定，使得一个领域具有不同于其他领域的特征，也使人在不同领域中的表现不同。这样一来，人在进出不同的领域时，需要实现的是角色的转换，需要从接受这一个领域的理性化规定转变为遵从另一个领域的理性化规定。事实上，不同的领域在理性化规定方面是不一致的，甚至是相互冲突的，从而导致了人的角色冲突。结果，人本身就是一个矛盾体，人每时每刻都处在不同的理性化规定的记忆与现实之间，甚至同时接受着不同的理性化规定。结果，完整的人不再存在，主动的修身活动无法开展，人总是陷入被动地接受各种各样的理性化规定的过程中。在此一领域和此一角色扮演中，接受此一理性化的规定；在彼一领域和彼一角色扮演中，则接受彼一理性化的规定。这一情况在社会治理领域的职业活动中表现得尤其突出，以至于公务人员在社会治理过程中所遭遇的诸多问题，都是由没有处理好角色扮演的问题引发的。

我们知道，人类的社会治理关系可以追溯到很早的历史时期，但在一个很长的历史阶段中，社会治理关系并不属于职业上的关系。一般说来，在一个很长的历史时期中，社会治理主体是与特定的身份联系在一起的，社会治理活动是偶然的和具有随机性的活动，由社会分工的偶然性所决定。近代社会，在政治领域与经济领域分化的过程中，社会治理职业化的进程开始启动，社会化的大生产推动了社会治理职业化的进程。到了20世纪，基本上形成了明确的专业化的社会治理职业关系。正是在这一视角中，我们看到，在社会治理的发展过程中，通过职业关系的确立和不断完善、职业规范的制订、职业行为模式的设计等，造就了完整的职业体系。结果，行政人员、官员等都可以在这一领域中开展职业活动，接受科学化的结构、技术化的行为模式和明晰化规则的规范，而且也要求一切活动都必须合乎形式合理性的原则。

社会治理职业关系是可以从分工的角度来加以理解的，是在分工的基础上产生的，也是服务于协作要求的。当社会治理成为一门专业化的职业活动时，是以社会分工的一种特殊形式出现的。人类社会在分工基础上产生的那些人们之间关系的结构形式，也必然会在社会治理中反映出来，并将在一个相当长的时期内被保留下来。但是，我们需要看到的是，社会治理在当下正面临着一场深刻的变革。传统的社会治理是主体中心主义的，而现在我们需要建构的，则是"去中心化"的社会治理。所以，它在充分考虑对象的具体性时，不仅要致力于治理方式的科学化、技术化，而且要进行价值判断和服从价值目标，并需要把社会中不同群体之间的群际整合和促进群际和谐作为社会治理的基本内容。也就是说，在新的历史条件下，社会治理者需要按照伦理精神的要求开展职业活动，需要努力去满足社会治理中一切有利于社会自治、社会发展、广泛参与、普遍合作因素顺利成长的要求。至于社会治理者的更高的道德境界，比如，在职业活动中甘愿清贫、乐意奉献、勇于牺牲自我利益等，则需要在人身修养的过程中去达成，而不是通过教育就可以实现的。

人类的职业活动有着悠久的历史，但职业活动迅速分化的历史是与工业社会的成长同步的。在社会治理的领域中，工业社会出现以前的社会治理活动很难称得上是严格的职业活动。在世袭制的条件下，不仅一个人会终生从事社会治理活动，而且几代人都会同样从事着社会治理活动。可以断定，那时的社会治理并不是一种职业，而是与身份关联在一起的社会活动。尽管我们指出中国农业社会的"官"（特别是"吏"）的活动也具有某种角色扮演的色彩，特别是在提供了"布衣"进入"官系"的路径之后，"官"的职业角色显得完全可以进行现代解释，会被认为有着现代性特征。但是，总体看来，在农业社会，社会治理活动是与人的身份联系在一起的，拥有某种身份，也就天然地拥有了相应的社会治理资格。即使他不直接从事社会治理活动，他关于社会治理的意见也必须得到尊重。同样，你只要加入了社会治理体系，从事着社会治理活动，也就自然而然地拥有了相应的身份，也许统治者并未明确地授予你这种身份。

一切从身份出发和以身份为依据去开展的活动都不是职业活动，

因为，职业活动要求必须抽象掉人的身份方面的因素，把人的身份打碎而转化成一系列角色。对于职业活动而言，人的身份因素的影响越小，人的活动的职业性质也就越纯粹。在农业社会，不受人的身份影响的职业活动几乎没有。所以，在那个历史阶段中，可以说没有严格意义上的职业活动，至多也只有一些模糊的行业。即使这些行业如手工业中的从业者，也是有身份标识的。在近代社会，职业活动成为工业社会的显著特征。虽然在一些特殊情况下，在具体的行业中，作为历史遗留物的身份还会不时地显现在人的职业活动之中，但那绝不是主流现象，只是作为一种历史残迹而存在。在工业社会的民族国家社会治理职业活动中，虽然公民身份依然是职业活动的准入门槛，但在人人都拥有这一身份的情况下，一旦人们被允许进入，也就不再发挥作用。当然，社会治理者也在职业活动中获得了一种职业身份，但这种身份是在与没有从事这一职业活动的人的比较中才显现出来的身份。在职业活动体系之中，人们之间的差异表现为角色差异。

如果说工业化也是一个社会活动职业化的过程，那么，与职业化进程相一致，社会治理活动也是在工业社会这个历史阶段中成为一种职业化的活动的。虽然作为职业活动的社会治理在管理型的社会治理模式中更多地从属于科学的和技术的原则，但在管理型社会治理模式向服务型社会治理模式转型的过程中，社会治理的职业活动也正在进入道德化的进程之中。我们看到，大致从 20 世纪 80 年代开始，人们对社会治理职业活动中的道德的关注比以往任何时候都更为强烈。

从近代以来社会治理发展的状况看，直至 20 世纪前期，人们都有可能因为一个人的党派关系、政治抱负、宣示给公众的政治纲领、承诺的治理目标等而接受一个负案在身的人参加竞选和作为政府官员而存在（在一些后发现代化地区或国家中，这种情况仍然非常普遍），到了20世纪后期，政治家和政府官员则开始时时受到怀疑，他们必须准备随时接受审视的目光，稍有不端行为，就可能被认为是一个大丑闻。从这一历史趋势来看，我们即将面对的是这样一种现实，那就是，社会治理者的立场、观点、能力等都需要得到道德的支持，才有可能转化为现实的社会治理活动。或者说，只有当他同时被认为是有道德的人的时候，才会被认为是有资格进入社会治理体系和开展社会治理活动的人。

从工业社会的现实来看，当人选择并从事某个职业时，也就可以获得一种相对稳定的某个方面的角色。在社会分工造就了职业差异的条件下，每一职业都有着相应的特定技能要求，这决定了人在选择了某一职业的时候，也就有了相对确定的角色。然而，随着以分工为基础的职业类别走向典型形态，随着科学技术的发展，特别是随着所谓"傻瓜"技术的出现，职业活动对人的个人技能的要求显现出了一种越来越低的趋势，从而使人改变自己的职业变得越来越容易。但是，目前所呈现出来的可以轻易变动职业的社会特征，却包含着这样一重内容：原先对社会生活、社会发展有着重要意义的职业开始变得边缘化、表面化了；一些对社会生活和社会发展有着重要价值的新的职业类别，往往又不能从传统的分工意义上来认识和把握，而是需要从人所在的群体去加以认识。人们之所以能够作出选择而成为某个职业的从业者，往往是在他已经成为某个群体的成员之后。就此而言，我们认为，这种新的社会变动反映在人的职业活动中，所表现出来的是人的职业选择开始更多地建立在"社会分群"的基础上。

这样一来，人在职业变动上的自由也就表现在了那些对于一个社会来说并不显得具有关键意义的职业之间，因而，这种自由变动对人的角色扮演并不造成实质性的改变。也就是说，后工业化进程中显示出来的一个新迹象是，人的角色定位不再主要是由社会分工决定的，而是主要由社会分群所决定。当人属于某个群体时，他不仅可以因为这个群体在社会中的基本功能而去进行职业选择，而且会表现出职业流动方面的自由。这在形式上，群体有些类似于农业社会的身份阶层，而在实质上，这些群体并不构成身份阶层，这些群体并无身份标识。根据社会发展的这一新特征，不同于工业社会早期的职业概念，我们今天所接受的职业概念在内涵上已经有了新的内容。或者说，不再像工业社会早期那样总是表现出职业与行业相重合，而是表现出了职业与行业之间的一种复杂的关系。同一行业中有着不同的群体，不同行业中又有着同类甚至同质性的（同类）群体。不同行业中的同类群体在社会角色上有着相同或相近的地位和特征；同一行业中的不同群体在社会角色上的相异性却又是十分明显的。比如，你从事的是保安的行业，属于某个保安群体，至于你是在学校还是在银行中担任保安任务，都没有多大的角色区别。

职业与行业之间的关系或交叉、或相异、或重合的多样性，使职业概念具有了两种不同的含义：一种是传统的建立在分工基础上的职业；另一种是现代社会日益生成的以社会分群为前提的职业。我们所看到的一个趋势是，前者由于科学技术的发展，职业界线变得越来越模糊；后者则因社会的进步，职业界线变得越来越清晰。个人要想逾越这种职业界线，往往是极其困难的。职业界线模糊，意味着职业对人的角色扮演不具有决定性的影响；职业界线清晰和不可逾越，则意味着职业对人的角色扮演有着决定性的意义。比如，你具有计算机方面的技能，可以在"IT业"中就业，也可以去做老师或进入其他行业就业。你在每一次职业变动中，所依据的都是你所在的计算机技能群体，你因为是这个群体中的一员，才有了职业流动方面的自由。但是，你虽然在不同的行业之间流动，你的职业活动却是同质性的，或者说，你其实并没有改变职业。你作为一个计算机工程师，无论是在服务业还是制造业中从事具体的工作，都依然属于计算机技能方面的职业群体，基本上不受所在行业的规定。

从逻辑上讲，社会生产和生活的内容越是多样化，社会结构越是复杂，对分工的要求也就越强烈。反过来，分工又促进了社会的复杂化和多样化。在技术含量较低的领域中，在那些凭着人自身的自然能力就可以进入职业的职业活动类型中，分工是人的社会群体生活的起点，分工导致了社会分群。然而，当职业的技术含量较高、专业化程度较高和人的自然能力在这种职业活动中发挥作用的比重降到了很低的情况下，分工与分群的关系就发生了颠倒。这时，分工不再是前提，反而是分群的结果。比如，你能否进入某个职业，能否有资格开展职业活动，首先需要选择某个群体或被选择到某个群体之中。更具体地说，你能否开展社会治理活动，取决于你是否经过考试而被录用为公务员。显然，公务员是一个群体，社会治理活动则是一项职业。在传统的视角中，公务员可以看作一种具体性的身份，而立足于有着未来性的趋势去看，公务员则应当被视为一个群体。

从社会结构来看，职业是分工与分群之间的中介。无论是分工造就了分群还是分群成为分工的前提，都以职业为中介。正是通过职业这一中介，分工与分群之间的关系才得以建立起来。当然，在主要由分工造就了分群的社会历史阶段（工业社会）中，职业对人的要求较低，职业作为人的社会生命的内容也相对简单。因而，人的职业流动性从理论上说是可以很强的。也就是说，人完全可以通过自己的职业变动去改变自己的角色。当社会进入一个主要是分群而使分工成为可能的历史阶段时，虽然职业依然是这种关系的中介，表现却有很大不同。这时，从业者在职业间的相互替换程度已降到很低，"群"已经成为从业者很难超越的界限。因而，职业与人的联系也就更加密切，一个从业者可能会经常性地在不同的"职业单位"中进出，但他的职业没有改变。他换了一个单位，所从事的依然是同一职业。在这种情况下，职业作为人的社会生命的意义就显得更加突出。这就要求从业者在作出职业选择之后必须致力于用他所从事的职业中的全部价值规范来丰富和完善自己的这种具体的社会生命。也就是说，从业者只有在现有的职业活动中完善自己的社会生命，才能够提升自己的角色扮演价值。如果他频繁地改变自己的职业，只会使他的角色扮演越来越失色，从而降低了他的社会生命的意义。

## 二 职业角色与行为

在工业社会几百年的行进中，社会治理已经被建构为一个职业活动体系，它是由职位和岗位构成的有着科学结构的职业体系。正是职位和岗位，把社会治理者安置在了社会治理结构和社会治理过程中的具体位置上，给予他们相应的权力，并要求他们承担起相应的职责。关于这些"具体位置"，我们在垂直的纵向关系中将其称作职位；在水平的横向关系中，则将其称为岗位。

在管理型社会治理模式中，由职位和岗位构成的社会治理体系直接从属于管理的原则，属于行政管理的范畴。在我们正在建构的服务型社会治理模式中，职位与岗位以及职位和岗位上的职业活动将告别社会治理以往的权力定位或法律定位，转而采取伦理定位。这时，"命令—服从"以及"分工—协作"的行为模式，将为有道德的合作行为模式所取代，社会治理者将在伦理原则的要求中扮演服务者的角色。如果说一个人在其他领域中有着其他方面的社会生活内容的话，那么，当他成为社会治理职业群体中的一员而把社会治理作为其职业活动的内容时，他就成了职业化的服务者，是服务型政府职业群体中的一员。

在社会治理的职业活动中，存在着各种各样的职业关系，虽然这些职业关系在一般的意义上可以归结为权力关系、法律关系和伦理关系三大类，但在实际的社会治理过程中，这些关系总会以具体的形式出现。社会治理的职业关系越是具体，也就越是包含着道德的内容。比如，当职业关系反映在社会治理者与其职务、岗位的关系上的时候，就要求社会治理者忠于职守、忠实地履行职务以及岗位上的责任；当职业关系反映在社会治理者之间的关系中的时候，就要求团结协作、相互尊重、和睦共事、互相支持；当职业关系表现为社会治理者与其对象之间的关系的时候，就要求他平等待人、公正处事、真诚服务，以求得到广泛的合作或配合。此时的社会治理体系中仍然会存在权力关系，以组织的形式出现的社会治理体系也拥有等级结构，社会治理者必然会处在上下等级关系中。虽然这种上下等级关系是职位关系，但职位是由他承载的，因而，处理上下等级关系也就成为他日常活动的一项基本内容。比如，对于政府中的行政人员而言，需要执行上级命令和维护政府利益；对于政府外的正在成长中的社会治理力量来说，需要处理与政府的关系、服务于社会和反映来自社会的利益要求。

显然，无论是政府中的行政人员，还是生成于社会中的非政府组织的成员，对于公共利益的理解都会出现偏差，特别是在如何把握长期利益与短期利益的问题上。这就说明，社会治理者时时都会处在利益关系之中，社会治理过程中的利益矛盾甚至冲突，则会成为他去加以协调和处理的基本内容。完全解决这些矛盾和冲突是不可能的，但社会治理者不能无所作为。事实上，社会治理活动者必须把处理这些矛盾和冲突作为其主要职责，能否真正履行这一职责，则是取决于社会治理者的角色意识的。也就是说，社会治理者无论在专业水平、技术素质和能力等方面已经有了多大的修为，都不意味着他在利益矛盾和冲突中能够作出正确的行为选择。只有在他拥有了与职业要求相适应的道德自觉性后，才有可能按照自己对其职业特殊性的正确理解去处理各种矛盾和冲突。

在统治型社会治理模式中，对于官吏的要求长期存在着争论。官本位文化的思路在终极追求中是要求无条件地"忠君事主";在民本位文化的思路中,则会反复申述"民贵君轻"的主张。管理型社会治理方式以制度的形式消解了所谓"贵"与"轻"的争论,但这种社会治理方式在对公共利益的认识和理解方面,往往是通过间接的、迂回的途径进行的。由于公共利益的确认权和解释权归于制度而不是社会治理者,公共利益的要求与实现之间多出了一些环节,以至于在公共利益的要求与实现之间经常性地存在时滞的问题。特别是已经实现了职业化的那些社会治理者,缺乏对公共利益要求作出积极回应的热情,表现出了严重的官僚主义。为了解决这个问题,就需要在社会治理方式上去谋求根本性的转变。也就是说,我们需要用更加灵活的、积极的和主动的社会治理方式——服务型社会治理方式——来替代既有的管理型社会治理方式。

在服务型社会治理方式中,社会治理者的职业活动将成为体制和制度的重要补充因素,不仅超越了"忠君爱民"或"贵民轻君"的观念,而且超越了管理型社会治理模式中的官员和公务人员以体制和制度作为行为选择终极标准的状况。此时,社会治理者将不再被动地受体制中的程序驱使,更不会对人民、公共利益的要求表现出轻视和冷漠。服务型社会治理中的行动者将获得合作精神,将主动地通过交谈和协商去谋求共识,以道德行为去唤起服务对象的共同行动,从而达致矛盾和冲突的消解。

在工业社会领域分化和职业分化的条件下,人的道德生活来源于人的角色扮演。这就是说,首先是要看人在社会中扮演了什么样的角色,然后才能判定他的行为在何种程度上是道德的。我们说一个人是不道德的,可能是指他的某一角色扮演行为与社会的要求不一致,也可能是经常性的不一致。一般情况下,一个人的角色扮演行为与社会要求的偶尔不一致是能够得到理解和原宥的,而经常性的不一致,往往会导致他人的批评和鄙视,甚至会遭到他所在的群体的排斥。人在社会生活中可能同时扮演着多种角色，有些角色是与生俱来的，如血亲关系中的角色；有些角色是个人成长过程中必须接受的，如做学生等；更多的角色则是个人选择的结果。职业作为人的最为基本的角色扮演的依据，就是在人的选择中成为现实的。

就社会角色而言，一个人在社会生活中是能够自然而然地获得自己所应有的角色意识的，并能恰当地扮演好自己所承担的角色。职业角色则有所不同，它需要通过角色承载者的自觉选择和主动学习去获得准确的定位。人们对职业的选择有着复杂的原因，可能是因生活的需要，可能来自生存的压力，也有可能出自兴趣爱好，还有可能属于一种理想追求。当人们通过主动学习的过程而获得职业角色时，会在职业导师们的引领下和言传身教中学会扮演职业角色，也可能会在职业活动的实践中逐渐找到职业感觉。但是，所有从事职业活动的人，都需要在自觉的职业选择和积极的职业学习过程中使自己为职业所同化，从而成为真正的职业活动者。这个成为职业活动者的过程，也就是从业者在职业序列中准确地找到他的职业位置的过程，也可以说是"进入职业角色"。

职业活动的舞台是职位、岗位。职位、岗位是人的职业角色的明确化、具体化和固定化。同时，明确化、具体化、固定化的角色又能够使人在职位和岗位上获得明确的责任。人类社会活动职业化程度的提高，在很大程度上就表现为职位和岗位上的责任在人的职业活动中越来越明确和越来越具体，即通过组织结构、制度规范和活动程序等方式去为每一职位和岗位确立起明确的、具体的责任。在社会治理体系中，通过职位、岗位来明确职业活动者的责任，并合理地配置权力，是管理主义组织行为模式中最为经典的做法。但是，管理主义组织行为模式的缺陷在于，没有注意到人的职位和岗位也直接地构成人的多元角色中的一种。也就是说，任何一种职业活动，任何一类专业化的社会活动，任何一个组织行为体系，都只能说是仅仅以整体的形式构成了作为组织成员的人的一部分。作为组织成员的个体会同时担负着其他角色，职业活动其实只是个体的人所扮演的多种角色中的一种。对于每一个人来说，他在某个职位、岗位上承载的虽然是特定的组织行为体系中的责任，但就他又是一个完整的人而言，他还应承载着根源于整个社会的责任。

职位和岗位具有二重性，与之相对应的责任也具有二重性：一方面，职业责任应当归属于特定的职业和组织行为体系；另一方面，职业责任又是根源于和服务于整个社会的。对于每一职位和岗位上的从业者来说，他的职位、岗位及其责任都会在职业活动和组织行为体系中以职务的形式出现，而在面向其直接归属的行为体系之外（社会）时，则以职业的形式出现。特别需要指出的是，在从业者这里，职务与职业只是他的社会角色的两重归属。在从业者与他人的联系中，它们都是直接的，是反映在人的存在及其社会活动的表象之中的。但是，职务与职业又会在人的职业活动中形成一种结构，首先，人选择了某个职业，然后，在进入职业活动中的时候获得了某个职务。在日常表达中，我们一般是把组织中的领导或管理职位称为职务的。其实，只要进入了一个职业体系中，职业活动的现实性都会要求用职务来加以表现。因而，一切从业者都会有一个相应的职务。在这里，职务无非意味着职位和岗位上的事务，是在职业活动中必须承担起来的事务。

必须指出，工业社会的诸多职业并不构成封闭性的体系，或者说，职业不应是一种可以在实体的意义上去加以把握的东西，而是一种形态。这决定了职业并不是包裹着职务的外壳，也不可能被理解成职务的外层空间。相反，在人的对外的接触面上，即在人的社会交往中，职业和职务并不会存在于这个表面上。然而，管理主义组织行为模式之所以会成为从职务到职业再到社会的单线联系模式，就是由于这种管理主义理论没有认识到，职务、职业都与社会有着直接的联系，以至于以职业为中介的单线联系模式造成了职业责任片面化、形式化和缺乏道德内容的后果。因此，在社会治理中，时时处处都存在着这样一个问题，那就是，社会治理者仅仅对治理体系负责，而不是直接地对社会治理活动的对象及后果负责，从而使职业体系的性质发生了扭曲。

在服务型社会治理模式中，社会治理者的职业活动将从根本上实现改变，将把单线的职务责任模式改造成双线的甚至多线的职业责任模式。在某种意义上，这只是向人民主权设定下的社会治理的回归，是要还原社会治理人民性的本来面目。还以政府为例，服务型社会治理模式中的政府官员既要对政府负责也要直接对社会负责；同样，政府既对社会负责，也对其官员负责。在这里，政府官员不仅仅是雇员，因为他们在直接对社会负责中获得了在政府组织中享有某种独立性和自主性的资格。政府也因其官员能够直接对社会负责而成为真正的责任政府，能够把政府责任诠释到极致。

也许人们会说，在政府官员与社会公众相冲突的时候，政府需要在这两者中作出选择。如果提出这个问题的话，那肯定是把政府与社会的对立作为前提了，即认为政府与社会各有各的利益，而且认为这两个方面的利益是不一致的，甚至必然是冲突的。但是，如果我们指出政府没有自己的特殊利益，它是把社会及公众的利益实现作为其一切活动的目标的话，也就不会产生上述问题了。之所以在整个工业社会中都可以看到政府有着特殊利益，并与社会的利益要求之间存在着冲突，就是因为政府在利益判断上缺乏道德价值。如果把道德价值引入政府组织文化之中，成为政府官员一切行动都必须加以印证的基本观念，那么，政府也就不会有着与社会及公众利益要求相冲突的要求，也就不会在对政府官员负责还是对社会负责的问题上出现选择的困难。或者说，根本不存在需要在两者之间作出选择的问题。

如果说管理型社会治理模式中的政府因为把其官员视为雇员而导

致了这样一种结果，即，使他们丧失了人性、人格而成为政府行政执行的工具，那么，服务型社会治理模式中的政府则使政府官员成为拥有自主意识的人。对于这种拥有了自主意识的人而言，政府组织只是他们通过开展社会治理活动而为整个社会提供服务的平台。在这个平台之上，他们会主动地把服务作为自己的责任，并在服务的结构化、制度化过程中把政府打造成服务型政府。也就是说，当政府官员把自己看作职业化的服务者时，就不会仅仅被动地响应政府以及政治部门的要求，而且是会自觉地和主动地承担社会责任。他的服务于社会的行为，是根源于自己的自主意识和道德自觉。更为根本的是，他能够出于对社会公平、公正的职业责任感而对其职业作出服务定位。

职业活动规定着人的行为。人们从事着什么样的职业，开展着什么样的职业活动，就会有什么样的重复性的、连续性的职业行为，他的行为总和也就构成了他的职业活动的基本内容。而且，他正是通过这些行为去证明他的职业角色的。表面看来，人的行为与职业的关系是一种被决定或被规定的关系，是职业决定和规定着人的行为，正如俗语所讲的"干啥讲啥，卖啥吆喝啥"。但是，这种决定与被决定、规定与被规定的关系只是职业行为形式方面的状况，在实质的方面，则是一个反向决定和规定的关系。正是人的行为，决定了其职业角色扮演的状况，证明了他是不是扮演了与其职业的要求相一致的角色。特别是在有着充分的职业选择自由的条件下，人与职业之间的联系完全是人的行为选择的结果。

在对人的职业角色的考察中，可以发现，有的人选择某一职业之后能够迅速地进入角色；有的人虽然从事某种职业活动，却可能在一个相当长的时期内游离于职业角色之外，并不是一个合格的从业者。这种与职业角色的和合与否，体现在人的行为中，是由行为所决定的。所以说，正是人的行为，决定了人的职业角色扮演状况。在职业活动中，人的行为在形式上可能是同样的，但在实质上会存在极大的差异。特别是对于那些行为规范和评价标准无法量化的职业活动来说，人的同样的职业行为之间会存在天壤之别。这种情况在社会治理活动中表现得最为典型。

对于社会治理这种职业活动来说，选择了社会治理的职业还只是获得了形式上的职业规定，实质上的职业规定是包含在他开展社会治理活动的行动之中的。如果说行动是行为的连续统，那么，他需要通过持续的一致性行为去证明自己是合格的职业活动者。也就是说，社会治理者的职业角色主要是由他自己的职业行为决定的。亚里士多德在阐明人的德性时认为人的行为决定人的德性，其实最为明显的是，人的行为决定了人的职业。亚里士多德说："德性则由先做一个一个的简单行为，而后形成的，这和技艺的获得一样。当我们学过一种技艺时，我愿意去做这种技艺，于是去做。就由于这样去做，而学成了一种技艺。我们由于从事建筑而变成建筑师，由于演奏竖琴而变成竖琴演奏者。同样，由于实行公正，而变成公正的人，由于实行节制和勇敢而变成为节制的、勇敢的人。"① 亚里士多德的比喻是出于现象描述的目的，是要解释德性生成的现象，但他所表明的思想路线是正确的，那就是，人的行为对于人的存在是有着决定性的作用的，人正是通过人自己的行为而选择了自己的存在形式和内容。人愿意做什么样的人，不只是由他的愿望决定的，只有当他的愿望转化为行为了，他才能成为他愿望中的人。

自从有了职业活动，人的职业角色就是由人的职业行为决定的。但是，在整个工业社会，职业活动在形式方面得到了制度性的强化，使人的行为更多地表现出被决定的特征。同样，在与工业社会相适应的管理型社会治理模式中，社会治理的职业活动也因为治理者自主性的丧失而使得他（们）的行为主要显示出受到外在的规则、程序等决

---

① 周辅成编《西方伦理学名著选辑》上卷，商务印书馆，1964，第 292 页。

定的一面。这种现象并不能否证人的行为对人的存在、人的角色的意义，反而证明了人的行为的受动性、被决定性和被规定性是由历史所造成的，是工业社会的历史条件限制了人的行为对人的存在、人的角色的决定性作用。

在全球化、后工业化运动中，人的职业活动的形式方面的规定开始弱化，实质方面的规定则开始变得日益强化，人在职业活动中的行为选择必然会日益显示出决定性的作用。就社会治理而言，一个人选择了这一职业，就需要以服务精神及其主动的行动去开展社会治理活动。只有这样，才能在后工业化进程中的高度复杂性和高度不确定性条件下去以自己的主动性和积极性的行动诠释职业的真实意义。我们可以认为，在后工业社会中，如果还存在职业的话，如果社会治理反映在职业活动中的话，那么，作为职业活动的社会治理肯定是由社会治理者的行为、行动决定的。只要一个人选择了社会治理为其职业，就意味着他必须用自己的行动去证明自己是一个合格的社会治理者。

既然人的行为决定了人的职业角色扮演，那么，人的行为的性质就变得非常重要。在社会治理的职业活动中，如果人的行为是受动的，他就必然是受到权力意志或外在性规则、程序等驱使和规定的。他要么是媚上欺下的奸佞之臣，要么是冷血官僚，对人民群众的切身利益抱持冷漠的态度。只有当人的行为具有了主动的和积极的属性，他才能在社会治理过程中获得为人民服务的热情。人的行为如何才能成为主动的和积极的行为？显然，只有那些包含着道德内涵的道德行为，才能够在展开为行动的时候表现出主动性和积极性。所以，社会治理者只有在其社会治理职业活动中时时处处把自己的行为建立在道德的基础上，才能正确地和创造性地行使其职位和岗位上的权力，才能超越规则和程序对他的约束，也才能够把职位和岗位上的责任充分地承担起来，实现职务责任向职业责任的转化，并在这种转化中使职务责任与职业责任统一起来。这个时候，他在从事职务活动时，就能够正确地诠释职业的全部规定和要求；在职业的外部接触面上，就会以服务者的姿态出现。如果他是一个政府官员的话，就不会在政府与公众之间区分出不同的利益，而是会把为公众服务作为第一职业使命，会把政府与公众的利益看作完全一致的。

在人类社会发展史上，并不是任何一个历史时期都会有产生自由自主行为的条件，职业行为尤其如此。在以往世代的职业活动中，基本上不存在什么自由自主的行为。如果说有的话，那也仅仅是属于某个至高无上的个人或少数人的。虽然在社会生活的一些领域中也存在着强烈追求自由自主行为的愿望和热情，可真正能够实现的并不多。正是由于这个原因，人们才会制造出所谓"圣人"等神话，人们才会向往一种"驭风而行"的境界。总的说来，人类社会的进步会表现在人的自由自主行为的增多上。在社会生活的领域中，在宗教活动和审美追求中，自由自主行为有的时候甚至能够成为现实。

在工业社会的历史阶段中，在领域分化的现实社会结构中，我们看到，私人领域中普遍存在着对自由自主行为的追求，甚至在管理过程中也经常性地听到这种追求自由自主行为的声音。在工业社会的后期阶段，这种追求已经造就出了一种文化气氛。尽管如此，在公共领域中，特别是在社会治理活动中，由于官僚制等方面的原因，自由自主的行为并不是一个可以追求的目标。所以，对于管理型社会治理而言，治理者的行为是权力和法律驱使下的行为，既不自由，也不自主。然而，随着服务型社会治理模式的建立，社会治理者的行为自主性将会得到迅速增强。服务精神和原则能够转化为社会治理者的道德信念和道德标准，必将使他的职业行为实现对权力支配和法律控制的超越，并获得行为上的自由和自主。到了这个时候，关于行为的考察也就让位于行动的视角了，对人的行为的静态观察、理解和属性界定，都将让位于行动主义的理论及其逻辑。

### 三　道德自主性

在 19 世纪，当思想家们从对市民社会和国家的思考转向了对官僚的认识后，遇到了需要对官僚的性质予以回答的问题。黑格尔根据其"三段论"的逻辑而把官僚看作国家与市民社会的"中介"，更多的思想家则根据农业社会中的人际关系现象把官僚比喻成"仆人"，称作"公仆"。马克思也接受了这个比喻。在总结巴黎公社经验时，马克思频繁地使用"社会公仆"的概念，提出"要防止国家机关由社会公仆变为社会主人"，避免堕入"旧官僚"发生蜕变的"异化"逻辑。需要指出，"主""仆"现象是农业社会等级体系的一种次生现象。虽然是次生现象，却又是普遍存在的。进入工业社会，这种现象作为历史陈迹在一个较长的时期内还是存在的。然而，工业社会的政治原则以及法律关系在社会治理体系中的出现，使得"主""仆"现象丧失了制度基础。在管理型社会治理体系中，官僚只是社会治理者所扮演的一种职业角色。对官僚而言，他所从事的社会治理活动是一种特殊的职业活动，无所谓"主""仆"的问题。在这里使用"主""仆"的概念，只是一种比喻。

在统治型社会治理模式中，社会治理者是事实上的社会主人，权力关系自上而下的作用方式和路线决定了他们不可能以社会仆人的姿态出现。这是因为，权力关系本身就必然会强化和进一步造就社会等级，在权力执掌者与权力相对人之间，不可能建立起平等关系。在管理型社会治理模式中，法律关系的介入，使人们在政治上拥有了平等的权利，但社会治理体系所包含的权力关系依然决定了社会治理活动中的人们之间是不平等的。尽管法律关系对于限制和矫正这些不平等起着重要作用，但由权力关系再造出来的人与人之间的不平等并不能得到根本消除，以至于政治上的平等主张只是一种意识形态意义上的理念。在人们之间的实际不平等面前，政治平等的理论总是显得苍白无力。所以，在"社会主人"还是"社会公仆"的问题上，仅仅是实现了理论上的简单颠倒，而在实践上，依然是一种不平等的关系。理论如果希望在现实中切实发挥作用，唯有转化为制度设计和制度安排，而在"社会主人"和"社会公仆"之间所做出的理论上的简单颠倒，却是无法转化为现实的制度设计和制度安排的。所以，它永远只能作为一种意识形态而存在，却不能切实地规范社会治理者的行为选择。

如果我们从职业的角度来认识社会治理者，就会发现，他所从事的是一种职业活动。他所执掌和行使的权力不应与政治上的平等原则发生冲突，他反而应当放弃任何特权意识，进而在平等的基础上获得服务精神。我们知道，人与人之间的平等是合作的前提，在社会治理活动中更是如此。在以往的社会治理模式中，表面看来也有合作的现象，而在实际上，所出现的所谓合作都只是假象。因为，在权力关系的等级差别基础上，较高层级上的社会治理者总会有意无意地拥有盛气凌人、官高位重的官架子，较低层级上的社会治理者也必然会染上吹牛拍马、阿谀奉承的习气。与此不同，服务型社会治理模式中的职业活动是建立在平等的基础上的。虽然在社会治理体系的结构上还存在着层级，但社会治理者之间并不因治理结构上的层级差别而在职业人格上有什么不平等。在这里，社会治理者都是以从业者的身份出现的，他们之间的关系是相互通过他人来实现社会治理目标的关系。而且，这种关系不是工具性的，而是具有合作的性质。他们只有以礼貌谦让、尊重互助的形式开展真诚的合作，才能保证社会治理各项目标的实现。当然，在社会治理者之间肯定存在着个体差异，但这些差异主要是开展社会治理活动的知识和技能上的差别，表现为在社会治理体系中的位置不同。在服务精神和道德意识等方面，则应当是相同的，他们都必须是有道德的社会治理职业从业者。

　　对于服务型社会治理而言，职业和职业活动既是社会选择的结果，也是从业者自主选择的结果，而社会治理者在职业和职业活动中的自主选择，主要取决于他的道德能力。道德能力与人的其他方面的能力不同。在人的其他方面的能力孱弱的情况下，虽然他可以有强烈的欲求、愿望和积极性，但在付诸行动的时候，却会表现得非常无奈。道德能力则不同。道德能力本身就是以人的自主性和积极性的形式出现的，表现出"求善则善，欲仁则仁"的状况。亚里士多德在社会一般的意义上是这样说的："如果做或不做高贵的或卑贱的事情都在于我们，并且像我们所说的，如果行善就是善人，行恶就是恶人，那么，要做有价值的或无价值的人，都在于我们。"① 的确如此，在社会一般的意义上，作为社会成员，他的道德能力就表现在他是否选择行善的自主性上。

　　在服务型社会治理模式中，对于社会治理者而言，正是其职业性质决定了他已经不再有选择是否"行善"的自主性了，尽管他拥有基于善而开展活动的一切自由。这个时候，如果说他拥有自主性的话，那么，这种自主性就在于尽可能地接近全心全意为人民服务的职业要求。就社会治理职业必然包含对权力的行使而言，从业者的道德能力是非常重要的权力调节因素。因为，他的管理能力等如果没有道德能力的支持，是很难在社会治理活动中发挥应有作用的。比如，对于拥有知识、智慧和健康体魄，我们可能会视为能力强的标志。但是，由这些因素构成的能力可以从善也可以为恶。这些能力强的人，在作恶的时候相应地也会显得更恶，对他人、对社会构成的威胁和破坏也就会更大。所以，服务型社会治理模式中的社会治理者并不仅仅拥有上述这些能力。如果说他的这些方面的能力也很重要的话，则是需要得到道德能力支持的，甚至应当从属于道德能力和接受道德能力的

---

① 周辅成编《西方伦理学名著选辑》上卷，商务印书馆，1964，第306页。

统率。

　　我们说道德能力是社会治理者的行为与职业要求的一致性，是指这种能力是一种在道德修养中形成的直觉能力。这种能力本身并不是学习和认知道德规范的能力，而是发生在社会治理职业活动中的，是自觉地满足职业要求的道德行为选择能力。当然，社会治理的复杂性会使善恶的判断和选择变得困难。有的时候，社会治理者无法判断自己行为选择及其结果的善恶，他需要有一定的认知能力——道德良知和良能。但是，对于社会治理者而言，由于他是通过自我选择和社会选择的途径而进入这一职业的从业者队伍的，是经过从事这一职业所应有的各项训练的人群，他的认知能力，特别是他的道德认知能力，是在他成为社会治理者之前就获得了的。所以，我们说社会治理者的道德能力不是一个"有"或"无"的问题，而是一个在何种程度上得到发挥和付诸行动的问题。

　　同样，社会治理者的意志力可能会以坚忍不拔的道德意志力的形式出现，但这不应视为社会治理这一职业的从业者所独具的道德品质。认定目标而作出追求并坚忍不拔，不仅对于任何职业来说都是必备的道德品质，而且也是一切人都应具备的品质，尽管很多人做不到这一点。总之，社会治理者的道德能力是不能降格为人的道德认知能力和道德意志力的，或者说，它包含着所有这些能力却不归结为这些能力。社会治理者与普通社会成员不同，他任何时候都不应以他的道德认知能力和道德意志力的不足为借口去推卸他对道德责任的承担，他不应当以进一步的修养和这些能力的提高为理由去逃避因不道德行为而应受到的良心谴责。社会治理者所具有的基本的道德能力决定了他的一切职业行为都必须在某一道德底线之上。低于这个底线，他就在实质上丧失了作为社会治理者的资格，即使他在形式上还是一名社会治理者，但在实质上，他可能恰恰是这个群体中的害群之马。

　　职业活动对从业者有着双重要求。其一，狭义的职业角色意味着承担起职务、岗位上的职责，因为，所有职务和岗位上都是有明确的职责的，人在角色扮演过程中只要承担起了职务和岗位上的职责，也就达到了职业要求。其二，广义的职业角色需要在职业体系中来把握，即包含着这样几个方面的内容：职业角色在职业体系的上下左右间处于什么样的位置，从业者如何在这个位置上处理好他与整个职业体系的关系。职业角色的这种二重性表明：狭义的职业角色与从业者行为的一致性并不包含着道德判断，只有在广义的职业角色与从业者行为的一致性中，我们才能把从业者的行为判定为是不是道德的。但是，人类社会的职业分化使得对人的行为的道德判断变得复杂了起来。不仅因为职业活动本身包含着可以和不可以进行道德判断的双重内容，而且在许多职业活动中，道德判断都变得非常困难，甚至显得没有必要。

在工业社会早期阶段，对于专门从事物质生产的职业活动，由于生产的简单性等原因，道德判断几乎是无关宏旨的。只是到了工业社会的高级阶段，由于生产的协作程度增强以及产品质量社会影响的扩大，道德判断才变得有必要。也就是说，职业活动越是具有社会性，就越突出了道德判断的意义。与直接同物打交道的领域相比，在直接同人打交道的领域中，对从业者有着更多的更高的道德要求。就医生、教师以及整个服务业都更多的是与人打交道来说，会显现出整个社会对它们产生强烈的道德渴求。社会治理活动基本上可以看作纯粹同人打交道的领域，所以，对于社会治理活动而言，主要应从属于道德判断。但是，在统治型社会治理模式中，对治理活动的道德判断由于会面对更多政治权谋方面的考虑而无法落实；在管理型社会治理模式中，由于科学化、技术化的片面追求，基本上放弃了对社会治理活动的道德判断；在服务型社会治理模式中，对社会治理者提出了道德要求。

在社会治理职业活动中，群体与个体的关系在个体身上会表现为理性与非理性因素的冲突。作为社会治理者的个体，在职业活动中是社会性的个体，而他同时又是自然性的个体。在这种意义上，"人直接地是自然存在物。人作为自然存在物，而且作为有生命的自然存在物，一方面具有自然力、生命力，是能动的自然存在物，这些力量作为天赋的才能、作为欲望存在于人身上；另一方面，人作为自然的、肉体的、感性的、对象性的存在物，和动植物一样，是受动的、受制约的和受限制的存在物"。①　肉体的、感性的存在基本上是以人的情欲、感情等非理性的本能冲动的形式出现的。这种非理性的本能冲动虽然有着积极意义，但也经常性地引发和助长人的偏私和任性等。对于人的社会生活和群体活动而言，人的偏私和任性是具有破坏性的。

不仅如此，群体也有非理性的时候，而且，每当历史处于重大的社会变革时刻，群体的非理性行为总会频繁出现。但是，群体的非理性行为较多地存在于政治、宗教等社会活动的领域，而在职业活动的领域中则很少出现群体的非理性行为。在历史上也曾出现过法西斯主义等，或者说，集权体系往往会更多地拥有非理性的行为，但更多的是存在于政治领域，是政治生活中常有的一种现象。职业活动是严格的理性化的活动，即便一个社会存在着普遍化的个体和集体的非理性行为，作为职业活动的社会治理过程也应当是理性的。就此而言，服务型社会治理更应当成为一种理性的社会治理模式。这种理性不仅区别于统治型社会治理的非理性，也区别于管理型社会治理模式的工具理性和技术理性。对于社会治理者而言，当他处在服务型社会治理体系之中，就需要用全心全意为人民服务的理性精神约束自我的一切与社会治理宗旨不相符合的非理性因素，并通过这种自我约束而使作为社会治理者的个人融入这一职业群体之中，实现自我肯定。在这方面，黑格尔的要求尽管过于专断，却不失为社会治理者个体实现自我约束的参照标准。黑格尔说，"凡是我的判断不合乎理性的东西，我

① 《马克思恩格斯全集》第 42 卷，人民出版社，1979，第 167 页。

一概不予以承认，这种法是主体最高的法"。①

一切职业行为系统中，都存在着自由与权威的矛盾。职业活动本身就是一个倾向于产生权威的系统，特别是对于社会治理而言，一切活动的发生都是在一个权威体系的框架中进行的。在统治型社会治理模式中，权威是社会治理的充分支持力量。在管理型社会治理模式中，以行政管理形式出现的社会治理同时兼具权力的权威和体制的权威。也就是说，一方面，它继承了统治型社会治理模式中权力的权威；另一方面，又在法律制度的建设和官僚制体制的确立中发展出了制度的、体制的权威。当然，根据韦伯的意见，官僚制更多地强调制度的、体制的权威。但是，官僚体制的等级性又在实际上强化了权力的权威，从而使人的平等仅限于虚幻的人格层面上。然而，问题却是，官僚制恰恰要求实现非人格化。显然，在官僚体制之中，虽然制度及其法律要求人是平等的和自由的，事实上，既没有实质性的全面平等，也没有自由。其实，没有平等也就不可能有自由。所以，管理型社会治理与统治型社会治理一样，作为治理者的个人，都没有自由可言。

如果说统治型社会治理模式中的那些手握重权的人拥有一种非人的变态自由的话，那么，在管理型的社会治理模式中，连那种非人的变态自由也被取缔了，剩下的只有权威，即无处不在的权威。整个社会治理体系都弥漫着权威，所有治理者都会在治理活动中运用权威、创造权威、强化权威和受权威支配，所有治理者都以自己的治理活动反对自由、压抑自由、限制自由和破坏自由。在服务型社会治理模式中，权力的权威、制度的权威、管理体制的权威，甚至技术专家的权威，都依然存在，但所有这些权威都是社会治理这一职业活动的必要支持，是服务型社会治理目标体系的保障因素。这种权威与统治型社

---

① 〔德〕黑格尔：《法哲学原理》，张企泰、范扬译，商务印书馆，1961，第134页。

会治理方式中的那种支持统治的权威和管理型社会治理模式中的那种支持管理的权威完全不同，它虽然会以权力、制度、体制的形式出现，而在实质上，则是道德的权威。

如果说权威的概念包含着权威作用对象认同的内涵，那么，可以肯定地说，道德的权威才是真正的权威。因为，权力的、制度的和体制的权威都包含着强迫认同，只有道德权威才会获得非强制的自主认同。所以，只有这种权威，才是一种把自由作为自己的内涵的权威，是与自由相统一的而不是相对立的。如果自由自身是权威，那么，它就是摆脱了一切权欲、物欲束缚的状态，就是人的自我解放。这种自我解放不仅是从一切外在于人的束缚中解放出来，而且是从人自身的物质存在、精神存在以及这些存在所派生出来的各种束缚中解放出来。当人实现了这种解放，他就不会制造任何对他人的束缚，反而是他与他人组成了完整的尊重自由权威的共同体。服务型社会治理的职业活动者所追求的正是这个目标。在走向这个目标的过程中，他自觉地把一切权力转化为服务他人和尊重他人自由的权威。与在以往所有社会治理模式中的表现不同，在这里，权力再也不是与自由相分离的权威，再也不是压抑自由、排斥自由的权威，而是自由的支持力量。

在等级化的社会中，人们一直受到双重奴役而不得自由。一方面，人们在社会治理体系中受着各种各样的社会治理者及其活动的限制、拘束、压迫和奴役；另一方面，人们受到自己的权欲、物欲的压迫、奴役和驱使。统治型社会治理模式在制度层面上的最主要特征就是实现了这两种压迫和奴役的统一，把它们以制度化的方式确定了下来，让权力结构体系执行着这种压迫和奴役。所以，统治型社会治理模式中的官吏无非是专门执行这种压迫和奴役的尚不稳定的社会治理群体。管理型社会治理模式由于是在权力关系和法律关系的双重支点上建构起来的，其社会表现显示出了权力与物欲、权欲之间的复杂关系。特别是当管理型社会治理方式在对物欲和权欲进行限制和规范时，开辟了许多不借助于权力也能实现物欲和权欲的途径。比如，提供了运用金钱去满足物欲的途径；也提供了运用资本去满足权欲的途径。而且，通过这些方式去实现物欲和权欲是有着更为广阔的空间的，以至于人们没有必要都进入公共领域去争夺权力。久而久之，官本位文化也就逐渐淡出了人的视野和社会生活。

但是，在某种意义上，我们可以说管理型社会治理模式并不是一种能够改造人的物欲和权欲的治理模式，它在人的物欲和权欲问题上，只不过是开辟出了多途径实现的空间。在很大程度上，管理型社会治理包含着这样一种技术性奥秘：社会治理活动在何种程度上激发出人们的物欲和权欲，也就会在同等程度上获得成功。那是因为，此时的人们是把人的物欲和权欲看作社会发展的动力的。所以，即便是在对作为社会治理者的公务员的管理方面，也声言满足公务员的"合理要求"，实则是一种对他们的物欲和权欲的半遮半掩的承认。

服务型社会治理是在伦理精神的指导下和以伦理关系为基础去进行制度设计和制度安排的，它的首要工作就是，针对社会治理的职业活动而要求社会治理者把他们所掌握和行使的权力与他们的权欲、物欲分离开来。或者说，通过制度安排的途径使他们在社会治理的职业活动中告别权欲、物欲。在他的私人生活中，合理的物欲是能够得到认可甚至支持的，但权欲不会因为物欲而生成；在社会治理活动中，物欲发生了质的转变，转变成为社会治理所必需的道德支持力量。这样一来，权力的执掌和行使不再受到权欲的影响，即使受到物欲的影响，也是道德化的物欲在发挥作用。

既往的思想也许会认为物欲本身并不存在道德化的问题，只有物欲的实现才有道德的问题。其实，物欲本身也有一个是否合乎道德的问题，或者说，对人的诸多欲望是可以进行道德评价的。有些是不道德的欲望，而有些则是合乎道德的欲望。当社会治理建立在伦理精神的基础上时，从事社会治理职业活动的人的欲望，是剔除了那些不道德欲望后的欲望。总之，在这里，物欲不再是一切奴役力量、压迫力量和束缚力量的总根源，反而是人的自由和自我解放力量的总根源。服务型社会治理的主要特征就是，在制度设计和制度安排中对职业活动的性质作出规定，正确处理权力与权欲、物欲的关系，进而通过职业活动造就一切人的自我解放和全面自由。

就职业活动的重心看，统治型社会治理要求官吏以"治人"为中心，不仅统治是以对人的统治为核心的，而且整个社会秩序的获得和社会的发展，都取决于对人的治理的状况；管理型社会治理要求官员、公务员以"治事"为中心，一切以事为转移，对事不对人，事中求是，不受人情干扰；在服务型社会治理的职业活动中，将以"治利"为中心，在这里，社会治理考虑的重心既不是"人"也不是"事"，而是透过"人"和"事"或通过"人"和"事"去处理公共利益和私人利益、短期利益和长期利益的关系。这个时候，"利"不再是管理型社会治理模式中用来激励的工具，而是真正合乎社会治理体系性质的公共利益。

我们知道，作为专门化和专业化社会活动的职业活动，必然会伴有相应的能力和技术，甚至一些职业还要求有相应的知识基础和背景。由于这个原因，所有职业对于业外人而言，都有着不同程度的神秘性。职业的神秘性往往成为职业相对人遭受愚弄和盘剥的原因，也是从业者自大专横的根源。在政府中，就表现为一种行政傲慢。易言之，一种职业之所以能够成立，是因为这种职业能够满足社会某一方面的专门需要。专门化、专业化造成了知识和技术的社会学（而不是经济学）意义上的垄断，从而妨碍了职业活动去有效实现职业功能，并大大地降低了职业的社会价值。对于这类问题，我们常常将其指责为职业腐败或行业腐败。重要的是，现代社会在治理职业腐败方面并无良策，因为职业的神秘性因素是无法消除的。

一般社会职业已然如此，那么社会治理职业活动会怎样呢？社会治理职业不仅有着职业神秘性的一面，而且还有着公共权力。在这里，专门知识和技能造就的职业神秘性与公共权力结合了起来，使得社会治理者总是处于一种无比优越的地位，腐败也就无法避免了。所以，服务型社会治理对公共利益的追求需要从消除职业的神秘感和优越性入手，首先需要根治的就是政府官员的行政傲慢。对于服务型社会治理而言，任何形式的职业神秘性都是公共利益实现的头号敌人，一种全心全意为了公共利益实现的职业绝不应成为公众眼中的神秘职业。所以，服务型社会治理需要通过制度化的手段消除职业神秘性，并使自己成为拥有最充分的开放性和透明性的社会治理活动，让社会治理过程中的一切不利于公共利益实现的因素都能迅速地暴露在公众面前。

任何一种职业活动都会有相应的职业规范。职业规范往往会构成一个系统，其中包括技术性规范、制度规范和由文化或职业习惯构成的文化规范等。在应然的意义上，私人领域中的职业活动会表现出技术性规范偏重而文化规范稍弱的状况，而公共领域中的职业活动则会表现出文化规范强一些而技术性规范的重要性相对较弱的状况。然而，管理型社会治理模式在公共领域中发展出了超强的技术性规范体系，用工具理性、形式合理性冲击了公共领域中的文化规范。这对于公共领域中的社会治理职业活动而言，是一种不应有的变异。服务型社会治理必须矫正这一变异。服务型政府将把以往作为文化规范构成要素的道德规范厘析出来，并促进它的进一步发展，进而在道德规范的基础上去建构系统的道德化制度规范体系。这种规范体系以道德为基础，同时又兼容以往技术性规范的全部成就。

在服务型社会治理的职业活动中，技术规范和文化规范将以制度的形式统一起来，从而成为完整的、有机的职业规范体系。这样一来，也就从根本上改变了以往社会治理中的或者"重文化轻技术"或者"重技术轻文化"的制度规范模式。服务型社会治理者的职业道德包含着一般社会职业道德的基本内容，诸如忠于职守、团结互助、顾全大局等这些存在于每一职业活动中的道德要求也应体现在社会治理的职业活动中。但是，对于服务型社会治理而言，还需要特别突出那些对这种社会治理活动有更加重要意义的道德规范，即把公共利益目标突出出来，使这一目标成为相对较强的规范力量，去保证社会治理者能够把职业活动放置在为社会服务、为公众服务上来。当然，就公共利益作为一个目标而言，不是服务型政府作为一个组织的目标，而是属于整个社会的目标。在某种意义上，我们也可以将这一目标理解成人的共生共在。人的共生共在之于组织及其行动，如果被说成"目标"，其实是一个超出了既有语用含义的"目标"概念，可以表达为目的，但又不限于目的。

# 第四章

# 权力及其规则

迄今为止，社会控制一直是社会治理所具有的基本特征。从统治型社会治理向管理型社会治理的转变虽然是一场伟大的革命，但在控制导向方面并没有发生变化，只不过控制的方式发生了变化。统治型社会治理依赖权力去实施社会控制，而管理型社会治理则依据规则去实施社会控制。即便是依据规则的社会控制，仍然表现出了权力依赖。社会治理对权力的依赖带来了诸多问题，甚至在今天把人类引向了风险社会和危机事件频发的状态。在全球化、后工业化的背景下，我们需要去探求社会治理终结权力依赖的可能性路径。当我们提出这一构想时，发现近代早期启蒙思想家那里已经包含了一种权力意志与权力相分离的思路。在这一思路中，权力意志是可以凝聚成规则的，并在凝聚成规则后可以用来规范权力的运行。

在全球化、后工业化进程中，我们需要沿着权力意志与权力分离的思路去做进一步的探索。一般说来，人的自发行为是受欲望、情感等驱动的，是非理性的，因而需要得到规则的规范。在社会治理中，权力的运行不应建立在自发行为的基础上，而应是理性的自觉性行为的汇聚，应得到规则的规范，即用规则来防范自发行为。当然，在

"权治""法治""德治"三种不同的治理模式中，权力的执掌和行使都需要得到规则的规范，但规则所发挥的作用是不同的。权治是与统治阶级的意志相统一的治理，对规则的要求较弱；法治存在着权力与权力意志相分离的问题，需要得到规则的制约和规范；德治对规则的要求将主要反映在规则的灵活性上。

# 第一节　社会治理中的权力依赖

## 一　控制导向与权力依赖

昂格尔指出，在等级社会或者封闭社会中，"人们占据着某些固定的社会地位，权力关系为一整套特定的共享价值所认可，并且，这些价值之所以具有分量仅仅是由于它们是某些特定群体的目标——这些群体也共享这些价值"。① 与之不同，在一个开放的社会中，"权力的行使要从属于内部民主的情况。任何一个群体的共享价值都被视为对良善的指引，只要这些价值在其他群体中也被持有时所具有的普遍性与稳定性，以及它们在其中得以形成的民主环境，允许我们将它们当做是在人类本质发展的某个特殊时刻而对人类本质的表达"。② 也就是说，群体的开放性状况决定了它所拥有的价值的普遍性和稳定性状况，进而，决定了其所拥有的权力在行使上合乎人的要求的状况。其实，也只有在农业社会的统治结构中，才会让共享价值局限于特定的群体（其实是等级、阶级）之中。到了工业社会，虽然任何一个群体都有着自己特定的目标，但作为共享价值的因素，则应当属于整个社会。也就是说，在工业社会实现了充分的社会分化的条件下，由于群

---

① 〔美〕昂格尔：《知识与政治》，支振锋译，中国政法大学出版社，2009，第270页。
② 〔美〕昂格尔：《知识与政治》，支振锋译，中国政法大学出版社，2009，第270~271页。

体的多样化，每一个群体拥有和申述的价值及其目标都不具有普遍性和相对于整个社会的稳定性，只有那些群体间共享的价值，才是普遍性的和具有稳定性的。正是在此意义上，民主才能够作为一个社会治理方案而提出。

民主治理显然是权力治理的替代方案，或者说，自从人们发现了民主治理的途径，依靠权力的治理也就日益式微。但是，民主治理并不意味着权力的终结，反而在民主治理的过程中时时处处都需要使用权力。只要人们关注了权力的行使问题，就会看到从集权到民主的历史线索，而且会觉得这样一条线索非常清晰。人类从农业社会向工业社会的转变，从统治型社会治理模式向管理型社会治理模式的转型，也的确留下了这一轨迹。共享价值范围的扩大，即从特定的群体（阶级、阶层）共享到由社会所共享，既是社会从封闭走向开放的标志，也为民主体制提供了价值基础。这还只是"人类本质发展的某个特殊时刻"的"人类本质"，当开放性进一步增强时，并从根本上突破任何一种形式的群体时，将会出现真正属于全社会的共享价值。比如，我们所设定的人的共生共在这一社会建构前提，就是在一个全面开放的社会中为所有人共享的价值。在这个社会中，即便存在着多样化的群体，在共享这一价值方面也是没有差别的。

一旦人的共生共在成了共享价值，关于权力的运行是否应在民主的框架下进行的问题也许就不再会有人去关注了。这个时候，集权与民主的问题都将移出人们的视线。其原因就是，权力将不再被用于谋取特定群体的利益，更不会被用来谋取个人利益，而是从属于人的共生共在这一共享价值。这是在前瞻性地瞻望社会治理时所看到的，或者说，是我们在全球化、后工业化进程中应当加以自觉建构的。如果我们的自觉建构过程能够沿着正确的方向前进的话，就需要在对工业社会的社会治理作出深刻反思的基础上去开展行动，去自觉地建构起人的共生共在的共享价值。

当我们回顾工业社会的治理现实时，就会看到，尽管这个社会总是被学者们称作开放的社会，也确实建立起了完备的法律制度，并在一切方面都追求法治，而且也确实表现出了法治的特征，但其社会治理所表现出的对权力的高度依赖，也是一个不争的事实。后工业社会的治理将是一种不再依赖权力的治理。这在何种意义上能够成为一种可能，取决于我们对社会治理权力依赖条件的分析，进而找到权力依赖终结的方案。当我们认识到社会治理中的权力依赖是有条件的，我们就会去自觉地消除这些条件。如果我们消除了这些条件，也就意味着能够建立起一种不依赖权力而开展社会治理的治理模式。

根据鲍曼的考察，"'政治的'这个词语进入英语世界时，它仅仅是一个标语和口号。像其他的概念/方案一样（如文化或文明），它丧失了最初的意义。这一概念的诞生源于对现实的批判；然而，当它的引入者和宣传者变成了现实的管理者时，它也变成了对现实的'客观描述'"。① 也就是说，人们在早期使用"政治"一词的时候，其中是包含着"管理"的内涵的。到了19世纪末20世纪初，虽然管理的内容从政治中分离了出来，并成为边界相对明确的研究对象，但政治的框架并没有被突破。即使我们对政治作出了某种狭义的理解和界定，也必须承认，政治是管理过程发生于其中的生态或环境。在政府这里，尤其明显。其实，也正是因为政治本身就包含着管理的内涵，人们才从中发现了管理的主题，并限制了或集中了视角，从而在政府的运行中把管理的主题突出了出来。然后，基于对管理的认识和把握，建构起了典型化的管理型政府。

管理型政府本身并不是对政治的扬弃，更不是对政治的排斥，而是对政治中的那些最为基本的内涵的发掘。或者说，管理型政府之所

---

① 〔英〕齐格蒙特·鲍曼：《被围困的社会》，郇建立译，江苏人民出版社，2006，第36页。

以能够在工业社会中生成，是因为从政治中挖掘出了管理的内涵，并对其进行了创造性的诠释。同时，也正是通过这种发掘，推动了政治的发展，使政治变得更加丰满，使社会治理过程更加具有管理的可操作性。另一方面，也正是因为管理型政府对政治的内涵作了淋漓尽致的发掘，并转化为管理方案，才表现出了对权力的高度依赖。也就是说，当政治关注平等、自由、民主等主题时，政府则无处不强化权力和依赖权力去开展社会治理。而且，这种矛盾或悖论又被容纳在了同一个社会治理体系中。更为重要的是，对于这种情况，并没有人感觉到有什么不妥，而是无条件地接受了。

放在历史的维度中，可以看到，管理型社会治理模式是在统治型社会治理模式被摧毁后建立起来的，是建立在统治型社会治理模式的废墟之上的。也就是说，在工业化的进程中逐步建立起了管理型社会治理模式。这也说明，管理型社会治理模式是适应工业社会的社会治理要求而建构起来的，是属于工业社会这个人类历史的特定阶段的社会治理模式。不过，统治型社会治理模式与管理型社会治理模式的社会治理特征都是控制导向的，它们之间的区别仅在于，统治型社会治理模式更多地求助于行为控制，而管理型社会治理模式则主要通过制度和组织结构实行控制。

基于制度和组织结构的控制毕竟也要转化为行动，不转化为行动的话，也就谈不上现实的社会治理过程。事实上，管理型社会治理模式的运行也正是通过把制度和组织结构等转化为行动而获得了一种非常现实的力量，实现社会治理。管理型社会治理的行动路线是，在拥有了某种制度和组织结构的情况下，把制度和组织结构建构成行为发生的框架。而且，让行动必须反映制度和组织结构的要求，即让制度和组织结构催生出社会治理行动。这样一来，在实际的社会治理过程中，也就产生了对权力的依赖，或者说，表现出了对权力的依赖。我们发现，在这一点上，统治型社会治理与管理型社会治理有着共同特征，那就是，都要通过权力去开展社会治理。之所以表现出了对权力的依赖，其奥秘就在于，它们都是用控制去诠释社会治理的，是把社会治理寄托于控制的，总是希望通过控制来谋求社会秩序。只要对社会进行控制，就不可没有权力，单单有了制度等并不能使控制成为现实。

无论是在农业社会还是在工业社会，一个基本的事实就是，为了谋求秩序，就必须实现社会控制；为了实现社会控制，就必须求助于权力。这似乎是一个不变的铁律。正是在这一线性逻辑上，我们看到社会控制以及权力的应用都是被作为国家及其政府的天然职能看待的。在此问题上，理论探讨所做的工作也仅仅在于提供证明，以至于我们几乎看不到对此表达怀疑的意见。所以，在社会治理的实际运行中，所存在着的是艾赅博和百里枫所说的那种情况，"在成功的容纳环境里，设身处地的理解，重视他人的经验以及控制人们的侵略性与两性行为等等，都以一种维持家庭成员个人品质的方式来进行。组织、社会机构与国家都是有容纳环境的功能的，或者说是有容器的功能"。[1] 可见，在理论证明中，一般都是对此作出这样的理解：社会治理中的控制是对人的"侵略性"行为的控制。正是因为人们习惯于对控制作出这样的理解，在实践中才会产生对控制的日益加码的追求，要求把控制推展到社会生活的一切方面，并认为这是合理的。从社会治理的现实来看，往往并不去具体地分析哪些行为是具有侵略性的，而是在人的侵略性本性阙如的条件下也去制定某些标准，进而对一切不合乎标准的行为加以控制，或者说，实现对一切行为的控制。

这样一来，社会秩序得以确立。然而，为了这个秩序所付出的代价则是权力的滥用，而且是合法的滥用。即便如此，人们也往往

---

[1] 〔美〕艾赅博、百里枫：《揭开行政之恶》，白锐译，中央编译出版社，2009，第36页。

不认为这种滥用有什么不当之处，反而因为这种滥用是合法的而进一步认为它是合理的。应当承认，管理型社会治理与统治型社会治理是有着根本区别的。统治型社会治理是单纯依靠权力而开展治理的，而管理型社会治理则有着科学化和法治化的特征。特别是在官僚制组织建立起来之后，"科层制政府要依赖民主机制，以使它们的决策获得合法性并与外部政治环境相协调和适应；但民主程序的扩张，又会威胁和破坏理性科层组织的内聚性，不管是在一致性政策的实施中还是在与政府间关系有关的权力实施中，都是如此"。①也就是说，在管理型社会治理中，政府必须求助于明确的规则来保证其能够平稳地运行。

对于现代政府而言，规则就是生命，离开了规则，它就无法以一个整体的面目出现，它的一切职能也都无法实现。如果没有明确、稳定的和系统化的规则体系的话，不用说提供社会秩序了，就是政府自身也会陷入失序的状态。所以，在认识现代政府时，我们首先看到的是它的规则体系。这个规则体系除了包含法律，还有一系列政府自身的规章和政府工作人员纪律等。但是，对规则的维护以及规则功能的实现，又都是离不开权力的。

在农业社会，社会控制经常性地演变成暴力，而在工业社会中，管理型社会治理虽然是通过规则而实现社会控制的，但也在权力的运行中包含着提起暴力的倾向。历史经验证明，如果政府的社会控制是建立在权力和暴力的基础上的，会在短暂的时期内起到震慑的作用，会让分散的社会力量慑服于政府的控制力量，但长期看来，这样做实际上是在播种政府与社会正面冲突的种子。在这颗种子萌芽的过程中，最初出现的是个体形式的反政府、反社会行为；接下

---

① 〔美〕鲍威尔、迪马吉奥主编《组织分析的新制度主义》，姚伟译，上海人民出版社，2008，第278页。

来，出现的就是有组织的抗争；最后，就会以大规模冲突的形式出现。

在人类社会治理文明已经行进到了 21 世纪的情况下，任何由政府承载和发起的社会控制行为都必须得到谨慎的使用，愈少愈善。特别是在后工业化进程中，高度复杂性和高度不确定性的社会条件使得一切控制都变得无比艰难，以至于政府的社会治理理念中也应完全剔除社会控制的动机。这就是复杂社会的基本原理。我们认为，在全球化、后工业化的社会转型过程中，面向未来的社会治理构想倾向于提出这样一个主张，那就是，政府应当首先确立起非控制导向的社会治理理念，然后，在此基础上去逐渐地削弱既存体制中社会控制方面的内容，从而逐步建立起适应高度复杂性和高度不确定性条件下社会运行需要的社会治理模式。就今天的社会治理体制改革而言，显然需要按照这一思路去设计行动路线，即朝着尽可能减少政府社会控制行为的方向前进。

社会治理对权力的依赖，或者说，运用权力去开展社会治理，带来了诸多社会问题。为什么近代以来政府所走过的历程会让人们强烈地感受到它所制造的问题远比它所解决的问题要多得多？肯定是因为政府的社会治理方式存在着问题。我们反对任何无政府主义的思想倾向，我们认为，政府是必要的。所以，我们并不因为政府带来的问题比它所解决的问题还多就主张取缔政府。即使是在瞻望后工业社会时，我们也依然这样认为。我们承认政府在人类文明化的进程中发挥了巨大作用，工业社会所取得的今天我们所看到的伟大成就，是与政府所提供的基本秩序分不开的。然而，在人类走向风险社会的过程中，在今天已经出现了的危机事件频发的事实面前，政府难道没有责任吗？本来，政府被发明出来是为了解决那些产生于社会中的问题，而且政府也一直在努力扮演好这一角色。可是，从政府的现实表现来看，它在解决了一些问题的时候却制造出

了更多的问题，并总是让社会去消化它所制造出来的问题。特别是
20世纪后期以来，由政府制造出来的问题呈现倍增的趋势，以至于
社会无法消化政府制造出来的问题，从而陷入了风险甚至一种危机
状态。

当然，我们不能说政府在主观上有着不断制造问题的追求，相
反，政府总是希望去更快更好地解决社会中产生出来的所有问题。至
于政府在解决问题的过程中制造出了更多的问题，那应当说完全是超
出了政府预料的，是不合目的的客观结果。既然客观结果与主观愿望
相反，其原因就在于政府的行动方式存在着严重的问题。也就是说，
在政府中，包含着某种自动制造问题的机制。从近代以来的政府发展
看，每过一段时间，政府都会启动一轮改革，即对自身进行一次大幅
度的调整。即便现代政府经历了"进步主义运动"定型后，这类改革
也时常发生。这说明，政府也意识到自己在不断地制造问题，而且制
造出了让社会难以承受、难以消化的问题。进行改革，其实也就是要
解决它制造问题的问题。可是，政府并没有真正解决这类问题，反而
表现出了制造问题的能力和速度都得到了提升的状况。所以，我们说
政府把人类引入了风险社会。之所以政府通过改革去解决自身制造问
题的问题没有取得成功，是因为政府一直没有发现它自己制造问题的
秘密所在。

其实，政府制造问题的秘密就是，它在解决问题时选择了控制导
向的行动方式。控制能让人直观地体验到解决问题的力量，能够收到
明显的成效，但人们看不到或意识不到的是，控制带来了和引发了更
多的问题。在引发了新的问题时，政府又会倾向于强化控制。结果，
政府被推上了控制轮番升级的道路上。具体地说，政府的行为模式中
包含着控制导向，是通过控制而实现社会治理的，而控制又必须求助
于权力，以至于造成了政府的权力依赖。当然，如果政府能够有节制
地行使权力，能够保证权力的运行处在规则的规范之下，就会在解决

社会问题时，较少引发新的问题。相反，如果政府出于控制的要求而强化权力，在行使权力的时候背离了规则的要求，那么在行使权力去解决问题的过程中，就会引发更多的社会问题，从而陷入一种恶性循环之中。不过，更为根本的，可以作为改革切入点的，是寻求一种可以终结控制的替代性方案。

## 二 社会治理中的强制

人是社会性的动物，但社会治理也必须充分考虑和尊重人的自然方面。人的自然方面在何种意义上被社会治理行动所考虑到，社会治理也就会在同等程度上拥有顺势而治的特征。"如果行动在追求目标时没有考虑其对象的'自然倾向'，那么，它就是强制性的。"[①] 强制性的行为是控制导向的，是基于权力而做出的，甚至会以暴力的形式去加以表现。所以，强制是与人的自然倾向相对立的，其逻辑结果必然是产生冲突和对立。而且，从现实来看，强制总会导向冲突和对立。总的说来，为了维护控制，就会增强强制性，就会表现出对权力的依赖，从而陷入控制的轮番升级，直至整个控制体系崩解为止。鲍曼所看到的是，"行动的强制性意味着对象的意图和偏好是非法的，因为它被视为源于无知和犯罪倾向的动机。强制性行为的'合法性'意味着它的执行机构否认对象具有抵制强制、质疑其理由、用同样方式还击或要求赔偿的权利。这种合法性本身就是强制问题。不管这种强制被应用了多少次，这种合法性，尤其是合法强制的垄断，决不是没有争议的"。[②]

对于社会治理而言，虽然强制是必要的，但必须在选取强制性行

---

① 〔英〕齐格蒙特·鲍曼：《被围困的社会》，郇建立译，江苏人民出版社，2006，引言，第2页。

② 〔英〕齐格蒙特·鲍曼：《被围困的社会》，郇建立译，江苏人民出版社，2006，引言，第2~3页。

为的时候充分意识到，一切强制性的行为都是野蛮的。随着人类文明化，强制性行为愈少愈好。即使在某些时候是必要的，也应极其谨慎地诉诸强制性的行为。为了降低强制性行为发生的可能性，鲍曼所指出的那一点是必须引起注意的，那就是，采取强制的行动者往往"否认对象具有抵制强制、质疑其理由、用同样方式还击或要求赔偿的权利"。我们的经验中可以说有无数这个方面的证据。鉴于此，我们认为，只有当采取强制的行动者将这些错误的观念抛弃了，强制行为发生的可能性才会降低。

在现代法治的条件下，人们往往会为强制性行为进行合法性辩护。我们承认，许多强制是具有合法性的，但如果它是具有合法性的却又是野蛮的，那么就不应得到鼓励，而是应当受到抑制。因为，合法性是具有历史特征的，在很大程度上，取决于当时人们的思想观念和法律规定。无论法律的合法性还是同意（认同）的合法性，都会随着社会的进步而发生改变。就人类社会的发展而言，总会走向更加文明的方向，野蛮的行为即使在一定时期具有合法性，也不会因其合法性而改变其反文明的性质。另一方面，如果拘泥于合法性的话，也会纵容一些不具有合法性的行为。比如，互联网上的许多言论没有相关的法律规定，不具有法律的合法性，也是令人生厌的，不具有同意的合法性，但是，却因为拘泥于合法性而致使其蔓延。所以，无论是否具有合法性，都应本着尽可能抑制强制的原则，尽可能少地在社会治理中采取强制性行动。在全球化、后工业化进程中，我们应当将此作为社会治理需要遵循的一项基本原则确立起来。

社会治理中的强制具有消极效应是非常明显的，我们不用仔细观察就会发现，当使用强制的手段去开展社会治理成为一种主导性的方式时，就会为了强制的有效性而去营建一个封闭系统，就会遏制社会的交流和流动。这显然能够达到"分而治之"的效果，也确实使得强制变得更加有效和更为经济。但是，社会则会因此而受到伤害。其中，最大的伤害就是使社会失去活力，重新变得死气沉沉。更为重要的是，社会治理一旦使用了强制，就必然会走上诉诸暴力的方向。不管行动者最初的愿望是怎样的，在执行强制的过程中，却不可避免地产生诉诸暴力的冲动。也许在行动方案的设计中已经给予强制以充分的合法性包装，努力把专断和独裁都严密地包裹在合法性的外衣之下，但在强制行为付诸实施后，首先撕破其合法性包装的必然是执行强制的行动者，从而把专断和独裁赤裸裸地暴露在公众的视线中。

这是因为，"权力、强制和暴力都有一种把痛苦施加于他人的预期后果，有时甚至会置人于死地。因此，权力与强制可能是，暴力则肯定是：在本质上有害"。[①] 如果人类文明化的轨迹中有一条暴力和强制日益变淡的光谱，那么其中也确定无疑地包含着权力作用范围日益缩小和权力作用方式日益温和的线索。在这样一条线索中，我们所看到的那条走向未来的道路，包含着人们对消除暴力、消除强制和削减权力的期待。事实上，在全球化、后工业化进程中，客观情势蕴含着，或者说，已经提出了消除暴力、消除强制和削减权力的要求，只是因为人们依然处在对旧的控制模式的路径依赖之中，才会无视全球化、后工业化进程中的这一客观要求。不过，我们可以相信，人类从野蛮走向文明是一个不会逆转的历史趋势，为了消除暴力、消除强制和削减权力，人类已经做出了巨大努力。在走向未来的道路上，也许还需要作出更多的努力。但在消除暴力、消除强制和削减权力的征程中，每一次因为量的变化而导致了质变之后，都会给我们展现出一个新的世界。因而，在全球化、后工业化进程中，我们所看到的将是一

---

[①] 〔美〕达尔、斯泰恩布里克纳：《现代政治分析》，吴勇译，中国人民大学出版社，2012，第65页。

幅全新的世界图景。

　　帕森斯在解释霍布斯的思想时说，把先前分散的强制集中起来并交由统一的机构去掌握，这曾经是文明的标志。但是，国家集中强制的目的绝不是滥用强制，反而应当是消除强制。在面对社会的时候，也许人们会辩解说，对于社会中的强制，必须通过国家的强制来予以制止和消除。的确，在文明进化的低级阶段正是这样做的。但是，此中所包含的一个基本主张则是"以暴易暴"，更不用说在这一主张得到了广泛认同的条件下经常性地出现国家与某种社会势力——比如，警察与黑社会——合谋的强制。强制具有示范作用。我们可以认为，也许是美国警察教会了这个社会经常性地发生枪击案，是警察有权射杀美国公民而让年轻人学会了用枪在校园里杀戮。显然，这些行为不是社会的文明化，而恰恰是野蛮化。最为重要的是，当一个社会认同强制和崇尚暴力达到了一定程度时，那种"合法的强制"也许就陷入了失灵的境地。

　　强制是野蛮的，使用强制的社会治理让行动者更在乎强制的权威性，时时刻刻处在担心强制受到挑战的恐惧之中。而且，哪怕强制遇到了一次小小的不顺从，都会极大地激怒行动者，进而做出无比激烈的反应。一般说来，执行强制的行动者在开展行动的时候，往往会对强制的合法性信心满满，一旦他遇到不顺从甚至挑战的行为，就会置强制的合法性于脑后，陷入非理性的冲动之中，不再考虑公众的认同，从而首先采取了违反法律的行动。强制就是这样一个恶魔，它总是让执行强制的行动者丧失理智，出于维护强制权威的需要而犯下不可饶恕的罪行。在现代社会，强制更多地被用于执法过程，而执行强制的行动者却总是受到某种犯罪冲动的支配。

　　我们说强制是野蛮的，其实是说，某个时期、某种条件下的某些强制虽然是合法的和合理的，但它的合法性和合理性并不是不变的，会随着时间、地点、条件的变动而失去合法性和合理性。在终极的意义上，一切强制都不具有合法性和合理性。事实上，只是在特定的条件下，才具有合法性和合理性。即使有了这种合法性和合理性，也往往是在合法性、合理性名义下做出野蛮的行为选择。鲍曼注意到，在"区分合法的（允许的）强制与非法的（不允许的）强制"问题上，一直存在着分歧和冲突，而"'文明的进程'……使这样的战场成为多余的，因为国家划出的合法强制与非法强制之间的边界受到争议的可能性，不是被缩减到了最小程度，就是在总体上被消除了"。① 事实上，这往往使强制陷入非法的境地。正是这个原因，强制受到了普遍非议，人们对强制深恶痛绝。我们经常看到，反对强制的人发声，而施行强制的人只行动不发声。因为，施行强制的人也知道，他的做法是为人所不齿的，只是他觉得他必须这样做。做了，也就做了。如果不是做了再说，而是事先就为他所施行的强制辩护的话，那就做不成了。这显然是一种理智的狡黠，却是野蛮的行动。

当社会治理具有明显的独裁性质时，往往倾向于在社会治理的过程中使用强制，会习惯性地通过使用强制而去达成一切社会治理目标。在社会治理文明化的进程中，明显具有独裁性质的制度、政体等不具有合法性了，在一次又一次的改革中被加以消除了。然而，人们总会发现，具有独裁性质的社会治理体系在得到了重大改革之后，要不了多久，便会产生明显的回潮迹象。应当承认，在现代社会治理文明观念已经深入人心的时代，并不存在希望独裁的社会治理行动者，就他们的主观愿望而言，并不希望独裁，甚至他们是憎恶独裁、厌弃独裁的。可是，是什么因素驱使他们朝着独裁的方向移动脚步呢？答

---

① 〔英〕齐格蒙特·鲍曼：《被围困的社会》，郇建立译，江苏人民出版社，2006，引言，第 4 页。

案就在于对强制的使用，是在对强制的路径依赖中走向了独裁专断的方向。是因为强制的使用而使强制者经常性地忘记强制的合法边界，总是在不顾忌合法还是非法的情况下使用了强制，从而一步步地把社会治理推向了独裁。所以，正是强制之恶，把社会治理引向了独裁专断的方向，使社会沿着逆文明化的方向运动。许多国家的"军政府"都证明了这种现象。

我们也应看到，强制引发的独裁专断并不完全是客观过程，其中也包含着社会治理行动者主观上的变化。也就是说，当社会治理使用了强制的时候，也会引发行动者心理因素和价值观念的改变，从而产生某种独裁专断的思维定式，进而成为独裁者。一旦行动者转变成为独裁者，就会更加倾向于使用强制，而且会有着强烈的垄断强制的冲动。这就是鲍曼所说的，"每一个独裁者都必然会要求垄断强制手段"，以至于"强制只有符合独裁者认可的仲裁程序，并被独裁者认可，才算是合法的"。① 这个时候，人们若还相信制度的强制、公众监督的强制、舆论力量的强制等能够对独裁者产生约束的话，显然是极其幼稚的。独裁者的强制就是一种垄断性的强制，在独裁者的强制面前，其他一切被幻想为强制的因素都不再具有强制力。

鲍曼在谈到"社会"这个概念时，不无激愤地表达了批评意见，认为社会本身就意味着强制力，包含着对违背了它的个体的惩罚。"社会在任何重要的方面都无异于我们考虑的其他客体，因为我们既不能希望它们消失，也不能在没有碰得头破血流的情况下冲破它们占用的空间。"② "社会的现实就是我们共同参与的日常经历"，我们在

---

① 〔英〕齐格蒙特·鲍曼：《被围困的社会》，郇建立译，江苏人民出版社，2006，引言，第4页。

② 〔英〕齐格蒙特·鲍曼：《被围困的社会》，郇建立译，江苏人民出版社，2006，第23页。

社会之中，无处不受到约束，"正是这种约束个体自由的无所不在的强制力，使想像不断进行下去，并促使它形成了一个有关强大的实体的可靠图像，而这个图像则有助于了解影响整个进程的经历"。① 一方面，社会成为一种约束，有了基本明确的边界而有助于想象力的培育和成长，使人不至于把想象转变成异想天开的胡思乱想；另一方面，社会的观念与近代早期"稳固的现代性追求"结合了起来，在民族国家的框架下筑起坚固的围栏，促进了某种共同体意识的形成，并为了共同体而约束和压制个体。在这种意义上，社会意味着强制力，或者说，是以强制力的形式表现出来的。特别是在民主体制之下，社会的强制力会显得非常强大。

不过，现在的情况正在发生改变。随着全球化、后工业化运动的兴起，社会在上述两个方面的边界都被突破了。迅速增长的新的社会现实，对社会在近代获得和拥有的强制力提出了挑战，或者说，每日每时都在消解这种强制力。因而，如果"社会"这个概念继续为我们所使用的话，也意味着它的内涵正在发生根本性的改变。当政府按照"新公共管理"的策略向社会购买公共产品等得到了积极响应的时候，则意味着"社会"是可以收买的，尽管收买它的"银子"归根到底是由它自己出的。如果说社会继续以人们的活动空间的形式而存在的话，那也只不过意味着它像近代以来那样，包含着无所不在的强制性。

可以相信，在全球化、后工业化运动的初期，作为行为或权力表现方式的强制依然是一种普遍存在的政治以及社会现象，但是，也明显地存在着新的迹象，那就是强制的政治色彩开始褪色。即使强制依然是社会治理的现实，也不再是由政府垄断的。也就是说，在政治色

---

① 〔英〕齐格蒙特·鲍曼：《被围困的社会》，郇建立译，江苏人民出版社，2006，第23~24页。

彩褪色之处获得了社会属性，从而出现了一些社会的而不是政治的强制。比如，即使人们在电脑中用的是不同的操作平台，但出于文件交流的需要，也必须接受隐含在这些不同操作平台背后的共同的编码之强制；虽然人们开着不同品牌的汽车，却必须接受油品所给予的强制。这种拥有社会属性的强制是以"标准"的形式出现的，却是人们必须接受的和不可忤逆的。

对于诸如此类的社会强制，民族国家并不会感受到任何对其政治强制的威胁，反而会极力推行，甚至会主动地帮助社会制定"标准"和推行"标准"。这是因为，这些社会强制能够大大地减轻政府的社会治理负担，也可以为国家节省出大量的资源，降低政府的社会治理成本。然而，如果我们在一个较长的历史阶段中观察社会强制的成长，就会发现，它是能够逐渐替代国家的政治强制的，是可以使国家及其政府不再能够实现对强制的垄断的。"由于国家放弃了对合法性强制的专有权，也由于国家实施的强制在许多不同的但在本质上相互竞争的合法性强制中丧失了特权地位，所以，把'社会'等同于民族—国家就失去了许多过去是不言而喻的证据。"①

事实上，社会将不再是仅仅被动地接受国家及其政府的强制，也不仅仅是用社会强制去替代国家及其政府的强制，还在很大程度上证明了自身的自治能力。当然，由国家及其政府去为社会强制提供终极性的支持，在很长一个历史时期内都依然是必要的。但是，这绝不意味着，在社会强制能够合理、合法地发挥作用的地方，国家及其政府还能够凭借着权力意志去加以干预。所以，社会自治是应当得到国家及其政府充分尊重的。在这种充分尊重的前提下，所

---

① 〔英〕齐格蒙特·鲍曼：《被围困的社会》，郇建立译，江苏人民出版社，2006，引言，第11页。

应追求的是一种合作治理的局面。一旦合作治理成为一种基本的社会治理模式，强制的合法性也就会完全消失，社会也不再具有强制力了。

## 三　终结权力依赖

今天，我们经常听到"社会多元化"这样一个提法。这不仅是对我们生活于其中的这个社会的基本认识和基本判断，而且也导向了一个要求包容差异的主张。其实，在某种意义上，社会多元化的主张也是对二战期间德国"排犹"运动进行反思的结果，它所要求的是，一个社会中的每一种力量都应具有存在的合法性。对于一些人群或力量的排斥，在一开始的时候也许并未表露出残暴的迹象，甚至是有着合法性的。然而，一旦形成路径依赖，就会走上残暴之路。这就是二战前德国的教训。要求承认社会的多元性，要求赋予每一种社会力量以合法存在的地位，这反映了理性思考的价值。然而，这种理性思考的价值却显得非常软弱无力。直到今天，以"多元性"标榜的美国社会，依然对人群加以区别对待。比如，在美国公民与非美国公民之间，作出了严格的区分。这样做，无疑是留下了某种种族罪行发生的潜在可能性。一旦社会环境发生变化，就有可能点燃社会排斥的引信。在民粹主义兴起的情况下，诸如"三K党"借尸还魂的可能性是有的。

当然，人们会说，从社会秩序的角度看，并不是一个社会中的每一个人群都能成为积极的力量。有些人群可能不是一种破坏社会正常生活秩序的力量，也有一些人群可能是被赋予合法存在地位的，还有一些人群可能会随时以自己的行动去破坏社会秩序。这种情况的确是一个无法回避的现实。比如，当下中国互联网空间中的所谓"网络大V"就是一个很难定性的人群，从这一人群出现之后的情况来看，我们对其是采取包容的做法的。但是，这个人群中时常出现的不负责任言论也导致了社会治理的混乱，甚至凭空制造出许多问题。如果不对这个问题进行专门的研究和探讨，相信要不了多久，就会出现对它作出排斥反应的强烈要求。但是，历史经验也表明，任何直接针对特定人群而不是具体的个人的排斥措施，都会导致邪恶的后果，都会让后人产生一种遗憾的感受。

所以，对于社会治理而言，即使对于在当时被视为社会无法包容、无法承受的人群，也不应采取直接排斥的措施，而是需要通过改善环境把那些被视作（也确实是）消极力量的人群引导到积极的方面去。或者，消除滋生这种消极力量的土壤。比如，对所谓"网络大V"的言论，如果我们杜绝互联网平台对其不负责任言论发放稿酬的话，也许就不会产生对消极言论的鼓励。那样的话，在网络平台上发表言论才会是出于本心的，是为了社会和谐以及社会治理改善而去表达意见。自由的言论在任何时候都不应得到直接的利益激励，一旦言论可以获得收益，那么，什么样的言论就都会出现，而且都可能是变质了的。互联网上的言论是与发表的科研成果存在根本性质上不同的，对它的任何限制和任何鼓励都是有害的。特别是一些经营互联网平台的企业，如果对所谓"网络大V"给予物质上的鼓励，无论是直接发放稿酬还是允许其代理广告等，都会使言论发生扭曲。凡是因言论而产生了影响力的网络账号，都应严格地与利益脱钩，如此才能保证言论的纯洁性。

从深层上看，一个社会中出现了一些对社会构成危害的人群，并不是社会治理体系能力不足的结果，而是因为社会治理体系本身就存在着某些邪恶的因素，社会只不过是作为镜子反射了这些邪恶的方面。所以，社会治理体系自身的改变，才是解决问题的根本出路。否则，一旦社会治理体系诉诸暴力等各种强制性力量，就会走上制造邪恶行动的道路。在今天，社会多元化不仅是一场历史运动，更为重要的是，这也是每个人都必须坚守的信念。只有包容、承认多元社会因素共生共在的合法地位，平等地对待每一个族群，才不至于破坏社会多元化的历史进程，才能够把人类引向更加文明的方向。

然而，正如昂格尔所看到的，"权力乃是发号施令的能力，使得其他人的意志从属于一己之意志的能力"。[①]任何时候都是这样，只要存在着权力，就必然会以发号施令的方式表现出来。既然权力必然会以强制的方式去表现自己，既然权力无时不以发号施令的形式出现，那么，消除权力岂不是一个终极性的解决方案？不过，我们认为，任何消除权力的想法都是不切实际的空想。只要有共同行动，只要一个人群需要步调一致，就会表现出对权力的需求。所以，在合作的社会及其合作行动中，也会存在着权力并需要让权力去发挥必要的作用。但是，如何使权力在发号施令的过程中不表现出强制，或者说，如何尽可能地削弱权力的强制性质，则是一个可以探讨的问题。一旦对这一问题进行探讨，就不难发现，如果不使权力结构化为某种模式，如果不让权力稳定地与具体的人联系在一起，就可以有效地避免权力被滥用，就能够把权力的强制性降低到最低限度。

所以，在我们贬抑强制时，不能仅仅出于自由的愿望，也不能仅仅停留在理论证明中，还要去发现甚至自觉建构那些可以消除强制或削减强制的社会基础和途径。然而，当下的现实却是，当政治学家和社会学家奋力批判政治强制的时候，管理学家则致力于巩固支持强制的制度。所以，无论是对强制的理论批判还是物质批判，都无法在某个单独领域完成。强制的消解，需要在一场伟大的历史转型和社会改造运动中实现。现在，全球化、后工业化正是这样一场伟大的运动，至少，它提供了这样的机遇，让我们去自觉地探寻

---

① 〔美〕昂格尔：《知识与政治》，支振锋译，中国政法大学出版社，2009，第93页。

终结强制的出路。

我们知道，权力的所有者与行使者的分离，是近代以来社会治理的基本特征，至少在理论构想中是这样的。但是，"拥有权力只是一个抽象的概念，行使权力才是实际的概念，同时也是一个组织上和制度上的概念。正因为如此，公民才常常被从根本上的政治性主体改变为处于被统治地位的客体，而且并不拥有能够对抗权力行使的手段"。[①] 对这一问题的解决，是不是意味着要让权力的所有者与行使者重新统而为一呢？显然不能对此作出简单的回答。因为，简单地谋求权力所有者与行使者的统一，在逻辑上就必然会导向农业社会的权力所有和行使的状态。在现实中，这是不可能的。当然，在民主旗帜之下，可以冠冕堂皇地说"还权于民"，但这也同样是一种简单的思维。我们知道，美国是民主社会的样板，而上述所引博克斯的分析，又恰恰是针对美国社会做出的描述。

权力所有者与行使者的分离是由工业社会的基础性结构所决定的。工业社会的制度体系将这种分离确立了下来，并维护这种分离的状态不发生根本性的改变。所以，权力行使者无视权力的归属而将其占为己有的问题是需要在告别工业社会的行动中去加以解决的。这种解决并不是要求还权于民，而是对权力所有者与行使者相分离的超越。具体地说，就是把权力从作为社会治理的主导性支撑力量的地位上踢出，排除关于权力主体的任何抽象的争论，让权力始终处于具体的行动过程中。当然，这并不意味着可以彻底地消除权力，毫无疑问，合作的社会依然存在权力，但合作社会中的权力与等级关系之间将不再必然有着相关性。即使存在着一定的相关性，也将是一种偶然现象。在人的社会行动以及组织的运行中，我们所能看到的是，合作

---

① 〔美〕理查德·C. 博克斯：《公民治理：引领 21 世纪的美国社区》，孙柏瑛等译，中国人民大学出版社，2005，第 10 页。

社会中的权力更多的时候是与知识、行动的信心、创新能力等联系在一起的。

对于统治型社会治理而言，管理权与所有权尚未分离，这是一种"混权"状态。管理型社会治理是在权力分化条件下产生的，首先就表现为管理权与所有权的分离。在政治设定中，我们看到，管理型社会治理体系中的国家从属于"人民主权"的原则，然而，用以管理这个国家的权力，则是由少数人执掌的。特别是在20世纪的管理革命中，在私人领域实现了与公共领域分化之后，近代早期启蒙时期的主权理念也被贯彻到了企业的运行中来，关于公共领域理论构想中的运行机制也被嵌入管理过程中。这时，管理一个企业的人可能是纯粹的雇员，而拥有这个企业的人却不需要在管理的问题上做任何事情。

也许人们会以为所有权与管理权的分离是权利与权力的分离，即拥有一个企业的人拥有的是权利，即"所有权"；管理一个企业的人所拥有的是行使对其员工进行管理的权力，即"管理权"。实际情况并不这么简单。在这里，对企业的所有权也是一种权力。不过，这种权力仅仅是存在于私人领域中的支配力量。尽管这种权力也具有控制和支配的功能，并总是以控制和支配的形式出现，却与公共领域中的权力控制和支配不同。也就是说，在私人领域中，以所有权的形式出现的权力具有支配管理者的能力，可以聘用和解雇其企业的管理者。对于企业所有者的权力，我们更倾向于说其是一种权力意志。企业的管理者在行使管理权的时候，是基于这种权力意志进行的，而在这种权力意志作用于管理者的时候，才表现为权力，但这种情况只是周期性地出现的。

在公共领域中，公众被说成权力的所有者，受到"一切权力属于人民"的感召。但是，公众在实际上从来都是与权力无缘的人，他们被说成权力的所有者，在某种意义上，这只是一种精神安慰。按照社会契约论，是公众通过签订契约而把权力交给那些代表了他们的人。可是，那些代表了他们的人又把权力转手交给了政府，让政府实施着对公众（人民）的控制和支配。所以，表面看来，私人领域中的企业借用了公共领域中所有权与管理权分离的结构，忠实地按照启蒙思想去做出企业治理结构的设计，实现了权力意志与权力的分离。这种权力意志与权力的分离在公共领域中却是一个假象，公共领域中只是在理论推定上被说成存在权力所有者与行使者之间的分离，而在实际上，并不存在权力所有者的问题。

当然，我们还是对启蒙思想投以赞赏的目光，我们从中解读出的权力意志与权力相分离的内涵是富有启发意义的。既然私人领域中的企业所有者拥有权力意志，而企业管理者是在用其行为去证明对权力意志的执行，那么，国家也应如此。其实，当我们指出民族国家是因为启蒙思想的应用才得以定型的，实际上是说，由于"人民主权原则"的提出，国家有了所有权和管理权这两种权力。所有权是一种权力意志而不单纯是一种权利，而国家的管理权则是反映了权力意志的权力。应当说，这一直是政治学以及法学理论向我们描述的一种权力结构，企业等私营机构无非是从这里学习和模仿了这种体制。也就是说，拥有国家主权的人并不行使对这个国家的管理权，管理这个国家的权力则是交由少数人去行使的。但是，在整个近代以来的历史上，如果说私人机构把学习得到的知识和模仿而来的体制加以忠实地运用，那么，在社会治理领域中，却一直没有真正地落实这个方案。尽管如此，从理论上看，这种要求权力意志与权力相分离的设想是可以构成管理型社会治理不同于统治型社会治理的基础的，只不过管理型社会治理的实践没有认真地执行这一点而已，没有在这一思想的基础上去认真地做出社会治理结构设计。

在社会治理的意义上，权力意志与权力的分离是一个从统治型社会治理向管理型社会治理转变过程中开始展开的历史进程。也就是说，在统治型社会治理中，权力与权力意志完整地统一在了一起，是不可分割地由行使权力的人所掌握的。在管理型社会治理中，权力与权力意志应当得到区分，人民被认为是权力的所有者，即权力意志的承载者，而掌握权力的人则被确认为是执行权力意志的人。这不仅仅是一种理论设定，也不仅仅以政治学理论或意识形态宣示的形式出现，从制度安排上看，由于建构起了一整套权力运行的制度性约束机制，那些被视为权力意志的因素在内容上或依据上以法的精神的形式出现了，或者说，是以法律的形式去表现公众意志。所以，对近代以来社会治理密码的破解，应当从权力意志与权力的分离入手。重要的是，我们必须认识到，这是一个发生在历史行进中的未完成的过程。在服务型社会治理模式确立的过程中，权力意志与权力的分离将会实现一次质的飞跃。也就是说，人类在工业社会历史阶段中未能完全实现的权力意志与权力的分离，将在后工业化进程中展现出得以实现的可能性。

在对近代以来政治学文献的阅读中，同时也在对工业社会治理现实的省察中，我们深深地感受到，权力意志与权力的分离是包含在近代政治哲学中的一条重要的思想线索。但是，始于启蒙思想的这一思路并未在国家政治体制的建构中真正体现出来。现实的政治总是空泛地声称"人民主权"，是作为一种意识形态宣示的"权力属于人民"，而在政治的实际运行中，除了在"选举日"中，权力与人民并没有什么关系。所以，权力意志没有得到落实。但是，启蒙思想给我们提供的权力意志与权力分离的思路，依然对我们有指导意义。沿着这条线索去构思社会治理模式的建构问题，需要我们在寻求权力意志与权力相分离的道路上进行全面创新，以便找到一条真正能够使权力意志与权力相分离的社会治理方案。其中，打破权力与组织结构之间的稳定联系，让权力建立在知识、经验、信念、信心和创新能力的基础上，就是一个可以展开的思路。

## 第二节　社会治理中的权力和规则

### 一　理性与规则的关系

福柯认为，规则是用来遵从的，而不是作为思考的对象存在的。也就是说，规则是"非思"的。规则的出现，是用来规范人的行为的。人有着根源于其自然存在的需求和欲望，也有着根源于人的社会存在的需求和利益，这些因素引起的是个人追求，表现为满足人的欲望的行动。但是，人的满足欲望的追求一旦反映到行为取向之中，特别是汇聚到人的共同行动之中，就必然会导致社会冲突。"冲突这个观念表明，需求、欲望或利益即使并不呈现给体验着它们的意识，也能体现在表象之中；规则这个相反概念的作用，就是表明冲突的暴力，需求之明显粗野的强求，欲望之毫无法则的无穷无尽，实际上却早已被非思组织起来了，这个非思不仅为它们规定了规则，而且还从一个规则出发使它们成为可能。"① 因此，人类的社会治理无非是对人的需求加以控制和引导，使人的欲望和利益实现都不对社会整体造成破坏性的影响。如果可能的话，甚至可以希望人的欲望和利益的实现能够对社会整体的存在和发展有所裨益。

然而，在社会治理的"权治"、"法治"和"德治"三种不同模式中，实现这些目标的途径却大不相同。事实上，只有法治，才能称得上是依靠规则的治理。法律本身就是规则，作为社会治理依据的法律是一个系统化的规则体系。至于权治，是依靠权力的治理，而德治则被设定为依靠道德的治理。但是，就社会治理体系自身的运行而

---

① 〔法〕米歇尔·福柯：《词与物——人文科学考古学》，莫伟民译，上海三联书店，2001，第 472 页。

言，都是需要规则的，权治和德治体系的运行也不可能完全脱离规则，而是需要得到规则的支持。可以认为，这三种社会治理类型在功能实现的过程中都需要求助于规则。规则是最为经济的治理工具，而且规则也往往能够营造出公平、正义的治理效果。尽管规则是"非思"的，但是，关于规则与权力之间的关系问题，关于规则对社会治理的具体影响是怎样的问题，都是需要加以探讨的。

从人类社会治理的进化来看，迄今为止的事实是，愈是文明程度高的社会治理类型，就愈是包含着完备的规则。我们说权治、法治和德治构成了三种基本的社会治理类型，也是在历史演进的序列中去为它们定位的。在社会发展史上，有一个后者依序替代前者的过程，而且这是历史进步的主要标志。如果说法治是高于权治的社会治理类型，那么，它所展现给我们的就是规则体系的发达，而且主要是依据规则去开展社会治理。当我们将此作为一个历史趋势看待，也就会作出判断说，未来的社会治理将有着更为发达的规则体系。从原则上看，这是正确的判断，但问题并不是如此简单，而是需要作一番具体的分析。

显然，德治模式将是一种高于法治模式的社会治理形态，它在表现方式上将以合作治理的形式出现。或者说，德治是超越了法治又包含着法治的治理文明类型，是依据道德的治理。对于这种治理类型而言，作为依据的道德也是需要得到法律支持的，这种道德甚至会在一定程度上以法律的形式出现。但是，在这里，法律将不再是我们在工业社会的历史阶段中所看到的那种普遍性的和从属于形式合理性的法律，而是包含着道德内容和拥有道德性质的法律。也正是在此意义上，我们说德治是法治的"完成了的形态"，其根本性质是由道德原则和伦理精神所决定的。"德治"一词无非是对这种社会治理类型性质的定义，但在表现形式上，或者说，在治理行为的特征上，德治则是以合作治理的形式出现的。所以，我们也是把用"德治"一词来命

名的这一治理类型称作"合作治理"的。合作治理亦如以往的各种社
会治理类型一样，也需要得到规则的支持，也必须将治理活动建立在
规则规范的前提下。

我们知道，人的活动中包含着"自发的行为"和"自觉的行
为"。自发的行为或者是受到非理性因素支配而表现为一种生物性欲
望实现的行为，或者是受到外在压力的驱使而表现为一种刺激—反应
行为。在个人那里，"行为"与"行动"是同义词，也可以把个人的
行动理解为其行为的连续统，而在群体乃至社会那里，行动是由群
体、组织等发出和承载的，是以个人行为的总和的形式出现的，或者
说，是个人行为的动态性的集体表现方式，也可以将其看作一种"行
为集"。当然，也存在着个体的行动，但个体的行动是具体环境中的
行动。一旦我们使用"行动"一词，即使专注于行动主体的个体性，
也必须把环境考虑进来。一旦环境被纳入行动过程中，也就不能够认
为个体的人可以构成行动的主体。我们可以在抽象的意义上把个体看
作某个行为的主体，但在具体的行动中，我们所看到的都必然是集
体。集体总是或隐或显地存在于行动之中，是行动的真正主体。也许
表面看来集体可能是不在场的，而是个人在行动，事实上，集体在一
切行动中都不会缺席。无论在场与不在场，都与即便是作为个人的行
动者密切联系在一起的，对行动产生着影响。

对于个人来说，非理性的自发行为可以分为两种类型，一种是原
生性的冲动行为；另一种是刺激—反应行为。引发人的行为的非理性
因素主要是情感、情绪、欲望等。虽然这些因素可能是由某种外在性
的条件所引起的，或者是由某些外部条件所诱发出来的，但当它们以
人的行为去加以表现时，往往会以攻击性冲动等形式出现，会置一切
规则于不顾。事实上，这种行为在发生的时候就已经构成了对一切规
则的挑战。另一类自发行为则是由某种外在压力引起的，表现为心理
学所说的那种"刺激—反应"行为，是在遭遇了某种外在压力时而做

出的直接反应，是在未经理性认知和策略性谋划的情况下而对外在压力做出的回应。其中可能伴随着人的恐惧、激愤等情感。这种刺激—反应行为的出现，往往也会不顾忌规则，会表现出不对规则的遵守。

人的自觉行为都具有理性的特征，是人在面对问题时作出了理性认知后而做出的行为选择。事实上，人的一切自觉行为都包含着对利害得失的理性权衡、行动方案的设计以及对预期结果的期冀等内容。严格说来，自觉行为应当被理解成行动。虽然在静态的意义上和从个体的角度看，可以将自觉行为也看作"行为"，而在实际上，自觉行为本身就是行动。在具有自觉性的行动过程中，规则是在行为发生时必须考虑的因素。就这种行为是自觉的而言，本身就包含着对规则的自觉，并基于自觉而在行动中遵守规则或不遵守规则。所以，表面上看，人也是自觉行为的主体，但就这种行为的性质而言，由于它是把人之外的——可能并不属于人的——因素纳入了其中，包含着对他人以及社会影响的顾忌，从而更多的时候表现出对规则的遵从。所以，我们并不能将自觉的行为视作单纯的个人行为，而是包含了社会性的行动。总之，"行为"这个概念所反映的是其所指对象的个体性，而行动的概念则要求我们关注所指对象的社会性。

在人的社会活动中，自觉的行为显然优于任何自发的行为。尽管从结果上看，自发的行为也可能导致积极的结果，自觉行为也可能并不总能达成人的预期，但包含着理性内涵的自觉行为一直是人们所推荐的。所以，在社会治理过程中，人们是不愿意看到任何非理性自发行为的，而是希望一切社会治理活动都包含着理性的自觉性。事实上，在人的行为通过组织等形式而被整合成共同行动时，都无一例外地被要求消除其非理性的特征。群体、组织等所开展的共同行动之所以能够获得理性的特征，是因为这种共同行动中包含着规则，是因为共同行动拥有了系统化的完备规则，而且，共同行动中的行动者也能够遵从规则。规则本身就是理性的产物。如果一个群体、组织能够在规则的规范之下开展行动的话，那么，这种行动也就是理性的，是不同于个人的行为的。

哈贝马斯从认识论的角度解析了自发行为与自觉行为的主体，他认为，"认识的自我关系当中的自我与作为自发行为的始作俑者的'自我'不是一回事，但它尽可能地与后者保持密切联系，因为它是（在回忆中）被共同行动而不是客观化的他者自我的视角所把握住的"。① 在迄今为止的几乎所有共同行动中，如果说包含着自发行为的话，也都可以看到，认识关系中的那个理性的自我向自发行为的"自我"作出了妥协，是理性自我作出妥协的结果。共同行动本身应当是理性的，只有在共同行动中的理性不够坚定的情况下，才会伴生自发行为。然而，就现实而言，共同行动中的自发行为却比比皆是。对于社会治理而言，不仅在权治体系的运行中存在着自发行为，而且在极度推崇规则的法治体系的运行中，也随处可见自发行为。这说明，尽管认识关系中的理性自我在理论上得到了极度推崇，但在行动中，往往是很难保证理性自我能够完全驾驭自发行为的"自我"的。正是由于这个原因，在社会治理过程中，自发行为的"自我"凭着直觉冲动和激情去开展行动已经是一种司空见惯的现象，而规则总是因这种行为而受到破坏。

近代以来，在科学追求中，人们总是试图在共同行动中解读出其理性的一面，也总是试图赋予共同行动以理性的内容，而且是通过规则和制度去规范共同行动的，努力通过规则和制度去增强共同行动的理性特征。相应地，自发行为及其主体往往受到了轻视，被斥之为非理性，甚至会受到有意无意的排斥。但是，如果说这种自发行为中除了包含着欲望和利益实现的冲动之外也包含着道德直觉的话，则是需要加以辩证地解读的。事实上，在高度复杂性和高度

① 〔德〕哈贝马斯：《后形而上学思想》，曹卫东等译，译林出版社，2001，第201页。

不确定性条件下，我们应当给予一切包含着道德内涵的自发行为以足够的重视，甚至可以从自发行为出发去构想其转化为共同行动的各种可能性，以便从中发现合乎经验理性标准的转化机制。也就是说，我们需要通过对理性概念的修订去重新解读自发行为，以便从自发行为中析出包含着道德冲动的行为。这种行为虽然不合乎近代科学所界定的那种理性，却又是理性的，即适用于用"经验理性"一词来加以描述。

对自发行为这一重内容的把握，首先要求我们去让认识关系中的"自我"确立起合作理性的观念，让科学理性包含在合作理性之中和服从合作理性。那样的话，就能够使"认识关系中的自我"与"作为自发行为始作俑者的'自我'"合为一体。这其实是排除了自我的分裂，让自我成为拥有了合作理性的行动者，从而让他的每一个行为都具有道德的内涵。一个拥有了合作理性的行动者，是能够以道德行为去参与合作行动的，而且他可以通过这种行为赋予共同行动以理性的特征。在作为个体的行动者这里，他的道德行为也会表现出自发行为的特征。在实质上，他的行为是基于道德冲动作出的，而不是基于欲望等情感冲动作出的，所以，也属于理性行为。也就是说，这种自发行为只是在形式上具有自发的特征，而在实质的意义上，则是包含着合作理性的，是理性化的行为。就这种道德冲动的前提中也包含着某种欲望而言，那种欲望则是道德欲望。就这种行为与规则的关系来看，是能够合于规则的，只有在规则有着严重的不合理性时，才会破坏规则。因为，行为主体所拥有的合作理性和道德欲望决定了他愿意遵从共同行动的规则，愿意在规则是否具有合理性的问题上去做出审视，从而决定自己的行动是否应当遵从规则，或者，在何时以何种程度去遵从规则。即便是在遵从规则的情况下，也会对规则作出道德化的自由裁量，使规则的功能得到最大可能的发挥。

在社会学的意义上，"理性"一词本身就意味着人的一切社会活动都需依规则而行，社会治理活动更是如此。当然，农业社会历史阶段中的权治属于一种弱规则的治理模式，因为，这种主要依靠权力的治理会强烈地感受到规则总是碍手碍脚。这并不意味着权治不需要规则，事实上，在这种依靠权力而开展社会治理的实践过程中，也是需要通过规则去对官员的行为进行规范的。严格说来，权治仅仅意味着最高权力可以不受规则的规范，而一切分有这一最高权力的具体权力，则必须得到规则的规范。然而，从历史上看，最高权力无非是由皇帝（国王）所掌握，而这个最高权力的执掌者如果不想落个"昏君"或"暴君"的骂名，也需要最大可能地使权力的行使合于规则，尽可能避免自己的情感、情绪、不道德欲望等对权力的行使产生影响。

应当承认，与现代法治相比，权治带有明显的非理性色彩，权治模式中的权力运行本身就包含着突破规则限制的冲动。因为，在一切存在着权力和权力发挥作用的一切地方，规则都是对权力的约束。就权治是依靠权力而开展社会治理的活动和行动模式而言，对规则的强化必然会使权力的功能大打折扣。所以，每一个掌握并行使权力的人，在主观上都会存在不愿意接受规则束缚的问题。事实上，权治属于统治阶级的治理，是统治阶级掌握权力和行使权力的活动，权力与规则都体现了统治阶级的意志，它们之间具有同质性。假如说权力和规则之间有什么区别的话，那也仅仅是应当把规则理解成统治阶级整体利益以及长远利益实现的途径，而权力则是由统治阶级中的个人所掌握和行使的。当权力的行使服务于统治阶级整体利益和长远利益的要求时，是不需要刻意地去追求是否与规则相合的。也就是说，规则只是用来防范那些对统治阶级整体利益和长远利益构成挑战和破坏的权力行使行为的。所以，在社会治理过程中，权治中的权力运行往往表现为统治者可以根据自己的意志去决定是否需要规则和在什么程度上运用规则。正是由于以权治形式出现的社会治理具有这一特征，我们才说权治表现为一种弱规则的社会治理过程。

无论是权治还是法治，都需要得到规则的支持，需要在规则的框架下运行。当权力所有者与权力掌握者、权力意志与权力的行使相统一的时候，对规则的要求相对要弱一些。当权力的所有者与权力的掌握者、权力意志与权力的行使相分离的时候，就表现出了对规则的较强要求。这可以说是权力与规则关系的一般原理。至于这一原理在作为德治的合作治理中会有什么样的表现，则是一个在全球化、后工业化进程中需要认识和解决的问题。我们认为，合作治理中肯定存在着权力。因为，合作治理在某种意义上会更加突出人的共同行动的价值，而共同行动如果得不到权力的整合，则是不可想象的。也就是说，在全球化、后工业化进程中所呈现出来的社会高度复杂性和高度不确定性意味着个人在解决社会问题方面会显得力量极其微弱，甚至根本不可能以个人之力去解决任何社会问题，所以，一切社会问题的解决都需要通过共同行动。在共同行动中，行动者之间行为上的协调和配合，既对规则也对权力提出了要求。

虽然合作治理中的行动者更多的是依靠道德的力量去自觉地整合他们之间的关系并求得行为上的一致，而且这种道德整合力量是以共同行动的任务为依据的，但在对任务的认识和把握上，在行为的相互配合上，仍然需要规则的支持。特别是在共同行动的每一项具体的运行环节中，在人的每一个具体行为的配合上，都需要求助于权力的整合功能。不仅如此，如果考虑到个人在对规则的认识和把握上也会存在偏差的话，那么，同样需要通过权力去整合人们的认识和调整人们的行为。所以，我们可以相信，就合作治理这种想象中的和正在建构中的社会治理模式而言，仍然会存在着权力和规则。而且，我们也应当把权力和规则作为合作治理体系的基本构成要素来看待。不过，权力和规则的关系以及它们各自的存在形态，都会与以往完全不同。

## 二　回顾集权与民主

在谈论近代以来所建立起来的社会治理体系时，人们经常使用"集权"与"民主"的概念来对社会治理进行定性评价。事实上，也确实存在着这两种形态的社会治理体系及其运行方式。但是，与农业社会的社会治理体系相比，近代以来所建立的社会治理体系无论是以集权的形式存在还是以民主的形式出现，在其背后，都包含着权力与权力意志相分离的内涵。这是因为，人民主权原则得到了普遍承认，人民被认为是权力的最终拥有者。在这个历史阶段中，如果说在政治权力方面还存在着一些争论的话，那么，在管理权力方面则是没有争议的，一切管理权力都不是属于权力所有者的。也就是说，在政治权力方面，人们可以争辩说，民主意味着"人民当家作主"，是"人民的统治"。在具体的社会治理过程中，特别是由行政部门行使的权力，则是以管理权力的形式出现的，执掌权力和行使权力的人并不对权力有所有权。这在理论上是不应有争议的。

其实，随着现代性的社会治理体系得以建构，也逐步实现了从统治型社会治理向管理型社会治理的转变。即便是政治，或者说，即便管理从政治中脱离了出来，政治之中也仍然包含着管理的内涵，是服务于管理的需要的。现代政治在根本上是基于人民主权的原则去开展活动的，即便是在美国这样的宪政国家，也必须申明人民主权。但是，人民主权原则毕竟是理论上的设置，是以观念的形态出现的。这种理论上的设定与权力的实际执掌和行使之间存在着不一致性。正是这种不一致性，决定了权力的执掌和行使既可以以集权的形式出现，也可以以民主的形式出现。集权与民主都只不过是权力运行的不同方式，并不像人们所认为的那样，是两种对立的和不可调和的体制。事实上，在作为民主样板的社会中，也周期性地出现集权（如"大萧条"时期的罗斯福执政模式），而在被认为是集权社会的国家中，有些地方可能存在着民主泛滥的问题。

一般认为，集权是对人民主权原则的背离，而民主则较好地体现了人民主权原则。但是，如果我们看到权力的执掌和行使是存在于管理过程中的，是以不同的方式去贯彻人民主权原则的，那么，也就不能说民主一定优于集权，即不能说民主就一定会在社会治理过程中有比集权更为优异的表现。当然，从现实的社会治理情况看，在集权的治理中经常性地发生与人民主权原则不相一致的行为，而民主的治理过程中则较少出现这种情况，以至于人们常常对集权抱持怀疑的态度，而对民主则表示了更多的青睐。其实，关于集权与民主的争论是没有意义的，因为在这种不同的表现背后，所包含着的是规则能否得到遵从的问题。

在集权治理中，执掌和行使权力的人往往会因为权力而生成一种傲慢，从而表现出对规则的轻蔑。在民主的治理中，不遵从规则的行为往往会更多地招致公众的直接反弹，所以，民主的治理往往能够努力使权力的执掌和行使与规则的要求相一致。应当说，民主治理中的这种与规则的一致，也往往是官员自我保护的手段，是为了在遵守规则的情况下避免因一些不当行为而产生需要自己承担的后果责任，是为了通过遵守规则而获得自己作为个人的最大的和最稳定的利益。相反，集权治理中的权力行使者，可能会更多地表现出根据实际情况而采取行动，会有着更乐意于承担责任的担当。由此可见，集权的治理与民主的治理之间的差异主要体现在能否遵从规则方面，即是否使权力的执掌和行使得到规则的规范。如果能够保障权力的执掌和行使切实地得到规则的规范和约束的话，那么，在集权的治理与民主的治理之间比较优劣，可能无法得到确切的答案。

对于人民主权原则来说，集权与民主都无非是作为手段而存在的，都是在权力与权力意志相分离的条件下运行的。而且，就集权与民主的现实表现来看，人们不难发现，在某些社会问题的解决方面，集权优于民主，在另一些社会问题的处理方面，民主又是优于集权的。无论是集权还是民主，关键的问题是要保证权力的执掌和行使被置于规则的规范之中。集权之所以经常性地受到广泛诟病，其原因也就是我们上述所说的，在集权体系中，执掌和行使权力的人总会生成傲慢心态而不愿意遵守规则。

集权治理与民主治理都是建立在权力意志与权力相分离的条件下的，集权治理中的权力运行因为不能得到规则的有效规范才变得声名狼藉。但是，人们往往并未明确地意识到这一点。因而，在现代民主语境下，即使集权治理体系处在良性的运行过程中，也会受到诸多诟病，而且一些来自集权体系中的声音，也会努力宣称自己是民主的。对于一些集权者而言，如果他（们）能够说自己正在准备民主化或正在致力于民主化的话，那就已经是非常诚实的了。事实上，集权者往往把自己打扮成民主的积极捍卫者。相反，在民主的治理体系中，从来不会存在肯定集权的声音，从来也不认为集权治理中有可以学习和借鉴的因素。这是因为，在近代史上，集权治理给人类造成的诸多灾难性的破坏使人们心有余悸。事实上，集权治理所带来的一切灾难，又都是从不遵从规则和破坏规则开始的。

我们已经指出，对于现代治理而言，无论是集权治理还是民主治理，都是建立在人民主权原则下的，而且都建立起了完备的规则体系，只不过民主治理能够保证规则得到有效的遵从，而集权治理却不能做到这一点。正是由于这个原因，人们在集权治理与民主治理之间进行比较时，更为推崇民主治理。其实，集权治理与民主治理各胜所长，如果能够相互学习和借鉴的话，是能够实现对社会治理的优化的，甚至可以造就出一种新型的社会治理模式。应当承认，民主治理体系及其运行过程较为直观地反映出了权力意志与权力的分离。现代社会中的几乎所有集权治理体系也都基本上可以说是把人民主权作为建构原则来加以接受的。无论一个国家的治理体系达到了何种程度的集权，也都从未出现过公然申明其权力不属于人民的情况。相反，一个治理体系越是高度集权，就越倾向于强调人民主权，以求通过这种声明去获得合法性。所以，集权治理体系在理论上也认同权力意志与权力的分离，至少包含着这一规定。然而，集权治理体系在运行中往往不能体现出权力意志与权力的分离，表现出权力的实际执掌者和行使者侵占了本来属于人民的权力意志。这个时候，权力的执掌者和行使者往往是用自己的意志置换了人民的意志，从而演化出了滥用权力、以权谋私等问题。

从我们上述的分析中可以看到，在民主的语境下，要想让民主治理者向集权治理学习和借鉴什么东西的话，那是不可能的。因为，意识形态的因素决定了人们不可能这样做。相反，如果让集权治理者向民主治理去学习和借鉴的话，则是人人乐意为之的事情。因为，在民主的语境已经覆盖全球的条件下，不再存在着约束集权者向民主学习的意识形态障碍了，哪怕是他们可能有的一些心理障碍，也在很大程度上得到了消除。然而，从现实情况来看，这种学习和借鉴却没有发生。也就是说，我们所看到的往往是，要么抛弃集权治理而转型为民主治理，要么口头宣称实行民主治理而在实际上仍然坚守集权治理。之所以会存在着这种状况，并不是集权治理者不愿意向民主治理学习和借鉴，而是在应当学习和借鉴什么的问题上没有搞清楚，往往眼睛里显现的是向民主治理学习而带来的威胁。其实，答案是包含在治理体系的开放性之中的，正是这一点，集权者看不到，也没有人去告诉他。

我们一再指出，如果社会治理体系是建立在权力意志与权力相分离的基础上的，那么，剩下的问题就是能否遵从所拥有的规则了，只要社会治理体系所拥有的规则得到了遵从，就能够保证权力得到正确的行使。但是，由什么因素来保证规则得到遵从呢？显然需要到治理体系的开放性中去寻找答案。我们认为，无论是集权的还是民主的治理体系，都是希望其官员遵从规则的。民主治理体系中的官员之所以能够在遵从规则方面表现得比集权治理体系中的官员更好一些，是因为民主治理体系比集权治理体系有着更大的开放性。所以，集权体系中的治理者应当向民主治理体系学习的地方恰恰是体系的开放性。

对于这一点，昂格尔关于社会运行的一段论述是适用的。昂格尔说，个人"加入与离开的自由，其另外一个基础就是生活社群的这样一个需要：向着这样的一种社会存在形式而努力，在这种存在形式中，支配会逐渐消失。但是，违反一个人的意志而被迫加入一个群体或者保留在它之内，将会从属于另外一个第二次序的支配，这种支配会破坏群体之内的社会关系。就团结来说，如果它是通过对个体性所施加的限制而建立的话，那么它就不能满足合意型理想"。① 集权治理体系中所存在的就是"第二次序的支配"，因为它的开放性不足，进入或退出这个体系都有诸多限制。在这种情况下，即使是由个人自己作出的决定，也会出于利益的、名誉的等诸多考虑而不是反映其志愿。因而，当个人处于这个体系之中时，他每日所考虑的是利益的实现、地位的提升等，甚至会在一切可能的地方，运用权力去谋取私利。

所以，虽然集权体系中也存在着完备的规则，但其官员个人的自我谋划往往被放在了比规则更重要的位置上。如果这个体系中存在着潜规则的话，而且这些潜规则也为他提供了利益实现的可能性，那么，他就会表现得更愿意去利用潜规则，即更乐意于接受"第二次序的支配"，而不愿意受到正式规则的约束。事实上，民主治理之所以被人们认为优于集权治理，其奥秘就在于民主治理体系是一个相对开放的体系。虽然在个人主义的理论视角中进入和退出民主治理体系的人也有着个人利益的谋划，但这个治理体系却能够以其开放性而使个人拒绝"第二次序的支配"，并更愿意接受规则的制约，甚至是用规

---

① 〔美〕昂格尔：《知识与政治》，支振峰译，中国政法大学出版社，2009，第402页。

则去保护自身的利益和实现自己的利益追求。

显然，集权治理表现出了与开放性的不兼容性，几乎所有集权治理体系都倾向于封闭。即使通过改革去打破封闭和追求开放，一旦开放有导致既有秩序式微的迹象，就会立即重归于封闭。在某种意义上，可以说集权治理是建立在其体系具有某种封闭性的基础上的。一旦走向开放，这个体系就会遇到无法承受的莫名压力，甚至会陷入失序的恐慌之中。然而，在社会治理体系不具有开放性的情况下，就会陷入两种规则的博弈之中：一方面，体系的运行要求每一个执掌和行使权力的人都必须遵从正式规则；另一方面，每一个执掌和行使权力的人又都更乐意于接受非正式规则（潜规则）的支配。而且，接受非正式规则支配往往是一种常态现象，正式规则的强化往往是以一场又一场"运动"的形式出现的。所以，当一场强化正式规则的运动得以开展的时候，执掌和行使权力的人受到了威慑。在受到威慑的情况下，往往是消极应对，表现出权力"不作为"的状况。一旦一场强化正式规则的运动结束了，一切又回复如常，正式规则依然得不到遵从，无法发挥其应有的功能。这就是集权治理体系总会陷入权力与规则的死循环之中的原因所在。

在集权治理体系中，对正式规则的强化、执掌和行使权力的人对非正式规则的接受等，都是以支配的形式出现的。或者说，集权治理必然会以支配的方式去表现治理的有效性，而支配又是对自由的压抑。其实，支配在任何意义上都是反自由的，更不用说予人以自主了。所以，近代早期的启蒙思想以非常坚决的态度反对任何形式的支配，只不过在其后的社会治理过程中因为管理的需要而保留了支配，甚至是无处不使用支配。应当承认，民主治理体系因其开放性而能够在一定程度上弱化支配行为及其过程，而集权治理因为其封闭性而无法做到这一点。如果我们把社会治理体系看作组织，或者说，如果我们从组织的角度去看问题，就会发现，集权治理的封闭性和民主治理的开放性都是可以还原为组织的封闭与开放的。集权治理的封闭性其实是组织的封闭性，由于组织是封闭的，组织成员的同质性就会显得较高，权力也就无非是在同质性群体中进行分配。

一个同质性群体拥有着共同的习俗、道德和价值观念，这些因素能够对权力的执掌和行使作出规范，因而对规则的依赖性较弱。但是，随着市场经济的发展和个人意识的觉醒，也因为社会的异质化环境的影响，组织成员的同质性被消解。这个时候，由于习俗、道德以及价值观念对权力的规范力减弱了，也就显得更需要求助于规则的规范。然而，集权治理往往会在权力规范转型过程中出现规范断裂的情况，以至于权力无法得到有效制约。具体地说，一方面，组织成员的异质化使原有的规范不再能够发挥作用；另一方面，规则体系即使被建立起来了，也不能够有效地发挥作用。因而，权力的滥用、以权谋私等问题，就会显得格外严重。同时，我们还需要看到的是，集权治理会保留着原有的惯性，特别是组织的领导层会有把权力与规则对立起来的冲动，在要求通过规则来制约权力的呼声已经变得非常强烈的时候而敌视规则。这是因为，在组织中，规则意味着确定性，集权主义者和投机主义者都仇视规则。对他们而言，只有当组织中存在着不确定性的时候，他们才有机会，才能将机会转化为权力、利益等。

与集权治理相比，民主治理是建立在社会异质化的基础上的。在组织的意义上，民主治理体系的开放性决定了它随时都会接纳各种各样的异质性因素。或者说，民主治理体系本身就是建立在社会异质化的条件下的，组织成员有着充分的自我意识，而且，这种自我意识是以职业意识表现出来的。在这种情况下，从事社会治理活动只是一种职业行为，是通过开展职业活动去谋取个人利益的，而不是像集权治理那样，要求执掌和行使权力的人把个人的职业活动与一个社会的或人民的事业联系在一起。所以，民主治理必须求助于规则，要求权力的执掌和行使都严格地得到规则的规范和控制。其实，就民主治理表现为法治而言，是突出强调了以法律形式出现的规则。民主治理对规则表现出了高度依赖性，没有规则，也就不可能设想什么民主治理。由此可见，集权治理因为强化了人民主权原则而弱化了对权力执掌和行使的规则规范，因为，集权治理往往并不把执掌和行使权力看作职业活动的需要，而是在集权理念下把权力与人不加区分地看作一体。民主治理有所不同，它通过制度的设计把人民主权原则转化为具体的设置，而不是让人民主权原则主要以观念的形式出现。在人民主权原则转化为具体的设置后，也就保证了权力的执掌和行使仅仅与职业关联，即把执掌和行使权力仅仅看作组织成员职业行为的发生过程，因而要求他们严格地遵守规则。或者说，民主治理不承认人在职业活动之外还有执掌和行使权力的资格。

## 三　合作治理中的权力和规则

合作治理既需要规则也需要权力，或者说，规则和权力也依然是合作治理中的必要因素。但是，规则和权力在合作治理中的运行和表现又不同于权治和法治模式中的状况。就合作治理中的权力而言，不仅会进一步地实现与权力所有者的分离，而且会出现权力所有者消失的状况。也就是说，随着人民主权原则在全球化、后工业化进程中得到充分实现，关于权力的归属问题也就得到了彻底解决，也就不再存在权力归谁所有的问题了。结果，权力的执掌和行使都会因具体情况而定，会因共同行动的具体需要而决定由谁执掌和由谁行使。

可以想象的是，合作治理中的权力是与专业性的权威联系在一起的。共同行动所面对的任务往往会表现出很强的专业性，专业方面的权威是执掌和行使权力的前提。另一方面，共同行动的任务在每一次出现的时候，也都具有新的性质和特征。这又决定了权力的执掌和行使不是稳定地与具体的人联系在一起的，而是表现出随机性变动的特征。既然权力的执掌者和行使者是随机变动的，也就会对执掌和行使权力的规则提出很高的要求，以保证无论是谁在执掌和行使权力的时候都能够使权力得到规则的规范。但是，合作治理中的规则又不会像法治中的规则那样追求严谨性和明确性，而是以原则性规定的形式出现的，会具有很强的弹性，能够保证执掌和行使权力的人的道德具有充分发挥作用的空间。

现代社会治理虽然被要求打造成民主治理模式，但社会治理又必然是通过官僚制组织得以开展的，官僚制组织自身的"基因"缺陷又决定了它并不能够保证规则得到充分的遵从。也就是说，在官僚制组织这里，当组织目标与组织成员个体目标发生冲突的时候，组织规则就很难得到遵从。关于这一问题，唐斯在《官僚制内幕》一书中作了非常详尽的分析。根据唐斯的看法，在组织目标与个体目标发生冲突的情况下，组织成员先是以个体的形式逃避规则和破坏规则。后来，逃避规则和破坏规则的行为相互传染，就会成为一种普遍现象。结果，组织的每一项任务的执行都会变得不尽如人意。为了保证组织目标的实现，就必须建立起严格的监督程序。也许监督程序以及监督行为在一个时期内会使组织成员执行任务的状况得到改善，但没有从根本上解决目标冲突的问题，也不可能搬除组织成员逃避规则和破坏规则的根源。

随着监督程序的强化，组织成员的抗拒心理和抵触情绪也会得到不断强化。这样一来，不仅执行任务的主动性会荡然无存，而且，组织成员会在一切可能的地方和一切可能出现的时机中，都通过破坏任务的执行去表达不满和发泄情绪。即使不去做破坏规则的事，也会以消极应对规则的行为去逃避责任。可见，监督程序以及对监督活动的强化，只能把组织引向更糟的境地。然而，民主治理恰恰是依靠规则的治理，它在规则得不到遵从的情况下，往往是通过监督的途径去强化规则的遵从。结果，组织强化监督程序的恶果也就会反映在治理过程中，即必然陷入一种监督权扩张、规避规则和再度强化规则的恶性循环之中。在低度复杂性和低度不确定性条件下，这种强化规则的做法并未显现出严重的消极后果，但在高度复杂性和高度不确定性条件下，这种强化规则的方式往往会使行动者的手脚被束缚住，以至于无法因应复杂的和迅速变动的情况之需求而做出及时反应，从而使社会治理显得被动甚至失灵。

在思索高度复杂性和高度不确定性条件下的人的行为时，我们把视线集中在了人的能动性之上。这实际上也是近代以来一直追求的目标。正如哈贝马斯所指出的，"涂尔干把社会个体化理解成使得个体具有自己个性的能动性的增长；但是，他只能根据特例来描述这些能动性，有了这些特例，个体便和他所处社会背景中的普遍性区别了开来。随着时间的流逝，这种与相对同质群体规范之间的区别便导致了群体规范的多元分化。但是，新的规范并未因多元化而失去其先验的普遍特征；个体遵守它们，一如过去崇尚完全分化的生活方式的行为方式。只是，过去的偶然性变成了一种本质；个体主义本身则成了另一种新的制度"。[①] 之所以涂尔干需要根据特例来描述个体的能动性，是因为他在把个体化与职业化联系起来考察的时候看到了规则和纪律；规则和纪律的社会化和普遍化又造就了整个社会共有的同一性规则体系，形成了普适于每一个个体的制度；个体遵守和服从规则，在这种制度和规则体系的框架下生活和行动，不被允许逾越雷池。因而，除了某个具体的个体在规则和制度的框架下仍然能够表现出一定的主动性之外，在一般的意义上，个体并不拥有主动性和能动性。

总的说来，当人从农业社会的同质性群体中解放出来后，人的能动性就是人的发展和社会建构的目标。然而，社会建构与人的发展走向了两个截然不同的方向：人的发展希望摆脱各种各样的束缚；社会

---

① 〔德〕哈贝马斯：《后形而上学思想》，曹卫东等译，译林出版社，2001，第 171 页。

建构则要求规则至上。结果，社会建构主义取得了胜利，以至于人的自由主张也需要被纳入社会建构主义的理论解释框架之中。在工业社会的低度复杂性和低度不确定性条件下，人的能动性的丧失并未给社会发展带来明显的消极影响，不仅如此，还让我们看到了制度稳定性带来的社会确定性环境，让人的行动能够在目标得以明确的情况下沉着地选择方式、方法，规划实现目标的路径，从而获得行为效率。然而，当我们面对高度复杂性和高度不确定性时，人的能动性的意义便显得非常重要。因为，一旦制度的稳定性遭遇了复杂性和不确定性而遭到破坏，人的能动性的意义就会凸显，就需要借助于人的能动性去在高度复杂性和高度不确定性条件下对一切事件作出及时反应。因此，在全球化、后工业化进程中，呼唤人的能动性，将是一切理论探讨的重心所在。而且，这一点也是与近代早期思想的基本精神一致的。

民主治理需要建立在规则的基础上，合作治理同样需要建立在规则的基础上。然而，比较而言，作为合作治理依据的规则，将不同于民主治理中的规则。合作治理中的规则不是明确而严谨的规则，而应是以原则性规定的形式出现的。就此而言，合作治理在形式上与集权治理有着某种相似性。不过，又必须指出，合作治理绝不是向集权治理的回归。显而易见的是，只要是共同行动，就必然要求得到规则的支持。考虑到合作治理是发生在高度复杂性和高度不确定性条件下的，是一种新型的社会治理模式，我们的思考又被带到了这一点上，那就是，合作治理既需要得到规则的支持，又不能拘泥于规则。在合作治理这里，规则作为人的行为的外在性规范还需要得到人的内在力量的响应。我们可以设想，合作治理中的人的行为将更多的是从人们的合作信念中获得力量的，作为规则的外在性规范力量仅仅是一种补充因素，而且更多地表现在协调行动方面。

虽然权力在合作治理中也同样是必要的，但当我们看到合作治理表现为合作制组织的行动时，就会理解它的权力需求将会减弱的情况。这种权力需求弱化的情况对于我们理解组织的运行以及整个社会治理的性质都有非常重要的意义。这是因为，由于权力的执掌和行使必然会提出用规则来加以规范的要求，一旦权力需求呈现弱化的趋势时，对规则的要求也就同样会减弱。所以，合作治理将会因权力的去势而不再像民主治理那样需要不断地强化规则，特别是不会强化那些严格地与每一类行为相对应的规则。事实上，对于合作治理而言，合作制组织中的权力去势所留下的空场将会由行动者的影响力来填补。

民主治理是通过官僚制组织实现的。虽然民主的理念中包含着对权力的诸多怀疑，但在治理过程中，在求助于官僚制组织的时候，又不能不承认权力和仰仗权力。因为，官僚制组织总是表现出注重客观性设置的布设，无论是规则体系还是程序以及流程，它们所提供的都只能说是一架尚未发动起来的性能良好的机器。能够使这架机器动起来的，则是权力。所以，才有了制约和规范权力的要求，才形成了通过规则制约和规范权力的方案，同时又需要通过权力去赋予官僚制组织以动力。正是权力与规则，构成了一对矛盾。当人应用了权力、行使了权力时，整个官僚制组织体系也就运转了起来；如果想保证这架机器能够平稳地运转，又需要对权力加以限制，即求助于规则而对权力进行制约和规范。正如一架机器需要燃油，但若燃油不受节制，无非是一场火灾。

与民主治理不同，高度复杂性和高度不确定性条件下的合作治理将会表现出策略上的灵活性、行为选择上的随机性等。这在很大程度上是来源于行动者的变通。这种变通可能会表现为一种不是对规则的严格遵从，但在实质上，又恰恰合乎规则的要求。用学术概念来表述，这种变通也可以称作"权变"。但是，它并不只是"权变理论"所描述的那种组织因环境的要求而变，而且是有着更为广泛的含义，应当被理解成在行动者的角度所看到的变。这种"变"所谋求的是"通",而"通"则界定了变,即服务于承担任务和实现组织目标的变,而不是出于组织成员个人利益实现之目的的变,也不是从属于组织整体上的生存和发展要求的变。

在合作治理这里,我们应当清楚地看到,"变通"既是一个原则也是一个过程。虽然变通需要通过行动者——也许可以溯源到或归结为个体的行动者——来加以表现,但变通是发生在合作行动过程中的,是受到合作行动中的各种各样的因素制约的。变通本身就是要摆脱和超越制约着合作行动的各种各样的因素,同时,变通又表现为合作行动的多元互动。因而,必然受到各种各样的因素的制约。这样一来,变通本身就不应被看作一种行为,而应看作持续进行中的行动过程。在这里,整个合作治理将表现为,既是行动所要达到的变通,又是具有变通属性的行动,事实上,合作治理行动本身就是变通的过程。

# 第五章

# 法律、 道德与知识

在近代以来的社会中，我们是依靠法律去开展社会治理的。如果没有这样一个依靠法律的社会治理，就不可能有今天的一切。不过，可以认为依靠法律的社会治理并不是人类在社会治理方面的唯一选项。作为一个历史事实，它仅仅是与人类历史的工业社会这个阶段联系在一起的，是适应这个社会的治理要求而建立起来的，甚至可以说是近代早期的一种极具偶然性的选择。现在，人类正在走向后工业社会，后工业化进程中的高度复杂性和高度不确定性已经证明，依据法律的治理遇到了严峻挑战，迅速生成的新的社会领域明显地显示出拒绝法律治理的迹象。比如，虚拟世界就不可能依靠法律去开展治理，而是需要谋求道德的治理。所以，我们正处在社会治理变革的进程中，我们需要去积极地建构起道德的治理模式。

我们也看到，当社会治理成为一门学问后，表现出了对知识的依赖，现代社会治理就是对专业化知识的应用。在社会治理变革的过程中，显然会表现出对新知识的渴求。然而，无论是学者还是实践者，他们都往往会在社会治理变革中耽于旧的知识框架之中，往往会将新的知识强行地纳入旧的解释框架之中。这不仅对社会治理变革是有害的，而且也会把社会变革积累起的能量压制下来，并等待其总爆发。历史上曾经出现过的革命，就是因为社会治理压制了社会变革的能量而爆发的。鉴于此，在全球化、后工业化进程中，我们需要自觉的知识创新，更需要建构起新型的社会治理模式去容纳和利用这些新的知识。

# 第一节　社会治理中的法律与道德

## 一　从利益到法律的逻辑

鲍曼说，"任何一个懂得善恶之区别的人都不会满足于一个安排，即便是一个舒适而满意的安排，因为这将使他人在正义与非正义的裁决上失去发言权"。① 然而，我们的全部历史经验和知识都告诉了我们，社会治理中的一切都是经过安排的。当依靠权力去安排不能令人们满意时，就转向了依靠法律而作出安排。即便是进一步的和更为精致的安排每天都被发明出来，也只不过是希望让人们接受不断更新的安排。至于人们自己通过行动去实践诸如正义的权利，则被剥夺了，或者说，人们从来都没有获得过这种权利。这就是社会治理中的一个具有根本性的问题。

与之不同的要求应当是，社会治理不能满足于去做出各种各样的安排，不应由特殊的机构来提供正义，而是应当把正义的实现寄托于每一个行动者的行动。正是在这一逻辑中，我们构想了合作的社会，冀望于合作行动者去实现正义。当然，政府等特殊的社会机构依然会在正义的实现中发挥作用，但这种作用仅限于对合作行动的规划、引

---

① 〔英〕齐格蒙特·鲍曼：《被围困的社会》，郇建立译，江苏人民出版社，2006，第35页。

导和提供原则性的标准，而不是直接地投身于实现正义的行动中。政府以及其他权威机构所应做的，是引导和促进多样化的行动者在提供正义中充分地发挥作用。在政府等如何扮演好这个角色的问题上，我们认为，所应持有的一个根本性的观念和遵循的一个重要原则是，在社会治理以合作行动的形式出现时，法律的功能将退居到次要的地位上，而道德的作用则会得到充分发挥。

我们所设想的那种由行动者去提供正义的状况也许要在很远的未来才能得到实现，但我们没有理由去等待它，而是需要通过我们的努力去实现它。

显然，走向未来的道路需要在对历史的分析中寻找。福克斯和米勒看到，"自从文明降临之日起，物化（从自然中取得符号和名称，仿佛它们是真实的物体）就是人类环境的一部分。但是环境改变了。不论物化是如何被用于证明其解释体系合理性的，现代性都拥有更为可靠的元叙事，它至少对内部冲突的事实很敏感；现状的反对者和支持者都可以使用事实功能"。[1] 比如，美国的星条旗与原始部落的图腾都是符号化的存在，都是物化的产物，但是，原始部落的图腾不需要通过法律来证明它的合理性，不需要用一大堆说明文字去指出"星"代表什么，"条"又代表什么。就共同体而言，虽然内部成员都必须接受他们共同拥有的符号，但在接受方式以及动机上，都肯定有着很大的不同。符号是人类所特有的，动物可以用自己的粪便留下记号，却无法确立起作为群体标识的符号，只有人才能够建立起符号以及符号系统。不过，符号在人类社会发展的不同阶段中所具有的功能是不同的，虽然符号是物化了的抽象存在，却不能抽象地加以把握和运用。

---

① 〔美〕查尔斯·J. 福克斯、休·T. 米勒：《后现代公共行政——话语指向》，楚艳红等译，中国人民大学出版社，2002，第 63 页。

符号是一个共同体的标识，这一标识的背后，包含着某种共同利益。我们看到，与社会化的个人尚未出现的农业社会不同，在近代以来的社会中，是原子化的个人构成了共同体，或者说，一切社会活动的前提都是个人。共同体的标识在个人这里所发挥的是不同的作用，所得到的是不同的理解。然而，当一个人以个人的形式存在于某个共同体之中的时候，他与同属于这个共同体的其他个人之间又有着某些共同的利益，一般说来，现代成熟的共同体也会用符号来标记这种（些）共同利益。当共同体意识到需要通过某种标识来标记共同体的时候，其实是包含着相对于其他共同体的排他性要求的。正是这种排他性，必然会强化属于这个共同体的"特殊利益"。然而，这种作为共同体排他性的"特殊利益"又如何能够得到共同体成员的接受和认同呢？显然这是一个需要在实践中去认真地进行手段选择才能加以解决的问题。工业社会的伟大发明就是法律，并通过法律而实现法治，从而使共同体的利益能够在法律秩序中得到维护。

从个人的角度看，就会发现，人们在价值上会表现出不同，并会以不同的情感偏好的形式出现。不过，人们在行动的时候，却会倾向于同他人保持行为上的一致性，甚至会通过共同行动去达成目标。在个人目标达成的同时，一道开展行动的他人也走向目标实现的方向。对此，合理的理解就是，利益发挥了作用。用昂格尔的话说，任何时候，"偏好的每一次趋同仍然是各种利益之间的一个不稳定联盟"。[①]如果能够集结大规模的行动的话，除了集权的力量以及依据集权的强力进行动员之外，肯定就是由于重要的共同利益发出了召唤，是共同利益把人们集结到了共同行动之中。如果说在一个民主社会中也经常看到规模浩大的共同行动，而且行动者并不是结构严密的组织，那就

---

① 〔美〕昂格尔：《知识与政治》，支振峰译，中国政法大学出版社，2009，第113页。

更加能够证明，这种共同行动背后存在着重大利益。即使在这种共同行动中可以看到某些煽动性的动员，也必然是以宣示某种重大利益为内容的。

就共同行动本身而言，"这些利益之所以是重要的，只不过由于它们碰巧是大家都同意的。民主也许会要求为大多数人所共享的目的要被强加到少数人头上，尽管这少数人并不共享它们。然而……少数人服从法律（这些法律促进的是少数人的利益）的义务，必须建立在少数人理性而利己的同意之上"。[①] 即便是蛊惑性的宣传和动员，如果不赢得人们对其所宣示的共同利益的同意，也不可能转化为共同行动。但是，工业社会是在高扬理性的过程中建构起来的，工业社会中的一切共同利益都经过了抽象而以公共利益的形式出现，从而被宣称是个人利益的普遍形式。在经历了从共同利益到公共利益的抽象之后，在理论上也就轻易地证明了公共利益是可以归结为个人利益的，是应当与个人利益相一致的。对于实践的思考可以得出这样一种结论，那就是，如果个人在审视共同利益的时候发现了它与个人利益是矛盾的和相冲突的，就不会采取共同体所要求的行动，即不会投入共同行动中。但在公共利益的认识之上，即便个人利益直接地与公共利益冲突，也能够理性地说服自己，使自己相信个人利益是包含在公共利益之中的。所以，公共利益的概念本身就具有意识形态功能，能够在利益矛盾和冲突普遍化的条件下整合出共同行动。尽管如此，就现实情况来看，由于共同体的利益并不总是与个人利益相一致的，所以并不是每一项共同行动都能够得到广泛无遗的支持。因而，需要有一定的外在性设置去胁迫个人参与到共同行动中去，而法律恰恰发挥了这一作用。

---

① 〔美〕昂格尔：《知识与政治》，支振峰译，中国政法大学出版社，2009，第 113 ~ 114 页。

当然，在工业社会晚近的时期，由于用"公共利益"置换了"共同利益"的概念，有效地模糊了共同体利益与个人利益的边界，一切与个人利益不一致和相冲突的共同体利益都获得了合理性。尽管这是来源于黑格尔哲学的一种政治思维游戏，却能够让每一个人都从中体验到公共利益这一抽象而又实存的因素是与每一个人的个人利益追求相一致的。尽管如此，社会治理实践对规则的依赖丝毫也没有减弱，反而变得更强了。无论是以集权形式出现的还是以民主形式出现的社会治理，都表现出对法律的强化再强化。我们看到，无论是站在个人主义还是集体主义的立场上，都会导向对依靠法律的社会治理的刻意强调。

其实，个人主义与集体主义都是近代社会的产物，所代表的不仅是两种不同的意识形态，也是两种发挥着实际影响作用的国家观。不过，对于个人主义与集体主义，又必须在比较中去加以认识。因为，两者的关系是如此密切，就像"一枚硬币"的两个方面，失去了其中的一面，另一面就不再能够成为一枚完整的硬币。所以，在工业社会这个历史阶段中，一直存在着个人主义与集体主义的论争。然而，双方都没有意识到，自己一方存在的合理性恰恰是由对方来提供证明的。

昂格尔在概述个人主义与集体主义的分歧时指出，"在个人与群体之间的关系上，自由主义与集体主义者之间的对抗，是由他们关于国家的不同观念来说明的。对于自由主义思想家来说，国家乃是法律所制作的人造物品；的确，对于有些人而言，它就是法律秩序本身。国家具有一种委托性的存在，它真正的生命就是其公民的生命。但对于有机论来讲，国家的核心就是'民族'。民族统一建立在集体价值的传统之上，这种集体价值是由不计其数的个体所贡献的涓涓细流而汇聚成海的。只要溪流不干，大海就不会消失。如果我们能够将比喻修正为，溪流既始于大海又终于大海，我们对集体主义的国家理论就可有一个初步的形象。市民中的积极分子必须为民族的'心'所鼓舞，他们的价值就源自于它。集体主义者观点的核心，就是社会联接的自发性与它们相对于个人奋斗的优先性的观念"。①

可以相信，一旦人类走出工业社会，特别是在社会的高度复杂性和高度不确定性条件下，在风险社会的状态中，在危机事件频繁造访的压力下，无论是从个人的角度还是在集体的立场上去作沉静的深思，都会变得那般迂腐。全球化、后工业化进程中的风险和危机事件频发，决定了人的共生共在——而不是本体论的个人或集体——是包含在人的行动之中的，而且这种行动无论在形式上还是在性质上，都是合作行动。所以，这种行动既超越了个人主义也超越了集体主义的理论建构。一旦实现了对个人主义和集体主义的双重超越，无论是对于共同体的存在还是共同行动而言，都不再把法律视为可以完全实现对人的一切行为和社会生活的一切方面的规范。此时，即便法律依然是必要的，其规范功能所及之处也不能覆盖整个社会，更不可能贯穿于人的行动的整个过程中的每一个方面。

集体主义关注的是集体利益，而个人主义所关注的则是个人利益实现的状况。根据自由主义的原则，在利益实现的问题上，要求人们拥有平等的权利。昂格尔所看到的则是，法律的"一般性与形式平等的政治理想是联系在一起的，也与普遍主义的道德理想联系在一起。形式平等意味着作为国家的公民以及法律人，人们都被法律视为在根本上是平等的，或者将他们当作根本上是平等的来对待"。② 事实上，人们是不平等的，资本主义社会中所致力于实现的形式平等只是一种抽象的平等，而在现实的社会生活中，人们之间却是不平等的。或者说，形式平等是在理论上可以加以论证在实践中却得不到支持的平

① 〔美〕昂格尔：《知识与政治》，支振峰译，中国政法大学出版社，2009，第120页。
② 〔美〕昂格尔：《知识与政治》，支振峰译，中国政法大学出版社，2009，第107页。

等。所以，"社会环境因此就必须被清楚地与法律—政治状态区别开来。通过忽视或者接受前一种不平等，从而更加强烈地强调后一种平等，我们才会致力于一般性的法律"。①

也许人们会说，正因为社会现实中存在着不平等，才需要通过法律—政治的平等来加以矫正。然而，结果却恰好相反。这是因为，社会现实中的不平等恰恰需要通过社会治理过程的区别对待才能加以矫正。根据昂格尔的看法，"要将人们的社会环境变得平等（甚至在那些平等之间存在少许分歧的情况下），我们也许不得不对每个不同的人或者不同的群体给以不同的对待，并且因此要放弃一般性的特性"。② 法律的形式平等恰恰是与之相反的，当它将人们置于一个平等的框架中时，其实是强化了人们之间的不平等，是以制度化的方式确认了人们之间的不平等。所以，资本主义社会的法律并不是对社会现实的反映，并不是对社会现实问题的诚意解决方案，而是直接地与社会现实相冲突的。这就是昂格尔所说的，"作为去享受某些特定好处的抽象机会，形式平等的语言是一种权利语言，而不是一种关于某种具体或者切实的社会生活经验的语言"。③

正是由于这一原因，通过法律的一般性去表现的"普通话"总是与社会运行中的"方言"之间存在如此巨大的差异，以至于人们之间并未因法律的出现而消弭鸿沟，反而由于法律的实际运用而变得更加不平等。正是在资产阶级革命后法制建设中，正是因为法律的普遍应用，正是社会治理依据法律而进行，整个社会被撕裂成了不同的碎片。在社会的两极之间，单就财产占有而言，也存在着让人不敢相信自己眼睛的那种差距。在某种意义上，在工业社会走到了其顶点时，展示给我们的就是巨大的不平等，这种不平等正是与法律的形式平等

---

① 〔美〕昂格尔：《知识与政治》，支振峰译，中国政法大学出版社，2009，第107页。
② 〔美〕昂格尔：《知识与政治》，支振峰译，中国政法大学出版社，2009，第107页。
③ 〔美〕昂格尔：《知识与政治》，支振峰译，中国政法大学出版社，2009，第107页。

和一般性追求相联系的，甚至可以认为是法律的形式平等所引发的消极后果。在我们看到了这一事实后，也就不得不说，如果法律不能放弃形式平等和一般性追求的话，在社会多元化迅速扩展的条件下，必然会把社会现实中的所有因不平等而造成的紧张引向法律与社会现实之间，从而以法律与社会现实间冲突的形式表现出来。那个时候，无论人们的法律信仰何等神圣，都将使围绕着法律而编撰出来的所有神话显现出一种非常尴尬的状况。

法律的形式平等在理论证明中是具有超强合理性的。这是因为，法律的形式平等本身就是从权利的设定中引申出来的，就是先通过理论推演然后再进行实践安排的结果。因而，它能够获得理论证明也就是情理之中的事了。但是，在法律的实践安排大获全胜时，却因为它已经转化成实践安排和给予我们一个物化的世界而制造出了一幅荒唐的社会现实图景，那就是，"作为抽象的与形式上的普遍物，法律上的人或者道德主体都是从人的生活中建构出来的，并且因此被这样对待：好像他们是真正的与独立的存在物一样。特殊的利益、经验或者环境，都被看做是形式的偶然实质，或者抽象命题的具体例证"。[1] 这不仅是资产阶级意识形态的主要内容，在现实表现上，也是马克思早就指出的："颠倒了的世界"。

## 二　基于法律的社会治理

就人的行为空间来说，社会每前进一步，都会表现出人的行为空间扩大一层的状况。一些怀古的哲学家往往会到古代社会中去发现一个黄金时代，认为早期的人类在行为上有更多的自由。姑且不说人类早期在行为上更多地受到自然的限制，即使就社会自身来看，能给行为提供的空间也是很小的，各种各样的禁忌以及对神的敬畏，都为人

---

[1]　〔美〕昂格尔：《知识与政治》，支振峰译，中国政法大学出版社，2009，第107页。

的行为划定了不可逾越的边界。随着近代社会的出现，理性代替了习俗，法律代替了自然禁忌……也就把人的行为空间扩大到了一个在古代、在整个农业社会都不可想象的广阔范围。

工业社会在人类历史上所表现出来的进步，就在于建立起了法治模式，即依靠法律去开展社会治理。随着这一社会治理模式建立起来并得以巩固，工业社会所造就的就是法治文明。这种"西方文明中的认同在于自我与本我、文化与自然的对立。没有这个对立，就不可能有文化的特性，与其他存在样式相对立的存在的特定样式，如特定的生活风格、礼仪、道德观等就不可能被构造出来，非文化的或者是没有被教化的或者是没有被文明化的就不可能作为识别范畴存在"。① 就工业社会是人类历史必经的一个阶段来说，这种以法律为内核的文化在每一个国家中都是不可缺少的。或者说，它是可以超越的，却是不可缺少的。即使我们提出对这种文化加以超越的问题时，也需要把这种文化的成就纳入社会治理重建的内容之中。

法治问题是与市场经济联系在一起的，根据某种流行的看法，"市场经济之所以是经济学家普遍推崇的一种经济制度，说到底不是由于它多么的'高尚'或'高级'，相反，是因为它的'低级'——它不要求人们都是善良的君子，相反，它是一种可以使鸡鸣狗盗之徒相互交易、相互合作而发展经济的制度；因为它所依赖的不是道德的教化、不是人们的善行，相反，它处处假定你不善，假定你不讲'道德'，只顾私利，然后在此假定下处处用合同、法律等等制度去防范小人、防范欺诈、防范恶行，以此来保证人们可以较放心地去交易、竞争并合作下去"。② 但是，正是这种经济制度，被泛化成为整个社会的基本制度，从而使制度自身也被置于工具性的地位。

---

① 〔美〕乔纳森·弗里德曼：《文化认同与全球性过程》，郭健如译，商务印书馆，2003，第 150～151 页。

② 樊纲：《"不道德"的经济学》，《读书》1998 年第 4 期。

　　不过，我们也发现，在市场经济和社会化大生产条件下，消费者与生产者之间的平衡是通过竞争机制来加以调节并得以实现的，不过，它们之间的矛盾是始终存在的。竞争机制可以在产品价格的指导下实现对生产与消费的双向调节，能够使这种矛盾不至于激化。只是在竞争机制失灵（如垄断）的情况下，才会使生产者与消费者的矛盾呈现激化的状况。然而，近些年来的情况却显示出，生产者与消费者的矛盾陷入新一轮迅速激化的过程之中。如果说在19世纪由于缺乏严格的法律规范而出现了垄断以及垄断带来的周期性经济危机，从而使生产者与消费者间的矛盾呈现不断激化的情况，那么在今天，资本主义世界的法律规范已经非常健全了，为什么还会陷入新一轮生产者与消费者矛盾激化的进程中呢？答案应当是，关于生产者与消费者关系的法律规范陷入了失灵的境地。我们知道，法律规范的宗旨就在于寻求确定性和营造确定性。然而，在人类进入了高度复杂性和高度不确定性的社会时，这种以寻求确定性为宗旨的法律规范也就必然会显得难以适应，无法实现对生产者和消费者行为的充分规范。即使制定更多的法律规范文本，即使制定更为严格的标准，也无法实现对生产者与消费者关系的充分调整。所以，关于生产与消费、生产者与消费者关系的调整，需要重新找回失去的那个道德向度。

　　法律从属于社会治理同一性的追求，而政策则从属于组织管理同一性的追求。在某种意义上，这种同一性追求与工程技术领域中的标准化追求是一致的。从西方国家的情况来看，"法律"和"政策"这两个概念之间的界限是模糊不清的。然而，在社会运行中，行动过程却包含着一种可以清晰地感知到的精神，那就是希望把法律而不是把政策作为社会调节的手段。所以，在西方国家，可能是自由主义的理念深入人心了，一直没有对社会管理问题的关注，或者说，由于拥有了法律，社会就被设定为在法律调控下拥有自由，似乎不需要通过政策和行政手段进行社会管理。在西方思想中，这被理解成法律框架下的社会自治。应当说，在凯恩斯主义盛行的时期，也出现了把政策运用于调整社会的大量事例。在罗斯福"新政"时期，行政行为也直接地作用于社会诸领。但是，这样做是与西方近代的社会治理文化不相容的。所以，受到近代西方社会治理文化熏染的学者们并未从凯恩斯主义的实践中领悟出社会管理的课题，甚至不希望去运用政策开展社会管理。只是到了 20 世纪后期，在环境生态以及诸多新的社会问题出现后，西方国家才逐渐运用政策去开展社会管理。即便如此，学者们也没有意识到这种行为的理论价值。所以，在西文中，我们也看不到表示社会管理的词语。

与西方国家不同，中国学者对于法律和政策有着明确的区分。在很大程度上，这种区分恰恰是为了突出政策的社会管理功能。所以，在中国的社会运行过程中，我们经常性地看到政策发挥着主要的调节功能。当然，法律与政策具有一致性，在某种意义上，法律与政策都是法的精神的物化形态。所以，人们也往往把政策归入法的范畴。但是，我们在社会的运行中还是可以看到，法律与政策所具有的功能是不一样的。法律具有属于一个完整的社会的普遍性，而政策则是属于组织的，是政府作为一个组织而存在的时候才会经常使用的工具。

总的说来，在工业社会的发展进程中，法律获得了绝对性的地位，不仅在社会治理中要求一切行为都要有法律的依据，一切活动都必须在法律的前提下开展，而且在广泛的社会生活中，都一直是依据法律去确定一些难分难解的问题的。比如，据一项传说，关于西红柿是蔬菜还是水果的认定，就不是由植物分类学家作出的，而是由法官作出的。这表明，法律在社会治理中所展现出来的那种成功已经助长了它日益膨胀的野心，它可以通过牺牲科学家得出科学结论的自由，让科学从属于法律，或者说，让法律代替科学去做出结论。这样一来，法的精神中的自由原则就受到了法的实践的嘲弄。也许这个传说并不是事实，却形象地描述了法律的绝对性地位。所以，依靠法律的治理与依靠权力的治理一样，都倾向于把社会治理的依据绝对化，只不过前者比后者更加隐蔽。

然而，越来越多的事实证明，在社会治理过程中，行政法治并不意味着行政人员的行政管理活动都在法律所设定的路线中展开。无论法律制定得多么缜密，也不能无一遗漏地描绘出行政管理过程中的所有问题及其解决方案。事实上，"立法条例是妥协的产物，其释义可以留出大量的自由发挥的空间。立法者的诸种意图可以公开加以讨论。无论如何，都存在着诸种合法的、法律上认可的利益，这些利益直接抑或间接地相互冲突，它们可能会造成行政管理上以及立法上的诸种屏障与争议。这就解释了为什么公共活动通常给人留下非理性的印象"。① 事实上，无论是在什么样的行政管理模式之中，都不缺乏行政人员的自由和自主性，行政法治也必须对行政人员的自由和自主性加以承认。其实，行政法治赖以开展的法律也不可能对行政人员的自由和自主性作出成功的排除。这样一来，就出现了行政人员的自由和自主性怎样得到规范的问题。

应当说，在整个 20 世纪，及至今天，行政体系建构中的每一项新发明，归根结底，都无非是出于规范行政人员的自由和自主性的需要，只不过，有些方式和方法显得更为直接一些，而另一些方式和方法显得隐蔽一些。结果怎样呢？都不能说是非常成功的，反而使行政管理出现了这样一种状况：在需要行政人员的自主性和主动性的时候，踏破铁鞋无觅处；在不需要行政人员的自主性和主动性的地方，却泛滥成灾。不作为、乱作为、权力滥用、腐败成风、官僚主义等，都是难以杜绝的。

---

① 〔法〕克罗齐耶、费埃德伯格：《行动者与系统——集体行动的政治学》，张月等译，世纪出版集团、上海人民出版社，2007，第 302 页。

### 三　社会治理中的道德

在思考工业社会这个历史阶段的社会治理时，还原论的追溯往往把我们导向原子化个人的利益。根据还原论的理解，市场经济也无非是个人利益实现的途径。依靠法律的治理是因应市场经济的需要而出现的，其宗旨是服务于个人利益的实现。然而，如果考虑到人是处在进化进程中的，那么，在人类走进了一个新的阶段后，就有可能把人对利益的追逐看作一种野蛮的行为。这个时候，人们也许将把对个人声誉的追逐看作一种更加文明的行为。当然，在历史上曾经有过一个人们非常重视个人声誉的阶段，中西方都经历过这样一个阶段。但是，那种对个人声誉的重视往往属于一些特定的社会阶层，而且是感性的和朦胧的，并不属于整个社会中的一切成员，也不是一种理性的自觉。所以，这个阶段重视人的声誉的做法被工业化、城市化中所造就的陌生人社会所抛弃。

在近代以来的社会中，人们所关注的是物质利益实现的"现实性"，而不是虚幻的、空洞的所谓个人名誉。而且，当人们对物质利益的追求被自由主义者作出合理性证明后，人们也就不再背负名誉的包袱，而是冠冕堂皇地积极投身于物质利益的追逐中了。近代以来，任何一种利益追求，只要是合乎法律规定的，就被视作正当的，至于道德以及个人声誉的损益，似乎都可以不在考虑之列。这就是资本主义给予人们的印象。当然，表面上看来，也存在着对声誉的重视，但人们往往看到的是背后的利益实现。因为，在这个历史阶段中，声誉总是能够给人带来一定的利益。但是，利益还是最为根本性的。我们相信，这样一个人们热衷于物质利益追逐的阶段肯定会在人类的进化中被超越。总会有那么一天，人们会意识到他的声誉比物质利益在直接性的意义上更重要，而且，他追逐物质利益的愿望若能在持续的行为链上得到更大程度的实现，也是需要以他的声誉作保障的。这个时候，如果还存在着宵小之辈，将会把对社会的仇恨指向人的声誉，去通过恶意地诋毁和诬蔑他人而发泄对社会的不满。这就是马克斯·舍勒在《价值的颠覆》中所揭示的怨恨表述问题。

杰斐逊说："只要我们始终保持高尚道德，这个靠山就不会欺骗我们，而我认为，只要我们把农村当作主要目标（只要美国任何地方还有未被占有或使用的土地，就一定会这样），我们就一定能够保持高尚道德。一旦我们的大城市里像欧洲一样人满为患，我们就会变得像欧洲一样腐化堕落，像欧洲一样人吃人。"[①] 杰斐逊把农村作为道德的支柱而把城市看作腐化堕落的根源，所反映出来的其实只是一种非理性的经验。这说明他并不真正懂得道德之于人的价值，而是仅仅把农村熟人社会中的道德看作唯一的和不变的道德了。实际上，道德是具有历史性的，每一个时代、每一种具体的社会形态中，都会有或应当有属于这个社会的道德。城市之所以会表现出腐化堕落的情况，是因为在那个时代，欧洲城市中还未生成陌生人社会的道德，所拥有的还是在城市化过程中从农村带入城市的熟人社会的道德，因而无法实现对人的行为的规范。也正是因为看到了这种状况，杰斐逊才会否认道德的社会规范功能，才基于城市化的必然趋势而为美国法治建设的行动提供思想前提。

总之，当时的欧洲城市中之所以出现了杰斐逊所看到的那种情况，恰恰是因为人们把农业社会和熟人社会中的那种道德凝固化了，认为那就是道德的唯一和不变的形态。因而，杰斐逊才表达了对道德的怀疑。应当说，这不只是杰斐逊个人的认识，而且是具有一定的普遍性的。许多理论家、思想家也像杰斐逊一样，流于这种表面的认识，因而，致使近代社会走向法律建构而不是道德建构的方向。如果

---

① 〔美〕托马斯·杰斐逊：《宪法的民主缺陷》，王晓博译，载佟德志编《宪政与民主》，江苏人民出版社，2008，第18～19页。

我们想象熟人社会与陌生人社会可以有不同的道德形态的话，就会倾向于说，近代以来在陌生人社会的道德建构方面所表现出来的那种无所作为是不应该的。显而易见，近代以来的社会其实也是可以有另一种道德建构道路可走的，只不过启蒙思想家们没有选择这条可能存在的道路。而且，当人们走上了启蒙思想家指示的那条道路后，封闭了其他可能出现的道路，并出现了路径依赖，以至于我们拥有了今天这样一个社会及其治理模式。

这已经是历史，是不可改变的。城市化是人类社会发展不可逆转的进程，陌生人社会也是我们必须接受的社会形态，人类社会的陌生化程度只会呈现愈益增强的特征。而且，这种陌生化会朝着虚拟化的方向转变，并有可能造就一个匿名社会。不过，从理论上说，在近代社会的初期，思想家们应当做的工作其实是：努力去发现陌生人社会的道德成长因子，并在此基础上培育出陌生人社会的道德观念，建构起陌生人社会的道德规范体系。但是，这项工作没有人去做，即使如边沁等人试图去做这项工作，也没有取得成功，或者说，走向了另一种极端状态。至于康德等人，面对这一问题时，所做的却是对农业社会中的道德进行现代包装，将其做得更加精致了一些，并有了一个严密的论证逻辑。不过，从杰斐逊的判断中，我们也读出了他热衷于法治的缘由。我们相信，杰斐逊也看到了城市化的趋势是不可逆转的，所以他才会提出，让农业为我们高尚的道德提供支持，而在城市中，求助于法律，寄托于法治。在这一点上，很多人持有与杰斐逊相同的判断。但是，如果我们考虑到道德的历史性和具体性的话，就会形成另一种判断，那就是，在陌生人社会的治理问题上，同样是可以在道德那里谋求支持的，而在正在生成的匿名社会中，将会有新的道德去规范人的行为。

霍布斯所向往的是让国家成为法律和道德之源，然而，近代社会发展的现实则表明，国家强化了法律，却让道德受到了贬抑甚至排斥。人们也许会以为这种情况的出现概由"一切人反对一切人的战争"所引发，其实，对于"一切人反对一切人的战争"也是可以有两种解决途径的，只不过霍布斯的论述重心放在了一条途径上，从而造成了误导。而且，在法律大行其道的时候，道德日渐式微。这是因为，当立法者被法学知识征服之后，他们自身也成了法学家，他们对伦理、政治、经济的考量也就少了。即便加以考量了，也是戴着法学知识的有色眼镜。结果，他们所生产出来的法律也就因为缺乏社会整体观而与所要调整的现实相去甚远。然而，法律的权威性又不能容忍现实总是保持着与它之间的距离，它在被付诸实施的过程中，也就开始了改造现实的行动，以求把现实纳入它能够规范的范畴中来。正是这样，在法律征服了我们的世界时，也把我们的世界改造成适宜于依据法律去开展治理的支配对象。在某种意义上，可以认为，不是法律适应了社会的要求，而是法律形塑了我们的社会。

法律对世界的征服是通过立法者实现的；法学知识的片面性，也同样通过立法者把世界变成了丧失多样性色彩的格式化了的人的生存方式。因此，我们既已拥有的世界是个单色的世界，它仅有法的颜色，其他色彩都被法律的色彩覆盖了。正如画油画时对不中意的色彩进行覆盖一样，立法者对他们所创造的这个世界，也不断地通过色彩的覆盖对其作出改变。同时，法律的普遍适应性追求，包含着放弃实质性内容而只注重形式的因子。在低度复杂性和低度不确定性条件下，这虽然也经常性地带来令人难以承受的问题，但在总体上，依然能够在社会治理中发挥基础性的调整作用。然而，当人类进入高度复杂性和高度不确定性的历史阶段后，法律的这方面问题就迅速地凸显了出来，甚至与具有高度复杂性和高度不确定性的社会格格不入，以至于我们不得不构想依道德去开展社会治理的可能性。

依靠道德的社会治理构想是基于 20 世纪后期以来新技术的广泛

应用而提出的。我们看到，互联网的发展已经改变了人类社会。虽然今天的互联网肯定属于网络发展史上的一个极其低级的阶段，它却预示着一个新的世界的出现，其意义之大，是难以用语言来形容的，只有想象的翅膀才能去捕捉它模糊的身形。我们知道，在人类出现以前，地球上只有一个世界，那就是自然界；在人类出现之后，才有了社会。现在，互联网正在把第三个世界推展到我们面前，它将是"虚拟世界"。在人类出现之前，自然界有一个漫长的演进过程，于其中发挥作用的是自然规律；在人类出现之后，也经历了一个相当长的历史阶段，人类才创设了法律。人类社会有着发展和运行的规律，但这种规律如果不转化为法律，还是属于"自然"的范畴，并不真正属于人类社会。一切规律都是自然的，而属于社会的所谓"律"，在工业社会这个历史阶段中，表现出来的仅仅是法律。也就是说，工业社会的伟大成就展示给我们的是：自然界拥有规律，而社会所拥有的则是法律。

但是，如果我们展望未来，如果我们将视线投向一个正在生成的作为"第三世界"的虚拟世界，就会提出这样一个问题，它有没有属于自己的所谓"律"呢？比如，发展出类似于人类社会中的法律那样的"德律"。这一点应当说是毫无疑问的。然而，我们发现，在近代社会的早期，许多思想家看不到法律与规律间的区别，甚至试图把人类社会纳入某种机械图式中。那显然是人类思想不成熟的体现。在今天，人们却试图把法律推行到虚拟世界中去，这肯定也是一种幼稚的见识。考虑到互联网的发展以及虚拟世界仅仅 30 多年，人们提出"依法治网"的主张也许是可以理解和原谅的。如果虚拟世界经历了几百年的发展，甚至像人类社会一样经历了几万年的发展，这个虚拟世界还会在人类社会所确立的法制框架下运行吗？显然不会。

尽管虚拟世界刚刚诞生，但它至少在虚拟性和开放性这两个方面是人类社会永远也无法企及的。如果人类在今天把社会中的法律强制推行到虚拟世界中去，比如确立所谓网络"实名制"的话，必然是对虚拟世界的虚拟性和开放性的破坏，是把人类社会中声名狼藉的极权主义移植到虚拟世界的做法，从而阻碍虚拟世界的成长和发展。当然，在今天，虚拟世界在成为一个相对独立的世界（就如人类社会与自然界的关系一样）之前，会作为社会的一个构成部分而存在，甚至是以社会生活的工具的形式出现的，人类会把那些在社会中所生成的观念和行为方式带到这个世界中去，甚至人类自身的劣根性及其恶行也会在这个世界中得到极其夸张的表现。特别是来自工业社会的自私自利追求、卑恶心理等，都会求助于网络而去将恶行放大，而且让有着同样追求和心理的人起哄和围观，唯独不愿意去稍稍运用一下自己的脑子。

事实上，今天的网络平台上充斥着邪恶，而善良则受到压制，以至于我们生活受到了严重的破坏。但这绝不是虚拟世界应有的状态，而是过渡时期的一种必然会有的现象。在每一次社会震荡的时候，邪恶的东西都会率先释放出来，在从农业社会向工业社会转变的过程中，我们就发现了首先是那些邪恶的因素登台表演，然后才是正气涌现。考虑到地球上的自然界在地球刚刚诞生时是极其恶劣的，考虑到人类社会在刚刚生成时是极其野蛮的，那么，虚拟世界在刚刚出现时的幼稚并不是什么了不起的事情。我们相信，随着这个世界的长足发展并走向成熟，特别是有了属于这个世界的整合系统及其运行机制，有了属于它的"德律"后，它在今天的野蛮也就必将终止。当然，我们并不能等待这个有道德的虚拟世界在自然演进中生成，我们需要进行积极的建构，而社会治理又是我们必须求助的途径。这样一来，为了造就一个有道德的虚拟世界，社会治理自身就需要得到改造，就需要实现道德化。所以，我们当前所面临的任务是首先建构起依靠道德的社会治理模式。只要在这方面取得了积极进展，我们的一切共同行动就都会具有道德的特征。

# 第二节　社会治理中的知识

## 一　社会治理专业化

人类的知识所呈现出来的是累积性，虽然在每一个阶段人类都会淘汰一些对人的生存和生活不再有价值的知识，但知识在总体上呈现不断积累的状况。

我们看到，人类观念形态的东西处在不断变革之中。一个新的时代的开启，往往伴随着新的观念的生成和传布。在知识与观念的关系中，显而易见的情况是，每一种观念都是建立在一定的知识的基础上的，需要得到知识的支持。然而，对于观念而言，知识是分层的，有些知识是直接支持观念的，有些知识与观念间的联系则不怎么密切。由于这个原因，当观念发生了变革，当新观念取代了旧观念的地位，那些与旧观念联系密切的知识往往遭淘汰，而与旧观念联系不甚密切的知识反而显示出生命力，被保留了下来。这样一来，知识的累积会表现出较为复杂的情况。同时，我们还看到，观念的变更也会以多种形式出现，并不是所有的观念都会被新观念所否定并走向消失，有些观念在变革的意义上会向知识转化。在转化为知识的时候，它们往往会以弱观念的形式出现，甚至会成为纯粹的知识。在此意义上，实现知识的积累。

在人类的知识积累中，除了认识对象的开拓和深化，就是观念的知识化促进了知识的增长，使人类社会显现出知识累积的效应。在考察人类社会治理的知识积累时，观念知识化的过程甚至表现得更为典型。每一个时代的社会治理都不可能拒绝从历史上传递过来的知识。管理型社会治理方式会把统治型社会治理方式遗传而来的知识当作宝贵资源。同样，服务型社会治理方式也会乐意接受管理型社会治理中的知识，甚至会将其视作开掘不尽的知识宝库。但是，不同的社会治理方式所从属的观念不同，会表现出社会治理观念的根本性变革。而且，所继承的知识也因为观念的变革而得到重组，并形成形式和性质都与原先的知识体系有着根本性区别的新的知识体系。

我们还需要看到的是，观念对于知识累积有非常重要的影响。一种新观念的确立，往往能从根本上改变人们的视野，让人们将视线投注到一个全新的无限延伸的广袤空间中去，即发现认知的"新大陆"，从而呈现知识迅速增长的状况。所以，我们认为，人类知识的累积并不能单纯从形式的角度来加以认识，而是需要在质的意义上来加以把握。认识到了这一点，在我们的社会已经出现了变革的征候时，在社会治理模式变革已经迈出了实质性的一步时，如何去谋求新知识的支持，或者说，如何去建构与新型社会治理模式相适应的知识体系，是应当去寻找切实可行的路径的。事实上，也是能够发现顺利通行的道路的。

从社会治理的角度看历史，可以发现，历史上的农业社会是一个"孤王"的时代，在每一个相对封闭的区域中都会产生一个"王"或"君主"。他是圣明的，或者是被打扮成圣明的，不仅在道德方面，而且在各种各样的能力方面，都无人能比，所以，才有"天无二日，人无二主"之说。在某种意义上，可以说这些君主被神化成了全能的人，有着对治下的一切人的知识优越感。当然，在特定的地区也存在过所谓的"多头政治"。但是，一般说来，这些被现代学者津津乐道和大肆渲染的"多头政治"都是极其短暂的，不具有代表性。总体看来，在农业社会，每一个区域中只能容纳唯一的王，如果出现了多个王的话，就会产生诸多问题，以至于这个社会无法承受。

工业社会则可以看成"多王"的时代。因为，分工和专业化造就了许许多多的领域，每一个领域中都会有属于这个领域的"王"。只不过人们受到农业社会观念的影响而没有意识到政治之外的其他领域中也存在着"王",甚至人们会误以为工业社会这个历史阶段中已经消灭了王,或者说,会以为只在少数国家或地区保留了名存实亡的王。其实,真正无王的时代应当是后工业社会。因为,在后工业社会中,不仅地域边界完全消失,而且专业领域的边界也变得不确定了。可以说,后工业社会中的每一个构成要素都处在不确定性之中。显然,造就王的条件恰恰是稳定的边界以及稳定的系统及其结构。在一切都处在不确定性状态中的时候,作为王而存在的必要支撑因素已经消失了,因而,也就不会出现王。

随着"王"的真正消失,知识的地位也就凸显了出来。知识与道德,将是后工业社会中社会治理的基本依据。当然,在工业社会这个"多王"的时代,知识已经显现出其重要性。总的说来,在农业社会的历史阶段中,在"孤王"的时代,并不存在依靠知识的社会治理。然而,"多王"的时代必然会陷入一个"多王"竞争的过程中,在竞争中,知识就会显现出其价值。在此意义上,我们也确实看到,工业社会的社会治理需要得到知识的支持。随着全球化、后工业化进程的开启,人类在不久的将来也许就会进入后工业社会。在后工业社会中,知识的价值会进一步地得到广泛的承认。也就是说,我们现在正处在从工业社会向后工业社会转变的变革过程中,特别是我们正在探索的社会治理变革,需要为这个变革过程提供知识支持。我们更需要通过创新去造就新的知识,去建构起新的知识体系,甚至需要在今天就去谋划如何为后工业社会中的社会治理进行知识准备的问题。

严格说来,社会治理的知识是在社会分工中形成的。尽管在人类历史上的很长一段时间中社会治理并不是专业化的活动,而是由身份所决定的,但经验以及经验性的知识依然是对社会治理大有助益的。就农业社会的社会治理而言,史官的作用也主要在于把社会治理的经验记录下来,以供从事社会治理的人(君主)学习,并从中领悟出社会治理的方法。不过,在这种统治型的社会治理中,知识的重要性并未显现出来。在从农业社会向工业社会转变的过程中，伴随着社会治理的专业化，社会治理也拥有了专门的学问。法学、政治学、社会学等学科的出现，也实现了对社会治理知识的梳理，并实现了社会治理知识的理性建构。到了 20 世纪，更是出现了公共行政学、公共管理学等学科，致力于在操作性的层面上去对社会治理知识进行技术化的深入研究和理性建构。现在，我们已经拥有了一个宏大的专门探讨社会治理知识的学科群，不仅有着以具体研究对象（如组织、公共政策等）为聚焦点的理论建构，而且在关于社会治理模式及其变革的思想建构方面，也日新月异。

社会治理的知识根源于社会治理专业化的需要。特别是社会治理的理性建构，表明了人类在社会治理方面实现了自觉，是自觉地去探讨如何开展社会治理的问题的，是包含着不断地去刷新社会治理方式和方法的愿望的，而且，人们也不断地将社会治理的各种各样的追求转化为实践。但是，社会治理知识的增长与更新，都不能离开现实的社会问题，是因为社会运行中不断地产生出来的问题对社会治理形成了一种压力，迫使人们去探讨解决问题的方式、方法，从而使社会治理的知识体系中不断地有新的因素产生和成长了起来，并丰富了社会治理的知识体系。对于社会治理而言，"知识的日益专业化和分支学科的繁荣乃是现代性的特征"。[①] 或者说，在现代社会生活的每一个领域中，都需要在知识的支持下去开展活动。因而，社会治理也成了一个专业化的领域，也需要运用知识去开展社会治理活动。

后现代主义主张对现代性的知识进行解构。显然，在后现代主义这里，在对决定论的否定中，在对线性思维的批评中，都包含着

---

① 〔美〕戴维·约翰·法默尔：《公共行政的语言——官僚制、现代性和后现代性》，吴琼译，中国人民大学出版社，2005，第 297 页。

这样一个愿望，那就是，从根本上抛弃现代知识所造就的压迫结构。所以，后现代主义者在理论上突出强调超越事实的思考，以求借此摆脱认识论的羁绊。不过，我们也看到，即便后现代主义有着这样的追求，在许多问题上也不得不承认现实的压力。法默尔说："enceinte 这个词最适合于象征性地说明现代知识的建立、认识的对象在后现代性面前所面临的两难。enceinte 这个词取自法语，至少有两个含义。作为形容词，它有妊娠之意，作为名词，它有围墙、围廊或用围廊把某地圈起来之意。对于现代与后现代之间的张力关系，随着有组织的认识结构的内爆，enceinte 象征着那一两难。每个知识分支、每个专业都孕育着一系列令人迷惑的和卷帙浩繁的学术成果；另外，专业化内又有专业化，每一个都孕育着丰富的文献和成果。知识的迅速积聚超过了旧的思维方式的处理能力，而新的方法又没有出现。每个专业要知道太多的东西，甚至在社会科学中也是如此。每个专业也是一个被围廊的区域，专家们在里面守护着自己的领地。防御不仅仅是社会的，不仅有协会和认可机构的协助，而且还是语言的；思想的穿透力取决于它们采取的正确形式和正确的语言。确实，公共行政和其他社会行动学科的漏洞比已经比较完备的学科要多得多，但围墙仍在。我们想孕育更多的结果；我们想有我们的围墙。"①

法默尔的这段话可以说是对知识增长和演变的历史所作的系统化概括：第一，知识的增长是由社会分工和专业化所引起的；第二，知识体系处在一个演进过程中，在专业化的条件下，是分领域的，所表现出来的是各个领域中的专门知识；第三，尽管知识局限在专业领域中，但其增长已经超出了既有思维方式的处理能力，因而有着突破专业

---

① 〔美〕戴维·约翰·法默尔：《公共行政的语言——官僚制、现代性和后现代性》，吴琼译，中国人民大学出版社，2005，第 302 页。

界限的冲动；第四，作为新兴学科的公共行政学出于自身的知识增长需要，不是像成熟学科那样试图突破领域的边界和拆除围墙，反而是在加固围墙。这说明，社会治理方面的知识建构正在承受着社会发展和知识发展本身的双重压力，特别是公共行政学加固围墙的逆行做法，严重地影响了社会治理对社会现实的适应性，甚至导致了社会治理的失灵。

我们强烈地感受到，社会的发展经历过工业社会的专业化运动之后，正朝着综合的方向迈进，甚至领域融合的问题在许多方面都具有了趋势性的迹象。与此相适应，科学研究中的跨学科研究已经成为人们热衷于尝试的事情，以至于大量的交叉性的、边缘性的研究课题得到学者们的追捧。由于社会治理是与社会的发展息息相关地联系在一起的，因而也反映了社会发展中的这一趋势，出现了非专业化的迹象。然而，关于社会治理方面的科学研究，特别是以公共行政学等学科的形式出现的学科，长期以来，是把其成长期中得自多学科知识支持的情况看成了自身幼稚的表现，从而表现出了一种类似于"青春期"躁动的那种要求强烈显示自我独立的冲动。也就是说，从社会科学研究的现状来看，直接以社会治理为研究对象的学科大都有着修筑"围墙"的要求，在人类社会活动以及知识生产非专业化运动已经开启的时候去努力表达专业化的要求。

专业化是工业社会最为主要的特征之一。所以，在近代以来的社会中，我们看到的是：由于社会分工，出现了各种各样的专业，而人在从事某个专业或开展某项专业活动时，是通过角色扮演实现的。"角色是在社会分工中的一个位置。一个角色的占据者往往都被期待去从事某些特定的任务，对于他们所具有的特殊技能与才智来说，这些任务是适合的……人们作为他们所属之各种不同团体的成员而占据某些角色。"① 因而，角色也就意味着某个方面的专业知识。一个人的

---

① 〔美〕昂格尔：《知识与政治》，支振峰译，中国政法大学出版社，2009，第89页。

角色扮演是怎样的，或者说，能否做一个合格的专业角色扮演者，取决于其专业知识的状况。虽然构成一个角色的因素是多样的，但专业知识无疑在其中发挥着非常重要的作用。甚至可以说，专业知识对于人的角色扮演来说，发挥着基础性的作用。

昂格尔对角色所作的描述是这样的，"在劳动分工内部，有一些特定的工作，为了完成它们任何一项，都需要特定的技能与才干。每一个角色都包含了个体生活的一个有限并且常常很小的部分。每一个个体都同时占据着很多的角色，他既可以将这些角色看做是与其自己的生活完全相异的，亦可将其看做是完全与他的生活联系在一起的——因为正是他占据着它们"。① 昂格尔在这里所说的虽然是"技能和才干"，但是，如果没有相应的知识，何谈技能和才干？技能和才干绝不是一个人天生就具备的，而是在知识的学习和积累中获得的。在社会分工的条件下从事专业活动，唯有知识可以提供专业活动所需要的技能和才干。如果说在科学尚未发展起来的条件下人们可以在从事某项专业活动的过程中积累经验，并把这种经验转化为技能和才干，那么，在现代化的职业活动中，唯有理性的知识可以提供这种技能和才干。知识使人获得技能和才干，而技能和才干又决定了人的角色扮演。

当然，人的角色扮演并不完全由人的知识、技能和才干所决定，分工—协作系统的结构、体制以及运行机制等各个方面，也对人的角色扮演有实质性的影响。在分工—协作体系中，人的能力、知识水平等，既属于个人素质方面的因素，也是分工—协作系统非常注重的因素。这是因为，如果不充分考虑这些方面的因素，就无法使岗位与填充到这个岗位上的人相一致，就有可能出现"人不胜任其职位""职

① 〔美〕昂格尔：《知识与政治》，支振峰译，中国政法大学出版社，2009，第238～239页。

位不是由合适的人来承担的"等情况。这对于协作而言，是无法取得理想效果的。为了保证人宜其位、位适于人，就需要使分工—协作体系具有开放性。这就是昂格尔所说的，"如果在各个群体之间存在一个相对的专业分工的话，那么个体就必须能够选择一个社群，在这个社群中，他独特的个人才能又可以有用武之地。如果被剥夺了这种自由，那么一个人就不能够达到其特定的善，而这种善的实现乃是生活社群的基础之一。同样的主张表明——尽管并不是必然的含意，个人应该被赋予加入各种不同之群体的权利"。[①] 所以，我们在现实中经常会看到这样一种情况，一个人也许在该群体中无法展示其能力和才华，而到了另一群体，则可能成为难得的人才。同样，对于该群体来说，某人的创新追求可能是不安分的表现，构成了群体中的破坏性因素，而到了另一群体，恰恰需要他那永不餍足的创新来赋予群体以活力。

从组织的意义上看社会治理体系，它是一个协作行动系统，或者说，工业社会的社会治理体系是一个分工—协作系统。工业社会本身所实现的是社会化大分工，而分工的另一面则是协作。所以，我们把角色看作协作系统的构成要素，而协作系统恰恰是工业社会中的基本组织形式。对于协作系统而言，协作过程就是知识的交换。即使我们把协作过程称作信息的沟通，而信息背后所蕴含的也仍然是知识。而且，"谈话经常会超出信息的相互交换走向相互转换，这就建立了高质量的关系。更好地共同分享智力模式、假设、专业知识、学识、交易的技巧以及默认的知识，这样会减少错误信息，促进协调"。[②] 也就是说，在沟通的过程中，理解了信息背后的知识，也就实现了沟通；如果信息背后的知识没有得到理解，或者做出了错误的理解，沟通就

---

① 〔美〕昂格尔：《知识与政治》，支振峰译，中国政法大学出版社，2009，第402页。
② 〔美〕迈克尔·贝尔雷等：《超越团队：构建合作型组织的十大原则》，王晓玲、李琳莎译，华夏出版社，2005，第59页。

可能是无效的，就会显现为沟通障碍。所以，知识以及知识的交换才是社会治理者开展协作的根本途径。甚至可以认为，知识以及知识的交换能够赋予社会治理体系以整体性的品质。

## 二　社会治理知识的功能变化

在人人都谈论知识的时代，我们却依然认为知识是一种非常神秘的东西。特别是专业知识，在经历了综合为一的整合过程之后，会收到这些知识分散存在时所不具有的效果。不仅是知识，而且依据知识对自然的以及社会的存在物进行整合后，也会感受到一种神奇的变化。我们不知道是否真的有"八卦阵"之类的东西，如果有的话，它意味着相互没有关联的实体在转化为"相"的时候，会成为一个统一的整体。从我们现实生活来看，每日每时都可以看到凭借知识而对事物进行整合带来的变化。也就是说，在对原先的一些存在物进行整合的时候，就产生了一种新形式的存在物。比如，艺术在以任何一种单一形式存在的时候，都会表现出一种完整的形态，然而，在社会分工的条件下，艺术也实现了知识化，转化为各种形态的专门知识，以至于对各种各样的看起来互无关联的艺术进行整合也就变得可能了。我们看到，原先那些分散存在的、有着多样形式的完整的艺术可以被整合到一起。电影就是这种整合后的艺术的典型形式。当许多艺术被综合到一起而成为电影的时候，它们自身也就仅仅成了电影中的一个构成要素，它们不再有自己的独立品质了，它们也不再属于它原先所在的那种类型的艺术了，而只是电影的碎片。甚至一些在独立存在时不能被视作艺术的东西，可以在被电影整合后而成为一件出色的艺术作品的要素。如果对一部可以被称作达到了至高境界的电影进行拆解的话，人们将会发现，构成这部电影的所有要素可能只是各个方面的"三流艺术家"的"三流艺术作品"。正是这些可能被认为不入流的艺术作品，往往在被综合到了一起时，构成了一部堪称杰作的电影。

本来，艺术是属于农业社会以及更早的历史时期的。在那个历史阶段中，严格的社会分工尚未出现，人们的艺术活动是与他的生活联系在一起的，他所从事的艺术也就是他的生活的一部分，甚至是主要部分，一个人所创作的作品可能就是他的生命的体现和实现。所以，在那个时代，往往能够产生伟大的艺术品。工业时代的社会分工把人们推上了通过艺术去谋生、去获取利益的道路。这时，虽然艺术创作的技法迅速提高，但人的艺术活动只不过是他得以生存于社会之中的一种手段，而不是他的生命的体现，不是他的生命的一部分，更不是他的生命的全部。或者说，只是他的生存得以延续的途径。所以，工业时代是艺术终结了的时代。但是，艺术虽然终结了，一些构成艺术的元素则被保留了下来。当这些艺术元素被重新拼凑到一起的时候，也构成了所谓工业时代的艺术。特别是当这些元素再以艺术门类的形式集合到一起的时候，还造就了所谓新的艺术形式。至少，我们是把那些东西称为艺术的，而且不乏一些令人惊叹的艺术作品。

相对于新的艺术形式而言，来自农业社会的那些艺术被打碎了，变成了专门性的知识，并以知识的形式进行普及，能够在诸如专门的学校教育中得到传承。你能否成为一个有着很高知名度的艺术家，往往不取决于你的天赋和悟性，而是取决于你的刻苦学习和训练。你若掌握了艺术方面的知识，并把这种知识转化为你的能力和才华，你就可以成为艺术家。社会治理是与艺术最为相近的职业，在某种意义上，农业社会中的社会治理活动本身就具有艺术的品质，是一种运用权力和营造权术的艺术。可是，在工业社会中，社会治理无非是对专业知识的应用，是对与社会治理相关的各个方面的专业知识进行综合，并加以应用。所以，在这方面，社会治理也依然可以类比为工业社会的艺术。对于这门艺术而言，往往使知识显得更为神奇。在社会治理总的过程中，每一个部分、每一个环节都只是一些专门知识，而且并不显得何等深奥。但是，经由分工—协作体系而对这些知识进行整合，则发挥着神奇的功能。特别是在实施着对人的压迫和控制时，在让你感受到了一种你无法承受的力量作用于你的时候，却不知道这种力量来自何方，是谁在压迫和控制着你。或者说，你有怨气，却不知道对谁发泄。这就是马克思所指出的异化。

近代以来，知识在社会治理过程中发挥着非常重要的作用。这一点是显而易见的。正是由于这一原因，人们往往把那些掌握了社会治理知识的人称作技术精英。在社会治理专业化的背景下，政治活动受到了技术精英的控制，是一种专业化的和专业性的活动。在这种情况下，普通民众在具体地规划个人如何进入参与过程并发挥作用的问题上，根据福克斯和米勒的意见，也就是"话语的正当性也可借助于一个人对情境的接近，借助于提供一个独特的观点、特殊的专业、普遍的知识、相关的生活经历，或借助于表达某人所代表（积极地或消极地）的公民群体或阶级的兴趣的能力来获得。从这方面来说，能够简明扼要地为一个新来的参与者概括争论至今的发展进程或勾勒争论下一步新的发展，就是在推进对话的深入。此处的标准是包容性的，不是排他性的，任何人都有机会在对话中发表自己的观点"。[①] 其中，政治运作方面的知识尤为重要。如果没有这一方面的知识，就会在参与到政治过程中的时候露祛出丑。

可见，知识成了理解社会治理的基本视角，社会治理过程受到掌握社会治理知识的技术精英的控制。在民主语境下，公众如果希望参与到社会治理过程中来，也需要掌握相关的知识。正是知识，构成了社会治理的重要资源，成了开展社会治理的必要条件。就此而言，我们也就不难理解，为什么在近代社会的前期，思想家会喊出"知识就是力量"的口号了。事实上，在近代早期，"知识就是力量"的口号

---

① 〔美〕查尔斯·J. 福克斯、休·T. 米勒：《后现代公共行政——话语指向》，楚艳红等译，中国人民大学出版社，2002，第122～123页。

不仅激励着人们的科学追求，而且给予人们以增强自己实力的途径。所以，在整个近代以来的社会中，这一口号都一直发挥非常重要的作用，它让人知道怎么样去获得生存竞争甚至达致美好生活的力量。如果说中国古人也意识到了"书中自有颜如玉，书中自有黄金屋"，那么"知识就是力量"则更加直白，直接地道出知识可以予人以获取各种所欲的力量。也正是在此意义上，我们可以说，公共行政研究对工具理性和技术理性的依赖可以追溯到近代早期所开辟的传统。

然而，20 世纪后期以来，情况似乎发生了变化。在全球化、后工业化时代，"知识就是力量"似乎应当受到质疑。因为，网络技术的发展已经使知识的获得变得极其方便。如果把知识看作社会生活的资源，我们就会达致这样一种理解，那就是，只有在这种资源稀缺时，掌握了这一资源的人才会显得强大，才能够证明"知识就是力量"。现在，知识已经不再是稀缺资源，至少对于人文社会科学的知识来说，是这样的。特别是在互联网上呼风唤雨的人，在知识方面可能都是一些令人想起来就感到很难堪的族类。所以，我们也就很难说"知识就是力量"了。相反，如果人们紧紧拥抱着某些知识的话，就会使那些知识僵化，从而成为他背负的包袱，以至于负重难行。可见，在知识丰裕的条件下，驾驭知识和运用知识的技能会显得更为重要。另一方面，在人工智能的新成果日新月异的情况下，我们发现，所有可以称得上知识的因素，比如逻辑，都可以由机器人所掌握，而且它们远比人更有优势。

不仅是因为知识资源的丰裕化，而且全球化、后工业化时代所呈现的社会急速运行的态势，也对"知识就是力量"的论断表达了质疑。鲍曼准确地指出了这一点："在正常的环境中，某种行为一般来说总是或近乎总是受到奖励，而其他行为通常会受到惩罚。只有在这样的环境中，学识才是一种强大的、或许是最强大的人类武器。但是，如果行动与结果之间的联系是随机的、短期的和变幻无常的，那么，人类学习、记忆和熟悉某种行为的能力可能是具有毁灭性的，尽管这种行为在过去是成功的。"① 近代以来，知识总是意味着理性。现在看来，与知识相关的理性更多地属于工具理性。认识到了这一点，我们也就明白了，为什么在全球化、后工业化带来的这样一个变动的社会中，人会对知识的力量产生怀疑。因为，在高度复杂性和高度不确定性条件下，在迅速变动的社会中，人的行动除了需要得到工具理性、技术理性的支持外，还需要得到实践理性的支持。不仅如此，在面对突发性事件而开展随机性应对的行动中，所需要的则是作为实践理性的具体形态的经验理性。

实践理性中包含着无法转化为知识的价值，同样，作为实践理性具体形态的经验理性，也包含着无法还原为知识的智慧。因而，与工具理性联系在一起的知识显得不再那么有力量了。当然，这绝不意味着对知识的轻视，而是说，在高度复杂性和高度不确定性条件下，把行动单纯寄托于知识之上，已经变得不可行了。这种新的变化可能意味着，建立在知识应用基础上的社会治理现在正面临着需要重新审视其前景的命运。

总体看来，工业社会的社会治理是建立在知识应用的基础上的。20世纪后期以来，建立在知识应用基础上的社会治理开始处于一种面临挑战的状态中。然而，人们在思考社会治理方面的问题时，依然寄希望于知识的积累、知识的增长和对知识的重新梳理。比如，弗雷德里克森对新公共行政运动历史地位的界定也许可以用来理解当代西方出现的各种"新"的理论思潮。弗雷德里克森说，"新公共行政中的新东西直接来自于指导传统公共行政的价值观。而且，新公共行政在逻辑上也是出自对社会科学领域新知识的集聚以及将那些社会科学在

---

① 〔英〕齐格蒙特·鲍曼：《被围困的社会》，郇建立译，江苏人民出版社，2006，第52页。

公共问题上的聚焦。如果事实果真如此的话，那么新公共行政就具有一个丰富而重要的世系。对这个世系的描述可能有助于将新公共行政置于时代背景之中并且有助于阐明新公共行政的目标"。①

事实上，我们所处的时代并不能被简单地看作工业社会的延续，而是一场旨在否定工业社会的运动。全球化、后工业化必将开启人类历史的一个新的阶段。在这个新的历史阶段中，任何一种声称是新的思想和理论，如果满足于在工业社会的思想和理论成就的基础上去做出一些局部性的创新，如果满足于在对既有知识体系作出继承的条件下仅仅对理论观点进行一些修订，或者说，如果希望把新的社会现象纳入依据既有知识的解释框架中去为自己寻找世系或传统，就不能适应后工业化的要求。实际情况正是，名目繁多的以"新"的面目出现的思潮，都背负了近代以来经典理论的包袱，缺乏实质性变革的创新勇气，因而，是不可能真正转化为适应后工业化要求的行动方案的。在我们说当代关于公共行政以及全部社会治理的研究都背负了经典理论的包袱时，其实隐含着对已经过时了的知识进行持续守望这样一些做法的批评。或者说，我们反对这样的做法：即使在新知识出现时也往往将其纳入旧的知识所包含的解释框架中，即便是在思考改革的问题时也从旧的知识逻辑中去寻找出路。

如果我们对工业社会的社会治理持有批判态度的话，就会提出这样的意见："在官僚机构中，官僚们共同工作，但他们几乎是在所有事情上都各自进行的。因此，他们有一种基于共享经验与惯例的公共语言，可以用它来探讨工作，但他们却没有什么共同话语去谈论其群体之外的生活。"② 官僚的专业化使其成为一个相对封闭的群体，不仅与它之外的其他群体之间没有共同的语言，也同样很难说能够拥有一

①〔美〕弗雷德里克森：《新公共行政》，丁煌、方兴译，中国人民大学出版社，2011，第10页。

②〔美〕昂格尔：《知识与政治》，支振峰译，中国政法大学出版社，2009，第378页。

种官僚们所明确意识到的共同利益。当其他群体表达某种利益诉求时，官僚们在情感上是持抵触情绪的，只是碍于组织规则等方面的要求而将那种情绪压制了下来。然而，官僚们所从事的是社会治理的事业，他们的行为对于一个社会的发展以及全部社会生活，都有着至关重要的影响。当他们与社会、民众相隔绝时，没有了对民众的情感，也没有了对民众利益诉求的理解。他们不仅看不到与民众之间的共同利益，反而会在民众的利益诉求面前感受到对立。在这种情况下，无论他们掌握了多少社会治理专业方面的知识，也无法真正应用于造福人类的事业。

我们总是看到，"官僚主义"是一个禁而不绝的现象。在某种意义上，恰恰是官僚所掌握的专业化的知识，使他们持有或显得有着一种行政傲慢，拒绝向公众开放，甚至把政府转化成为一个封闭系统。可见，知识的专业化在社会治理系统的运行中带来了官僚主义，或者说，专业化造就了封闭的官僚群体，而这个群体的封闭性又决定了它在外向功能实现过程中必然会产生官僚主义。但是，我们也必须承认，专业化是人类社会进步的一项标志性成果。在可预见的人类社会发展前景中，这一专业化的方向都不可能发生逆转。所以，我们不可能在反专业化的行动中去寻找解决官僚主义问题的方案。不过，我们相信，在打破官僚群体的封闭性方面，是大有文章可做的。而且，在促进官僚群体开放方面，有无数种可能性的方案可以尝试。最为重要的是，在科学技术层出不穷的新成就面前，在关于社会治理的理论与方法不断成熟的背景下，官僚群体的开放性丝毫无损于专业化。这实际上就为我们提供了一个非常重要的课题：一方面，我们必须承认社会治理对专业化知识的依赖是不可改变的事实；另一方面，我们又必须通过拆除专业化知识所营造的边界而寻找终结官僚主义的出路。

## 三　社会治理变革中的知识

在既有的组织结构不发生变动的情况下，通过对新知识的运用是可以提高组织效率和生产力的。但是，这取决于既有组织的结构、关系以及运行方式对新知识的容纳程度。如果超出了组织容纳新知识的极限，要么会引发组织变革，要么会封堵新知识引入的通道。一般说来，新知识大都来源于组织的环境，它意味着组织环境已经由于新知识的出现而发生了变化。这个时候，如果组织拒绝对新知识的引入，实际上是与环境的变动不相容的，最终会发现其对环境的不适应性。结果就可能是：要么变革，要么死亡。所以，新知识能否被引入，不仅是服务于提高组织效率和生产力的目的，还决定了是否会引发组织的变革。

社会治理也是这样。在全球化、后工业化的背景下，社会的复杂性和不确定性的迅速增长也意味着新的知识迅速生成。我们经常说信息爆炸，其实它也同时意味着知识的爆炸。在这种情况下，开展社会治理活动的政府如果封闭了新知识流入的通道，惰于改革，肯定会与社会需求愈行愈远。同样，即使政府有主动引入新知识的主观愿望，如果不对自身加以改革的话，也不可能使学习和引进新知识的愿望得到真正实现。不过，另一种情况却是司空见惯的，那就是对新知识进行旧的解读。一般说来，政府并不会完全封闭知识流入的通道，然而，最为经常的表现却是，它会努力把新知识纳入旧的解释框架中，事实上，这种做法可以说是俯拾皆是。这样做，也同样会把政府置于同社会相对立的立场上去。

在实践论的视野中，知识与经验是分不开的，人类社会中的绝大部分知识都来自经验，是对经验的理性提升。然而，在理性建构的意义上，知识是可以脱离经验而在理论的逻辑中建构的。认识论就是一直努力把知识与经验区分开来的，而且，认识论中的理性主义者往往会表达出对经验的轻蔑。不过，我们也看到，虽然科学经历了近代数百年的飞速发展，直到今天，知识与经验的关系依然是无法隔断的。无论科学发展达到了什么程度，也不管理论所要解决的问题如何复杂，都无法超然于经验之外，更不可能无视经验。没有脱离经验的纯粹知识建构，也不可能出现单纯为了知识建构而进行的理论活动。在某种意义上，纯粹出于知识建构的目的而去进行理论活动的做法如果不是从属于思维训练的需要，而是希望作用于实践，就应当被视为一种不理性的行为。

根据昂格尔的看法，"所有理论都始于对直接经验的澄清，也终于对直接经验的澄清。在研究自然的科学中，我们能够更容易看到这一点。那些科学的假定，最终必须通过它们对那些能够看得到摸得着的东西的解释力才能被验证。甚至，在它们从根本上脱离对事物的常识看法时，亦是如此。在关于精神和社会的各种理论中，对经验的诉诸更加不可避免，因为人们所具有的看法，本身就构成了这些理论要给予说明之现实的一部分。这种反思性的经验，就是我所谓之意识。它的不同部分，就其蕴含了我们会变成什么或者应该变成什么的观念来说，已经被描述成了道德感"。①

在历史之河的流动中，每个时代中的人们都会直接地面对两类基本经验：一些是在作为历史遗产的解释框架中能够给予解释因而较容易被人们理解的经验；另一些则是无法作出有效解释并理解起来较为困难的经验。前一种经验总是处在人的知觉的较为显著的位置上，人们习惯了这些经验。这一点也反映在从事理论活动的人的作品中，更多的学者喜欢从这些经验出发或通过这些经验去开展理论活动。因为，这样做较为省力，而且能够收获更多。但是，这种理论活动其实是低俗的。如果学者这样做不是出于教学的目的而是名之为科研的话，也是不严肃的和没有意义的。后一种经验往往是由历史的发展刚刚推展出来的，既有的理论以及解释框架，都无法给予有信服力的解释，给人带来的是更多的思想困扰。因而，在从事理论活动的人那

---

① 〔美〕昂格尔：《知识与政治》，支振峰译，中国政法大学出版社，2009，第33页。

里，一般说来，他们总是在一开始表示冷漠和不屑；随着这些经验需要得到解释的压力的不断增大，再无视它们已经不可能了，就会出现有意加以掩盖的举动；再后来，当掩盖无功而返时，又会努力将这些经验强行纳入旧的解释框架中去，甚至不惜歪曲事实。这可以说是科学发展中的一个基本事实。

人类在 20 世纪 80 年代就启动了全球化、后工业化进程，告别工业社会治理模式的经验开始逐渐积累，而且越来越强烈地表示了对管理型政府的拒绝。在某种意义上，所谓"政府失灵"这个提法，其实是应当被理解成管理型政府的失灵的。然而，从各国的政府理论叙事来看，甚至是在改革实践的方案选择中，都努力在旧的解释框架中修饰现实中生成的直接经验。这样做的结果现在已经显现了出来，那就是，虽然自 20 世纪 80 年代起世界各国都启动了改革，然而，在走过了几十年的历程后，人类却在风险社会中越陷越深。显然，人类社会正处在一个历史性的社会转型过程中，新的经验纷涌而出。然而，人们总是在旧的框架中解读这些新的经验，总以为已有的理论能够给予新问题的解决以指导。所以，虽然世界各国在此社会转型时刻都采取了改革的行动，但遗憾的是，都没有找准方向。

在中国，服务型政府理论的提出显然是一条正确道路，但在一些学者那里，总是用已有的理论和思维方式去篡改服务型政府思想的本意。这无异于为服务型政府的理论创新性探索设置了障碍，而且也对实践造成严重误导。这就是昂格尔所说的，"有一个奇特但却不断重复发生的情况，在这种情况下，人们将其自身视为正在战斗的两种敌对道德观念与感情的战场。敌对的一方将它的忠诚献给了现在的思想模式所反对的那种理想，另一方则为通行的理论与政治秩序效劳，但却不能彻底地征服它所占据的精神"。① 我们的服务型政府研究，恰恰

---

① 〔美〕昂格尔：《知识与政治》，支振峰译，中国政法大学出版社，2009，第 33 页。

要听从道德理想的引领，即便是面对冷漠、讥讽和篡改，也要笃定信念，坚持从时代推展出来的经验出发进行创造性的理论建构。我们在持续不懈的坚持中，必将得到越来越多的经验支持。一旦到了这个地步，关于服务型政府的知识体系也就成型了。这个知识体系在构成上，肯定包含着来自管理型政府的诸多技术方面的知识，但在观念方面、价值方面，都必然有自己的新特征。

全球化、后工业化意味着人类历史上的一场深刻的社会革命，这场社会革命必将带来一种全新的社会治理模式。根据托克维尔的观察："革命的发生并不总是由于萧条、衰退和条件恶化。被革命摧毁的统治，往往就在于他做出改进和改善的时候。"① 托克维尔所看到的这种现象确实是革命过程中普遍存在的，作为一种观感，显然是真实的。但是，如果将改进和改善作为革命的原因去加以认识的话，则是我们不能接受的。因为，如果"被革命摧毁的统治"不去"做出改进和改善"，而是继续维持旧的统治方式，尽管还会将旧的统治维持一段时间，但它在一次必然要到来的总爆发中被摧毁，则是必然的。旧的统治之所以在做出改进和改善的时候被摧毁，是因为矛盾的积累（如列宁所说）已经达到了统治者自己也无法按照过去的方式继续统治下去的程度，是因为"改进和改善"已经迟到了。

其实，避免暴烈的革命行动的发生，唯一可以选择的路径就是，任何时候都应自觉地去谋求积极的变革，特别是应注重对自身那些社会治理实质性层面的内容加以变革。这种主动的社会以及社会治理变革，显然需要得到知识的支持。理论和思想固然重要，但新的理论和思想如果希望得到人们广泛接受的话，没有知识的支持，则是不可能的。所以，在全球化、后工业化以及社会治理模式变革这场重大的革命进程中，提出新的理论和新的思想是必要的。与这些新的理论和思

---

① 〔法〕托克维尔：《旧制度与大革命》，冯棠译，商务印书馆，1992，第4页。

想建构同步发生的新的知识建构，也是不能忽视的。

我们发现，既有理论对革命的解释都往往注重客观原因，认为革命是一种结构主义的变革，它赖以发生的最为根本的前提就是社会矛盾的积累。因为革命的到来以及革命过程都是不可控的，或者说，革命是旧的社会矛盾得以解决的总体性行动，所以，人们为革命所付出的代价往往是非常惨重的。在今天这样一个社会现实中，如果仅仅持有上述客观主义的认识，就会产生对革命的恐惧。因为，在今天这样的历史条件下，人类可能无法承受得起这样一种由于社会矛盾的积累而引发的革命。或者说，一场由客观原因引起的客观性的社会革命进程可能会毁灭人类。在今天，唯有构成主义的社会变革路径才能带来积极的结果，而构成主义的变革是包含在人们用自觉的行动去加以建构的过程之中的。

在一个变革的时代，我们首要的任务就是致力于知识创新。只有当我们在知识创新方面取得了突破性的成就时，才有可能在构成主义的建构路径中承担起自觉地建构新型社会治理模式的任务，才能让历史转型呈现构成主义的发展路线。比如，服务型政府建设已经提上了社会治理变革日程，我们在对服务型政府的研究方面，就需要建构起相对完整的知识体系，并将这方面的知识扩散开去，使每一个担负着社会治理职责的人都能够了解甚至熟悉这方面的知识。如果我们做到了这一点，可以相信，服务型政府建设就可以获得事半功倍的效果。

后工业社会的社会治理知识建构，将会把我们的视线引向对社会科学研究方法和路径的关注。从人文社会科学的发展史来看，在人类进入了科学觉识的时代后，不仅知识进入了一个持续的迅速增长过程，而且社会科学的研究对象也因人的建构活动而持续地走向繁复庞杂。但是，我们需要指出的是，在整个工业社会的历史阶段中，科学活动的环境以及科学认识的对象，都可以用低度复杂性和低度不确定性来加以描述。正是这种低度复杂性和低度不确定性，允许科学认识在走向深入的时候把自己打造得更为精细、更为烦琐。一旦社会环境与认识对象获得了高度复杂性和高度不确定性的特征，精细和烦琐的科学不仅无法提供真知，反而会成为认识世界的障碍。

也正是这个原因，偏好实证方法的科学活动在全球化、后工业化进程中总是显得"小事精明，大事糊涂"。也就是说，运用实证方法进行科学研究，在一切无关宏旨的细枝末节的问题上都能够做得清楚明白，而对于全球化、后工业化进程中的社会变革意义上的所有问题，可以说都无法形成正确的认识，更不用说提出有价值的对策性意见。可是，恰恰是崇尚实证方法的风气，把从事科学研究的人打造成了"近视眼"，让他们关注当前的、微末的问题，游离于这个大时代去进行科学研究，而且他们往往陶醉于自己的研究结论，特别是陶醉于自己把科学研究转化为知识游戏的能力。其实，这些被视作科学研究成果的东西，严重脱离了时代背景，即使在解决具体问题方面显示出某种效力，也是极其有限的，甚至会引发更多、更大的问题，会在后工业化进程中制造出更多的问题和麻烦。

高度复杂性和高度不确定性的时代需要一种简单的科学。只有科学是简单的而不是烦琐的，才能够具有强大的解释力，才能够在给予行动者以自主和自由的同时对其行动提供有力的指导。在全球化、后工业化进程中，直接关注社会治理问题研究的学科更是如此。通过创新去形成新的知识体系已经是我们无法回避的任务了，我们必须在知识创新的问题上取得突破性的进展。也就是说，在从工业社会向后工业社会转变的过程中，知识生产是革命的动力，甚至可以说，知识生产本身就是革命的行动。所以，我们致力于社会治理模式变革的研究，开展社会治理方面的知识生产活动，是一项伟大的事业。

# 第六章

# 共同行动中的整合

人类社会的所有社会生活内容都是通过共同行动去加以诠释的，但共同行动必须有秩序，需要去获得行动的一致性。因而，长期以来，人们在如何获得共同行动的一致性方面展开了持续的探讨和争论。在此问题上，往往锁定了价值、规则和规范三个要素。应当承认，价值、规则与规范是无法完全割裂开来去加以认识的，它们之间存在着相互转化和相互包含的关系。但是，在行动过程中，它们之间的关系又总是表现出以价值或规则或规范为引导的问题。

就现实来看，组织是共同行动体系，一切共同行动都不得不求助于组织这样一种形式。就工业社会的情况看，组织之所以能够成为有序的和有效率的共同行动方式，是因为规则于其中发挥着作用。所以，一切组织都需要求助于规则。特别是官僚制组织，把对规则的建立和应用诠释到了极致。尽管规则带来了朝向行动目标的一致性，使行动者的关系得到了较好的协调，但规则毕竟是一种压制人的力量，它使人异化为工具性的组织成员，从而泯灭了组织成员作为人的个性。在高度复杂性和高度不确定性条件下，规则成了束缚行动者手脚的因素，让行动者在面对突发事件的时候，无法获得开展行动和随机应对的自主性。在全球化、后工业化进程中，我们构想了一种既能包容人的个性又能共同承担任务的组织形式——合作制组织。合作制组织将告别对规则的依赖，转而求助于规范对行动的引导，即在规范的引导下开展合作行动。

# 第一节　共同行动中的价值及其规范

## 一　工业社会中的差异与同一性

克罗齐耶和费埃德伯格认为，工业社会的"组织属于既定社会中的一部分，其技术、经济、文化等方面的发展均已达到了一定水平；其特征是具有一定的社会结构；它向成员灌输那些既定的为其成员具体遵从的价值观念"。① 其实，我们在工业社会的组织运行中并没有看到价值观念发挥主导作用的状况，反而是规则在组织的运行中发挥着基础性的作用。组织就是一个规则体系。组织作为一个共同行动体，总是把行动上的一致性完全寄托于规则之上。因而，在工业社会中，没有规则，组织就不可能以一个整体的面目出现，更不用说去实现组织目标了。

当然，组织是社会的缩影，在组织的运行中，社会的价值是体现在和包含在规则之中的，从而使组织表现出了对规则的依赖而不是以价值为依托。总的说来，在低度复杂性和低度不确定性的社会背景下，组织与作为其环境和背景的社会之间有着同构关系，组织以浓缩的形式反映了它所在领域中的社会。但是，这只能视作一种哲学判断。在现实中，组织与社会的差异还是非常明显的。不过，在高度复

---

① 〔法〕克罗齐耶、费埃德伯格：《行动者与系统——集体行动的政治学》，张月等译，上海人民出版社，2007，第120页。

杂性和高度不确定性的条件下，组织与社会的差异和同一性将会出现非常复杂的情况。可以断言，在高度复杂性和高度不确定性条件下生成的合作制组织，在某些方面会反映出其环境和背景的高度复杂性和高度不确定性，而在另一些方面，又可能恰恰是与其环境和背景不同的。比如，合作制组织的流动性、边界的不确定性，都是与其环境和背景的高度不确定性相一致的；组织专业上的单一性和任务的唯一性，又都是与其环境和背景的高度复杂性全然不同的。

不过，合作制组织作为一个开放系统，与其环境间的互动关系将会达到很高的地步，会更多地表现出随时根据环境的状况而进行随机性选择的行为特征，即根据环境的变动情况而随时作出反应，表现出"以动制动"的共同行动特征。其实，即便是在工业社会，组织的治理也与社会的治理有所不同。社会依靠价值和规则两个方面来开展治理，组织则凭借规则和权力去谋求行动的一致性。现在，人类正走向后工业社会，随着合作制组织的出现，会表现出价值与规范的统一，而对规则的依赖度，则会降到极低的程度，甚至有可能不通过规则去谋求行动的一致性。我们做出这一构想，是与对社会的整体构想一致的。我们认为，全球化、后工业化进程中的社会高度复杂性和高度不确定性对人类整体上形成了一种压力，迫使人们必须把人的共生共在作为一切行动的前提。这样一来，人的共同行动就会以合作行动的形式出现，而社会则会转变为合作的社会。

人的共生共在是对人类历史上一切平等追求的超越，就人的共生共在而言，相对于每一个人又都是平等的。所以，也应当是人的平等最终实现了的状态。我们今天虽然已经走进全球化、后工业化时代，但我们的生活环境、思维方式以及诸多观念仍然是源于工业社会的。当我们在此条件下去谈论平等和构想平等的世界时，会首先看到：在一个平等的世界中，人的差异有很大一部分来自人的欲望，每一个人都有着属于自己的欲望，而理性给予人的则是同一性的标准，让人的欲望实现合乎某个或某些同一性的标准。正是欲望与理性的这种功能不同，使社会表现出了对个人的压抑，并总是以个人追求与社会规范相冲突的形式出现。在我们认识到了这种冲突只不过是欲望与理性标准的冲突时，就会希望从此出发去寻求破解之道。昂格尔的思考就是出于解决这一问题的。所以，他对道德进行了分析，区分出"欲望的道德"和"理性的道德"，以求通过这种区分让人们认识到欲望与理性冲突的实质。的确，昂格尔为我们提供了一个新的视角，让我们获得了理解欲望与理性关系的一个解释框架。

根据昂格尔的看法，"从理解的立场上来说，由个别人所感受到的特定欲望都是主观的。因此，理性所唯一能够产生的道德就必须是：它将不管人们个别的、反复无常的目的而约束他们。确乎其实的是，它将会是理性的道德之如此普遍的标准的不可缺少的特征，也即，不支持任何单个个人的目标，仅仅由于碰巧正是他需要它们"。① 人的欲望是千差万别的，因而，关于欲望的道德也应当是具体的。人的欲望的正当性取决于具体的条件、具体的环境，在此时此地可能是不道德的，而在彼时彼地却又是道德的。理性所给予的则是同一性，它让欲望从属于同一标准，排斥了欲望产生的一切具体条件。

的确，人是生活在社会之中的，是在与他相关联的人的互动中产生了道德的问题。无论是哪一种类型的道德，在发生与存在的意义上，都有着深厚的社会基础，是所在社会中的伦理关系的反映，可以说是具有必然性的。但是，就理性与欲望之间存在着冲突而言，这又是一个客观事实。不仅欲望的道德与理性的道德之间的不同会导致冲突，而且欲望的道德与欲望之间也会存在冲突。欲望的道德让人关注具体性，而理性的道德则突出强调同一性。不过，在康德的立场上，只要是可以视为道德的因素，都可以归入实践理性范畴。即便是欲望

---

① 〔美〕昂格尔：《知识与政治》，支振峰译，中国政法大学出版社，2009，第 74 页。

的道德，也是理性的，也会对个人欲望的正当性作出判断和进行规范。也就是说，欲望的道德不仅发挥着激励个人欲望实现以及幸福追求的功能，同时也会对欲望以及幸福追求的正当性作出界定。

　　一旦道德发挥了对欲望以及幸福追求正当性进行界定的功能，就会表现出部分的限制和排斥。这一点在理性的道德那里，体现得就更加清楚了，那就是，"除了自由的目的外，理性的道德不能被奉献给任何实质性目标的促进"。[①] 当然，昂格尔为了把"欲望的道德"与"理性的道德"区分开来，突出地强调了它们的差异，认为"欲望的道德乃是一种目标伦理，它关注的乃是对特定欲望的满足。但是理性的道德乃是规则伦理，是普遍的原则，对我们任何追求目标的行为进行限制"。[②] 这对于理解功利论伦理学与义务论伦理学的不同来说，是划定了一条清晰的界限。然而，对于道德实践而言，则显得过于武断。因为，在欲望与理性之间可以看到一种类似于光谱一样的增强与减弱的现象。我们同意昂格尔区分出"欲望的道德"和"理性的道德"，因为这种区分有助于理解道德生活。但是，我们不认为在这两种道德之间可以画出一条明晰的界线，至多也只能说这两种道德属于两种极端状态，是在理论概括中所看到的现象。如果说边沁与康德代表了两种伦理学传统的话，那么道德生活的实践则不会因为这两种传统而发生重大的改变，而是处于两者之间的状态，往往会偏离轴心，有的时候偏向这一极，而有的时候会偏向另一极。在区分"欲望的道德"和"理性的道德"时，不应是出于理解两种伦理学传统的需要，而应是服务于道德生活建构的需要。那样的话，我们就需要在两种道德之间寻找互通的桥梁，进一步地说，应当将两种道德整合为同一个系统。

---

① 〔美〕昂格尔：《知识与政治》，支振峰译，中国政法大学出版社，2009，第74页。
② 〔美〕昂格尔：《知识与政治》，支振峰译，中国政法大学出版社，2009，第75页。

关于欲望的道德，昂格尔是这样定义的，欲望的道德"将满意推崇为善，并且将满意界定为对欲望的满足"。① 这种满足并不是单项的和特定的，因为，"一旦一个欲望被满足了，另外一个必定会过来取代它的位置……没有理由认为，随着时间的发展，未被满足的欲望在数量上会减少"。② 所以，昂格尔认为欲望的道德是有局限性的。特别是在欲望的道德被享乐主义用来证明感官快乐时，这种局限性就会以一种道德悖论的形式出现。不过，昂格尔也同时指出了理性的道德的局限性，即无法接受技术理性的审查。第一，理性的道德以普遍原则出现时，必然会存在逻辑上的前后不一致，也同样会表现出实践中的因人因事而变的情况，因而对自己的普遍性作出否定。第二，如果不是以普遍规则的形式出现，又何以能够成为对每一个人都适用的标准呢？即何以成为建构道德生活的要素和提供道德秩序的原则？所以，理性的道德也同样会陷入二难困境。

的确如此。昂格尔看到了欲望的道德与理性的道德都存在自反性的悖论，这在理论上是非常深刻的，可以说是一幅关于时时处处存在着矛盾的工业社会的素描。在工业社会中，任何存在都必然有与它并行和对立的另一个存在与之相伴随，任何一个存在都不可能得到单独的定义和孤立的认识。所以，关于对立统一的认识，就能够在这种情况下被确认为一项普遍性的规律。

显然，从个人主义的立场出发，必须承认人的欲望，甚至必须优先考虑人的欲望。一旦关注人的欲望，就会发现人与人之间存在着差异。或者说，人与人之间的一切差异都可以从人的欲望出发去加以认识和理解。但是，人是生活在共同体之中的，人们之间的差异不应对共同体生活构成不利影响。所以，需要在承认人的欲望的前提下，对

---

① 〔美〕昂格尔：《知识与政治》，支振峰译，中国政法大学出版社，2009，第77页。
② 〔美〕昂格尔：《知识与政治》，支振峰译，中国政法大学出版社，2009，第77页。

由欲望所引发的行为加以规范。一旦从欲望出发去思考规范的问题，就会自然而然地把关注点放在道德之上。因而，也就出现了道德如何对待人的欲望的问题。被昂格尔称作理性道德的这种道德，在获得了某个（些）同一标准的时候，实际上也就走向了对人的欲望的否定，进而，把人纳入同一性的理性框架之中了。被昂格尔称作欲望的道德的道德，则是承认人的欲望的，但也包含着对人的欲望的甄别，即排斥某些不正当的欲望。归结起来，昂格尔所概括的这两种道德所反映出来的是工业社会的两种立场：理性的道德所追求的是同一性，而欲望的道德则表达了对差异的承认。

这两种不同的道德立场，本身就表明工业社会处在差异与同一性的矛盾之中。反映在社会治理中，也包含着两种不同的取向：一种是对人的差异的承认；另一种则是运用规则去制造同一性。工业社会的社会治理在现实的发展和运行中走上了对同一性的追求，具体表现就是，运用规则去谋求同一性。然而，人的差异又是客观存在的，为了消除和抹杀人的差异，就需要不断地强化规则，并在规则的执行中强化控制的方式。实际上，工业社会中的社会治理一直无法解决差异与同一性之间的关系问题，总是深深地陷入差异与同一性的冲突之中。而且，这种冲突总是处在周期性的激化状态中。所以，对差异与同一性问题的解决，或者说，对差异与同一性问题的超越，只能寄望于人类走出工业社会的行程。如果人类走出了工业社会，我们相信，不仅欲望的道德和理性的道德所包含的这些悖论有可能被消除，而且这两种道德的关系也会发生变化，至少，这两种道德间的明显不同会呈现模糊化的趋势。那样的话，社会治理就无须在同一性的追求中去压制差异和消除差异。同时，人的差异也不是共同体生活中的消极因素，反而是人们共同行动的前提。

在从道德的角度思考工业社会中的差异与同一性问题时，麦金太尔所呈现的是一条不同于昂格尔的思路。也就是说，麦金太尔不是像昂格尔那样，表达了对差异和同一性的双重承认，而是像经典时期的人们那样表达了对差异的反感。在麦金太尔这里，同一性是用集体主义这个概念来表达的，而差异则是被作为个体主义的主张来看待的。根据麦金太尔的看法，从集体主义到个体主义的演进虽然带来了道德个体化的结果，但这个过程也同时伴随道德的衰落。"道德衰退的图景，是一需要有三个不同阶段的区分的图景，在第一阶段，价值理论尤其是道德的理论与实践所体现的真正客观的和非个人的标准，为特定的政策、行为和判断提供了合理的正当的理由，这些标准本身也可以合理地证明为正当的；在第二个阶段，存在着维护客观的和非个人的道德判断的不成功的企图，而且依据标准和为标准提供合理的正当的理由的运动持续地失败；在第三阶段，由于那虽不在明确的理论中，但在实践中蕴含的认识，一种情感主义理论隐然获得了广泛的赞同：客观的、非个人的主张已不适用。"①

的确，在近代社会的兴起过程中，我们在社会的表象层面，看到了它存在着道德衰退的问题。但是，这种衰退的逻辑并不是麦金太尔所描述的那种情形。近代社会道德衰退的根源并不是由思想或观念上的集体主义或个体主义带来的，而是根源于整个社会的形式化，是由于整个社会在一切领域中都追求明确规则化的调控机制而排挤了道德，从而使道德走向衰退。形式化的后果恰恰营造出了同一性。追求和实现同一性的过程也就是一个抹杀差异的过程，而不是麦金太尔所说的个体主义差异得到普遍承认。其实，从理论上看，麦金太尔在用集体主义和个人主义置换了同一性与差异后，也恰恰做了错误的归因。他认为道德的衰落是由个人主义的差异带来的，事实恰恰相反，正是同一性追求排斥了道德。所以，麦金太尔在道德衰落的事实中所形成的"个体主义大获全胜"的判断是可疑的。

_____

① 〔美〕麦金太尔：《德性之后》，龚群译，中国社会科学出版社，1995，第25页。

我们也承认，近代以来的社会一直存在着集体主义与个体主义的争论，从这两种立场出发，都可以提出自己的道德主张。而且，如果把这两种主张分别看作关于公共生活与私人生活的道德主张，而不是在泛化的意义上去理解，都是具有合理性的。集体主义与个体主义之间的争论之所以会发生，是由于它们都不安于仅在公共生活或私人生活的领域中去实现它们的主张。当我们认识到了这一点，走出集体主义与个体主义静态相向时的各种争论，就不再会用一个方面的主张去压倒另一个方面的主张，而是会形成一种对近代社会的那种形式化的发展逻辑加以扬弃的主张。

## 二　服务于共同行动的规则

工业社会对同一性的追求出于两个目的：其一，是出于秩序的要求；其二，是出于共同行动一致性的要求。就工业社会是一个组织化的社会而言，就工业社会的秩序追求需要通过组织予以实现来说，同一性追求还是需要落实到组织这里的。组织是共同行动体系，工业社会的同一性在组织这个行动体系中被转化为了共同行动的一致性，而且组织的行动一致性也在很大程度上取决于组织秩序。

从组织实践来看，共同行动一致性的获得是根源于规则的，正是规则所提供的标准，正是规则所实现的规范，正是依据规则的控制，实现了共同行动的一致性。所以，在组织这里，当同一性转化为共同行动的一致性时，规则成了一个人们普遍关注的聚焦点。此时，道德的讨论退场了，因为组织中的规则挤占了道德的地盘、排斥了道德的功能。这也促成了价值的规则化，或者说，让规则替代了价值。无论是在政府中还是在社会中，只要是以组织的形式开展共同行动，都表现出了规则对价值的替代。如果说东西方在此问题上存在着差异的话，那也仅仅是程度的不同而已，并不构成不同的模式。

在工业社会的日常生活领域中，我们发现，一个家庭要求其孩子行为的同一性和一致性，这往往被归结为父母意志和情感好恶。孩子们在多大程度上拥有了对父母意志和情感好恶的共同理解，他们在行为上也就会拥有相同程度的一致性。在农业社会，治理体系表现出了工业社会家庭中的这种特征。也许正是在此意义上，人们才把农业社会说成"家国一体化"的状态，社会秩序的获得表现出了对价值因素的依赖。在工业社会，社会治理体系要求的行为同一性和一致性是被归结为规则体系的，因而具有了理性的特征。特别是在官僚制组织的运行中，建立在规则体系基础上的组织成员行为上的同一性和行动上的一致性始终是高于一切的优先性追求。在组织体系的设计原则中，往往认为，权力意志所造成的是对组织成员行为同一性的破坏，在行动上也会造成不同的人对行动目标理解上的偏差。所以，对于权力的运行，也需要制定出相应的规则，要求权力得到规则的调控，以免其对组织行动的一致性造成冲击。

在社会治理过程中，诚如芳汀所指出的，"以规则为依托的系统，其设计的目的在于支持清晰的组织目标。但机构的目标经常是模糊的和互相冲突的，它们来自法律上的妥协或者该机构的多重使命。不管是通过绩效评估还是通过新技术，合理化终究没有改变基本的政治现实，机构不断实现的合理化和政治现实甚至是相矛盾的"。① 在工业社会的历史阶段中，这实际上是一个无解的方程。因为，组织存在着强化规则的要求，而政治总是用讨价还价去破坏规则。在组织规则与政治现实之间，一直存在着背向而行的问题。然而，政府又无法彻底告别政治和摆脱政治。就政府作为组织系统而言，虽然经常性地被要求纳入合理性的视角中去加以建构，但是，政府所承载的政治却又不断地被要求改变游戏规则。这就是管理与政治的冲突，即管理要求遵从

---

① 〔美〕芳汀：《构建虚拟政府——信息技术与制度创新》，邵国松译，中国人民大学出版社，2010，第54页。

规则，而政治则倾向于破坏规则。当然，我们也必须承认，政治行动也会提出一致性的要求，但那表现出来的往往是通过意识形态等因素而动员起来的一致性行动。管理则不同，管理必须求助于规则去赢得一致性的行动。

哈耶克指出，"我们之所以能够相互理解，彼此相处，并能成功地按照我们的计划行动，这是因为在多数时候，我们文明中的成员无意识地遵从了某些行为模式，从而在其行动中显示出某种规则性"。①组织所代表的是科学化、技术化的行为模式，是把一切行动都放置在规则的调控之下的。如果说在社会的宏观系统中造就出某种行为模式的因素是复杂的，而且人为地去塑造某种行为模式的努力也往往被证明是不成功的，那么在组织这里，通过规则就可以塑造出某种行为模式。

在社会这样一个宏观的生活场境中，即使在某个特定的时期通过某种努力而塑造出了所期望的行为模式，也不会被历史所保留下来，甚至会经历一个极短时期的存续后就走向瓦解。比如，中国的"文化大革命"时期就塑造出了一种特定的行为模式，但是，随着"文化大革命"的结束并受到"反正"，这种行为模式很快就被消解了。然而，在微观的社会系统层面上，我们看到，近代以来的组织由于是运用规则去塑造行为模式的，表现出了持续前进的态势。特别是发展出了官僚制组织这一现代组织的典型形态后，规则既是组织存在的基础，也是形塑出行动一致性的前提。在道德退场之后，正是运用规则的行为调控，有效地把组织成员的行为纳入了形式合理性的路径之中，从而总是能够保证行动朝向既定的目标。

由此看来，正是由于这个原因，现代组织表现出了对规则的迷

---

① 〔英〕弗里德里克·A. 哈耶克：《自由宪章》，邓正来译，中国社会科学出版社，1998，第96页。

恋。一旦成立一个组织，就会首先想到制定完整而详尽的规则体系；在组织出现了任何问题的时候，也都会首先想到去对规则作出调整。不过，正如克罗齐耶所指出的，"假如说对规则制定的迷恋是一种愚蠢的迷狂，那么这首先是因为，这种迷狂由其自身的失败孕育而成。每一个人都在抱怨官僚主义，抱怨行政管理制度与干部制度。然而，如何对诸种问题做出反应呢？正是因为我们的行政管理机构的不良适应，导致了这些问题的出现"。① 规则导致了人与人之间关系的疏离，规则塑就了官僚主义。然而，为了矫正官僚主义可能造成的后果，又再度求助于规则，轮番加码，循环升级，直至规则的绳索把整个组织捆绑得无法动弹为止。

在设计一个组织时，关于这个组织的结构、规则、行为标准和模式、权力的作用机制等所有方面的考虑，都可能已经做得无一遗漏，似乎一切都在设计者的掌握之中了，设计者可以很有信心地认为，正在建立起来的组织完美无缺。可是，一旦付诸行动，所有这些设计的适应性问题都需要受到重新检验。这是因为，构成组织的最基本的要素是人，尽管人在组织中是以角色的形式出现的，但人从来也不愿意离场，而总是误把角色当作了人自身。所以，无论多么精心的设计，都不可能像用机器部件组装成一台机器那样。人作为组织的要素本身就具有无限的复杂性，正是由于人的这种复杂性不可能被组织的设计者完全把握，所以组织一旦投入运行，就会出现与设计方案不一致的非正式结构、非正式规则以及权力的非正当行使等各种各样的问题。

当组织出现了非正式结构时，组织的管理者势必会采取压制非正式结构的做法。在所有压制非正式结构的措施中，制定并强化规则显

---

① 〔法〕克罗齐耶：《法令不能改变社会》，张月译，上海人民出版社，2007，第36页。

然是最为简便易行的做法。而且，在法的精神已经深入人心的这一社会中，这种做法也是能够得到人们的普遍接受的。进一步地说，这种做法也是增强组织权威合法性的途径。然而，规则毕竟是非人格化的，是以一种外在于人的力量而施加于人的。虽然在规则的施行中可以获得人的行为的同一性和行动的一致性，但那是在压制了人的人格的情况下而赢得的形式化的同一性和一致性。面对这种同一性和一致性追求，如果人能够自觉到自己是人的话，就必然会在遵从规则之外去寻求另一种可以满足他作为人的存在的道路。所以，在现代组织的正式结构之中，总是广泛地存在着非正式组织。

在任何一个社会系统中，我们都会发现，虽然权力是被用于支配的，但权力的支配如果不是建立在规则的基础上，就必须以人的"亲和"为前提。显而易见，如果支配者与被支配者之间是疏离的，支配效果就会大打折扣。当然，在支配者与被支配者之间存在着矛盾，而且这种矛盾会使他们在心理上、情感上相疏离，但在物理的意义上，则是亲和的。否则，支配与被支配的过程也就是非现实的了，就如人"亲而有冲突，避则不会有冲突"一样。规则不同，它在抹杀了人的心理和情感因素之后，所制造的是物理意义上的疏离。所以，我们看到，在既有的组织模式中，"距离是管理的手段，它给予处在系统症结之处且在管理之中扮演特殊角色的人以优势"。[①] 层级设置本身就是要在组织成员间拉开距离，部门化也同样如此。这不仅在不同层级的组织成员之间，而且在横向的各部门之间，都拉开了一定距离，并通过这种距离营造出某种神秘的气氛，使组织成员不因过度亲密而无视组织规则。

这种把距离作为管理手段的做法还被集权者所利用。比如，我们

---

① 〔法〕克罗齐耶、费埃德伯格：《行动者与系统——集体行动的政治学》，张月等译，上海人民出版社，2007，第 237 页。

在那些具有集权特征的组织中，经常可以看到，你原先非常亲密的伙伴被提拔到了某个管理岗位上，他很快就疏远了你。之所以如此，就是因为他需要通过与你拉开距离而把你打入被管理者的行列中，以便他行使权力。也许你会说，因为你们是密友，你太了解他的恶行以及可能做出的恶行，他与你拉开距离仅仅是一种动物式的自保反应。对于具体的人来说，不排除这种情况。但是，我们发现，几乎所有的人在被放到管理岗位上或被提拔到更高的管理岗位上之后，都会做出疏远朋友的选择。其原因显然是出于管理的需要，即把距离作为管理的手段来加以应用。对此可以提供证明的是，我们经常看到，那些人在"下台"之后又回到了你这里，对你表现出了加倍的热情，会让你一时无法适应并无比反感，以至于必须用自己的宽容心去包容他。其实，你是不应当将其理解成他的人品问题的，因为几乎所有有着这种经历的人都会如此，那就是，在进入管理岗位上的时候疏远朋友，而在"下台"后又回过来找原先的玩伴。当然，我们说人是具体的，在不同的人那里，原因会不同，表现也会有巨大的差异，但作为一个普遍现象，则应当将其理解成一种管理手段而不是人格问题。

组织对这种距离的应用显然是有利于协作的，即有利于把组织成员的行为纳入某种给定的标准所欲塑造的范型中去。而且，这也确实有利于组织成员因遵守组织规则而排除人情干扰，或者，排除了人情干扰遵守组织规则。但是，距离也会导致某种消极后果，那就是信息沟通的不畅和相互理解的困难。鉴于这种情况，管理学又试图通过对沟通的强调而去消解距离所引发的消极后果。事实上，在组织成员间制造距离与促进沟通的问题上，往往很难找到一个适当的平衡点。因此，组织的领导者往往需要花费大量精力去制造距离或促进沟通，表现出了反复无常。总之，规则制造了距离，反过来，距离又有利于规则的执行。但是，距离不利于沟通，以至于在规则得到了很好执行的时候，所营建起来的行动一致性也完全是一种形式化的一致性，不具有任何意义上的有机性，即不是一种实质上的一致性。

汤普森认为，"管理者在执行规则上的宽大也促使下属产生一种在紧急情况下积极反应的义务感"。[①] 显然，规则越细而且越具有刚性，组织成员在行为上就越具有消极和被动的表现。在这种情况下，他会把工作看成迫于一种外在压力而不得不做的事情，是一种出于谋生和保证个人收入而不得不应付的事情，因而不会迎接挑战而创造性地实现自我的追求。在他持有这种态度的时候，一旦出现偶发事件，特别是在紧急情况下，他就会首先选择逃避。即使在无可逃避的情况下，他也会首先考虑去把责任推诿给别人、推诿给规则以及推诿给组织的其他构成要素。其实，在官僚制的框架下，行政人员是乐于遵守规则的，因为这是他逃避责任的最好途径。只要他是遵守规则的，无论他的行动后果怎样，都无法对他进行追究。由此看来，并不是行政人员天生缺乏主动性，而是官僚制按章办事的要求，把行政人员引向了遵守规则比不遵守规则更合乎自身利益的方向。

## 三 合作制组织中的规范

一个人可以说能够干好一件事情，但一个人不可能干好所有他遇到的事情。所以，人需要通过与他人的协同行动去解决问题。然而，从近代以来的情况看，人一旦进入组织，便失去了自我。在按照工具理性建构起来的组织中，人成了组织存在和实现组织目标的工具。对于组织而言，任何一个个人都似乎是无关紧要的。组织的合理化程度越高，人的作用就越是被掩盖在组织功能的背后，以至于人们所看到的，就只能是组织的运行而不是人的行动。因而，人能否干好事情，

---

[①] 〔美〕詹姆斯·汤普森：《行动中的组织——行政理论的社会科学基础》，敬乂嘉译，上海人民出版社，2007，第145页。

不是由人自身的各种因素决定的，而是取决于组织的合理性。而且，这种合理性是包含在规则之中的。

对于这种情况，如果从人本主义的立场来看，就会提出批判性意见，会认为它是用科学化、技术化设置压抑了人的解决问题的能力，使人的行动失去自由和自主性。但是，20世纪的所有对官僚制的批评都没有找到对此问题的解决方案。其实，真正的解决方案包含在用一种新型的组织形式去替代官僚制组织中，这种新型的组织形式就是合作制组织。合作制组织将从根本上改变规则压制和替代组织成员自主性的问题。或者说，合作制组织所持的是这样一种基本理念：组织是人的行动系统，组织的一切必要设置都是围绕着人的行动展开的，是为了促进人们的合作和为合作提供保障的。在合作制组织这里，人是组织的建构者，也是组织的驾驭者。因而，人具有充分的自主性和能动性，能够把组织建成一个合作的平台。或者说，能够把组织塑造成一个合作系统，从而彻底告别规则凌驾于人之上控制着和支配着人的状况。

事实上，高度复杂性和高度不确定性的社会也恰恰对组织创造性解决问题的能力提出了更高的要求。当我们对组织各要素进行审查时，就会发现，在构成组织这一共同行动体系的各要素中，除了人之外，显然没有任何因素是具有创新能力的。规则有助于守成，却不利于创新。由于合作制组织是产生于和存在于高度复杂性和高度不确定性社会中的行动体系，它不得不时时求助于人的创新能力。也正是由于这个原因，合作制组织不允许任何一种压抑人的自由和自主性的设置出现，而是在承认人的创新能力及其行动是有缺陷和有风险的前提下，通过人的合作去最大可能地抵销这些缺陷，并最大可能地防范风险。

由此看来，同样是从人的能力的有限性出发，却可以产生两种完全不同的思路。官僚制组织及其所有变形，都是通过规则的设置和对遵从规则的强化来弥补人的能力的有限性和避免人的缺陷的。可是，在它（们）这样做的时候，却造成了对人的存在的整体性的取缔和压抑。合作制组织虽然也是从人的有限性出发的，也认为人是有缺陷的，但它始终把人放在突出的位置上，要求通过人的合作去弥补这种缺陷。而且，由于人的主体性得到了尊重，人在享有自由和自主性的同时，获得了承担任务和解决问题的创新能力，并汇聚成共同行动的能力。

在官僚制组织中，显然是规则使组织成员丧失了自主性。组织成员的自主性在很大程度上来源于组织对其成员个性的尊重和承认。在官僚制组织中之所以存在着组织成员自主性缺失的问题，就在于它用外在组织成员的严密规则取代了对组织成员个性的承认。鉴于此，合作制组织如果需要更多地倚重组织成员的自主性的话，就必须做到对组织成员个性的充分尊重和承认。在我们把组织成员当作人而不是工具的时候，就无法回避尊重和承认其个性的问题。当组织成员被作为工具看待时，他的个性是无关紧要的因素，甚至是有害无益的因素。这时，组织成员自身也会在组织活动中压抑自己的个性，接受自己的工具性定位，被动地接受组织对他的支配和驱动。与之不同，当组织成员的个性得到尊重和承认时，他就倾向于把自己打造成自主的个体，不仅会主动地去认识和理解组织任务、组织目标，而且会主动地去寻求承担任务的最佳方式，会主动地通过合作的方式去承担任务，会在一切必要的时候毫不犹豫地摆脱协作性安排的羁绊。

官僚制组织是一个协作系统，是在分工的前提下开展协作的。由于这种协作不是出于组织成员的内在要求，因而，也就必须通过规则去加以协调，需要由外在于人的规则去整合出协作行动。事实上，官僚制组织的部门化构成了一种分工—协作关系。在分工的向度中，每一个部门都能够集中到专业上来，使专业水平得到提高，从而使组织在这种专业水平的提高中获益；在协作的向度中，又使组织以一个整体的形式出现，造就出基于各专业部门的专业水平的组织能力和承担组织任务的效率。但是，组织的各个部门又都有着部门利益，都会为了部门利益的实现而去攫取组织权力，都会因为部门利益的最大化追求而产生控制其他部门的冲动，都会要求拥有比其他部门更大的权力和占有更多的组织资源。不仅因为每个部门都倾向于夸大自己对组织的重要性，也不仅因为每个部门都会认为自己对组织作出了更大的贡献，而是因为，每个部门都希望按照自己的愿望去重塑组织，希望根据自己的理解和认识而把组织打造成更具环境控制优势的共同行动体系。

这实际上会导致非常消极的后果：要么使组织偏离方向，要么使组织陷入部门间的冲突之中。更多的时候，这种后果是以组织目标置换的形式出现的。所以，如果没有铁一样的规则，整个组织就会陷入纷乱无序之中。鉴于这种情况，合作制组织并不在其内部进行严格的部门划分。或者说，合作制组织自身就是一个专业性很强的行动者，它不需要进行部门划分。事实上，由于合作制组织必须因环境的高度复杂性和高度不确定性而随时变动其行动策略，静态的部门划分只能成为其开展行动的包袱，会成为其随机性的行动方案调整的阻碍因素。不过，合作制组织会因为任务的性质以及轻重缓急的不同而作出"战线"设计，即设置出一线、二线、三线等任务承担策略，谋求战术性设置与战略性设置的协调和统一，从而使任务承担过程中的每一项负荷超载的问题都能够因有效的递补而得到缓解。对于非部门化的合作制组织而言，因部门设置和分隔而产生的离心倾向会完全失去产生和存在的基础。它的"战线"设置不仅不会产生离心倾向，反而会增强合作的有机性。

我们说合作制组织应当避免部门化，是指这一组织并不在其内部设置稳定的部门。在某种意义上，我们也可以在抽象的意义上把合作制组织看作分工—协作体系的组织部门向组织整体性转化的结果。也就是说，合作制组织本身就是专业性的组织，它存在于一个普遍合作的社会系统之中，以自己的专业优势去与其他专业性组织开展合作。由于合作制组织是合作社会这个巨型系统中的合作者，而不是某个组织中的专业部门，部门间在组织框架下争权夺利的情况也就完全消失了。因为，在社会这个巨型合作系统中，组织只有凭借自己在合作过程中的绩效才能使其存在的价值得到证明。如果说合作制组织也拥有一定的自我利益要求的话，那么，在无法控制环境的条件下，在无法扩展自己的权力的条件下，它唯有通过自己在合作中的表现才能使自己的利益得到实现。如果一个组织在合作中表现不佳，就会有其他组织取代它的合作者角色，以至于它立即陷入解体的境地。那样的话，它所拥有的物质的和人力的资源也都会自然而然地流向其他组织。

其实，在普遍合作的社会系统中，任何一个组织都不会占有大量物质的和人力的资源。因为，合作制组织运行中所需要的资源也都是由合作者供给的。在组织解体的时候，实际上没有多少可以转让和转移的资源。也正是这种资源供给上的合作化，决定了合作制组织不会以组织自身的存在为目标，即不会产生组织本位主义。或者说，合作制组织自身没有必须加以刻意维护自己存在下去的"包袱"。所以，组织的解体和重组都是日常现象。在这里，合作承担任务和解决问题是第一位的，一旦一个组织在承担任务和解决问题的行动中不能有效地扮演合作者的角色，也就失去了存在的价值。

我们说合作制组织的规则较为简洁和富于弹性，并不意味着合作制组织是一种弱规范的组织形式。在某种意义上，合作制组织的规范度可能更强，是一种弱规则、强规范的组织。因为，在合作制组织这里，组织规则主要是以一些原则性规定的形式出现的，从而为文化价值和道德的等规范提供更大的发挥作用的空间。这些规范是根源于组织成员内心的行为规范，可以在发挥作用的同时又丝毫不减损组织成员的自主性，从而使合作制组织在组织成员自觉的行为规范中获得动力和活力。显然，合作制组织不是一种先验性的存在，而是由组织成员在行动中加以不断建构的。就此而言，组织成员在组织建构中实际上所实现的也就是规范建构。在行动中，组织成员通过合作的尝试，将那些有利于合作和能够促进合作的规范积淀下来，并付诸组织建构。如果把合作制组织也看作一个实体的话，那么它首先是一个合作规范的实体，它的那些以物质的和人力的形式而存在的方面，都无非是支持合作规范和使合作行动得以展开的因素。对于合作制组织而言，组织自身的存在以及合作行动的展开，都远不及规范那么重要。

当然，这里需要指出，我们强调文化以及道德在合作制组织中的规范作用，绝不是要提出一种价值决定论的主张。事实上，我们也同样是反对价值决定论的。这是因为，从思维逻辑上看，任何一种决定论都必然导向对控制的追求，都会引发控制导向的行为和行动。合作制组织是任务导向的，组织的建构和发展都从属于承担任务和解决问题的需要。在合作制组织这里，任务引导着行动，而不是在行动的背后发挥决定作用。所以，合作制组织中的文化、道德等价值规范所发挥的仅仅是对行为和行动的规范作用，是不能够从决定论的意义上来加以认识和理解的。还应引起注意的是，合作制组织中的文化和道德也是建构性的，并不是先在于组织的规范形式。只是在合作制组织的建构和共同行动展开的过程中，组织的合作文化和道德才得以建构。或者说，合作社会中的基本文化原则和道德观念在合作制组织的建构中获得了具体而丰富的内容，并成为合作制组织基本的和主要的规范力量。

社会高度复杂性和高度不确定性条件下的合作制组织将会在规则体系建构方面采取一种并不积极的态度，尽管那是必要的。毫无疑问，合作制组织也需要规则并在实际上拥有规则，但它的规则应是有很大弹性的。组织成员在开展行动的时候，更多地接受原则性的行为准则的规范，而不是基于需要背诵的规则条款去作出行为选择。所以，在合作制组织这里，具有弹性的行为准则能够比明确的和具有刚性特征的规则发挥更大的和更为经常性的规范作用。我们知道，官僚制组织因其形式合理性而对组织领导者和管理者的权力设置了诸种约束和限制，使其无法任意扩大权力，但几乎每一位领导者或管理者都天然地拥有利用规则体系去增强其权力影响力的智慧。所以，官僚制组织中的领导者和管理者无时无刻不在谋划制定能够贯穿自己意志和使自己的利益得到更大程度实现的规则，无时无刻不在维护规则和利用规则的行动中去胁迫其下属，从其下属那里获取他所希望的行为，从其下属的眼睛中解读出对他的权威的承认和敬重。事实上，由于官僚制组织中的领导者和管理者总是能够成功地窃取权力意志，并把贯彻他所窃取的权力意志作为领导或管理的基本内容，所以他们也就必然会谋求体现了权力意志的规则。

在合作制组织中，由于规则的规范作用已经退居到了次要的地位，发挥规范作用的主要因素已经转为行为准则了。作为组织规则的"元规则"，这些行为准则往往是在民主的以及其他的合法性路径中产生的，因而无法被少数组织成员操纵和利用，从而使那些与规则相关联的权力变得微不足道了。总之，当规则转化为规范和从属于规范时，我们就会看到一种完全不同于官僚制组织的行动体系。这种体系是以任务的承担为导向的，而不是以自身的存在为目的的，更不会用控制的方式去整合共同行动。特别是在合作的社会中，合作制组织不会再在与环境的关系中表现出组织本位主义的倾向，而是会去积极地把环境中的一切因素都塑造成合作行动者。

不过，我们也看到了这样一种情况，在全球化、后工业化进程中，工业社会的许多文明成就都呈现了表面化和日常化的状况。比如，依靠规则而行的法治将会更多地反映在对人的日常行为的规范上。在从农业社会向工业社会转变的过程中，农业社会的习俗、习惯、道德等更多地被保留在了日常生活领域和在人的日常行为规范方面发挥作用，而在公共领域、私人领域以及广泛的社会层面上，则要求按照法治的要求去规范人的行为。这个逻辑在后工业化进程中亦如此。也就是说，作为工业社会文明标志的那些社会进步成果，也会主要被保留在人的日常行为方面。当然，后工业化进程中所呈现的领域融合也是一个不可逆转的趋势，这种领域融合意味着后工业社会将不再是领域严格分隔的社会。但是，这个社会也仍然会有不同层面，尽管这些不同层面并不稳定，或者说处在变动之中。如果说后工业社会也存在着不同层面的话，那么，规则与规范在不同层面上有着不同表现，就应该是合理的。

我们一再强调指出后工业社会的规则具有灵活性，那其实主要是就共同行动和组织行为而言的。在人的日常行为层面，规则可能会变得愈益刚性化，更加细密而严格。只有这样，才能防范和制止不道德的行为，才能使真正的罪犯得到惩处。2017 年，北京的一处野生动物园中发生了一件黑熊袭击自驾游客的事件，原因是驾驶员违反园区规定，擅自打开车窗。这样一件事却在网络上演变成一场不小的争论，指责受袭者不守规矩和批评园区不负责任构成了两个阵营，陷入激烈的争论之中。但是，谁也没有想过是否应当去查一下这位驾驶员的日常行车记录。如果他的行车记录是每天都走应急通道、从来都不区分机动车道与非机动车道、经常性地发生交通事故或者有闯红灯的记录，那么，还需要争论吗？我们发现，交通违章积分是一项伟大的制度发明，它是可以推广到一切与人的日常行为相关的社会生活之中的。比如，可以对人的每一项不道德行为、不讲诚信的行为以及其他违规行为进行积分处理。一个人也许并不是犯下了杀人放火等这些可以判重刑的罪的罪犯，但他每日都在做违规之事，他的总的违规对社会构成的危害可能比一次性的重罪更大。这样的话，我们是否应当对他进行惩罚？答案应当是肯定的。

也就是说，对人的每一项日常行为进行积分处理，做一件有益于社会的事，积正分；做一件对社会有害的事，积负分。当积分达到一定程度的时候，就可以进行奖励或惩罚，或者，他自己自动地去某个监狱服刑。这对于每一个人来说，也可以视为一种保护。假如那位受到野生动物袭击的驾驶员所积的是负分且早已达到了在监狱中待几年的程度，而且他也正在服刑，因而没有去那个野生动物园自驾游，那他也就不会受伤。更为重要的是他没有给这家野生动物园造成声誉以及经济上的损失。也就是说，如果有一种积分制度而让他在应该服刑的时候及时服刑，无论是对他本人还是对社会，都是一件有益的事情。显而易见，这项积分制度需要建立在规则的严谨性和细密性的基础上。不过，我们认为，在后工业社会中，这种刚性很强的规则仅仅适用于对人的日常行为的规范，而在一切需要在高度复杂性和高度不确定性条件下去开展行动的地方，具体地说，一切具有合作属性的共同行动和组织行为，一切需要鼓励创新的行动，都需要在规则方面保持足够的弹性。

# 第二节　共同行动中的规则及其作用

## 一　共同行动中的一致性追求

在工业社会，官僚制是一种基本的组织制度。就官僚制组织的运行来看，虽然组织的制度是组织成员的行为赖以发生的基础性空间，但仅仅有了制度，还不能实现对组织成员行为的充分规范。因为，组织成员的行为是受多种因素影响的。对此，可以作出这样一个比喻：当我们有了一个场地，就可以安排一次运动会，进行这个场地可以容纳的各种项目的比赛，至于运动员是跑还是跳，不仅受这个场地的制约，还受其他一系列因素的影响。就此而言，法制和德制都只能看作基本框架，并不能分别构成协作行动和合作行动的充分条件。这两种制度在发挥作用的时候，都需要一系列与之相配套的组织运行机制、规则以及组织结构。其中，相对于共同行动而言，无论是以协作的形式还是合作的形式出现，规则都是必要的。

在一切不是由一个人在与他人和社会无涉的环境下开展的行动中，都需要得到规则的支持，规则所发挥的是整合和调整的作用，是要通过对人的行为整合而使之具有一致性，从而走向共同目标的。但是，在不同的历史条件下，在不同形式的组织中，规则的功能却是不同的。如果说官僚制组织表现出了对规则的高度依赖的话，那么，在全球化、后工业化进程中产生的合作制组织，则不表现出对规则的高度倚重，而是会更加充分地认识到规则的二重性，并根据行动的需要去决定如何利用规则。也就是说，在合作制组织这里，规则虽然也是合作行动的必要因素，但其妨碍行动者自主性的消极功能需要得到抑制。因而，合作制组织倾向于通过规则的弹性化来防止规则成为束缚组织成员手脚的因素。或者说，合作制组织需要把规则设定为一些原则性的规定，让组织成员在这些原则性规定之下自我决定如何开展行动，并自主地作出行为选择。

显然，一切具有现实意义的共同行动都是以组织的形式出现的，而组织总是伴随着规则，有规则才会有纪律。规则根源于管理的需要，有组织也就有管理。当人类出现了组织化的社会活动时，就出现了规则，或者说，表现出了对规则的要求。就规则的内容而言，包含着组织目标和组织活动性质方面的内容。但是，一旦组织运行是建立在规则的基础上的，一旦组织目标以及组织活动的性质反映到规则中，就会看到，组织目标以及组织活动的性质被隐藏了起来，至少会被淡化，以致组织成员并不表现出对组织目标的追求和对组织活动性质的关注，而是按规则行事。这样一来，规则就是作为形式化规范而存在的，表现为针对组织成员的普遍性要求，所发挥的作用是，使组织成员在行动中达成形式上的一致。

所以，无论是在理论分析中还是在现实的组织运行中，我们都可以看到，对于任何一个组织，如果缺乏相应的规则，组织成员就难以达成行动上的一致。即使一个组织是建立在组织成员道德价值的高度一致性的基础上的，也需要得到外在于组织成员的组织规则的支持。在这种情况下，组织成员道德价值上的一致性，主要表现在组织成员能够更好地遵守组织规则方面，即有道德的组织成员能够更好地遵从规则，而缺乏道德意识的组织成员则会游走于规则的边缘、不遵从规则的要求，甚至破坏规则。扩大而言，国家治理以及社会治理也表现出了同样的情况。

对于不同的组织而言，在规则的严疏以及执行规则的强制性程度上，会存在着差异。这往往是由组织目标决定的。在现代组织中，存在着组织目标与组织成员个人目标两个方面的行动目标。如上所述，现代组织管理一直在致力于谋求组织目标与组织成员个人目标的一致性，但这两个方面的目标又不可能始终处在一致的状态，反而是处在经常性地发生冲突的状态中。总的说来，官僚制组织的目标与组织成员个人的目标是不一致的，组织与组织成员个人之间是一种目标与手段的关系。组织把组织成员个人目标的实现作为组织目标实现的手段，反过来，组织成员也是把组织目标的实现作为他个人目标实现的手段来看待的。既然相互作为手段对待，在定位上就是不同的。所以，在目标的层面上，组织目标与组织成员个人目标是分离的和不一致的。一旦官僚制组织在协调目标与手段的关系方面表现不佳，组织目标与组织成员的个人目标之间，就会陷入矛盾的状态。

管理学发展出了一整套协调组织目标与组织成员个人目标的技巧，尽管如此，组织目标与组织成员的个人目标之间的矛盾依然经常性地出现。这就迫使组织管理去谋求规则的支持，以便在出现矛盾的时候让组织成员个人目标从属于组织目标，避免目标上的不一致而导致的冲突。当然，如果组织目标很具体的话，那么在很大程度上，组织成员在目标方面就会因为时间的绵续而走向不同的方向：或者在组织管理中走向目标一致的方向；或者因管理不善而走向目标冲突的方向。一项具体的目标可以在短时期内得到组织成员的高度认同和共同拥有，而随着时间的推延，就可能走向不一致。那样的话，组织成员的个人目标与组织目标之间的矛盾就出现了。此时，如果组织有了一整套系统化的规则体系，就可以促使组织成员把个人目标暂时收藏起来，让个人目标从属于组织目标。尽管这种对组织目标的从属性是与组织成员的愿望相对立的，表现出的是一种强制性的要求和某种力量驱使下的一致，但在规则具有合理性的情况下，其效能和效应都是比较明显的。也就是说，即使包含着冲突，也能够使规则得到组织成员的遵从。这就是一切组织都倾向于依赖规则的原因之一。

我们还看到，组织规模对组织的凝聚力有很大影响，小规模的组织往往具有较高的凝聚力。由于组织拥有了这种凝聚力，对规则的要求也就不怎么强烈和明显，甚至会表现出一定的排斥规则的倾向。大规模的组织往往很难获得这种凝聚力，即使通过组织文化建设去经营凝聚力，也不可能达到可以替代规则的地步。这是因为，大规模组织既没有类似于民族国家这种组织所拥有的系统化、理论化的意识形态，又缺乏小规模组织的情感关怀，所以，很难去营建组织凝聚力。对于大规模组织来说，往往需要在权力或规则的支配下去达成行动的一致性和使行动得到协调。

贝尔宾指出："当数目过于庞大或在组建团队时对聚合到一起的人们未加选择时，寻求凝聚力的渴望会同希望找回小团队时期的个人间亲密无间的需要相伴而生。这就为以权力和个人崇拜为基础的领导开辟了道路。那些成为领袖人物的人可以不受限制地作出不容置疑的决定。"① 当然，这是组织运行中的一种近似于自然的倾向，在近代以来法的精神深入人心的情况下，集权和独裁的倾向往往是能够得到防范的。然而，组织在以官僚制而不是小型团队的形式出现时，是有着明晰的等级结构的，这种等级结构对集权形成支持。正是由于这个原因，学者们往往把官僚制组织视作集权体系。不过，官僚制组织的集权实际上是非常有限的，与农业社会的那种集权状态是不同的，或者说，与政治意义上的集权有着很大的不同，因为这种集权也要受到规则的规范，而不是任意的。我们在现实中所看到的是，规则系统在包括官僚制在内的一切组织中都得以确立了，几乎组织中的一切行为都能够得到规则的规范，以至于组织是否具有凝聚力的问题，也被组织规则冲淡了，不再有人就这一问题去作出思考。

20 世纪中期开始，组织文化建设成为组织研究中得到了大力推荐的管理途径。建构组织文化的目的，是要通过为组织成员提供统一的价值观念的方式使组织成员放弃或部分放弃个人策略，以便组织成员能够归附到组织策略上来。与此不同，利益分析则导向了对组织成员个人策略的承认。不过，利益分析是一种对组织成员个人利益追求的抽象的和简单化的承认。也就是说，通过利益分析而能够认识到的是组织成员的个人策略可以被归结为利益实现的要求，从而使组织可以借助于各种各样的技术手段去积极地诱发、引导组织成员利益诉求的方向，并予以实现。一般说来，利益分析能够为管理提供操作性更强的方案。

无论是组织文化建设要求对个人策略的压抑，还是利益分析建议对个人策略的诱导，都是站在组织策略的角度去考虑问题的。也就是说，这两种方式都站在了组织策略高于组织成员个人策略的立场上去

---

① 〔美〕梅雷迪思·贝尔宾：《超越团队》，李丽林译，中信出版社，2002，第 149 页。

寻求解决问题的方案，而在实际中，这两种做法往往都不是总能取得预期效果。不过，既有的组织模式所具有的组织本位主义意识形态以及组织边界的开放性不足等，也决定了它只能找到组织成员个人策略与组织策略不一致甚至冲突的这两种解决方案。然而，组织在行动中又必须以一个整体的形式出现，即必须谋求行动的一致性。所以，就必须采取压制组织成员个人策略的方式。最切实可行的方式，无疑就是求助于规则。从管理理论的角度去看，作为一种管理途径的组织文化建设大大地降低了对规则的依赖，而在实践上，即便是重视组织文化建设的组织，也最终走向了对规则的依赖。这是一个人人都可以看到的事实。

昂格尔认为，"具有多元目的的组织弥补了小型群体的互动。然而，尽管后者使得人们彼此之间是相互熟悉的，但前者却扩展了他们相互遭遇的丰富性。以此方式，它培育了对个性的认可，也对这样一种共享的经验做出了贡献：共享目的可能就是从这种共享经验中产生的"。① 共享目标显然会受到组织规模的影响。这是因为，组织规模的大小对组织成员的有效沟通有着至关重要的作用。组织规模较大的话，组织成员共享经验的获得就较为困难，以至于必须把组织的运行寄托于完善的规则和严格的程序上；如果组织规模小的话，组织成员往往更能够形成共享经验。但是，亦如昂格尔所看到的，小规模组织中的成员共享经验往往较为单一，而大规模组织中的成员一旦形成共享经验，就会显得丰富得多。特别是"具有多元目的的组织"，更能予其成员以丰富的共享经验。

我们也需要看到，上述关于共享经验的论述还仅仅是一种理论上的推测。因为，当组织规模足够大时，组织成员的共享经验对组织行为的影响微乎其微，而且在事实上是几乎不可能形成所谓共享经验

---

① 〔美〕昂格尔：《知识与政治》，支振峰译，中国政法大学出版社，2009，第 378 页。

的。在分工的条件下，组织目标越是多元化，就越需要外在于组织成员的规则去协调行动。所以，共享经验的价值只在小规模组织中才会体现出来。另一方面，如果组织将自己的存在放在第一位而不是把组织任务放在首位的话，也会使组织成员共享经验的价值大打折扣。总体看来，组织本位主义肯定会排斥组织成员的共享经验，除非这种共享经验能够以组织规则的形式固定下来。在这方面，同样可以看到组织本位主义与组织规模之间的关联性。组织规模越大，越会呈现组织本位主义倾向，即把组织自身的存在看得高于一切，其任务的承担也都是从属于组织存在的需要的；组织规模越小，越倾向于把任务放在较为重要的位置上，从而求助于组织成员共享经验在任务承担中的作用。

这样一来，我们就会发现，如果不是像昂格尔那样静态地观察组织，而是把组织放在一个动态的持续运动的过程之中，小规模的组织就显得能够在承担任务的过程中增强组织成员的共享经验。进而，对于一个规模很小的组织来说，如果每一次所承担的任务都有所不同，那么，任务的差异性实际上就会不断地丰富组织成员的共享经验。这种共享经验可以发挥整合行动的功能，使得组织并不表现出对规则的依赖。反之，大规模组织的共享经验往往难以生成，即使大规模组织生成了某些共享经验，也不能够充分地发挥整合组织成员行动的功能，以至于必须求助于规则。至于昂格尔所说的多元目的组织的共享经验问题在理论上是可以理解的，而在现实中却是很难看到的。

## 二　规则的形式合理性

规则是普遍性的。无论何时何地，规则都不是为了一个人而制定的，而是需要普遍地适用于对所调节的群体中的每一个人的行为的规范。这一点在官僚制组织中反映得尤其明显。就官僚制组织而言，无非是把近代以来作为社会建构基础的权利和义务原则改写成了责任，是把责任与个人联系在了一起，目的是明确行为的内容，并对行为后果的偏离加以矫正。这准确地反映了个人主义的精髓。但是，在官僚制组织的工具理性和形式合理性追求中，在运用规则去落实这种追求的过程中，泯灭了人的个性，使个人作为人的几乎一切实质性的方面都丧失了，从而异化为组织这架机器的部件。从理论上说，规则的制定是用来规范个人行为的，但规则的普遍主义却使它把官僚制组织打造成反个人的体系。

更为重要的是，在官僚制组织中存在着来自工业社会的平等主义理念与组织的等级结构现实之间的冲突。虽然官僚制组织接受了这个社会关于人的平等的设定，只以职务、岗位的形式去做出等级安排，但在组织的运行中，职务、岗位的等级安排必然会作用于人，并会以人的行为去加以表现，从而导致了人与人的冲突。为了解决人与人的冲突，也就必然走向了制定具有普遍性约束力的规则的方向，以求把人与人的冲突限制在某个水平之下。当规则构成了一个体系时，当对规则的运用卓有成效时，也就意味着官僚制组织发展出了一整套工具理性和形式合理性的技巧，并将之制度化了。达到这种程度时，确实能够有效地化解人与人的冲突。然而，一个未能避免的后果则是，组织成员的工具人格在此过程中生成了，从而在"公事公办"的行为导向中放弃了人文关怀，也使人本应拥有的价值和情感等各种因素丧失了。

我们所要说明的是，近代以来的社会是建立在"人权"设定的基础上的，而自由与平等则是人权中最为基本的内容。或者说，人权的其他所有内容都是从这两项基本内容中推绎出来的。在这个社会中，人们表现出了对自由与平等的积极关注，反对一切妨碍自由和造成不平等的因素。然而，规则恰恰是对人的约束，是对自由的直接压制，尽管规则的普遍性相对于每一个组织成员而言都是平等的。因而，我们总是看到，"对于自由，对那种会在很大程度上伤害他人的自由，人们会感到义愤填膺；然而，在实践中，要将其积极的效果与消极的效果区分开来，却是不可能的。正是这同一种自由，使人能够认清真相，把握真实的演变过程，适应变化，找到诸种不同的解决问题的方案，发现更积极的安排。人们同样可以批判规则的形式化，批判由规则形式化导致的有关社会角逐游戏的空洞无物的奢谈。还应该找到别的非强制性的方法，能够让相关的各方表达自己的观点"。①

　　其实，克罗齐耶的这一设想，是需要在全球化、后工业化进程中去谋求实现的可能性的。因为，在整个工业社会的历史阶段中，自由与规则的冲突是一个无解的难题。对于工业社会而言，一方面，社会需要去求助于规则对人的行为的约束，使人的行为不至于造成破坏他人自由的后果；另一方面，当规则达成了这一目的的时候，又造成了对人的自由的压制这样一种后果，使人变得不自由了。在组织这里，也同样如此。由于组织不像社会那样，可以让自由作为存在于理论思考中的抽象形态出现，而是每日每时都考虑着具体的问题，以至于想起自由的问题时，也需要在具体的事项中去加以安排。事实上，组织是一个严格的行动系统，存在于组织之中的自由与规则间的冲突，往往会强化管理者对规则的渴求，以至于组织成员更加容易在规则面前放弃对他作为人应有的自由的申述。虽然克罗齐耶希望找到"非强制的方法"，事实上，在官僚制组织之中，除了规则之外，文化等其他方面的途径都没有显现出明显的效果，唯有规则才能营造出行动的一致性。所以，正是为了行动的一致性，牺牲了自由的主张或要求。

　　在 20 世纪前期，梅奥在其研究中发现，几乎所有的组织之中都存在着非正式组织，并对组织行为有着虽然隐蔽却非常重要的影响。之所以在既有的组织形态中会产生正式组织与非正式组织的分化，是

---

① 〔法〕克罗齐耶：《法令不能改变社会》，张月译，上海人民出版社，2007，第184页。

因为正式组织都存在着形式化的问题。组织因为形式化而成为一种异在于组织成员的外在性框架和力量，组织成员必须接受和必须处在它所提供的约束性空间之中，无奈地在这个约束性空间中去开展活动，从而有着谋求结成非正式组织的冲动。事实上，非正式组织往往能够为他提供那些正式组织无法向他提供或拒绝向他提供的心理需求和文化认同等方面的满足感。进而言之，组织是因为其普遍性的规则而走上了形式化的道路，是因为规则的普遍性显得有着铁一般的面目，从而缺乏对组织成员的情感关怀以及其他方面的关照，致使组织成员产生了结成或加入非正式组织的冲动。

当然，就非正式组织之所以能够生成而言，也表明组织中存在着一个不确定性空间。组织成员因这个不确定性空间而获得了在组织中"结社"的自由。不过，这也证明了组织在结构上和制度上、规则上等各个方面是稳定的，组织成员因这种稳定性而获得了创建非正式组织的时间。如果组织是铁板一块，抑或，如果组织的不确定性迅速增长的话，如果组织流动性特征很强的话，非正式组织得以产生的条件就会消失。但是，在现代性的组织之中，这些相互矛盾的现象是交织在一起的。规则的普遍性以及刚性，决定了组织并不是组织成员情感需要的家。同时，规则的普遍性和刚性又使组织有着规则调整不到的不确定性空间。再者，规则的普遍性和刚性又营建了组织的稳定性。组织稳定性是非正式组织得以产生的前提，只有在组织稳定的时候，非正式组织才能得以产生。

对于合作制组织而言，情况就不同了，合作制组织不存在正式组织与非正式组织并存的问题。合作制组织将成为组织成员共有的组织，拥有合作与信任的组织意识形态，组织成员在共担组织任务上有着目标的一致性，更为重要的是，组织成员能够在相互承认的基础上生成凝聚力……所有这些，都让组织成员把结成非正式组织的行为看作不道德的。而且，合作制组织的开放性本身也可以使组织成员在组织间自由流动，会由于任何一项原因而从一个组织流动到另一个组织，从而完全消除了创建非正式组织的动机，也使组织成员创建非正式组织显得不再必要。

我们知道，官僚制组织是现代组织的典型形态。官僚制理论的"价值祛魅"以及"非人格化"要求反映在了几乎所有组织的运行之中。正是这一点，引发了悖论。全钟燮在阐释阿伦特的思想时引申出这样一句话："在非人性的制度中，忠诚是最重要的美德。"①这对于理解官僚制有着非常重要的意义。我们看到，学者们长期以来被官僚制组织的这一现象所困扰，那就是，为什么突出强调非人格化的官僚制组织又极其注重组织成员的忠诚问题？它甚至会制定出一整套规则来确保组织成员对组织的忠诚，会严厉地惩罚那些被认为不忠诚于组织的行为。这表面看来是一个价值悖论，而在实际上，则是由官僚制组织的工具理性所决定的。官僚制组织的同一性追求、分工—协作模式、岗位和职位职能的专业化等，都必须得到组织成员忠诚的支持。哪怕这种忠诚是通过外在的强制性方式获得的，是形式化的。

忠诚本来是一个道德问题，而在官僚制组织之中，组织成员的忠诚往往需要求助于规则的支持，即通过规则去强制性地要求组织成员忠诚于组织。如果这种做法能够得以证成的话，那意味着什么呢？显然是道德的形式化，即让本来从属于实践理性理解的道德获得了形式合理性。在某种意义上，官僚制组织的形式合理性正是这样建构起来的。归结到一点，就是由规则建构起来的。官僚制组织的运行在每一个方面都需要求助于规则，而规则的普遍性和刚性又使规则本身具有了形式化的特征。反过来，官僚制组织规则的形式化也赋予组织以形式合理性。也就是说，当组织规则的形式化反映到了组织的运行中

---

① 〔美〕全钟燮：《公共行政的社会建构：解释与批判》，孙柏瑛译，北京大学出版社，2008，第153页。

时，以组织具有形式合理性的形式呈现了出来。

桑内特认为，工业社会的形式化运动排斥了个性，"就像一个数学公式，不管把这个公式写出来的人是谁，它的意义都是相同的。若要使得这种表达能够发生，人们的行为必须不自然，人们必须寻找那些能够被一再重复的传统和公式"。① 人们也许以为自由主义的精神是鼓励和张扬个性的，但当其思想转化为制度安排后，便成了万物齐一的框架，谁也不能生存在这个框架之外。在官僚制组织这里，这一点可以说得到了极其夸张的表现。也就是说，组织的形式合理性抹杀了组织成员作为人的个性，使组织成员仅仅作为组织目标实现的工具而存在。

所以说，在官僚制组织中，人的多样性以及人的个性在组织中都被销蚀掉了，组织成员不仅在性格上、思想上、行为方式上被纳入同一个格式之中，甚至在某种情况下，会通过统一着装的方式而把他们变成同一性的存在。结果，组织不仅不是人展现个性和能力的空间，反而是外在于人的压迫力量。相对于人来说，组织的一切都是外在于他的，都是他希望立即逃离的地方。但是，为了生存，同时也是因为我们社会的组织化已经达到了没有留下无组织之处的程度，人们不得不在组织之中，在这个他想逃避而又无法逃避的梦魇之中。这样一来，虽然我们表面上看到的人还是人，但每一个人又都处在组织之中，是作为组织成员而存在的。人一旦成为组织成员，也就告别了人作为人的一切。所有这些结果，又都拜组织规则所赐。

## 三 合作行动系统中的规则

官僚制组织在个人主义问题上的悖论也是近代以来的这个社会的

---

① 〔美〕桑内特：《公共人的衰落》，李继宏译，上海译文出版社，2008，第142～143页。

缩影，当后工业化运动开启了告别工业社会的征程时，对个人主义的扬弃也就是题中应有之义了。后工业社会以及合作制组织的建构，都不会从个人主义的原则出发，甚至根本就无法从个人主义的视角中去看后工业社会及其建构过程。一旦摆脱了个人主义的纠缠，集体主义也就不再是有价值的表意方式。对个人主义和集体主义的双向超越，都会指向规则。因为，无论出于个人主义的要求还是出于集体主义的需要，都必然会求助于规则，即通过规则建构生活和行动秩序，使共同行动具有一致性。当组织的建构不再在个人主义或集体主义之间选择基础，当共同行动不再是出于狭隘的组织目标，而是从属于人的共生共在的要求，一切外在于组织成员的规则也都不仅是无益的，而且是有害的，会成为束缚住组织成员手脚的因素。我们所说的以合作制组织形式出现的共同行动体系也需要规则，实际上所指的是，这些规则绝不是外在于组织成员的压迫力量，而是内在于组织成员的，是有着可以为组织成员内在化的属性的。

我们正处在全球化、后工业化进程中，这是一个官僚制组织走向衰落和合作制组织开始兴起的时代。合作制组织是合作行动体系，是共同行动的一种新的形式，或者说，是共同行动的性质实现了飞跃而展现出来的一种新的行动模式。合作制组织优于以官僚制组织形式出现的共同行动体系，它的优越性主要表现为在组织与组织成员之间实现了目标上的一致性。全球化、后工业化进程中的高度复杂性和高度不确定性把人类置于一个史无前例的背景下，才让人的共生共在成为人类必须面对的基本主题。在这一主题的破题中，唯有合作的构想才是我们的想象力能够触摸到的方位。落实到合作制组织这里，如果说用"目标"一词来加以理解的话，那么，合作既是组织目标，也是组织成员的目标，组织与组织成员不再把对方的目标作为手段，而是共同寻求促进合作和优化合作的手段。

虽然高度复杂性和高度不确定性带来的是风险和危机事件，但在合作制组织这里,组织成员合作目标的一致性却可以在他们对平衡态的美学追求中获得理解。这一点也是与官僚制组织不同的。官僚制组织存在着目标分歧,组织目标与组织成员的目标、组织成员个体的目标等,都是处于矛盾状态中的。这决定了官僚制组织必须通过客观性的物化设置来限制目标分歧的扩大化,以便去获得一种客观的、物化了的平衡态。合作制组织正好相反,它把对平衡态的追求留给了组织成员,让组织成员通过自己的行动去获得组织合作互动的平衡态,而组织自身则始终处在一种非平衡态中。所以,合作制组织自身在组织的层面上并不为了组织的稳定、平衡而去加强客观性的物化设置。合作制组织所关注的是合作行动的效能而不是过程控制。在合作制组织这里,关于组织结构、规则、程序和运行机制的考量,都被放置在了次一级的关注中,任何妨碍合作行动的因素,都能够随时随地地得到认识并加以矫正。这本身就决定了合作制组织并不依赖于规则去维护它的稳定,并不需要规则去把组织成员框定在组织目标的方向上,而是努力追求并获得一切有利于带来组织活力的因素。

"在经典模式中,组织被看成是一个统一的、凝聚在一起的整体,由预先确立的、稳定的目标建构而成,组织为这一目标而奋斗,而且就其与这一目标的关系而言,可以说,组织完全是透明的。组织是一架机器,所有的齿轮互相吻合、彼此匹配,完美地融为一体,与单一的理性相对立。从纯粹工具主义的观点来看,组织的整合由组织的目标来保证,组织的目标体现为合法性和理性,从而保证所有成员心甘情愿地服从。"① 组织的凝聚力取决于目标的明确性,因为目标不仅凝聚了共识,而且可以使组织成员心往一处想劲往一处使。但是,组织目标的明确性又具有排他效应。我们看到,由于一个组织的目标是明

---

① 〔法〕埃哈尔·费埃德伯格:《权力与规则——组织行动的动力》,张月等译,上海人民出版社,2005,第48~49页。

确的，是区别于其他组织的，围绕目标而生成的组织凝聚力也就在很大程度上是具有排他性的，从而使组织倾向于封闭。当然，在私人领域中，会存在诸多有着相似甚至相同目标的组织。可是，这种目标上的相同性不仅不能使它们联合和合作，反而会使它们相互成为竞争的对手。为了战胜对手，就会在技术上、经营策略上等各个方面相互保密，因而必然走向封闭或营造出封闭的局面。

总之，对于组织来说，目标的明确性是利弊参半的。然而，已有的组织又都无法避免这一点，反而总是强化这一点，总是试图让组织在整体上拥有明确的目标。其实，组织中的目标明确性只有在具体的行动者那里才会更多地表现出积极的一面；在组织整体的层面上，目标的明确性则更多地表现出消极的一面。鉴于此，合作制组织在组织整体的层面上将保持目标上的模糊性，或者说，合作制组织的目标主要是一种原则性的和方向性的合作理念。只有在组织的具体行动单元和组织成员这里，合作制组织才会有着明确的和具体的目标。在这里，我们是将组织目标与组织所承担的任务区分开来的。在某种意义上，我们认为，合作制组织本身是没有具体目标的，它始终围绕着任务去开展行动，任务的完成就是目标，而它在任何时候都不会让承担任务这件事服从组织目标。事实上，也只有当组织不再有着自己的目标时，这种组织才是任务导向的。

比较来看，既有的组织在目标上是明确的，而其任务则是不断变化的，在每一个时期都会有着不同的任务。因为，组织本位主义决定了组织并不着意关心任务，或者说，任务对于组织的存续而言，仅仅是工具。合作制组织不再持有组织本位主义的观念，因而，它是以任务为导向的，或者说，并无任务之外的其他组织目标。合作制组织并不把任务作为组织存续的工具看待，反而是把组织自身看作天然地为承担任务而生的。这种组织与任务之间关系上的颠倒，决定了合作制组织的任务是明确的，而组织整体上的目标则可能是模糊的。当然，我们也可以将合作制组织的这种情况理解成合作制组织的组织目标与任务的统一，即统一到组织任务上来了。特别是合作制组织摆脱了工具—目的的思维窠臼，也就不会在组织与任务之间去追问谁为工具和谁为目的的问题。

在现代性的意义上，一个组织在创立阶段所拥有的目标是清晰的。因为，此时的组织任务是明确的，而且组织任务与组织目标是统一的。这个时候，组织的运行并不表现出对规则的高度依赖。但是，随着时间向量的伸展，随着组织结构化程度的提升，组织与组织任务的关系就会颠倒过来，表现为组织不是为了承担任务而设的，反而是任务服务于组织的存在，出现了组织目标与组织任务的分离。结果，除了组织自身的存在与发展这个目标不变之外，组织所承担的任务则处在不断变化之中。如果组织在组织任务的这种变动过程中去努力将组织目标与组织任务统一起来，即在组织任务的基础上去确立组织目标，就会使组织陷入不稳定性的状态，就会使组织自身处在因变化而造成的动荡之中。这样的话，组织成员就会因为人的某种追求稳定性的本性而对组织目标产生怀疑和抵触情绪。而且，这种情绪会不断地增长，甚至会越来越多地把怀疑和抵触情绪转化为某种破坏性的行动，以至于必须求助于规则而实施压制。与此不同，较为模糊的但又有着理论上的合理性的组织目标，则会使组织葆有较为持久的生命力。然而，既有的组织总是努力为自己确立明确的目标，并将目标作为组织意识形态的重要组成部分，强行地施于组织成员。

我们不难发现，在组织任务与组织目标分离的条件下，如果组织目标是明确的、清晰的，就不可能达成与组织成员目标的一致性，就必然会陷入组织目标与组织成员目标的矛盾和冲突之中。反之，如果组织目标是模糊的，就会要求这种模糊的目标在组织成员那里明确化和具体化。事实上，在这种情况下，组织成员也会拥有将组织模糊的目标明确化和具体化的动力。虽然组织成员在组织目标明确化和具体化的过程中会产生分歧，因为每个人对组织目标都会有自己的理解，但组织目标与组织成员个体目标之间的矛盾和冲突会被消解掉。在组织成员的目标与组织目标之间不产生矛盾和冲突的时候，即使组织成员间存在着目标上的分歧，只要拥有合作的理念和原则，那些分歧也都是不难解决的。

由此看来，在组织任务与组织目标分离的条件下，组织目标如果被作为凝聚组织成员共识的力量对待的话，这种目标就应当是一种在理论上具有高度合理性而在现实表现上是较为模糊的设置。组织目标的具体化是一个需要更多地交由组织成员去认识和理解的问题，会表现为组织成员在组织目标上的自主性选择。这样的话，也就摆脱了对规则的高度依赖。实际上，如果做到了这一点，那就意味着已经实现了组织转型，即从官僚制组织转型为了合作制组织。

合作制组织具有反目的论的性质，它的最基本的组织目标就是合作。如果说还有其他具体目标的话，也是从属于合作的，或者说，是在合作中能够自然实现的。在这里，合作高于一切，只要能够合作，其他目标都不是那么重要。如果仅仅把合作理解成组织成员在一起开展共同行动的话，可能会在逻辑上导向对规则的要求。然而，当合作成了组织目标时，就在逻辑上营建起了组织目标与组织成员行动上的一致性。这种一致性决定了合作制组织并不表现出对规则的高度依赖。

也就是说，在合作制组织成员这里，所看到的只是摆在面前的组织任务，组织在任务之外并无明确而具体的组织目标。即使有什么组织目标的话，也是非常模糊的，毋宁说这个组织目标就是无分内外的合作。当然，组织成员在这种条件下开展行动也需要把组织任务转化为行动目标，但这个目标仅仅是属于组织成员的，而不是属于作为共同行动体系的组织的。在组织并无目标的情况下，也就不会出现组织目标与组织成员个人目标的冲突问题。这样一来，也就不需要通过组织的规则以及其他设置去解决这种冲突了。或者说，因为这种冲突不再发生，也就没有必要去设立防范和解决这种冲突的规则了。可以想象，组织成员在承担任务的共同行动中会产生任务理解上的分歧，但这种分歧却因为每个人都拥有强烈的合作愿望而在任何一个出现的地方都能及时地得到化解。

合作制组织也会存在组织成员的适应性问题。组织成员与组织、组织成员之间，在初次合作行动的过程中都有可能存在着相互不适应的问题。但是，以这种形式出现的任何适应性障碍都会迅速地得到克服。因为，只要组织成员对组织的合作意识形态不存在分歧，接受组织愿景并愿意为组织愿景的实现而努力，能够承认、尊重并包容差异，就无妨于合作行动。在人人都有着强烈的合作愿望并对合作有着理性认识的情况下，即便出现了某些合作过程中的不适应问题，也能够迅速地得到解决。随着不适应问题的解决，合作制组织也就成了一个融合系统。这样一来，合作行动的过程虽然不是基于事先设计好的程序展开的，也不是在外在于组织成员的规则体系规范下进行的，却是有序的与和谐的，行动者之间可以实现密切无隙的配合，从而显示出解决问题的高效率。

合作制组织与官僚制组织的不同也反映在：官僚制组织为了协作，不得不追求标准化，不得不通过强化程序和规则而使组织中的一切能够实现标准化的地方都实现之。合作制组织中的合作则不需要这样一种通过程序和规则的协调，而是有着根源于组织成员内在的自觉性的协调。也是因为合作制组织中的一切协调都能够建立在组织成员内在的自觉性的基础上，所以，时时处处都会展现出个性化的特征。总之，就合作制组织中的"合作"是对官僚制组织中的"协作"的超越而言，更多地得力于组织成员以及各个部门的合作意识，是基于自觉和主动的合作精神而开展的行动，不需要在对组织程序和规则的强化中来加以规范。所以说，如果合作制组织也需要程序和规则的话，那么，它的程序和规则都被保持在了最低限度的水平上，而且主要反映在调整常规性事项方面。对于合作制组织而言，由于整个组织并不刻意强化程序和规则，不受程序和规则的羁绊，因而，也就不会导致组织的僵化和封闭。

在思考新型组织建构的可能性时，克罗齐耶和费埃德伯格寄托于经济发展所造成的个人与组织关系的改变。我们认为，经济发展引发的人与组织关系的改变的确是一条现实的组织发展路径，但是，并不能将此看作唯一现实的路径。因为，社会的发展，特别是历史的总体性转型，才是理解新型组织建构必然性的基本维度。从克罗齐耶和费埃德伯格的论述看，他们在对新型组织建构原因的理解上所作出的其实是一种简单化的判断，显然是有着经济决定论倾向的唯物主义理解。不过，我们也看到，他们的这一理解可以说在一定程度上受到了现代性解释框架的纠缠。他们说，"新的模式并非能够轻而易举地生现出来。我们处理问题的能力降低了，与此同时，解决数量在日益增多的问题的压力却显著增加。造就这一新的进程的主要原因，可以向回追溯至经济发展的那种成功所产生的影响力，以及经济发展导致的人类互动与交流沟通的迅速增多，这一切所依据的是，个体与组织之间的讨价还价关系，抑或个体与任何一种得以确立的权威之间的讨价还价的关系"。①

显然，在微观的意义上，个体与组织间的讨价还价关系能够促进管理方式甚至规则的某些调整，但对于组织性质的改变来说，这种调整所能发挥的作用是微乎其微的，即使是在管理方式和规则方面出现了较大程度的改变，也往往需要经历一个漫长的渐进过程。这就是工业社会低度复杂性和低度不确定性条件下组织变革所呈现给我们的景

---

① 〔法〕克罗齐耶、费埃德伯格：《行动者与系统——集体行动的政治学》，张月等译，世纪出版集团、上海人民出版社，2007，英文版序，第 14 页。

象。现在，人类进入了一个高度复杂性和高度不确定性的时代，我们所面临的是一个要求尽可能迅速地用新型组织取代既有组织形态的任务。在新旧组织形式的替代过程中，以个体为主体的讨价还价行为将是一种微不足道的推动力。事实上，一旦在人的共生共在的主题下去开展行动，也就不可能再出现普遍性的讨价还价问题。因而，出于规范讨价还价需要的规则就会变得没有必要了。总之，合作制组织不是一种在每一个方面都表现出对规则高度依赖的组织。虽然这种组织中也会包含着一些规则，但这些规则仅仅从属于那些需要平衡和需要稳定性的地方，无论在作用范围还是作用强度上，都是非常有限的。

# 第七章
# 从强制到非强制

迄今为止，社会治理都可以还原为制定规则和维护规则的过程，规则也是社会治理赖以展开的前提和基础。无论是在农业社会还是工业社会，社会治理都与规则相伴随，即使是在后工业社会中，规则也是共同行动中不可缺少的因素。人们在开展社会活动的过程中，也同样需要遵从规则。但是，社会治理的目标不同，决定了规则以及规则的功能会大为不同。我们看到，秩序追求、效率追求和创新追求是社会治理最为基本的行动目标，关于规则及其功能的考察可以在这三个方面展开。不过，社会治理目标又是具有历史性的。在考察秩序追求、效率追求和创新追求中的规则及其功能时，也需要分别在农业社会、工业社会和后工业社会的背景下进行。

一般说来，规则都是用于控制的，或者说反映出了从属于控制的特征。当我们指出人类的社会治理表现出了对规则的依赖时，其实也是说，一部人类社会治理的历史就是控制和强制的历史。控制与强制是出于获得秩序的目的，而控制和强制的实施，又往往需要以暴力为后盾，而且也会最终走向对暴力的应用。强制的前提显然是人的不平等，而强制的结果则会进一步地导致人的不平等的升级，也同时是以牺牲自由为代价的。现在，我们处在全球化、后工业化进程中，社会治理变革正指向非强制性的社会治理方向。合作治理是一种正在成长中的社会治理方式，它将意味着社会治理过程中的一切强制都走向终结。

# 第一节　社会治理的目标与规则

## 一　秩序追求中的规则

就人类的社会治理而言，经历过依靠权力的治理和依靠法律的治理两种基本的社会治理类型。在农业社会，基本上是依靠权力去开展社会治理的，我们将这种社会治理类型称作权治；在工业社会，基本上或者说在总体特征上表现为依靠法律去开展社会治理，因而有了"法治"的概念。也就是说，我们是用"法治"的概念去描述和定义这种社会治理类型的。无论社会治理以什么样的类型出现，都是需要得到规则支持的。中国古人所讲的"没有规矩，不成方圆"，所指的就是人的一切活动都需要在某种（些）规则之下进行。因为，人是社会性的动物，人的一切活动都是在社会中进行的，都会对他人构成某种程度的影响。规则恰恰能够保证人的活动在社会中产生积极影响而不是消极影响，至少这是一个经验事实。

在人的一切社会活动中，社会治理是社会性最强的活动，而且其影响的广度也是不可与个人的活动同日而语的。所以，人类的社会治理是最需要得到规则规范的活动。无论是农业社会的权治、工业社会的法治，还是我们正欲建构的德治，都需要得到规则的规范。但是，我们并不能满足于这种认识。也就是说，我们不能仅仅看到社会治理过程对规则提出的要求，而且要看到社会治理目标对规则提出了什么样的要求。事实上，不同的社会治理目标对规则所提出的要求是不一样的。在一般的意义上，我们认为社会治理存在着秩序追求、效率追求和创新追求，这三种基本目标的实现都需要建立在规则的前提下。当然，在分别对这三个方面的社会治理目标进行考察时，还会发现，从属于这三个方面的追求的规则在表现形式、功能等方面又都有所不同。因而，在运用规则去规范社会治理活动时，也就应当因目标以及侧重点上的不同而做出不同的安排。

我们知道，人之所以不同于动物，是因为人除了像动物一样拥有自然生命外，还拥有社会生命。"人的社会生命起源于与他人的交流。"[①] 在人与他人的交流中，既有的语境、规则、规范等，都是必然包含于其中的。所谓社会生命，也可以理解为人的社会性，是在社会交往、社会生产和社会生活中展开的人的一种属性，包括人在社会中的地位以及发挥社会作用的途径，人与他人的关系以及待人处世的态度和人的知识、涵养以及道德品行等。这些都可以说是人的社会生命的具体存在和表现形式。恩格斯说人的进化是一种整体性进化，人是在与他人的交流中使这种整体性进化成为现实的，所以，人与他人、与社会是互动的。在某种意义上，我们倾向于说社会就是人的生命的一重内容，是人的生命的存在方式和表现方式。反过来说，人是在社会中获得了属于人的而不是动物的生命。正是在人的社会生命中，包含着对规则的遵从，或者说，人因为对规则的遵从而使他拥有了社会生命和使他的社会性不断增强。

在"人的社会性"这一表述中包含着"社会"一词，从而要求我们把视线转向社会。这是因为，既然我们用"社会"来定义人，也就需要看到人对规则的遵从为社会提供了什么，人需要用什么样的"社会"来定义人自身。显然，人对规则的遵从可以使社会获得秩序，

---

① 〔英〕查尔斯·霍顿·库利：《人类本性与社会秩序》，包凡一、王源译，华夏出版社，1999，第6页。

反过来，社会秩序的状况，又决定了人的存在和行为选择。从现实的角度看，社会秩序的获得可以基于两种因素，即价值与规则。而且，价值与规则之间也是密切联系在一起的，甚至是相互促进和各自向对方转化的。但是，价值与规则毕竟是两种不同形式的存在物，在秩序供给中所发挥的作用也是不同的。现实社会中的秩序不可能单独地依靠价值或规则而得以确立，应当说，社会秩序是在价值和规则的共同作用下才成为现实的。可是，我们在对秩序的考察中又发现，存在着不同类型的秩序，不同类型的秩序在形式上和性质上都有着巨大差异。对此，所能够作出的合理解释就是，虽然秩序直接地根源于价值和规则的共同作用，但价值或规则在秩序供给中所发挥的是主导性作用还是辅助作用，则决定了秩序的形式以及性质属于哪种类型。

从秩序的历史类型看，自然秩序更多地根源于价值因素，而创制秩序则更多地根源于规则。如果说合作秩序是对自然秩序和创制秩序的综合和超越，也就可以认为，合作秩序将会体现出价值与规则的平衡，而且这种平衡不是一种静态的平衡，而是一种动态的平衡。其实，在价值与规则之间寻求静态的平衡是不可能的，因为价值与规则必然是处于互动之中的。价值会被融入规则之中，一旦规则静止了下来，而价值则又发生了变化，就会陷入失衡的状态。所以，我们在价值与规则的互动过程中所看到的是一种价值与规则的动态平衡。在某种意义上，价值与规则的动态平衡恰恰是各自向对方转化的过程，应当合理地理解为一种"非平衡态"。

如果按照认识论的方式去追根溯源的话，关于价值与规则的平衡也许可以在另一重意义上得到理解，那就是，它们都根源于一个群体或一个社会的共同信念及其共有观念。进而，对这些信念和观念，又可以去溯及共同利益。可是，当我们认为合作秩序根源于价值与规则的动态平衡时，其实，所表达的是这样一种主张，那就是，不去按照形而上学追根探源的方式理解这一问题。也就是说，我们把价值与规则看作在动态的生成过程中不断变换形态的存在物，它们在自身的每一个微小的变化得以发生的同时都能够传达到和作用于对方，并引起对方的变化，同时用这种变化增益于合作行动。

人类社会早期所拥有的是一种自然秩序，或者说，在整个农业社会中，我们所能够看到的社会秩序基本上都应归入自然秩序之列。在工业社会中，自然秩序仅仅存在于某个具体的领域——日常生活领域之中，而对于整个社会来说，所拥有的则是创制秩序。我们发现，全球化、后工业化进程正在展示出一种新的迹象，那就是，无论是自然秩序还是创制秩序都不再可能得以建立，或者说不能得到单独建立，从已经显示出来的诸多迹象中，我们看到的是，正在生成一种既不同于自然秩序也不同于创制秩序的新型秩序。我们将这种新型秩序称作合作秩序。合作秩序将会拥有自然秩序曾经拥有的那种和谐状态，同时，合作秩序又会像创制秩序那样，是自觉建构的秩序。所以，合作秩序将是对自然秩序和创制秩序的双重超越。

我们在历史上所看到的是，在从农业社会向工业社会转变的过程中，实现了从自然秩序向自觉秩序的转变。从这个角度去看近代早期的启蒙运动也就不难理解其思想了。因为，18世纪的启蒙思想家所思考的社会治理重心其实就是社会秩序如何获得的问题。也就是说，在神权体制崩塌之后，整合社会的方式发生了变化，社会治理应以什么方式去提供社会秩序也就成了一个问题。启蒙思想家们创造性地解决了这个问题。可以认为，18世纪的启蒙思想家们从农业社会所拥有的那种神的劝诫和人的支配行为中解读出了其背后所包含的一种要求人们遵从规则的愿望，从而找到了创制秩序及其建立的途径。也就是说，启蒙思想家们从农业社会的社会治理体系中解读出了这样一层内容：对人的强迫和诱导总有一个目的，那就是要求人们接受什么。也许可以说是让人们接受神的权威或国王的权威，但如何保证人们必定会普遍接受这些权威呢？其实是有着成文或不成文的规则作为依据的。

当然，神的权威和国王的权威都主要是建立在某些价值的基础上的，但由价值转化而来的规则也发挥着重要作用。事实上，社会目标的达成也需要建立在人们普遍遵从规则的基础上，只不过表露于外的是权力的控制和支配。启蒙思想家们正是从中读出了规则，才把规则作为社会秩序获得的直接途径确立了下来，即设计出了法律制度。与农业社会那种把人对规则的遵从置于强权驱使之下不同，法律制度有着三大优势：第一，它使规则系统化，覆盖到了社会生活的每一个方面；第二，它把规则明确地列出，并摆放在全体社会成员面前；第三，对违规行为进行惩罚，但只是作为辅助手段加以运用。

到了 20 世纪后期，要求人们遵从规则的法律制度却遭遇了各种各样的批评。比如，全钟燮认为，法治依然表现出了政府对其全体国民的控制，是一种反民主的社会秩序确立方式。因为，通过这种方式确立起来的秩序是外在于个体的，是一种相对于个人的外在强制性秩序。在全钟燮看来，社会秩序的确立可以有一条不同于近代以来的路径，那就是，基于既有知识共享框架的个人合群需求。全钟燮概括性地描述了近代以来确立社会秩序的途径，认为那是基于霍布斯的逻辑而形成的由管理权威提供秩序的模式。全钟燮说，根据霍布斯的理论，"当被统治者和统治者之间形成一种契约关系时，契约就赋予统治者以绝对权力。当这个观点应用到公共行政中时，就意味着，当个体加入一个组织后，他或她就必须服从管理机构的决策，也就是说，他或她必须服从管理"。①

全钟燮把另一种确立社会秩序的方式称为"社会建构途径"，并

---

① 〔美〕全钟燮：《公共行政的社会建构：解释与批判》，孙柏瑛译，北京大学出版社，2008，第 46 页。

认为"社会建构途径的基本立场与霍布斯关于政府理性权威（也就是管理权威）的观点形成了对立"。[①] 这种"社会建构途径"是在个人的自觉以及人们间的互动关系中去确立社会秩序的。全钟燮说："社会建构思想支持组织成员的自我治理能力，即通过交往互动来维持社会（和组织）秩序的能力。我们无法在混乱的环境下理解现实，也不能独自重建组织秩序，我们需要在介入与他人交往的活动时找到处理无序和紧张局面的方法。通过与他人发生联系并对他人做出回应，我们就能发现新的道路，创造新的可能性和新的办法，以此去处理世界的无序和差异。作为人，通过我们的共同努力，通过我们的思想和知识，通过我们与他人的互动，创造着我们生活的世界，并在此休养生息。因此，我们对社会存在和社会秩序的感知仅仅是作为人类活动的动物而存在的。我们最为重要的经历体验是在我们的交往互动中发生的，我们怎样建构我们将要生活于其中的未来世界。一个行政管理者作为社会现实中的（或行政的）一个人（或一个存在），他们要与他人一起分享这个世界，从而使得行政管理者有必要求助于他人。"[②] 虽然全钟燮所提出的这一所谓"社会建构途径"的秩序不一定可行，却表达了一种非常有价值的意见，那就是不应囿于权力依赖即管理权威的途径，而是应当去自觉地寻找其他的替代途径。

从思想史来看，在如何获得社会秩序的问题上，有着各种各样的构想，因而有着各种各样的实施方案。但是，在是否需要社会秩序的问题上，是没有人将其作为问题提出的。也就是说，在"社会需要秩序"这一点上，人们是没有异议的。只要人生活于社会之中，只要社会是由人及其活动构成的，只要人的利益追求存在着差异，只要人的

---

① 〔美〕全钟燮：《公共行政的社会建构：解释与批判》，孙柏瑛译，北京大学出版社，2008，第46页。

② 〔美〕全钟燮：《公共行政的社会建构：解释与批判》，孙柏瑛译，北京大学出版社，2008，第46~47页。

活动会对他人产生影响，就需要有秩序。也许秩序在抽象的意义上或在形式上没有差别，但秩序的性质以及内涵是不同的。特别是我们在历史的向度中去观察秩序的时候，看到了社会秩序的进化，也就是说，在人类历史上的不同阶段有着不同性质的秩序。所以，就人类的社会生活需要秩序，就社会秩序的获得需要建立在人们对规则遵从的基础上而言，都可以说已经是人们的共识，都是不需要去讨论的。然而，关于秩序问题的探讨仍然是人们持续争论的话题，原因就在于需要通过讨论去确认我们应当拥有什么样的秩序，以及通过什么样的方式去达成对规则的遵从进而获得秩序。

我们已经指出，在农业社会的历史阶段中，基本的社会秩序属于自然秩序。虽然它的明文规定的规则是匮乏的，但人们默认了一切"合于自然的社会行为取向"。我们可以将这种行为取向看作规范，是尚未实现规则化的规范。不过，人们在对规范的遵从中，却习练出了遵从规则的行为定式。在某种意义上，我们可以将人们这种遵从规则的习练视为走向法治社会的准备，是获得自觉秩序必经的阶段。总的说来，农业社会这个历史阶段中的社会治理的基本内容就是，迫使人们将自己的行为合于"自然"，营造出一种一切不合于自然的行为必然引发恐惧的氛围。在工业社会，人造的规则实现了对一切自然因素的置换，以成文的形式展现出来，并要求人们遵从，而且，也在人们对规则的遵从中获得了社会秩序。正是在此意义上，我们将其称作创制秩序，意指它主要是由人所制定出来的规则建构起来的秩序。

工业社会中的这种社会秩序建构方式和要求人们遵从规则的方式都是具有合理性的。与农业社会相比，工业社会是一个有着复杂性和不确定性的社会，这种复杂性和不确定性使自然秩序完全丧失了存在的根基以及发生的可能性，以至于这个社会不得不通过人的创制能力去填补自然秩序瓦解所留下的空场。现在，人类进入了全球化、后工业化进程，社会呈现了高度复杂性和高度不确定性，从而对人的宏观创制能力提出了挑战。这种挑战最为集中的显现就是，普世性规则在具体化的行动中丧失了得以遵从的合理性。但是，在高度复杂性和高度不确定性条件下，一切行动又都是共同行动而不可能是单个人的行动。即使在这种高度复杂性和高度不确定性条件下存在着单个人的行动，所产生的社会影响也是微乎其微的。高度复杂性和高度不确定性条件下的行动者必然是集体，而所有行动都是共同行动。对于这种共同行动而言，规则依然是必要的，而且人们在行动中也必须遵从规则。

在这种情况下，社会秩序建构的可能性就只能是：第一，在普世性规则消解的过程中生成了具体性的规则，它是发生在和存在于具体性的行动过程中的规则；第二，规则是具有灵活性的，需要像全钟燮所说的那样，因为"基于既有知识共享框架的个人合群需求"而得到遵从，规则的效力也将因作为行动者的个人或行动者中的个人的自觉遵从规则的状况而定；第三，规则并不是一经生成就会长期稳定地存在下去的，而是在行动者的互动中生成和处在不断的变化之中的；第四，规则并不从属于某种想象中的或预设的秩序，而是从属于具体的行动目标。

也许人们会以为这是一种秩序追求游离出了人们的宏观视野的状况，实则不然，反而是一种更高的秩序建构途径。因为，在这种秩序追求中，人们对具体场域、具体行动中的规则的遵从，并不是在固定的空间范围内进行的，也不是孤立的，而是在交互影响的行动网络中进行的，所以，是能够获得宏观社会秩序的。只不过这种社会秩序既不是自然秩序也不是创制秩序，而是一种合作秩序。当然，合作秩序的宏观表现具有自然秩序的特征，而在具体场域和具体行动中，又包含着创制的内容。实际上，它实现了对自然秩序和创制秩序的全面超越，是人的社会性的真正体现和真正合乎人的社会性的，因而，也是真正属于人的，是人的真正的社会生命。

## 二　效率追求中的规则

什么是理性？对于这一问题，尽管在理论上可以作出各种各样的解读和进行各种各样的定义，而且也已有汗牛充栋的文献作出了解读和定义，但是，这个问题在近代以来的实践上则显得简单得多了，那就是，一切理性都首先是以行为规则的形式出现的。在某种意义上，理性就意味着行为的规则和在规则之下去开展行动。

在关于理性的科学理解尚未开始的时候，人们的理性意识是比较模糊的，更多的是在与人的情感、情绪、欲望等对立的层面上去触摸理性和应用理性的。比如，中国古代一些掌握权力的"士人"往往会用"制怒"的条幅去警醒自己，所表明的就是要驾驭自己的情感，以防在一时冲动之下做出有违规则的错事。也就是说，虽然他们并不知道理性为何物，但他们朦胧地意识到，在引发冲动的情感对面，存在着一种健康的因素。这种因素可以使他们做出正确的行为选择。所以，在这一条件下，人们是出于克制情感、情绪、欲望等目的而去制定规则和遵从规则的。同时，也是把对情感、情绪、欲望的驾驭作为其行为合于规则的前提对待的。

随着理性得到了科学认识和解读，也就为规则的制定开拓出了巨大空间和切实可行的路径，以至于人类可以制定出系统的、普遍的和能够覆盖人类社会生活一切方面的规则系统。这也意味着人类进入了一个理性大获全胜的时代。在这一时代开展社会治理活动，建构规则和遵从规则就是最为基本的社会治理活动内容。任何突破规则的行为，如果不能够得到更充分的理性证明的话，都是不被允许的。这是因为，规则本身就代表着理性。

如果说规则因时势和情势的变化而失去了合理性，突破规则和改变规则的行为就必须得到更充分的理性证明。任何不去作出充分理性证明的突破规则和改变规则的行为，都可能滑落到犯罪的道路上去。

比如，我们经常看到我们时代中的一些改革精英变成了罪犯，为什么会这样呢？在今天，也许更多的官员是以腐败的罪名而被送进了监狱。其实，如果检视他们为官的过程，就可以发现，他们往往在突破规则和改变规则方面表现出了随意性，往往利用"改革"一词的权威性而去表达对规则的蔑视，往往以"改革"的名义去挑战规则和改变规则，即用一切方便于自己行为的"规则"去替代那些约束了自己随心所欲行为的规则，却从来不打算对突破规则和改变规则的做法作出理性的证明。结果，沦落为罪犯也就难免了。

我们也看到，今天人们所谈论的理性已经不再是近代早期的人们所说的"理性"，理性已经不再是完整的、混沌的信念和观念，而是分化为许多具体的形态。在不同的语境中，对"理性"一词往往需要作出不同的理解。比如，在经济学的视野中，"理性经济人"中的理性是指明了自己的利益所在，并能够通过合理谋划去追求和实现自己的利益，不让自己的利益受到任何侵害；在组织管理中，所谓理性就是技术理性，表现为科学的制度安排和协作机制建设，以求最大可能地实现效率目标；在文化审视或伦理建构中，"理性"一词所指的主要是价值理性，包含着社会公平正义的观念、社会交往和人际关系处理的合规范性、个人行为的有节制等。其实，在近代启蒙的后期，康德已经开始努力打破理性的混沌状态，并把认识活动中的理性称作纯粹理性，而把社会活动中的理性定义为实践理性。

关于理性的多元化解读是根源于社会分化的。因为工业社会在行进中不断地分化为不同的领域，社会生活意义上的活动在不同的领域中有着不同的特征，也有着不同的规范需求，以至于需要指认出理性在具体领域中的具体形式和内容，因而在社会科学叙事中出现了在"理性"一词前面加上各种各样的定语的状况。总体看来，工业社会分化出了三个基本领域——公共领域、私人领域和日常生活领域。对这三个领域的抽象理解，也可以说它们是社会的三个基本层面。具体观察这三个领域，就会发现，私人领域是个人利益实现的场所，经济人理性在这里发挥着基础性的作用；日常生活领域虽然是由情感维系起来的，但也需要受到理性的调节，可以认为，存在于日常生活领域或在这个领域中发挥主导作用的理性主要是康德所定义的实践理性；公共领域是公共利益实现的场所，公共领域中的行动者担负着社会公平正义的供给责任，因而需要奉行价值理性的规定和恪守价值理性的要求。在20世纪，公共选择学派曾经试图把经济人理性引入公共领域中。在新公共管理运动中，也确实基于经济人理性设计出了公共部门改革方案，并一度大张旗鼓地推行开来。但是，批评的声浪很快就从四面八方袭来，并迫使公共部门的改革发生了方向性的逆转，也实现了对公共部门责任的重新厘定。所以，公共领域并没有因为公共选择理论和新公共管理运动而受到根本性的破坏。

在领域分化和三个领域并存的条件下，唯有日常生活领域表现出对幸福的追求，而公共领域和私人领域都有着强烈的效率追求，以至于公共领域和私人领域是把技术理性放在突出的位置上的。也正是因为技术理性是公共领域和私人领域中最为基本的和最为重要的理性，所以，作为技术理性物化形态的规则也都是从属于和服务于效率追求的。当然，在这两个领域中，也有一些规则并未呈现明显的从属于和服务于效率追求的特征，就这些规则的存在本身而言，却是需要得到那些直接从属于和服务于效率追求的规则的支持的。也就是说，如果得不到那些直接从属于和服务于效率追求的规则的支持，这些规则就会成为虚幻的和不可理解的东西。反过来说也是一样的，如果没有这些不直接从属于和服务于效率追求的规则，那些从属于和服务于效率追求的规则也无法得到遵从。

与谋求社会秩序的规则不同，从属于和服务于效率追求的规则主要存在于协作系统之中，是出于规范协作行为的需要，具有明显的工具性。因而，人们也从这些规则中解读出了工具理性。在具有工具理性特征的规则背后，还有着一些体现了价值理性的规则，只不过那是一些未引起人们重视的规则。也就是说，在工业社会的公共领域和私人领域中，其实是存在两类规则的：一类是工具理性的规则；另一类是价值理性的规则。但是，在社会治理体系的实际运行中，人们虽然也一直使用和遵从价值理性的规则，却很少意识到自己的这种使用和遵从的行为，往往更多地关注那些工具理性的规则，以至于人们在社会治理过程中总是看到工具理性发挥着无比重要的作用，似乎一切行为都受到了工具理性的格式化。

我们所说的协作系统是以组织的形式出现的，而影响组织效率的因素是复杂的和多样的。比如，组织的任务不明确，往往会导致组织的效率低下，进而会在社会分工与社会竞争的环境中使组织的地位变得不明确，以至于遭遇被淘汰的命运，或者陷入生命周期的末端。不过，我们于此之中所看到的依然是协作的问题。那是因为，如果组织缺乏明确的任务，也就意味着它的专业化定位不准确，不能够在社会分工的条件下发现协作对象。而且，由于组织任务的不明确，也就无法确立起内部的协作体制，无法建立起与协作相关的规则体系。相反的情况是，组织有着明确的任务，但没有建立起明确的分工—协作体制，其任务也同样无法得到分解并落实到执行的过程中，因而也是没有效率的。如果进一步追问的话，是什么构成了分工—协作体制？显然，对任务的分析、分解是前提。只有有了对任务的分析、分解，才能做出安排而使得"事得其人"。但是，所有这些都是建立在规则的基础上的，甚至可以说规则本身就是协作系统的构成部分，而且是相对稳定的部分，不会因组织成员的变动而变。

规则是决定协作状况是否良好的关键因素，而良好的协作又意味着高效率。这样一来，我们就看到了一个决定链：规则决定了协作，而协作则决定了效率。所以，组织管理也可能会在组织秩序的名义下展开，但其实际所指，则是组织成员间的协作。一切管理都无非是要创造出良好的协作局面，并通过协作获得组织效率。即使我们不在组织的意义上去看效率与规则的关系，而是把视野扩大到组织之外的市场中去，也同样会看到效率追求必须有着相应的规则与之相伴随。比如，零售市场的商品定价就反映了一种效率精神。在每一件商品上标明价签，就不再会出现每一位顾客在有了购买意向时前来询价的状况，而且也省去了讨价还价的时间耗费。

我们知道，虽然在农业社会的较早时期就出现了市场，但有了市场并不意味着其经济模式也就成了市场经济。对于市场经济而言，除了以社会化大分工为生产和生活等方面的基本标志之外，效率精神也是一项必不可少的因素。试想一下农业社会中的剩余产品交易，往往都会在一项交易成功前有着很长时间的讨价还价过程，可能会为了几分钱而花费一个下午进行讨价还价。这显然是没有效率的。然而，当商品的价格被明确地标示出来后，顾客一目了然地知道了自己购买某一商品的花费，有了自主选择而直接成交的方便，讨价还价的时间被大量地节约了下来。有了明示的商品定价，"人们观察想购买的商品，在心里权衡比较，通过商品来表达自己；但这种购买不再是讨价还价的结果，而是一段被动、沉默、专注的观察过程"。①

这样一来，我们就遇到了一个问题：既然不是交易双方的讨价还价，而是卖方的独自定价，其价格的合理性是由什么来保证的？或者说，交易的效率是由什么来保证的？也许自由主义者会说那是"看不见的手"在发挥作用，而现实的商品交易，特别是零售交易，其实并不支持自由主义的这种理论设定。也就是说，尽管市场竞争机制可以自动地调节销售商的标价行为，但由于交易双方可能存在着信息不对称等问题，由政府加以适当干预依然是必需的。政府的干预又必然是通过

---

① 〔美〕桑内特：《公共人的衰落》，李继宏译，上海译文出版社，2008，第 188~189 页。

规则和依据规则而行的。事实上，政府会为零售商品制定详尽的标准，并要求零售商将其作为强制性的规则而加以执行。

达尔在描述政治生活时指出，"大多数公民利用政治资源的程度较低；而政治阶层内的一小部分职业政治家利用政治资源的程度较高。大多数公民缺乏政治技能；职业政治家却掌握很多。大多数公民很少能对政府官员的决策施加直接的和即时的影响力；职业政治家却能施加很多。大多数公民拥有政治资源，但他们并不会用来谋求对政府官员决策的影响力，因此在他们真实的影响力和潜在的影响力之间存在着巨大的差距。只有职业政治家能缩小差距；他们通过政治资源利用的最大化和高效率来实现这一目标"。① 之所以如此，固然职业政治家所拥有的专业知识和技能使他们在利用政治资源时表现出了高效率，但是，如果说对政治资源的利用不是由政治家个人作出的，而是以群体的形式作出的，那么，政治家组织就是他们高效率地利用政治资源的诀窍所在。一旦在组织的意义上来理解政治家的行为，他们对规则的遵从也就在不言之中了。因为，政治家只有在遵从规则的条件下才会以组织（党派等）的形式出现，而这恰恰是他们高效率地利用政治资源的基本保证。

弗雷德里克森在谈到制度主义理论时说，"制度学派的理论家往往较少地关注如何设计有效率、有效益并且有生产率的组织，而更多地关注怎样分析和理解现存的官僚体制。这些学者究其观点而言，一般都具有'实证主义'倾向，他们在复杂组织中寻求秩序或者是寻求可识别的官僚行为模式。被归入制度学派的公共行政学者与其说似乎关注如何使政府更有效率、更经济或更有生产率，倒不如说他们更希望弄清楚复杂组织的运作方式"。② 在制度学派那里，是把"制度"

① 〔美〕达尔：《谁统治——一个美国城市的民主和权力》，范春辉、张宇译，江苏人民出版社，2011，第333页。
② 〔美〕弗雷德里克森：《新公共行政》，丁煌、方兴译，中国人民大学出版社，2011，第15页。

一词泛化了，是通过在"制度"一词中加入许多枝枝蔓蔓的东西而努力去扩充制度的内涵。而且，他们还罗列出了所谓"正式制度"和"非正式制度"，以至于把一个简单的问题搞得极其复杂，更不用说各种各样的实证研究往往在官僚制组织中寻找影响效率的各种各样的因素时忘记了官僚制组织实际上就是一个协作系统，效率是根源于组织协作状况的。出于协作的需要，又建立起了规则系统，并要求整个协作过程在规则的调控下进行。

必须承认，官僚制组织的低效率是一个公认的事实，是人们经常对官僚制提出批评的理由，特别是发明了"官僚主义"一词来对其进行批评。但是，我们也必须看到，官僚制组织曾经是最有效率的组织。我们需要思考的是：为什么一个曾经最有效率的组织会转变成一个低效率的组织。显然，这是由环境以及组织任务决定的。在低度复杂性和低度不确定性条件下，官僚制组织是有着最完善规则系统的组织，而且它要求所有规则都得到遵从，从而显示出了高效率。然而，当人类社会进入高度复杂性和高度不确定性的时代，官僚制组织严密的规则体系反而成了组织功能实现的障碍，因而变得效率低下。这说明，需要调整的是规则以及遵从规则的方式。当然，如果在这方面作出调整的话，组织的性质也就发生了变化。我们所构想的合作制组织就是一种必将替代官僚制组织的组织形式，它是一种能够在高度复杂性和高度不确定性条件下创造出高效率的组织。在合作制组织中，从属于和服务于协作的规则都将变身为从属于和服务于合作的规则。不难理解的是，合作制组织所拥有的一切规则也都同样需要得到遵从，但需要指出的是，合作制组织的规则是灵活的，对规则的遵从也会显示出灵活性，会因具体情况而去灵活掌握。

## 三 创新追求中的规则

莱特认为，如果说"在私营部门中，创新只要能满足盈利的需求就值得去做；而在公共部门中，创新则必须是做一些有价值的事情。如果创新不能挑战主流思想，不能促进公共利益，那又何必创新呢？……公共部门的创新必须是'一种原创性的破坏行为'"。[①] 所以，公共部门的创新是一种打破现状的行动。本来，公共部门所面对的就是一个流动的社会，社会发展的每一天都会把新的问题呈现给公共部门，从而使公共部门所拥有的制度、体制以及解决问题的方式和方法等，无法在一个较长的时期持续保鲜。在这种情况下，如果公共部门不通过创新去打破既有的已经成为习惯的因素，就会陷入治理失灵的局面。在创新意识尚未成为人们普遍接受的意识形态时，往往是在遇到了治理失灵和公共部门运行困难的时候，才会提出改革的问题。这往往使得社会为之付出很大的代价。如果公共部门拥有了自觉创新的意识，以"运动"的形式出现的改革就会分解到日常行动之中。而且，创新的行动能够使社会所呈现出来的问题得到及时解决，也会使公共部门的运行成本最小化，即不因治理失灵而让社会付出高昂代价。

当然，这还只是社会处于低度复杂性和低度不确定性条件下所包含的行动逻辑，当社会呈现了高度复杂性和高度不确定性状况时，创新的重要性也就更加凸显了出来。因为，在高度复杂性和高度不确定性条件下，惰于创新而抱残守缺的做法将会使自己立即陷入困境。也就是说，社会的高度复杂性和高度不确定性不会为不思创新的任何行动者留下选择的自由，而是必然会迫使每一个行动者都时刻准备着创新，通过创新去解决所遇到的几乎每一个问题。事实上，20世纪后期开始，人类进入了一个创新的时代。如果说以往的创新是一种偶然性的、个别的现象，那么，如今所形成的创新氛围使得我们的社会处处

---

① 〔美〕保罗·C. 莱特：《持续创新：打造自发创新的政府和非营利组织》，张秀琴译，中国人民大学出版社，2004，前言，第4~5页。

洋溢着创新热情，这说明人类已经走进了一个创新的时代，因而，在每一个领域中，都可以看到人们希望通过创新去开辟走向未来的道路。客观上看，如果缺乏创新的话，人们就会受到当下问题的困扰而感到处境日益艰难。

在创新的时代，人们首先感受到的是各种各样的规则正在成为束缚着人们手脚的因素。我们看到，在改革的过程中，几乎所有方面的改革都是在体制改革的名义下做出的，而且允诺通过体制改革而实现制度变革。然而，从实际进程来看，所有的改革项目都是从调整规则入手的。而且，一切取得积极进展而又显得非常稳妥的改革也都首先是在调整规则方面取得了成功，然后才继续向前推进。如果在调整规则方面没有取得实质性进展就去启动更为深层的改革，基本上都会出现反复，即"改过去了又会改回来"。

总体而言，由于我们的社会在 20 世纪后期开始突出了创新的主题，也就增强了改革的合法性，人们就可以在改革的名义下去开展各种各样的行动。也正是在这一背景下，学者们对各种束缚创新的因素进行了反思。比如，哈拉尔提出："今天的管理人员必须擅长改变他人的观点所必需的那种政治家说服人的技巧。制定战略不能再依靠'冷酷的'理性权威，而要求'热情的'人际交往，以便收集个人意见，作出创造性的抉择、检验各种可能性、灌输各种态度、使人们负责任来达成一致意见和产生支持成功战略性变革的企业家精神。这是具有超凡魅力的领导人的任务，他们能够使他人互相影响，直至真实情况变得人人都可以看清。"①

当然，这种领导方式和态度是不是一种"企业家精神"，显然是一个可以争议的问题。不过，考虑到西方语境中的"企业家精神"一

---

① 〔美〕W. E. 哈拉尔：《新资本主义》，冯韵文等译，社会科学文献出版社，1999，第 311~312 页。

词更多地包含着"创造精神"的内涵，我们也就不难理解，现代领导的责任就是以合作的态度去谋求创新，用温和的而不是强制的方式去谋求组织成员对其战略性创新的普遍支持。在此过程中，如何对待规则呢？表面看来，哈拉尔似乎并没有考虑这一点，但在实际上，他对待规则的态度已经包含在他的论述之中了。那就是，不能拘泥于按照规则行事，而是要实现对规则的超越。我们知道，规则是冷冰冰的，面对一切人都是同样的。哈拉尔所说的"热情的"人际交往、创造性的抉择、检验各种可能性、灌输各种态度等，都表达了超越规则限制的要求。

在思考官僚制组织中的创新不足的问题时，人们也发现，之所以会存在这一问题，是因为官僚制组织的封闭性致使信息的流动总是受到约束和限制，以至于组织成员无法获得支持创新的必要信息。比如，当一个组织明显地陷入困境时，往往是那些关于组织为什么会陷入困境的信息只在组织的高层中交流，绝大多数组织成员则被蒙在鼓里，既不知道也不掌握这些信息。比如，世界上的几乎每一个国家都有所谓保密制度，一些与国家重大利益相关的信息可能要到完全失去价值后才被解密。在这些信息可以成为国家重大政策、策略创新的重要资源时，可能只掌握在数量极少的几个人手里。即使在倡导公众参与的今天，广大公众被动员了起来去参与各项事务，但在信息方面，特别是在那些关键性的信息方面，公众也是不可以被告知的。让公众在信息不准、不全的条件下参与公共事务，就是公众参与的现实。这样一来，我们也就不难想象这种公众参与对社会治理的创新具有什么样的意义了。

其实，一切创新活动都是与较充分的信息占有联系在一起的。尽管一项创新所需的资源是多样的，但是，即使为创新提供支持的所有资源都具备了，唯独得不到充分的信息支持，也无法真正开展创新。就信息自身的属性而言，信息天然地就是流动的，拒绝向公众开放信息的做法甚至制度之所以能够得以实行，显然是通过一系列的规则做到的。正是借助于规则而把信息封闭了起来，让它们与公众相隔绝。就此而言，信息公开无非是要首先废止那些造成信息封闭的规则。

我们说工业社会是一个低度复杂性和低度不确定性的社会，意思是说，在这个社会中，组织承担任务的方法和路径在可选择性方面并不是多样的。一般说来，最优路径和次优路径的差异也是较为明显的，在多种决策方案中进行选择的难度并不大，基本上可以满足程式化的要求。在这种情况下，通过规则系统去建立合理的程序，会使组织的运行变得非常经济。然而，高度复杂性和高度不确定性条件下的情况截然不同，组织承担任务的方法和路径可能是多样的，甚至多样性程度是无法穷尽的。另一方面，环境以及任务的复杂性和不确定性也总会呈现流动性的状况，使预先确立的方案都无法按计划实施，从而不得不随时作出调整。这样一来，就产生了一些问题：第一，是否需要预先确立计划方案；第二，如果预先确立了计划方案的话，谁有资格对计划方案作出随机性的调整；第三，作为共同行动的组织活动如何既是有序的又是包含着每一个组织成员的自主性的。概括起来就是一个问题，那就是规则在其中发挥着什么样的作用？

一般说来，合理的设想是：需要有一个预先设立的计划方案，但这个方案应当是原则性的，应当具有较大的张力和弹性，以便计划执行者在基本行动原则的前提下进行创新。至于创新行动的规范和约束，也应当是有较大回旋空间的。特别是组织规则，不能成为创新的阻碍因素。组织规则以及其他规范因素都应被定位在对创新行为的纠错和矫正方面，以求偏离方向的创新行为能够得到及时制止。同时，创新行为中的任何垄断性权力都应予以防止。必须保证组织成员中的每一项创新性的建议都能够得到倾听，保证每一个组织成员都拥有对合理性创新意见的赞成和否决权，而且要保证得到组织成员普遍赞成的方案能够立即付诸实施。

这里需要注意的是我们所说的"合理性创新"，它应当是一种与计划方案的原则和方向相一致的行为层面的创新，它的合理性是以一种基本标准的形式出现的，目的是保证创新不至于被某种"群氓式噪音"所利用。当然，在高度复杂性和高度不确定性的条件下，任务承担中的任何一种情况都可能出现，计划方案即便是原则性的文本，也会因情势的发展而变得不适应。一旦出现了这种情况，加以终止也就是必然的了。一般说来，出现了这一情况时，应由组织的决策系统来作出调整。然而，组织要使这种做法成为制度，也就必然意味着相应的规则能够被确立起来。总的说来，关于高度复杂性和高度不确定性条件下的组织创新，必须被"作为集体创新来理解，通过集体创新，某个特有的集体成员一起学习，也就是制定、修改新的关于合作、冲突的社会游戏方法，简而言之，就是一种新的社会实践，而且通过一起学习来获得认识能力，关系能力和对应的组织能力。这是一个允许建立集体行动新结构的集体学习过程。它创造并同时表达了一个或多个领域的新的建构"。①

显而易见的是，包括创新在内的一切行动都只有得到了规则的规范时才不至于成为个人的任性行为，才不会因为张扬自由意志而置共同行动于危机之中。在高度复杂性和高度不确定性条件下，一切被抛向人的任务都不可能由单个人去承担。事实上，在这一条件下，个人的能力是极其有限的，个人甚至无法向农业社会中的人那样独自生存下去。因而，必须以共同行动的方式去开展活动和承担任务。于此之中，也就包含着对规则的要求。但是，一方面，共同行动需要规则；另一方面，社会的高度复杂性和高度不确定性又决定了规则必须是灵活的。也就是说，在高度复杂性和高度不确定性条件下，任何可能僵

---

① 〔法〕克罗齐耶、费埃德伯格：《行动者与系统——集体行动的政治学》，张月等译，世纪出版集团、上海人民出版社，2007，第18页。

化的和约束了人的行为选择和妨碍了人的行动的规则都是不具有合理性的，都必须被立即抛弃。

面对复杂的和不确定的任务，行动者的行为选择必须因时而就和因势而变。我们常常使用的一个提法叫"切实有效"，只有"切实"，才会有效。在高度复杂性和高度不确定性条件下开展行动，我们无法预先知道任务会是什么样子，甚至不知道任务具有什么样的性质。在开展行动的初期，任务可能是模糊的。这个时候，"切实"的主动权就必须完全交给行动者。既然分析、判断和采取行动的主动权交给了行动者，那么，规则就不能对他形成束缚，而是应当成为他开展行动的支持因素，甚至是他可以利用的一项社会资源。

组织结构如果具有充分的弹性，显然会对创新形成支持，但组织结构的弹性是反映在基本规则的灵活性上的。同样，组织结构的刚性也是借助于规则而成为可能的。如果一个组织的规则非常严苛而详尽的话，那么其结构肯定是刚性的。组织结构只在理论抽象中才能得到观察。在实践中，组织结构除了给人以形式上的直观感受之外，究竟能够发挥什么样的作用，却是不得而知的。只有当组织结构通过规则而加以表现的时候，人们在执行规则的过程中才会自然地使行动合于组织结构的要求。当然，关于组织的弹性结构与组织创新间的关系，可能包含着非常复杂的机理，很难在逻辑分析中获得明确的答案。但是，实证研究却肯定能够非常容易地加以证实，组织结构的弹性化会使组织赢得更多的创新成果。相反，组织结构的刚性程度较高的话，则会使组织失去创新活力。

一般说来，当组织的环境突然出现复杂性和不确定性增强的情况时，那些拥有刚性结构的组织立马就会被感知成僵化的，事实上是已经陷入了困境之中。所以，在组织环境较为简单时，同时组织环境也较为稳定时，组织结构刚性程度较高是能够使组织表现出更多优异的品质的。相反，在组织环境较为复杂和较不确定的情况下，组织的刚性结构不仅无益反而有害。也就是说，组织环境的复杂性和不确定性对组织提出了结构弹性化的要求。其中，最为重要的一点就是，在组织结构的弹性化之中，能够更多地产生出创新成果。而且，这些创新成果恰恰是组织走出困境和避免危机的宝贵资源。这样一来，我们可以断言，在高度复杂性和高度不确定性条件下，一个应变能力强的组织在结构上必然是具有较高弹性的，其规则也会具有较大的灵活性。唯有如此，才会为创新活动留下较大的空间。

面对 20 世纪后期以来组织规则弱化的现实趋势，简·芳汀设想以"共有价值观"的确立去填补空缺。芳汀说，"亚当·斯密和 18、19 世纪的其他古典经济学家们认识到，单个公司必须内嵌到共有价值观的基础结构里，才能使劳动分工成为可能。网络、伙伴关系以及公司合并之所以取得成功，部分原因在于把它们凝聚在一起的社会黏合剂，而非试图描述每个偶发事件的契约。凝聚力不可能单单来自连接组织网络的数字信息系统。合作性网络的黏合剂包括信任的准则以及构成交换基础的适宜行为"。[①] 在整个工业社会的历史阶段中，规则在市场中的基本表现就是契约，而且社会契约论是把法律本身也理解成契约的。的确，遍布于整个社会并发挥着普遍性作用的法律就是建立在契约的基础上的，或者说，它是围绕着契约而建立起来的规则体系，以至于工业社会的交往、交换以及共同行动都是在契约的前提下进行的。契约本身就意味着一整套严密的规则，契约的履行就是规则发挥作用的状态。然而，在高度复杂性和高度不确定性条件下，让每一次合作行动都建立在契约的基础上，已经变得不再可能。

就合作行动所承担的是复杂任务而言，通过契约去规定行动中可能出现的事项，已经不再具有现实性了。如果说合作行为所应对的是

---

① 〔美〕芳汀：《构建虚拟政府——信息技术与制度创新》，邵国松译，中国人民大学出版社，2010，第 64 页。

较为紧迫的事项，其实是不会给我们留下时间去理性地审视契约的，更不允许我们对契约条款进行慎重推敲。所以，在高度复杂性和高度不确定性的条件下开展合作行动，契约的功能也许会完全丧失。工业社会是契约普世化的时代，后工业化意味着人类将走出这个时代。在后工业社会，事事求助于契约的做法必将被看作不合时宜的做法。因此，在后工业化的进程中，普遍性的社会规则将进一步呈现弱化的趋势，而在组织的层面上，规则将在具体化和富有灵活性这样两条不同的路径中得到强化。唯有具有灵活性，规则才能发挥更为有效的作用，否则，规则就会僵化，不仅不能发挥有效的作用，反而会成为行动的障碍。

## 第二节　谋求非强制性的社会治理

### 一　强制及其后果

一切依据规则的社会治理都具有强制性，只不过强制性的表现不同而已，可能会以显性的形式出现，也可能会以隐蔽的形式出现。也许人们仅仅看到权力的强制性而没有看到规则的强制性，其实，规则的强制性比权力的强制性更强。民主治理的另一重面相是法治，而法治正是依据规则的治理。当人们把视线放在民主的一面时，所看到的是对权利的承认和尊重，予人以自由和自主，但民主的另一面则是对规则的遵从。也正是在这一意义上，民主与法治总被作为一个整体来看待。实际上，离开了规则也就无所谓民主的治理。所以，民主治理中是包含着强制的。在我们设想非强制性的治理时，不仅要对强权作出否定，而且要实现对民主治理的超越。随着服务型政府的理念被提出，我们实际上已经找到了超越民主治理的方向。

密尔看到，公民在地方政治中的参与有利于民主政治的发展。服务型政府建设也应是一种自下而上的运动，当直接与公众接触的政府根据服务精神去处理公共事务成为一种具有普遍性的行为模式时，就能够推动服务型政府建设前进。当前的情况是，越是那些与公众接触面大的政府部门，越倾向于采取控制策略，尤其是基层政府，其行为的强制性色彩往往是很浓的，因而，与公众的冲突也就越频繁，并会在公众那里引起巨大的反弹。在信息技术得到普及的条件下，公众往往通过"自媒体"去把这些基层政府中的强制行为向全社会公布，揭露这些强制行为的丑陋，从而让这些基层政府处于行为选择的困难境地。在此意义上，自媒体发挥着积极作用，但是，自媒体的兴起也引发了一种鱼龙混杂的局面，破坏了民主社会应有的健康状态。

尽管如此，我们还是获得了一个历史性的机遇，我们可以将自媒体的兴起而对政府所形成的监督和批评作为放弃控制、减少强制的转折点，其目标就是使政府转向服务。如果这些基层政府能够确立起服务理念，自觉地基于服务意识去作出行为选择，在每一项公共事务中优先想到服务的可能性，也就可以避免产生与公众间的许多矛盾。如果基层政府能够拥有很强的服务意识，即使它们的行为偶尔出现了失误，也会得到公众的谅解和原宥。反之，在控制导向中作出的强制性行为选择往往会置政府于公众的对立面上。一旦强制失当而成为公众无法接受的行为，就有可能立即引发公众激烈的反弹，并借助于互联网而使这种行为丑陋的一面传播到整个社会，从而对政府形象造成极大的伤害，并削弱政府的合法性。

就历史上的实际情况看，西方国家由于在农业社会的历史阶段中没有建立起稳定的和明确的权力制度（权制），以至于近代思想家们在近代社会的起点上回顾历史的时候往往看到的是一种所谓"自然状态"。此时，就如洛克所说的，"第一，在自然状态中缺少一种既定的、规定了的、众所周知的法律，以共同的同意接受和承认为是非的标准和裁判他们之间一切纠纷的共同尺度。第二，在自然状态中，缺少一个有权依照既定的法律来裁判一切争执的知名的和公正的裁判者。第三，在自然状态中，往往缺少权力来支持正确的判决，使它得以应有的执行"。①

中国的情况与西方不同，在中国的农业社会历史阶段中，建立起了完整的权力制度（权制），而且这一制度具有超强的稳定性和张力，甚至显示出了对异质因素的超强适应性。也就是说，能够把那些不属于农业社会的因素包容进来并加以融解。比如，我们常说中国的明末清初就出现了"资本主义萌芽"（实际所指是"市场经济"的萌芽，在西方的学术语境中，一般也是经常把"资本主义"与"市场经济"混用），但这些因素并没有得到进一步的发展。其原因就是，农业社会的权制把它们纳入了自身之中，并将其消化了。所以，中国的农业社会与西方近代早期启蒙思想家所看到的那种近乎自然的状态是不同的。西方国家可以在自然状态的基础上直接走向以确立法制为代表的工业社会治理文明，而中国则不行。

从社会控制的角度看，这也是中国社会与西方社会的不同。西方社会由于没有建立起完整的权力制度，因而其权力控制力是较弱的。中国在农业社会的历史阶段中建立起了权制，因而其权力控制力是非常强的，以至于整个社会都被纳入控制过程中了，甚至是滴水不漏的超强控制。但是，总体看来，农业社会是一个充满了强制的社会，由于中西方都存在着等级制度，社会治理也都表现为人对人的强制，是通过强制的方式而去开展社会治理的。如果说中西方有所不同的话，那仅仅是强制程度上的强弱不同而已。虽然西方的农业社会可以被近代启蒙思想家们描述为自然状态，但它在人对人的强制的问题上，依然是启蒙思想家不能接受的。在某种意义上，启蒙的任务就是终结这

① 〔英〕洛克：《政府论》下篇，叶启芳、瞿菊农译，商务印书馆，1964，第77~78页。

种人对人的强制，代之以人的平等和自由。就近代启蒙的主题是"解放"而言，平等与自由就是解放的目标，只是在解放的主题得到进一步阐释的时候，才扩展到了诸方面。

我们指出中西方的不同，只是为了说明，在西方的农业社会历史阶段中，人对人的强制是以等级制度条件下的行为表现出来的，因为其权制并不完善；中国农业社会的人对人的强制虽然也是建立在等级制度的基础上的，却能够直接地得到权制的支持和保障。西方在农业社会这一历史阶段中因为并未建立起权制，从而其强制更多地反映在了行为层面上。当然，这种强制行为也无疑是服务于社会秩序的需要的。无论是以权制的形式出现还是以行为的形式出现，社会治理中的强制都是出于秩序得以建立和维护的需要。虽然我们在决定论的意义上可以说农业社会历史阶段中的强制都是服务于统治利益的，但统治利益又何尝不是包含在统治秩序之中的呢？如果没有统治秩序的话，也就谈不上什么统治利益了。所以，秩序是强制的优先性目标。

从理论上推断，农业社会向工业社会的转变，应当是强制的终结。然而，从实际情况看，强制不仅没有在工业化、城市化进程中消失，反而得到了强化。就工业社会的强制是人通过制度的中介而对人的强制而言，更具有普遍性，覆盖到了社会的每一个角落，而且也更加隐蔽。达尔把强制的发生归结为寡头政治，他认为，"在贵族寡头统治的政治系统中，政治资源具有明显的累积性不平等特征：当一个人比另一个人在某一种资源（诸如财富）上更为充裕时，他通常也会在几乎其他所有资源上都更为充裕——社会地位、合法性、对宗教和教育机构的控制、知识、官职。在今天的政治系统中，政治资源的不平等仍然存在，但它们通常是非累积性的"。① 这未免是一个过于乐观

---

① 〔美〕达尔：《谁统治——一个美国城市的民主和权力》，范春辉、张宇译，江苏人民出版社，2011，第96页。

的评价，或者说，是一种出于论证民主制度优越性而不顾事实的说法。现实情况是，在民主政治之中，政治资源也是累积的，只不过不是表现在个人（政治家个体）那里的累积，而是累积在政治体系之中的。正是因为政治资源是可以累积的，政治体系才能够通过制度化的方式去实现对社会的控制和对人的强制。

在达尔对纽黑文市历史的考察中，形成了这样一个关于其政治发展史的结论："在一个世纪内，一个由具有凝聚力的领导者团体主导的政治系统已经让位于一个由许多不同阶层的领导者主导的系统，每个人都能以各自不同的方式将政治资源组合起来。简言之，它是一多元主义政体。如果多元主义政体与寡头统治相去甚远，那么要实现民主哲学家们所鼓吹的政治平等目标，并使之成为几乎每个美国人都宣称要支持的民主与平等信条的一部分，也还有很长的路要走。"① 在这里，达尔显然是把美国的民主政治认定为"多元主义政体"了。在他看来，只是因为这一政体尚未发展到其典型阶段，所以才存在着不平等的问题。即便作出这样一种温和的和妥协性的论述，我们也看到，达尔在理论出发点上是个人主义的，他的所谓"多元"是指个人意义上的多元，是建立在每一个个人都是现实中的一元这样一个前提性判断之下的。

实际情况并不是这样的，在社会治理过程中，即使在民主政治活动中，任何一个个人也都不能构成"一元"。政治家也是一个群体的代表或符号，他实际上是在群体的支持下进入政治过程的。如果政治家是孤身一人的话，无论他怀有什么样的政治理想，也不可能在实际的政治活动中发挥现实的作用。在民主政治条件下，当开展政治活动的不是一个人而是由多人构成的一个行动体，就必然会在这个群体中

---

① 〔美〕达尔：《谁统治——一个美国城市的民主和权力》，范春辉、张宇译，江苏人民出版社，2011，第96页。

产生某种结构，从而把人置于不平等的地位上。这样一来，一部分人的意志就可能被强加给另一部分人。这种强加于人的过程也就必然是强制的过程。在我们指出了这一点的时候，还只是谈论民主政治活动中的行动体内部的情况。如果超出这个群体的界限，进入民主政治的巨系统之中，就会看到，民主无非是工业社会谋求共识的过程。在共识的形成中，往往诉诸投票表决等形式化的行动。

这样一来，投了弃权票的人，投了反对票的人，是如何接受这个并不属于他和与他相对立的所谓"共识"的？那就只能理解成是强制于其中发挥了作用。投了赞成票的微弱多数的意志在被强加于那些反对和弃权者的时候，往往表现为对规则的遵从。只是因为事先制定了少数服从多数的规则，人们才没有从中解读出强制。其实，这是典型的规则强制。从西方国家的民主政治看，正是规则于其中发挥着作用，才使得不平等分散在每一个领域中。或者说，让不平等存在于每一个维度的观察中，而不是像在寡头政体中那样，让不平等以一种整体的形式积累起来。民主政治只是让人们在感觉中形成一种感受，那就是，好像民主不是以某个人有权对其他人实施强制的形式出现的，而是转化成了制度对人的强制，而且，似乎是对所有人的平等性的强制，即平等地接受规则的强制。

应当承认，达尔拥有一种政治的发展是从不平等走向平等的历史观，他首先从总体性的不平等中历史地分析出具体的不平等，并在这种具体的不平等的视角中去观察政治，形成多元主义政体的概念。进而，他认为多元主义政体具有在各个具体领域中去消除不平等的能力，并能够最终走向总体性的平等。初看起来，达尔的这一分析和叙述是合乎逻辑的，是具有合理性的。实际情况则不是这样的。在达尔的叙述中，是包含着一个独断论的假设的，那就是，多元主义政体在每一个领域中都具有消除不平等的能力。实际上，这个假设是无法在实践中得到验证的。

　　我们承认，在农业社会后期以及工业社会前期的一些寡头统治中，不平等是累积性的，而民主政治有效地化解了不平等的累积效应。但是，在西方国家的民主政治的条件下，依然存在着不平等的问题，只不过这种不平等是可以在不同的社会生活领域中转移的，即在不同领域中使不平等得到转移。具体地说，在政治领域、经济领域以及社会生活的其他领域间进行转移，以至于我们所看到的是这样一种情况：除了极其少数的偶然性个案之外，绝大多数在某个领域中处于底层的人，进入另一个领域之后依然处于底层。当然，政治生活中的普选权使人们在政治生活中获得了平等的感受，但这种平等却是转瞬即逝的。一旦人们行使了这种普选权之后，立即就被再度打入不平等的世界之中。所以，如果达尔所说的多元主义政体就是美国的民主政治的话，从其已有的经历中，很难看到走向平等的希望。

　　由于不平等的存在，强制也就有了发生的基础。因此，人们通过制度的中介而实施着强制，让被强制者承受了来自四面八方的压迫力量。总之，在民主政治中依然存在着强制。民主是达成共识的途径，但由于民主需要求助于强制，需要以强制为保障，以至于在现实中破坏了民主所具有的达成共识的功能。结果，由于民主的这一达成共识的功能丧失了，也就不得不更多地求助于强制。通过强制（如投票）去形成"一致意见"，并把这种"一致意见"强行命名为"共识"。这是对共识的歪曲，也是对民主理想的亵渎。在政治的以及整个社会治理的实践中，其实就是民主的堕落。所以，民主的重建在根本上应当是其达成共识之功能的恢复。只有当民主被当作达成共识的路径而不是社会治理方式的时候，才会放弃对形式民主的追求，才会使实质民主成为现实。只有当民主具有了实质民主的属性，社会治理中的强制才不会发生。

　　虽然 18 世纪的启蒙思想家们表达了对平等和自由的渴望，并提出了天赋人权，使之作为一种"绝对命令"而被确立了起来，但在其思想的深层，我们还是不难发现关于强制的隐喻。在某种意义上，我们可以推测说，社会契约论可能是从时间的约定中得到启发而提出的。有所不同的是，关于时间的约定因为一种机械——钟表——的发明而发挥了规范人的行为、统一人的行动的作用，而社会契约论则将其转化成或从中引发出了一整套复杂的制度体系。钟表是用来标识时间的，却不能保证人们遵守时间的约定。对于尚未生成工业社会观念的人们来说，往往在时间观念上就显得较为淡漠，钟表的作用相对于他们来说就会大打折扣。所以，钟表只在遵守时间的人那里才有意义。与钟表相比，在社会契约的基础上以及因社会契约而生成的制度却不满足于人们的自愿遵守，而是拥有了一种相对于人的强制性要求，以威吓、惩罚等方式去迫使人们必须遵守构成了制度的那些因素。

正如我们已经指出的，在 20 世纪的历史中，我们看到了民主与集权之间是能够实现转换的，或者说，在民主与集权之间往往不需要程式化的过渡就可以转变到对方中去。比如，希特勒是经过民主的程序而掌权的，也是通过民主的方式获取集权的。于此之中，所能获得的合理答案就是：民主与集权一样，都包含着强制，只不过强制的方式、方法以及表现途径不同而已。正因为民主与集权都包含着强制，所以，它们之间可以在没有充分条件的情况下就实现相互转换。艾赅博等人认为，法西斯主义时期的德国也应视为一个民主国家，法西斯主义的集权甚至极权，恰恰得到了民主体制的支持，特别是在技术理性塑造出的行政系统中，表现出"恶"。

艾赅博和百里枫在揭示"行政之恶"时所得出的研究结论是："纳粹大屠杀并不是因为背离了现代的、技术—理性的行政实践而产生，相反，纳粹大屠杀是其内在的，现代是外显的一种可能性，公务员队伍在屠杀过程的每一个阶段都施以援手。当最后解决愈演愈烈之时，任何被认为属于现代专业主义的因素——教育与技能、伦理标准、科学方法、官僚程序以及对选举官员的问责等等——都没能避免或者抗拒对犹太人的种族清洗。在巨大的邪恶面前，公务员心甘情愿，未对受害者有所帮助。今天，他们仍然如此，因为行政之恶有面具的掩盖。"① 如果进一步把这种"行政之恶"也理解成"政治之恶"的话，我们就会认识到，即使在法西斯主义集权的情况下，这个国家对民主的信仰也一直是存在于每一个人的心中的，甚至法西斯主义的一切反人类罪行也都是按照某种民主国家建构中的行政职能定位做出的。

总之，强制可以通过各种方式去加以表现，民主政治只不过是在尊重普遍人权的名义下实施强制。法西斯主义在实施强制时，则更多地尊重民主程序而不是尊重普遍人权，甚至将人权弃之不顾。其实，就近代以来的政治运行看，在民主实践的左右摇摆中，无论是突出了人权还是突出了程序，都无非是出于社会秩序的需要。同样，在对民主与集权这两种治理形态进行考察时，也可以看到，民主的治理与集权的治理都不断地强化强制。所以，它们的共同点远比它们的差别更具有实质性的意义。这正是理论思考应当给予关注的，民主与集权具有一种共性，那就是强制，区别只在于强制的表现方式不同。

## 二 强制的非正义性

托克维尔在《论美国的民主》中对民主受到滥用提出了批评，他认为那种被等同于平等的民主包含着一种危险，那就是占统治地位的多数人极易对被视为"越轨者"和"异己者"的人实施压迫和进行排斥。这实际上是一种民主的自反，也是平等的自反，民主使多数派获得了压制少数派的霸权，而平等在这种多数派对少数派的压制中则

---

① 〔美〕艾赅博、百里枫：《揭开行政之恶》，白锐译，中央编译出版社，2009，第81~82页。

合乎逻辑地转化为不平等。最为重要的是，在近代民族国家的框架下，民主制度中的压迫和强制被转移到了国际社会中，因而在国家间、民族间和不同的文化实体间，形成了一种压迫结构。在对压迫结构的维护中，霸权国家又无处不使用强权，通过强制的方式维护所谓国际秩序。

如果说法西斯意味着集体恐怖主义或国家恐怖主义的话，那么，在美国的"9·11"事件之后，我们的视线则被引向了全球边缘群体或个体的恐怖主义。这其实是一种对强权进行报复的恐怖主义现象或行动。应当看到，采取恐怖主义手段对强权压迫进行报复是亘古就有的行为，但是，如果这种报复演变成不是直接针对压迫者的行动，而是对无辜平民的行动，即通过破坏和瓦解秩序的方式间接地对压迫者实施报复，其行为本身就是非正义的。当然，与农业社会中那种人对人的直接压迫不同，近代以来逐渐形成的制度性压迫结构使人对人的压迫总是通过某种物化的存在物或物质的中介而实现。作为压迫者的人，往往深深地潜伏在那些物化的存在物及其结构的背后，从而使反压迫的行动失去了直接目标，以至于不知道应当把恐怖行动指向哪里。正是由于这个原因，恐怖主义者才选择了对既有秩序的挑战，无目的地向无辜者施行恐怖行动。这说明，面对制度化的结构性压迫，求助于恐怖主义这种古老的反压迫手段，已经失去了历史合理性，以至于在任何意义上都不可能取得善的效果。即使恐怖主义在网络上开展行动（如中国当前网络上的以自媒体的形式出现的恐怖主义活动），也不是社会进步的标志，只不过是利用新的技术手段复原了报复社会的行动，尽管更多的是针对那些为社会做出了贡献的人（如革命烈士、领袖人物等）的诬陷、诽谤等，目的却是对社会实施报复。

可见，近代以来历史发展所造成的现实决定了一切反压迫的行动都必须指向既有的社会结构和治理结构，需要通过社会以及治理体系的结构性变革去废除一切形式的压迫，而不是诉诸恐怖主义行动。既然恐怖主义行动不是直接针对压迫者的，是没有直接目标的行动，或者说是让无辜者为其恐怖主义行动付出，那么，这种行动也就是对社会进步没有任何积极意义的行动。与此相反，如果去谋求社会结构以及治理结构的变革，是完全可以通过和平的方式去实现压迫结构的解体的，而不是诉诸恐怖活动。所以，对恐怖主义的谴责是必要的，尽管不可能做到，却也必须对恐怖主义实施有力的打击。但是，如果在打击恐怖主义的过程中仅仅满足于这种打击，而不是主动地和自觉地去探寻打破压迫结构的路径，就无法对打击恐怖主义的行动给予积极评价。事实上，仅仅满足于打击恐怖主义的话，是不可能收获积极效果的。"9·11"事件之后美国所采取的反恐行动已经充分地证明了这一点。

恐怖主义在某种意义上可能符合法学理论中的私力救济行为。如果是这样的话，那么我们就可以认为，私力救济在一个社会中能够盛行，必然有着相应的社会基础。其中，这个社会中的习俗性的正义观念所提供的支持是不容低估的。比如，杀富济贫往往就是在正义的名义下进行的。在法律正义取代了习俗正义后，私力救济在很大程度上被取缔，只有在极其有限的场合中，才会看到私力救济的存在。而且，这种私力救济也必须在不对其对象造成严重伤害并不造成社会影响的情况下，才会得到法律的容许。不过，就中国存在的网络自媒体恐怖主义活动来看，又不属于私力救济的范畴，因为，一方面，它是通过煽起舆论的形式出现的；另一方面，它又迫使权威部门在舆论的压力下配合恐怖主义行动。总体看来，这一波恐怖主义发生在全球化、后工业化进程中，主要表现为非国家的力量对压迫和奴役结构提出挑战，无论是采用恐怖主义的私力救济方式还是通过网络自媒体，它都是报复社会的行动。如果说暴力恐怖主义是针对世界压迫结构而采取的行动，那么网络恐怖主义则更多地表现为一种盲目的躁动。这样一来，一种根源于原始社会的个人对个人、氏族对氏族的复仇故事，就被重述成针对现代国家的暴力，实则是针对国民的暴力。虽然这种用私力救济的方式去破坏秩序的做法在宣泄不满方面是影响巨大的，却没有任何积极意义。也就是说，它在全球化进程中并不能发挥积极作用，反而产生了一种极其有害的消极影响，会在人们对它的痛恨及其行动之中阻碍全球化、后工业化进程。也正是在此意义上，我们必须对恐怖主义进行谴责，呼吁整个社会参与到反恐怖主义的行动中来。

诚如韦伯所指出的："当今资本主义经济可谓是一个人生在其中的广漠的宇宙，他对这个人来说，至少对作为个人的他来说，是一种他必须生活于其中的不可更改的秩序。他只要涉足于那一系列的市场关系，资本主义经济就会迫使他服从资本主义的活动准则。假如一个制造商长期违犯这些准则，他就必然要从经济舞台上被赶下去，正如一个工人若不能或不愿适应这些准则就必然被抛到街头成为失业者一样。"[①] 个人在社会面前是渺小的，无论他内心如何抗拒社会的压迫和奴役，在落实到行动上的时候，又不得不服从，不得不接受来自社会的强制，他都甚至不知道这种强制来自哪个方向。这样一个社会显然不是人类的理想社会，甚至不是一个正义的社会。在某种意义上，可以说，这个社会的非正义恰恰是得到了其社会治理的支持的，恰恰是社会治理过程造成了这种非正义的境遇。所以，只要人类的理想尚未泯灭，就会有着不懈的追求，就会要求扬弃和超越这个社会。但是，强制和压迫却是现实中存在着的不得不承受的非正义事实。正是这种压迫，导致了各种各样同样非正义的反抗行为。

人们也许会认为，在社会的运行中必然会产生不公平、非正义的问题，因而只能寄希望于政府来解决不公平、非正义的问题。的确，政府被寄予这种职能，而且也在多数情况下承担起了这种职能，甚至还会有着优异的表现。我们应当对政府在维护公平和提供正义方面所发挥的积极作用给予充分的肯定。不过，我们也必须指出一个不容否

---

① 〔德〕马克斯·韦伯：《新教伦理与资本主义精神》，于晓、陈维纲译，生活·读书·新知三联书店，1987，第 38 页。

认的事实，那就是，政府所造成的不公平、非正义问题远比社会运行中所产生的不公平、非正义问题严重得多。在经历了 18 世纪的启蒙运动之后，在市场经济的发展取得长足进步并得到了所建构起来的完善的规则体系规范的条件下，在自由平等的理念已经深入人心并物化为社会的基础性结构的时候，我们社会中所存在的不公平、非正义等问题基本上都是由政府生产出来的，至少，可以说大多数是由政府生产出来的。

当然，工业社会的制度是建立在自由和平等的前提下的，但实际上则是，它经常性地为了自由而牺牲平等，或者为了平等而牺牲自由。诸如美国这样的选举民主体制是通过在自由与平等之间不断地轮回而去转移人们的视线的。从理论上看，自由如果不是建立在平等的基础上，就是没有意义的，甚至是无益的。比如，亿万富翁挥霍的自由与赤贫者出卖劳动力的自由都是自由，但这两种自由在根本性质上是不同的。其根子就在于，作为自由前提的平等是不存在的。然而，工业社会的制度以及整个基础性结构所保障的自由正是这种不平等的自由。当然，自由主义者对此的辩解是，在拥有自由方面，他们是平等的，挥霍财产的自由与出卖劳动力的自由被两者平等地拥有了。罗尔斯甚至将此规定为正义的标准："每个人与其他人所拥有的最广泛的基本自由体系相容的类似自由体系都应有一种平等的权利。"① 阿马蒂亚·森则把罗尔斯的原理转化成了赤贫者优先实现的平等的自由。这说明，在许多情况下，人们关于制度的争论可能是无意义的，因为任何一种制度都必须在提供正义、公平等方面得到检验，在其表象的层面，就是把社会的贫富两极压缩到一个极小的空间中。

人们可以宣布某种制度（如民主）是好的，资本主义民主制度却

---

① 〔美〕约翰·罗尔斯：《正义论》，何怀宏等译，中国社会科学出版社，1988，第 56 页。

持续地扩大了贫富分化。尽管这一制度可以在高技术含量的社会控制之下得以维系，并表现出总体上的稳定性，但贫富的持续扩大引发出的非政治性危机已经将全体公民都置于一个前景暗淡的境地了。对此，我们为什么要强颜作欢地去演唱这种制度的赞歌呢？总体看来，不平等造就了强制，而不平等却来自两个方面：其一，来自自然；其二，由社会所造成。细思这一问题，又会发现，就自然而言，其实是无所谓平等与不平等的，只有在社会之中，自然的差异才会以不平等的形式出现。也就是说，在实质上，一切不平等都是社会的不平等。这就是昂格尔所说的，"不平等问题是社会性的，也即是说，它是在社会中被承认与导致的。尽管如此，群体间无数的差异中，有些就是自然特殊性生发的，尽管正是社会确立了那些差别对权力与财富的分配所具有的重要性。这些自然差别中有两点是最为显著的：身体力量的不平等以及天资的不平等，这些天资对他人是有益的，或者是为他们所钦佩的"。①

在近代社会早期，应当说恰是根源于自然的不平等让人产生了平等的要求并生成了平等的观念，也正是为了消除自然的不平等而开展了各种各样的社会行动。但是，消除不平等的社会行动不仅没有达成目标，反而带来了另一种不平等，也就是制造了制度化的不平等。昂格尔是这样描述这一社会过程的，"关于平等的观念，其历史进步存在于这里，首先，身体力量上的天然不平等是一个重要的社会关注点，因此国家的初始任务就是通过暴力的垄断者而弥补之。其次，完全由于社会出身而导致的不平等，最好的例证是阶层与阶级，这些不平等成了社会生活的主要特征，以及政治争议的主题。但是，由于对阶层与阶级的压制，以遗传方式而获得之在能力差别上的自然不平

---

① 〔美〕昂格尔：《知识与政治》，支振峰译，中国政法大学出版社，2009，第388页。

等，再一次占据了关于正义之思考的前沿"。① 似乎人类绕不开这个不平等的泥潭，而且就工业社会后期的基本情况而言，似乎是在这个泥潭中越陷越深了。这是因为，资本主义社会用制度的强制维护着人们之间的不平等，又用强制的方式压制社会不平等结构中所产生的各种各样的矛盾，在秩序的名义下施行强制，总是把强制诠释到无以复加的地步。所有这些，就是近代以来的社会依然是一个非正义社会的根源。

## 三 合作治理的非强制性

鲍曼对于全球化时代中出现的"恐怖主义"一词是持怀疑态度的。尽管鲍曼不赞成那些被称作恐怖主义的做法，却以客观的态度分析了恐怖主义得以产生的根源，那就是全球政治的缺失。鲍曼指出，"在全球政治和全球政治权威缺失的情况下，暴力冲突是在所难免的。而且，总是有人想把暴力行为贬低为恐怖主义，从而视之为一种非法的、罪恶的和该罚的行为。这种关于'恐怖主义'和有关'恐怖主义的战争'的说法在本质上依旧是一个有争议的概念；它们激发的行动将依旧是非决定性的，只要它们是自我永恒的和相互支持的"。② 虽然我们对鲍曼这种试图淡化人们对恐怖主义的谴责的做法表示不赞同，但我们也不得不承认，鲍曼敏锐地觉察到在我们这样一个全球化的时代，存在着一个既有利于恐怖主义也有利于反恐怖主义的"前沿地带"，双方都希望在这个"前沿地带"的永存中获益。"在这一点上，二者是一致的，尽管他们获取利益的方式不同。"③

根据鲍曼的看法，恐怖主义者与反恐怖主义者事实上已经结成了

---

① 〔美〕昂格尔：《知识与政治》，支振峰译，中国政法大学出版社，2009，第388页。
② 〔英〕齐格蒙特·鲍曼：《被围困的社会》，郇建立译，江苏人民出版社，2006，第76页。
③ 〔英〕齐格蒙特·鲍曼：《被围困的社会》，郇建立译，江苏人民出版社，2006，第75页。

某种联盟，"这种联盟反对建立一个公正的、具有普遍约束性的和政治上受控的全球秩序；唯有这种联盟，才坚定地排斥'灵活性'，并拒绝'摇摆'"。① 以反恐怖主义姿态出现的美国以为凭借自己的强大优势就能消灭恐怖主义，同样，恐怖主义也有效利用了人们对霸权的深恶痛绝而展开游刃有余的周旋。它们都利用了"前沿地带"去展示自己的力量，而且也都在交锋中使自己得到增强，唯独全球化运动成了它们招之即来、挥之即去的游戏筹码。事实上，它们是在运用这一筹码的过程中消耗了全球化的能量，阻碍了全球化进程。也许面对暴力冲突，人们以为需要有一支全球性的治安力量，但在全球政治缺失的条件下，治安的行动如何开展显然是一个无法破解的问题。总之，在全球化运动中，首先需要加以解决的是建构全球政治的问题。只有这一问题的解决取得了积极进展，才能有效地减轻全球化进程中的震荡，才能有效地化解冲突和防止暴力。

在理论分析中，可以认为，现代民族国家有两个源头。当人们关注国家的民族属性时，会倾向于使用 nation 一词；当人们表达民族受到国家所形塑后的状况时，则倾向于使用 state 一词。nation 与 state 都有着极为悠久的历史，不仅在中国等有着古代文明的国度中很早就有了成熟的 nation 和 state，而且在西方也同样如此。但是，民族国家则是在现代化过程中生成的，虽然 nation 和 state 在今天经常被不加区分地用来指称现代民族国家，但这两个词所暗示的现代国家源头的不同则是显而易见的。所以，如果我们认识到现代民族国家的生成是与工业化、城市化同步的，那么在全球化、后工业化的进程中去思考民族国家的命运，也就有了更大的想象空间。不过，无论我们在全球化、后工业化进程中怎样去想象民族国家的未来，其中有一点则是我们必

---

① 〔英〕齐格蒙特·鲍曼：《被围困的社会》，郇建立译，江苏人民出版社，2006，第61页。

须给予关注的基本内容，那就是，nation 和 state 在与现代民族国家发生联系之前都是消融了个体的人的共同体，在它们与民族国家联系在一起后，则是作为个体的人的集合形态的共同体形式出现的。

我们把民族国家生成的过程视作从"家元共同体"向"族阈共同体"的转变，目的就是要指出，个体的人生成并集结成共同体的历史事件完全是工业化、城市化的结果。在全球化、后工业化的进程中，我们所作出的判断是，族阈共同体将为一种新型的合作共同体所取代。我们作出这种判断也无非是要提醒人们，应当关注个体的人正在发生和将要发生的变化。或者说，我们认为，个体的人必将获得新的形式和内容。个体的人的存在，将不再支持个体中心主义、个人主义等，而是会表现出对"他在性"的证明。我们知道，在农业社会，并不存在现代意义上的作为社会存在物的个体的人，农业社会中的个人主要是一种自然存在物，是自然意义上的个体。只是在工业化、城市化的进程中，才出现了社会意义上的个体的人。对于这一过程，黑格尔在其《精神现象学》中通过考察自我意识的生成过程进行了详尽的描述。

作为社会存在物的个体的人的出现，是历史进步的一个极其伟大的现象。事实上，在整个工业社会中，个人主义在其本原的意义上是有着无比巨大的积极意义的。但是，当个人主义放大到组织、民族国家后，则彻底地背弃了个人主义的精神，使个人主义中所应包含的平等、自由等内涵完全丧失了，反而是每日每时都在制造不平等和压迫，并物化为社会的中心—边缘结构。比如，当个人放大为组织、政府和国家的时候，给我们呈现出来的就是，竞争社会中的组织本位主义、社会治理中的反民主的政府本位主义、国家关系中的西方中心主义等，所有这些，都无所不用其极地嘲弄着自由、平等等个人主义理想。然而，在全球化、后工业化进程中，能够激发出我们想象力的因素应当说仍然是对自由、平等的追求。既然如此，也就要求我们必须完全颠倒对个人主义的理解，即把"个人主义的个体中心化"颠倒为"个人主义的他在性"。那样的话，中心—边缘结构就可以得到彻底解构，一切征服、压迫、依附也都将无从产生。

在民族国家的框架中，社会治理的职责是由政府承担起来的。政府在开展社会治理时，表现出了控制导向的行为特征。或者说，政府的社会治理过程就是通过控制的方式展开的。有控制，也就有强制，或者说，强制是控制赖以实现的手段和控制赖以表现的方式。在近代以来社会治理的全部历史中，我们所看到的都是经常性出现的政府控制导向的循环升级。似乎政府不以控制的方式去开展社会治理就会显得无所作为，似乎政府的控制不处在时时升级的过程中就会显得软弱无能。然而，只要政府用控制的方式去开展社会治理，就必然会经常性地陷入困境。当政府陷入了社会治理的困境中时，又会通过求助于强制而去增强控制。而且，政府控制导向的困境还不仅仅反映在行为上，也经常性地反映在政策施行的一切过程中。

在政策执行的过程中，往往会出现政策执行阻滞的问题，会出现"上有政策，下有对策"的问题。或者说，政策执行中出现的一些根本性的问题并不是技术性的问题，而是由政策的性质决定的。当政策是悖逆人心的，或者是出于社会控制的目的，就必然会在施行中产生"上有政策，下有对策"的问题。特别是对于中国社会而言，在几千年的统治和控制传统中，中国人已经发展出了一种生活智慧去消解控制。犹如黑暗中的物种拥有黑暗条件下的视力一样，来自治理者的任何一种压迫和控制，中国人都能够通过对这种生活智慧的应用去加以消解。尽管压迫和控制给他们造成的灾难是不可避免的，但从不影响他们最低限度的生存需要的满足。正是这种原因，社会的发展受到延宕，以至于国家和民族落于他人之后，直至不断地遭受强邻的侵扰和凌辱。总的说来，政策也会遇到一个顺则生逆则亡的问题。它如果不是出于控制而是出于引导的目的，就会在执行中不断地放大其正能量，反之，就会在人们的逃避、抵制中衰亡。当政策悖逆人心、不合乎社会现实要求时，倘若强行推行之，就会出现恶劣的影响，甚至导致社会发展的停滞。

民族国家的基本理念包含在其秩序追求之中。昂格尔说，"社会秩序的居于支配地位的模式，将会倾向于去实现个性与社会的那些同样的观念，这些观念则是由社会意识的普遍形式所表现的。在居支配地位的意识与秩序间共同含义的联系，对于一种社会生活类型的定义而言，乃是基础"。① 然而，这只是理论上的合理性证明。就现实而言，迄今为止的所有秩序都显而易见地包含着对个性的压制。除了理论抽象之外，我们并不清楚秩序中包含着哪些个性的观念，特别是在工业社会的历史阶段中，秩序本身就意味着普遍性，代表了一般。所以，在个性张扬的地方，稍有不慎，就会越过秩序的界限。由此看来，如果在理论表述中把秩序理解成个性与社会共同的观念得以实现的形态，是没有问题的，而一旦把视线放到现实中来，情况就完全不同了。

究其原因，就在于迄今为止所拥有的任何一种秩序都是根源于某种外在于人的因素。无论农业社会的自然秩序，还是工业社会的创制秩序，都是由外在于人的力量造就的，都是作为外在于人的力量而存在的，唯有在对人及其个性的压制中，才能被证明是现实的，否则，它就会瓦解和消逝。毫无疑问，只要去压抑人的个性，就必须施予强制，这就是为什么社会治理总给人以强制的印象，甚至让人以为没了强制也就没了社会治理。不过，这种情况正在发生改变。当我们发现全球化、后工业化进程伴随着个性化运动时，也就会自然而然地想到一种根源于个性观念、适应个性和为个性提供保障的秩序正在孕育和生成之中。这种秩序在总的原则上从属于人的共生共在的需要；在具

---

① 〔美〕昂格尔：《知识与政治》，支振峰译，中国政法大学出版社，2009，第216页。

体的存在和运行中则源于人的道德自觉，会体现在人的合作行动中，是内在于人的力量的创造物。因而，在这种秩序出现后，不仅人的个性，而且一切与人相关联的个性化存在，都不但不会挑战或威胁这种秩序，反而会增益这种秩序。我们把这种秩序命名为合作秩序，而就它的外在特征而言，也可以称其为个性化的秩序。一旦我们走向了合作秩序建构的道路，社会治理就会以非强制性去展现自己的特征，就会终结工业社会制度化的控制和强制所营造出来的消除了个性的秩序。合作秩序不但不以人的个性的牺牲为代价，反而激扬人的个性。

鲍曼说，"我们这些普通的、没有受过社会学训练的人都知道，我们像以前一样，依旧生活'在一个社团'中。由我们的个体生活轨迹交织而成的世界是极其拥挤的。事实上，我们都清楚地意识到了同大量的他人的共存……物理距离不再重要：人类的任何一个组成部分，都不能禁止我们的体验，不管它是多么的遥远"。① 其实，我们的体验还不止于"拥挤"，只要地球还能够承载起这种"拥挤"，我们共同生活在这个星球上就不是问题。关键的问题是，这种"拥挤"迫使人以及与人相关的物流动了起来，流动性带来的冲撞和相互作用使整个世界变得空前复杂，使一切事物都变得不稳定，其运行轨迹也具有了不确定性。

近代以来，社会学致力于弄清存在于和发生在社会中的各种力的作用方向，目的是发现汇聚成合力的途径，并努力为合力确定方向。或者说，把社会合力矫正到理性规划的方向。现在，流动性带来的冲撞，让近代以来的社会学理解范式出了问题。社会学既有的任何一种理论都无法用来准确把握我们社会中的那种力的冲撞背后的规律，更

---

① 〔英〕齐格蒙特·鲍曼：《被围困的社会》，郇建立译，江苏人民出版社，2006，第28页。

不用说让这些力汇聚到合力之中。其实，既然我们无法把所有的力都纳入汇聚合力的规划中，就需要思考如何给予这些力自动发挥作用的空间，承认这些分散的、无序运行的力的历史合理性。这样的话，虽然我们无法在宏观的社会整体意义上驾驭这些力，无法将其纳入同一个控制体系之中，但我们是可以让这些力在微观的意义上从属于理性的。

正是沿着这个思路，我们走向了对合作的关注，认为合作制组织、道德制度等能够赋予表面看来分散的、无序的力以理性的属性。当然，在我们的这一设想中，包含着不同于以往的社会目标。也就是说，近代社会的全部认识和规划都是在原子化个人的原点上作出的，正是立足于原子化个人的原点上，才找到了把来自个人的普遍性利益追求纳入推动社会发展的合力之中的方案。然而，这一成功的规划又是建立在对个人利益追求的抽象并从中发现普遍性的基础上的。其实，个人的利益追求也只有汇聚成合力并推动社会发展时，才能得到最大限度的实现。否则，利益追求就会转变成仅仅对既有的利益资源的分配，就会使竞争日趋激烈，并导致社会失序，陷入零和博弈之中。现在，这一曾经显示了无比成功的方案却无法继续使用了，以致我们提出合作社会的构想。合作社会不是基于原子化个人的利益追求而作出的构想，而是把社会作为人的共生共在的平台和框架。一旦生成于个人那里的力从属于人的共生共在的需要而不是从属于个人利益追求，就会转化成具有理性属性的力。

所以，合作社会中的制度安排以及全部社会设置，都将把重心放在促进微观社会力的理性化上来，而不是刻意地去把这些力导向合力之中。虽然这样做是冷落了社会发展的主题，或者说，是出于谋求高度复杂性和高度不确定性条件下的共生共在的要求，但在社会发展的问题上，依然会保持在高速前进的轨道上。实际上，只要人的共生共在的理念为每一社会成员所拥有，就会使社会宏观层面上的任何规划都变得多余。至少，合作的社会将不再像工业社会那样，是通过社会治理的控制与强制营建秩序并让秩序成为人对人的剥削和压迫、自然资源的大量消耗、社会公平正义的周期性失落等的空间。合作的社会不会让社会治理在制造出了经济繁荣的假象时以人的公平正义的牺牲为代价，也不会为了社会的名义而压抑人的个性。我们认为，合作的社会将是一种社会治理中的一切强制行为及其过程都不再出现的社会。

# 第八章

## 合作行动体系

　　不仅对社会治理体系的认识，而且对一切共同行动体系的考察，都会让我们首先看到行动者、资源和规则等最为基本的构成要素。其他构成要素可能是从属于这些基本的构成要素的，也可能是作为支撑因素或辅助因素而存在的。社会生活和生产实践都离不开规则，在某种意义上，"社会"一词本身就包含着规则的含义。因而，社会治理无非是建立规则、使用规则和维护规则的活动。在全球化、后工业化进程中，社会活动将主要以合作行动的形式出现，社会治理体系将转化为合作行动体系。在合作行动中，行动者不应被动地接受规则的规范，而是应当主动地超越规则的要求。

　　在我们考察合作行动时，来自政府之外的社会治理力量已经显现为重要的合作行动者，其中，志愿者及其志愿服务正在作为一个重要的社会现象呈现在我们面前，而且已经引起了人们的广泛关注。本来，志愿者是一个亘古就有的社会现象，但大都是发生在熟人之间的，而在今天，志愿服务却是发生在陌生人之间的。这种不同证明了志愿者及其志愿服务与以往的此类活动在性质上有着根本的不同。新型的志愿者及其志愿服务，预示着人类社会治理的变革，或者说，志愿者及其志愿服务已经构成了社会治理的一项内容。因而，我们需要在社会治理变革的意义上来认识志愿者及其志愿服务，特别是不再能够用既有的规则去规范志愿者的志愿服务。

# 第一节 合作行动的规则

## 一 社会治理转型中的规则

我们从历史上看到，在人类社会的不同发展阶段中，规则的形式和功能都是不同的。在农业社会，规则从属于和服务于权力的巩固和行使；在工业社会，规则直接的就是社会治理的手段和途径，它既被用来规范社会成员的行为，也被用来规范权力的行使。工业社会中的规则具有高度强制性，任何一项社会行为的发生，都被要求遵从规则，而且其主要是被用来防范越轨行为的。当我们谈论社会治理的强制性时，在农业社会的历史阶段中，所指的是权力的强制性，其次才是规则的强制性；在工业社会中，权力强制性让位于规则的强制性了，规则具有第一位的强制性，其次才是权力的强制性。在全球化、后工业化进程中，面对社会的高度复杂性和高度不确定性，共同行动的方式从协作行动转变为合作行动，从而要求规则的性质、表现形式和功能也都实现根本性的转变。合作行动中的规则是辅助性的，却又是必要的支持因素。也就是说，面向全球化、后工业化为我们所展示的未来，会发现权力的强制性将移出人们的视线，而规则虽然具有强制性，却不是服务于控制的要求，而是合作行动的支持因素。在这里，规则不会被放在至高无上的位置上，而是在必要的时候才会出场。

芳汀认为，"传统的经济视角集中在短期私利和单个交易上，忽略了合作所催生的共生、发展和机会等。与共生密切相关的是社会关系自我强化的循环本质。可以信赖的关系倾向以自我强化去促进合作。不信任的关系倾向以一种消极的方式进行循环，由此削弱了关系和合作"。① 在工业社会及其市场经济的语境中，表面看来，对竞争的崇尚以及要求在竞争中击败对手的思维定式，都是这个社会中的人的认识能力尚处于一个较低级阶段而造成的。工业社会处于低度复杂性和低度不确定性的状态中，而且社会流动性虽然有限却也能够使竞争中的胜利方不乏竞争对手。在这种社会的低度复杂性和低度不确定性条件下，即使人们没有对手，也会因为其垄断地位而不至于产生孤独感，所以，人们才可以选择不信任关系，才可以选择与他人开展竞争。竞争会不断地升级并会破坏社会生态，以至于必须制定规则，并要求通过规则去规范竞争。

我们今天正在进入高度复杂性和高度不确定性状态，这也同时意味着我们正处在一个风险社会中。在这种条件下，如果我们带着在竞争中击败对手和确立霸主地位的观念，其结果可能是胜利者与失败者共赴风险。所以，竞争中的那些哪怕是非常隐蔽的"野蛮"观念，也都需要得到剔除。进而，需要在自我的生存和发展中更多地认识到人的共生共在。一旦人们确立起了共生共在的观念，即使选择了竞争行为，也会让这种竞争服务于合作。从根本上说，人的共生共在的观念是促进人们合作的主要因素，只要人们拥有了这种观念，就会选择合作。但是，我们又不能满足于人的共生共在观念的确立。这是因为，我们仅仅有了人的共生共在的观念，或者说，仅仅把合作行动寄托于人的共生共在观念得以确立的基础上，还是不够的。

当我们进入了高度复杂性和高度不确定性的社会时，也许在意识形态建构中，每一个人都能够清楚地了解人类处在一个共生共在的环

---

① 〔美〕芳汀：《构建虚拟政府——信息技术与制度创新》，邵国松译，中国人民大学出版社，2010，第63~64页。

境中。然而，在人们开展合作行动的时候，还是需要将这种观念转化为规则，以便合作行动能够得到规则的支持。如果说竞争需要得到规则的规范，那么，合作同样需要得到规则的规范。这是因为，虽然我们在有了人的共生共在的观念时会倾向于合作，但在合作行动能否以优异的方式表现出来的问题上，也应在一定程度上求助于规则，需要通过规则来提供一个合作行动的底线标准。所以说，规则之于合作行动也是必要的。我们所作出的这一判断是基于规则的历史演进而得出的一项结论性意见，也就是说，从历史上看，人类的一切共同行动都需要得到规则的支持。无论共同行动的原则发生了什么样的变化，在需要得到规则的规范方面却没有变化。就合作行动必然以共同行动的形式出现而言，合作行动也同样需要得到规则的支持。

如上所述，近代以来，特别是经历了启蒙运动并在启蒙思想得到了普及之后，人们获得了"人民主权"的观念，认为权力是属于人民的，而权力又是由执行社会治理的人（官员）所掌握的，从而要求用规则去对权力的执掌和行使加以规范。从人民主权的角度看，社会治理体系设计以及实践建构，都与农业社会的权治有着根本性的不同，它意味着权力的执掌者、行使者与权力的所有者相分离。从理论上讲，也就是权力的实际运行与权力意志的分离。人民被设定为权力的所有者，是权力意志的主体，可是，人民并不执掌权力，更不行使权力。正是由于权力不是由其所有者来执掌和行使的，在如何保障权力的行使能够反映权力所有者的意志和要求的问题上，就必须时时处处求助于规则。因而，权力制约的问题被提到了一个突出位置上，即突出强调规则对权力的制约作用，要求通过规则体系的建构和完善去规范权力的运行，所以，形成了强规则的社会治理模式。

在近代以来的社会中，特别是在社会治理过程中，法律是所有规则中最为正式的和最具有典型性的规则。因为有了法律所代表的规则体系，也就形成了用规则规范权力运行过程的规范模式。可以说，近代以来的社会治理都是以规则规范权力和制约权力形式出现的，即要求社会治理必须遵循法律等规则，要求一切社会治理活动都必须在法律及其制度的框架下进行。当权力能够被置于法律制度的框架下运行时，权力功能的实现也就表现为法治。可见，法治并不是对权力的排斥，而是要求权力的行使被严格地置于法律的控制之下，得到法律的规范。就法律是普遍性的规则而言，法律所反映的是权力所有者的意志，体现了权力所有者的根本利益。只要权力的执掌和行使能够得到法律的规范，也就意味着权力所有者的意志在权力的行使中得到了贯彻。

不仅国家的运行需要建立在规则能够有效制约权力的基础上，一切组织的运行，也都需要让管理权力得到规则的制约。在某种意义上，国家的运行也是通过组织去加以表现和经由组织而实现的。其实，国家本身就是一个组织，是以民族国家的形式出现的组织，每一个国家机构也都是非常严密的组织，规则对权力的制约也是通过组织的方式进行的。当然，在微观视角中看组织的话，在权力与规则的关系问题上会有着较为复杂的表现。我们知道，权力与规则都是组织的必要构成因素，我们却明显地看到，存在着重视权力的组织和重视规则的组织这样两种基本类型的组织。

在重视权力而不是重视规则的组织中，虽然权力集中在组织的高层，但"每个操作层的负责人，哪怕他地位非常低微，也拥有足够的自由。在办事遇到问题时……或处理与手下人的关系时，可以尝试一种新的、好的解决方法"。① 这就是集权的悖论，一方面，集权是对自由的剥夺；另一方面，集权又赋予行动者以自由。相反的情况是，在重视规则的组织中，不仅普通的组织成员被要求按照规则开展活动，而且组织的管理人员以及组织的领导，也需要按规则办事，甚至应当

---

① 〔法〕克罗齐耶、费埃德伯格：《行动者与系统——集体行动的政治学》，张月等译，世纪出版集团、上海人民出版社，2007，第 394 ~ 395 页。

成为遵守规则的模范。也就是说，在重视规则的组织中，由于规则具有至高无上的地位，权力的运行被置于规则框架之下了。因而，在处理常规性事务时，可以达到"无为而治"的效果，而且能够整合出强大的协作力量。可是，当组织遇到非常规性事务时，不仅普通组织成员，而且组织的管理层，甚至组织的领导，也会受到规则的束缚而变得无所作为。此时，如果希望打破规则的话，就只能援用民主的程序去获得特殊的授权，然后，依据这种权力去处理问题。就此而言，"重视权力的组织"与"重视规则的组织"并没有优劣高低的可比性，只有在组织承担任务的性质意义上，以及在组织环境的具体状况中，才能对这两类组织作出适应或不适应的评判。

从历史的维度去看规则的地位和功能，可以看到，社会治理的文明化使得规则的地位显得越来越重要。不仅民主治理是依靠法律的治理，而且集权治理对规则的依赖也丝毫不弱于民主治理。只不过集权治理更倾向于制定和使用对人群加以分割的规则，即通过规则对人作出排除。比如，某些社会生活允许某个特定的群体参加，某项权益仅仅被给予某个范围的人……因此，我们可以认为，如果一种治理方式通过规则去限定人们在社会生活中的选择权，使你的年龄、财产、出身等成为规则的构成部分或规则中的具体标准，那么，这种社会治理肯定就是集权治理。具体地说，你如果因为到了一定的年龄而被剥夺了某项受教育的权利，或者，你因为年龄而被排除在了某项智力创造工作之外，那么年龄就是规则的构成部分，而且是规则中的一项标准，所证明的就是，那是一种集权治理。也就是说，不管它制定了多少规则，并不影响其集权治理的性质。

集权治理可能会因为运用规则而显得公平，即消解了它的集权特征，而在实际上，它最倾向于把人分为不同的等级和不同的群体，对人的权利加以排除。就此而言，集权治理实际上也是一种通过制造不公平而实现治理的方式。同样，往往被作为集权治理对立面来看待的民主治理，也存在着自反性的悖论。比如，民主治理在寻根溯源的意义上往往被学者们指认为"自治"，认为民主治理本身就是主张权利、申述权利、行使权利和捍卫权利的行动，是通过自我的行动去证明和表现人民主权原则的，以致人们往往误以为它在本质上属于自治的范畴。但是，民主不是民粹，更不应是无政府状态，因而必须得到规则的规范。一旦规则发挥作用，也就意味着作为人的基本权利的自由受到了约束，进而转变为规则的治理或依靠规则的治理。这样的话，其实又是"他治"的。

在亚当·斯密的自由主义逻辑中，"看不见的手"把无序的经济行为转化为有序的市场。在社会治理这里，如果把规则比作"有形之手"的话，那么它的作用就在于把民主治理的自治属性改写成了"他治"。所以，只要我们看到了规则，也就可以让近代以来长期关于民主治理属于"自治"还是"他治"的争论变得不再有理论意义，依据规则的治理其实是没有自治与他治之区别的。事实上，当民主的治理需要通过组织展开时，组织中掌握和行使权力的人就会窃取权力意志。也就是说，他们不满足于在规则之下去行使权力，而是时时有占有权力意志的冲动，会把自己所窃取的权力意志加以改装而变成自己的意志。这样一来，也就完全消解了自治，即用权力支配替代了自治，或者，借助于权力而把规则当作一个枷锁套在了自治者的头上。

当然，人类的社会治理并没有定格在某种状态，而是处在不停歇的发展变化之中的。尽管一些学者经常性地表现出对历史上某个时期社会治理状况的迷恋，并不断地表达对每一项新进展的激烈批评，希望借助于"祖宗"这个神圣字眼而将全部侪污为异类。但是，社会治理文明化的脚步绝不会停下来。不用说在一些发生重大变革的时代，即使在一个相对稳定的历史时期中，社会治理前进的脚步也从未停歇过。这是因为，人类社会一直是坚定地朝向未来前进的，社会治理也必然会因社会的进步而变。桑内特在对西方社会的考察中就发现了近期出现的新变动，他注意到，"西方社会目前好像正在从他人导向社会向内在导向社会过渡——只是过于关注自我的人们说不清内在意味着什么罢了。因而，公共生活和亲密生活之间出现了混淆，人们正在用个人感情的语言来理解公共的事务，而公共的事务只有通过一些非人格的意义的规则才能得到正确的对待"。① 虽然这只能说是社会变动中的一些蛛丝马迹，却也应理解成一种明确的信号。因为，它已经表明公共事务具有了新的特征，社会治理也必然会因此而有新的特征。

对于这些变化，桑内特认为其根源应当被看作，"来自资本主义和宗教信仰的广泛变化"② 引发了个人主义对公共生活的侵蚀。其实不是这样的。这种变化反而恰恰是公共性扩散的过程，是因为公共事务不再由公共领域中的权威部门来加以定义，而是由包括非政府组织在内的广泛的社会力量来加以定义的，甚至是通过志愿者的行动来加以定义的。也就是说，公共事务不再是由政府垄断，而是由多元化的社会治理主体共同承担的。之所以公共生活与日常生活（桑内特称其为"亲密生活"）之间"出现了混淆"，以至于让人难以在它们之间作出区分，是因为始于近代早期的领域分化进程出现了大逆转，即进入了领域融合的进程。由于出现了领域融合，由于公共领域、私人领域和日常生活领域都不再是相对独立的存在形态，原先在领域分化条件下被视为公共事务的因素，现在更多地浸染了曾经在日常生活领域中才会有的某些色彩。这其实是全球化、后工业化进程中出现的一个有着历史趋势意义的事件，不仅会持续地展开，而且也必将成为一个显著的社会现象。

---

① 〔美〕桑内特：《公共人的衰落》，李继宏译，上海译文出版社，2008，第6页。
② 〔美〕桑内特：《公共人的衰落》，李继宏译，上海译文出版社，2008，第6页。

可以认为，与个人主义滥觞时期的情况不同，目前正在发生的这种把日常生活领域中的情感因素带入公共生活的现象，不仅不是个人主义对公共领域的侵蚀，反而是源于一种个人将自身归并到公共生活中去而为人类共同的事业贡献力量的需要。在公共领域、私人领域和日常生活领域分离的情况下，公共领域的使命和责任就在于向私人领域和日常生活领域供给规则和执行规则。现在的情况则是，领域之间的边界变得模糊了。在领域边界日益模糊的背景下，既然我们无法分清哪些社会因素属于哪个领域，既然我们很难找到领域之间的边界在什么地方，原先存在于领域之间的社会治理流程又怎能不发生改变呢？也就是说，规则的产生和运用都必将因为领域融合这一历史性的变化而发生变化。

其实，在工业社会的后期，文化多元化已经是一个得到了人们普遍承认的社会发展趋势。但是，我们也发现，在作为行动体系的组织的外部和内部，人们对待文化多元化的态度是不同的。几乎所有微观行动系统的内部管理都只是把对文化多元化以及对差异的承认放置在口头上，在行动中，它（他）们总是用抽象同一性的和普遍性的规则压抑和排斥文化多元化。虽然每一个微观系统在把自己作为一个团体看待时都会强调自己与其他团体的差异，可是，一旦这些团体中的人将视线专注于系统内部的时候，包容差异的热情就会骤然冷却下来。所以，工业社会后期所呈现的文化多元化还仅仅停留在社会的层面，并没有渗透到构成这个社会的各种各样的微观系统之中。于此之中，可以认为，既有的规则体系，特别是已经模式化的规则体系，构成了巨大的阻力，即阻碍了人们根据文化以及社会的多元化去发展出应有的行动策略。结果，我们所面对的社会现实就是，不仅个人的行为与社会所鼓励的行为不一致，而且，每一个微观系统也都与社会存在着冲突，从而使文化多元化更多地表现为引发社会冲突的根源。

即使在民主、自由等观念深入人心的社会中，人们也会对文化多元化的后果抱持警惕和怀疑的心态，遑论在那些尚未达到工业社会政治模式典型状态的国家。我们知道，现代社会已经实现了充分的组织化，一切社会活动和社会实践的开展，都只有通过组织才能够成为现实的活动。在这一社会中，离开了组织去谈论任何社会活动都会变得不可思议。在这种情况下，如果组织不支持文化多元化的话，我们又如何能够相信文化多元化在社会的意义上具有现实性呢？或者说，我们怎么能不将其理解成一种假象呢？不过，我们相信文化多元化是一个已经出现了的社会现实，而且也代表了一种历史趋势，只不过它与当前的社会运行之间存在着冲突。其中，规则就是造成这种冲突的原因。在社会学的视角中，我们要求承认文化多元化；在组织的运行中，一切都要服从同一性的规则。在规则面前，所有的差异都被认为是必须抛弃的。你可以主张你的文化差异，但在规则面前，则应人人平等。

从历史经验看，封闭性的地域或领域往往会倾向于在人们的互动中排斥差异，并在一定程度上促使人们同质化。工业社会后期所呈现出来的这种微观系统拒绝差异化的倾向会不会导致社会封闭呢？显然，对文化多元化的承认以及对差异的包容如果不能得到强化的话，微观系统走向封闭的倾向就会得到强化。即使是政府这样的组织也会存在着巨大的封闭自我的倾向。那样的话，社会就有可能走向封闭，历史就会为之而付出更加高昂的代价。当然，全球化、后工业化运动所呈现的是开放性要求，社会生活的一切方面都对封闭的冲动形成否定。就这一历史的客观进程而言，任何要求封闭的力量都会受到开放性要求的冲击，以至于在社会总体上是不可能造成历史进步趋势逆转之结果的。但是，倾向于封闭的力量毕竟是与历史进步的趋势相冲突的，会使历史进步脚步延宕。特别是当封闭的力量凝聚为规则时，要求改变规则的呼声常常会被理解成对权威的忤逆，进而受到压制、受到排斥。

工业社会是通过规则和借助于规则开展社会治理活动的，对规则的遵从是根源于制度的要求，也是工业社会全部意识形态的基本精神。所以，工业社会不仅在微观的行动体系那里因为对规则的遵从而形成了合力，使个人力量得到了放大，而且在社会的运行中，由于强化了人们对规则的遵从，社会生活、经济活动等都获得了秩序。然而，到了工业社会后期，文化多元化的趋势日益增强。在文化多元化的条件下，规则的负向功能越来越多地显示了出来。无论是国家、政府还是组织的权威，都是借助于规则去消解文化多元化的动能的，它们力求把文化多元化带来的差异纳入同一性规则的规范之中，甚至在强化对规则的遵从中努力去抹平差异。就此而言，规则成了制约全球化、后工业化的因素，成了阻碍历史进步的力量。

## 二　从防范越轨到支持合作

在人类社会的早期，也许规则的发明是出于防范越轨行为的需要。然而，在越轨行为与行为规范之间，是因为人类社会中存在着明确的规范，所以才出现了许多可以被定义为越轨的行为。也就是说，在人类社会早期有着基于习俗、习惯以及道德的社会规范，这些规范虽然存在于人们的观念之中和没有诉诸文字，却是一些明确的行为准则，划定了人的行为界限和提供了行为标准。这样一来，超出界限和不合乎标准的行为也就成了越轨行为，被视为有害于社会的。当然，在人类社会的不同历史阶段中，在不同的文化群体中，由于规范的内容有所不同，越轨行为也就有所不同。在一个时期或一个文化群体中被视为越轨的行为，在另一个时期或文化群体中则可能被视为正常的和正当的行为。

不过，无论在对越轨行为的定义方面存在着怎样的差别，在如何对待越轨行为方面却有着共同的特征，那就是施以惩罚，会根据越轨行为的社会影响程度不同而作出轻重不同的惩罚。在对这些行为作出惩罚时，则应当有所依据，没有依据的惩罚往往达不到规范行为的目的，因而是不合适的。出于寻求惩罚依据的要求，是需要把那些存在于人们观念中的规范转化为规则的。规则的建立还带来了另一个良好的效果，那就是使标准更加明确化了，以致人们可以自觉地使自己的行为合于标准，从而取得防范越轨行为的效果。

在文化多元化的条件下，对越轨行为的定义将会变得困难起来，因为文化视角不同，会对越轨行为的判定提供不同的标准，甚至可能作出完全相反的判断。考虑到规范和规则都是具有历史性的，当规范和规则并没有赶上历史进步的步伐时，许多具有先进性的行为也可能会被认为是越轨的。所以，在今天看来，对一切越轨行为都做出惩罚已经变得不合适了。我们认为，如果考虑到越轨不是犯罪而仅仅是对既有规范和规则的轻度违背，而且对社会造成的消极影响也是较为轻微的，那么我们就需要表现出对越轨行为的宽容。除非我们能够判定某种越轨行为已经接近了犯罪的临界点，或者可能导向犯罪。对越轨行为的宽容，就是不应在它甫一出现就立即给予严厉惩罚，而是让越轨行为有一定的成长空间和时间。这样做的话，往往会有利于增强一个社会的活力，有利于鼓励能够促进社会进步的创新性越轨行为的出现。但是，建设一种能够包容一切越轨行为的社会，肯定是一种空想。即使在合作的社会中，对越轨行为实施惩罚也是必要的。

在人类社会不同的历史阶段中，对越轨行为的防范有着不同的表现。有些时期，是通过严厉惩罚越轨行为去达成预防越轨行为被效仿的目的的。同样也存在着另一方面的历史经验，那就是通过对规范行为的鼓励去防止越轨行为的出现，而且这往往会取得更为理想的效果。从这两种做法中，我们可以得到防范越轨行为的两种不同思路。

如果希望通过惩罚越轨行为而防范越轨行为，就需要通过规则的建立去获得界定是否越轨的标准，而且会倾向于制定极其复杂详尽的规则，以便对任何违规的行为进行惩罚时有据可依；如果希望通过对规范行为的鼓励而防范越轨行为的话，就会倾向于制定更多描述性规则，通过这些规则去描述模范行为，从而使奖励模范行为的活动有所依据，以求人们对模范行为的效仿而达到增强规范行为的目的。在现代社会，这两种做法都必须建立在规则的基础上，但上述两种情况表明，规则所发挥的作用是不同的，从而要求规则的内容也有所不同。

在谈论越轨行为的时候，如上所述，必须把创新性越轨与恶性越轨区分开来。对于任何一个社会的既有规范和规则而言，创新性的行为都可能表现为越轨行为。如果一个社会过于注重对规范的维护和对规则的强化，往往会扼杀创新性的越轨行为，这对于社会的进步而言，是可悲的。所以，在维护既有社会规范的同时，需要对越轨行为表现出某种程度的宽容。特别是对创新性的越轨行为，应表现出最大可能的宽容。可循的路径就是，不要对越轨行为滥施惩罚，而是需要通过甄别，在能够充分证明某种越轨行为属于恶性越轨时，再予以惩罚。只有这样，才不至于误伤创新性越轨行为。

不过，有的时候，特别是在改革的过程中，许多人可能会在创新的名义下偷运恶性越轨，即出于个人利益的谋划目的而宣称自己是在创新，通过营造行为合法性的氛围而使挑战和破坏规则的行为畅行无阻。这种现象是经常可以看到的。事实上，普遍存在着出于个人利益的需要而破坏规则的行为。如果说它在一开始属于越轨的范畴，那么在没有得到制止反而得到了鼓励的情况下，往往演化成犯罪行为。由此看来，对越轨行为的宽容是需要建立在对越轨行为的性质进行分析的基础上的，特别是要审视那些打着改革的旗号挑战规则和破坏规则的行为。一旦发现这些行为被附加上了个人利益的因素，就必须立即予以制止，而不是等这些越轨行为转化成了犯罪行为之后再予以惩罚。

总的说来，任何创新都是对既有结构的挑战，都在一定程度上属于对既有规则的蔑视，都有可能引发既有行为模式的改变，或者说，是对既有组织的冲击。一个组织如果希望鼓励创新，就必须准备迎接对组织既存状况的冲击甚至破坏。然而，对于官僚制组织而言，这却是不允许的。所以，官僚制组织是反对创新的。如果说它能够接受创新的话，也是把创新权交由组织的设计者的。只有组织的设计者有权按照工具理性和形式合理性的原则去进行创新，而其他组织成员的任何创新举动，都会被视为对组织的形式合理性的挑战。

我们一再指出，官僚制组织是既有组织模式中的典型形式，是作为抽象的理想组织形式而存在的，现实中运行的组织都只不过是与这种理想形式有一定差距的原生形态的组织。正是因为有了一定的差距，我们才看到，许多组织对组织成员的创新表达出或表现出某种原则性的鼓励。而且，在改革理念深入人心的时代，鼓励创新也是一种风尚，组织的领导者为了谋求自身的合法性，也会表达对组织成员创新行为的鼓励。不过，仔细去观察就不难发现，这种鼓励创新的做法更多的时候表现为一种宣示，而不是组织管理中的一个目标。原因就在于既有的组织基本上都是包含着官僚制组织范型的组织，也像官僚制组织一样建立起了详尽的规则。因而，在组织中的每一项异动出现的时候，首先就是根据规则所提供的标准去加以审察，往往会把一切与规则不相合的行为解读为越轨行为。进而，或者加以矫正，或者加以制止，以至于创新的积极性受到压制。这也就是我们已经进入了一个需要创新的时代却又时时处处都感受到压制创新的力量非常强大的原因所在。

事实上，在守旧与创新之间有着一堵由规则构成的高墙，包括政府在内的一切组织，都在利用这堵墙来维护自己的稳定。而且，在这方面，存在着某种近似于天然的行为惯性。应当看到，在工业社会的低度复杂性和低度不确定性条件下，无论是社会治理还是组织管理，都坚守着"以不变应万变"的策略，一个稳定的组织也是有利于承担多样性任务的。特别是政府，会把自身的不变作为一种优势，而且可以凭借着这一优势去应对社会中发生的一切事项。所以，利用规则去维护自身的稳定是具有实践合理性的。事实上，工业社会所取得的伟大文明成就也证明了这样做是正确的。但是，在高度复杂性和高度不确定性条件下，社会治理以及组织管理的这一策略变得不再适用了，也就使得规则所发挥的那种维护稳定的作用转化成了拒绝创新的守旧功能。

正如我们已经指出的，对于一切共同行动来说，规则都是必要的。我们不可设想没有规则的共同行动，高度复杂性和高度不确定性条件下的共同行动也同样需要规则。不过，在高度复杂性和高度不确定性条件下，行动者在开展行动的时候，其行动策略需要实现从"以不变应万变"向"以动制动"的转变。这就要求规则也应实现根本性的转型，即从维护稳定、防范越轨行为转变为行动者的"以动制动"的支持力量和支撑因素上来。高度复杂性和高度不确定性条件下的共同行动将主要以合作行动的形式出现，因而，规则的新功能也就体现在对合作行动提供支持上。

福柯认为，"活动的语言是由身体讲述的；但是，它并不是一开始就被给定的"。① 在社会行动的开展中，"语言"因行动的需要和具体的场景而定。分工—协作体系中的行动、应急反应过程中的行动、合作行动等不同的行动范型，会对"语言"有着不同的要求，

---

① 〔法〕米歇尔·福柯：《词与物——人文科学考古学》，莫伟民译，上海三联书店，2001，第 142 页。

会使"语言"的内涵以及功能都有所不同，甚至"语言"的结构也会不同。事实上，福柯这里所说的"语言"就是行动，行动总是因应不同的任务和不同的场景的，因而，当人用自己的身体去讲述时，"语言"就会表现为一种变动性。不过，如果我们把福柯所说的"语言"一词置换成"规则"的话，这一原理也同样是完全适用的。

显而易见，合作行动将成为高度复杂性和高度不确定性条件下的基本的行动模式，它必然会要求规则有更为灵活的结构、更富有弹性的解释空间和更为具体的约束力。在合作行动中，行动者可以用自己的行动去选择和应用规则，会因为所承担任务的具体要求而去对规则的形式和内容作出选择。让行动者自己去选择规则，并不意味着可以对规则的遵守采取机会主义的态度，因为此时的规则完全是出于合作行动的需要和服务于合作行动的开展而创设的。在这里，任何不利于合作行动的规则和无视合作行动规则的做法，都会立即被发现并加以抛弃和制止。相应地，在得到了合作行动规则规范的时候，行动者其实也就获得了融入合作行动和开展合作行动的自主性，会自觉地将自己的行为选择合于有利于合作行动开展的规则。至于他的行为是否构成了越轨，已经不在考虑之列。这样一来，不仅个人，而且组织，都不会再将眼睛牢牢地盯在人的行为是否越轨的问题上。但是，合作行动中的每一成员都会在他的任何一项不利于合作行动的行为选择中获得强烈的耻辱感，进而努力按照合作行动的要求去调整自己的行为。

在阐述语言产生的问题时，福柯引用了卢梭《论人类不平等的起源》中的观点去证明语言并不是预成的，不是预先确定的，更不是早已存在的。福柯认为，"人们从自然界获取了制作符号的材料，并把这些材料当作相互理解的工具，从而去挑选那些应该保留的东西，挑选人们认为这些符号所拥有的价值和他们的使用规则；在这之后，人们还用这些符号，并以初始符号为模式，来构造新的符号"。① 联想到规则，更不存在预成的和千古不易的规则，一切规则都是在具体的人群、具体的交往过程中生成的。如果说某些规范还会表现出一种自然生成的状况，那么规则都是由人制定的，是根据生活和实践的需要而制定出来的。这一方面说明了人们能够根据生活和实践的要求去制定规则；另一方面，又说明了人们必须根据生活和实践的条件、环境的变化而修正规则和调整规则，在生活和实践发生了模式上的变革时，还需要改变规则的属性，即创建出新型的规则及其体系。

我们既已拥有的规则体系是在工业社会低度复杂性和低度不确定性条件下建立起来的，它适用于这一条件下的社会治理和组织管理。现在，我们的社会进入了高度复杂性和高度不确定性状态，社会治理的条件、环境和内容等，都发生了根本性的改变。因而，对规则的要求也发生了根本性的变化。如果我们抱守既有的规则体系，如果我们关于规则功能的认识不发生改变，就无法在新的历史条件下去组织起有效承担任务的共同行动，反而会使我们的社会治理和组织管理处处显得被动。显然，高度复杂性和高度不确定性条件下的合作行动需要更加灵活的规则与之相伴，需要在每一项特定的活动中都通过创造性地建构和应用规则而为所承担的任务提供支持。

本来，规则就应当处在变动之中，应当在人的生活和实践中去展现其价值，社会治理和组织管理中的每一项新的变化，都意味着规则也应发生相应的变化。但是，人有维护现状的惯性，往往在社会已经发生了变化的条件下抱守既有的规则，而不是根据社会的变化去主动地调整规则，以致规则经常性地显现僵化的面目。在高度复杂性和高度不确定性条件下，随着共同行动的性质从协作转化为合

---

① 〔法〕米歇尔·福柯：《词与物——人文科学考古学》，莫伟民译，上海三联书店，2001，第 145 页。

作，也因为社会治理和组织管理中的随机性任务日益增多，既有的一经制定就稳定而持续地存在下去的规则既不能适应社会治理和组织管理的需要，也不能适应社会生活和实践的需要。所以，我们需要根据高度复杂性和高度不确定性条件下的合作行动要求，去重新认识规则的功能、性质和形式，并以此去自觉地建构全新的能够支持合作行动的规则。

近代以来，之所以在社会治理和组织管理中把规则放置在极高的位置上，除了防范越轨行为之外，还在于约束人的自私自利本性。其实，之所以有大量越轨行为，排除了创新行为造成的越轨，基本上都是由人的自私自利追求而引发的。也就是说，由于近代以来意识形态建构的原因，我们所看到的人是有着自私自利本性的，是天然地不愿加入共同行动中的，或者，在加入共同行动中的时候，是出于自利的要求，因而会对共同行动构成破坏。当然，我们也看到，把人的自私自利作为人的本性的做法也受到了许多社会学家们的激烈反对，也被人类学家诸多实证研究证伪，但在近代以来的社会科学叙事中，却没有因为许多社会学家的反对而抛弃关于人的这一本性的假设。特别是在 20 世纪，包括公共选择学派在内的许多理论，都是把这种假设奉为圭臬的。因而，规则的建立和应用主要是为了在共同行动中实现对人的自私自利本性的约束，以使它不至于造成破坏共同行动的结果。如果说也存在着支持共同行动的积极性规则的话，那是极其有限的，而且，也主要是存在于或消融于组织的运行机制之中的。

其实，在人类社会进入高度复杂性和高度不确定性的时代时，我们需要重新审视人的本性。关于这一点，有些学者的意见可能是有启发意义的："在金钱上吝啬或慷慨，好战或者平和，能干或平庸，保守或激进，好斗或温和等等。换句话说，它不同于一般的概念，而是涉及了特殊的环境和风俗的作用。在这个意义上，人类本性是最容易变化的，因为导致行为的本性，随着外部环境影响的变化而在道德或其他意义上都是变化的。现在是自私、无能、好斗和保守的本性，几年以后在另一个环境里可以变成慷慨、有为、温和和进步的本性；一切取决于本性是如何被唤醒和运用的。"① 也就是说，人是没有某种不变的本性的，或者说，人根本就没有所谓抽象的本性，而是不断地在生活和实践中获得某种"本性"，同时又会抛弃某种"本性"。如果我们形成了这种认识的话，那么，在社会治理和组织管理实践中，就会把注意力集中在支持共同行动的积极性规则方面，而不是时时致力于建立防范越轨行为的消极性规则。这样的话，就可以形塑出人的所谓某种"本性"。

我们知道，亚当·斯密在提出"经济人"假设时表现出了非常谨慎的态度，是严格地在市场活动领域中去使用"经济人"概念的。事实上，就斯密的整个思想来看，却是在苦苦搜寻"道德人"的，这在他的《道德情操论》中表现得尤其突出。但是，斯密的思想受到了严重误读，以至于在后世产生影响的主要是他的"经济人"概念。而且，人们是通过制度安排而强化了人的自私自利本性的。因此，社会治理和组织管理中的规则制定，基本上就是要把自私自利的人形塑成"经济人"，即保证人的自私自利要求合乎理性。其实，"经济人"是由近代以来的制度、规则以及市场竞争活动等形塑出来的，而不是人天然就如此。也正是因为我们的社会具有形塑功能，20世纪的包括公共选择学派在内的诸多理论满眼所见的才都是"经济人"。不仅在私人领域中，而且在公共领域中，他们所看到的，也都是"经济人"。

由于存在着对亚当·斯密的误读，"经济人"泛化为"人"，以

---

① 〔英〕查尔斯·霍顿·库利：《人类本性与社会秩序》，包凡一、王源译，华夏出版社，1999，第25页。

为每一个人都拥有"经济人"的本性，并进一步以"经济人"为社会建构的前提去做出制度安排，从而让社会治理和组织管理都在这一前提下去设计针对人的规范方案。如果说我们的规则在社会治理和组织管理中能够有效地约束人的自私自利本性的话，那也是因为我们制定规则的出发点已经是自私自利的人了，而且我们所制定出来的规则又进一步地把人形塑为自私自利的人，只不过他能够遵从规则而被称作理性的"经济人"。在人成为理性的"经济人"时，人的其他方面，即那些对于构成人而言是至关重要的方面，都被消解掉了。结果，社会治理和组织管理也因为人的其他方面的消失而变得更加方便、更加高效和更加经济。然而，在高度复杂性和高度不确定性条件下，"经济人"并不能成为自主的行动者，至多只能说那是消极的被动的行动者。只有在人作为人的完整性得以恢复的时候，人才能以行动者的面目出现。正是这些，对规则提出了完全不同的要求。

## 三 合作制组织中的规则

如上所述，在20世纪初的组织行为研究中发现了非正式组织，它虽是存在于正式组织之中的，却在组织行为上与正式组织不同。如果说正式组织是一个协作体系的话，那么在非正式组织中，则存在着高于协作的合作。为什么会这样？传统组织理论的解释是，在非正式组织中存在着基于社会心理认同的共同价值，这种共同价值倾向于以合作行为表现出来。与之不同，正式组织则是通过规则而实现管理的，是因为规则在对心理认同的排斥中消解了共同价值。结果，正式组织只能营造出遵从规则的同一性行为。在分工的背景下，这种遵从规则的同一性行为表现为协作。

从对非正式组织的发现及解读中，我们看到组织理论的基本判断是：正式组织是拥有规则的组织，而非正式组织则是拥有共同价值的组织。其实，非正式组织也是有规则的，只不过它的规则被隐藏了起来，是以非成文的和一种隐蔽的形式出现的。直到 20 世纪后期，人们才在制度主义理论中获得启发，从而把非正式组织中的规则称作"潜规则"。就"潜规则"这个概念而言，很明显的是站在正式组织的立场上去看规则而作出的定义。不过，关于非正式组织是基于共同价值形成的这一看法，却成了组织理论家们努力改造正式组织的出发点。也就是说，组织理论家们一直希望把非正式组织中的共同价值观引入正式组织的建设中来，所以，才会出现组织文化学派。

从二战后的组织理论发展来看，组织文化学派的观点影响非常广泛，可以说这一时期的每一种组织理论都不得不承认文化价值等因素对组织行为的重要影响，都在努力探求消除规则与价值分立和冲突的途径，希望将二者融合起来。在组织管理实践中，也努力去把凝聚非正式组织的因素移植到正式组织中来，可以说，在这方面做了大量工作。不过，也必须承认，所取得的成效并不像学者们所预期的那样明显。根本原因就在于，组织模式自身无法调和正式规则体系与潜规则系统的矛盾。这是因为，正式组织与非正式组织在性质上一直是不相容的，属于完全不同的行为模式。所以，我们所看到的情况是，虽然非正式组织存在于正式组织之中，却没有任何一个正式组织能够完全包容非正式组织。

总的说来，自梅奥发现了非正式组织后，20 世纪管理学中的全部组织研究都一直在致力于追求非正式组织的正式化。在经历了组织文化学派的诸多建设性研究之后，20 世纪后期进入了一个团队研究的时期，这似乎也使非正式组织的正式化追求显现出了某些成效。不过，直至今天，几乎在所有组织中都存在着正式规范和非正式规范的并立。"正式规范明显是通过规则得以运行，而且通过诸如单个组织和政府的监控和执法得到加强。群体所采纳、遵循的非正式规范和规则，可能是显性的，但更经常是隐性的。它们通过诸如认同、接受、反对以及逃避等社会机制得到加强。"① 也就是说，正式组织的运行是受到正式规则的规范的，而正式组织之中所包含着的非正式组织，却拥有着另一套规则——潜规则。在正式规则与潜规则之间，究竟哪一种发挥着更为重要的作用，可能是一个令人纠结的问题。在某些时候、某些问题和某些任务的承担中，正式规则发挥着主导性的作用；在另一些时候、另一些问题的解决和另一些任务的承担中，可能潜规则发挥着主导性的作用，甚至有些组织会因为潜规则长期发挥主导作用而出现权威的转移。所以，对于正式规则和潜规则在组织中发挥作用的轻重问题，是很难作出明确判断的。

就组织结构而言，非正式组织因其自发性较强而往往无法实现结构化。但是，如果说非正式组织没有结构的话，也是不实的，只不过它的结构属于自然意义上的结构。在一些非正式组织那里，甚至是以等级制的形式出现的，类似于萨特所讲的"友爱—恐怖集团"。当然，在人权观念普及的条件下，更多的非正式组织具有萨特所说的"融合集团"的特征。总的说来，非正式组织有着一种类似于自然的秩序，或者说，非正式组织中有着生成一种自然秩序的倾向。在一定程度上，非正式组织所拥有的结构本身就构成了它的秩序，是以秩序的形式去加以表现的。对于正式组织来说，结构、制度和规则的区别是明确的，非正式组织则不存在这种明确的区分，而是更多地表现出混为一体的状况。

正式组织在其结构、制度和规则的共同作用下——或者说，在三种因素的交汇处——生成了体制。然后，正式组织的结构、制度、规则和体制四个方面的集合形态再以组织秩序的形式出现，而组织成员的所有活动又都是在秩序中展开的。虽然组织成员的具体活动会反映

---

① 〔美〕芳汀：《构建虚拟政府——信息技术与制度创新》，邵国松译，中国人民大学出版社，2010，第 85 页。

出这样一种状况，即由组织结构决定、遵守制度和规则、在体制框架下进行行为选择，但在实质上，这种状况反映了组织成员与组织秩序间的关系。于此之中，我们却看不到价值的存在以及所发挥的作用。当然，可以争辩说，价值的因素是包容在和物化于组织的制度、规则、目标等之中的，但是，组织成员在制度、规则之下开展实现组织目标的行动的时候，其行动能否包含着基于自身价值追求的主动性，则是一个无法作出肯定回答的问题。这些就是正式组织与非正式组织的区别所在。正是这种区别，说明了规则的不同决定了组织的类型也是不同的，甚至这种不同对组织的性质、运行方式等都有着决定性的作用。

社会哲学或历史哲学中的决定论往往是把多样化的社会现象归结为经济形式的，比如，把法制、自由、人权等都归结到了市场经济的基础之上，以求做出客观性的解释。其实，"凡是以协调人类行动为目的的任何其他形式，皆不可能是市场自然生发出来的产物。市场是一种社会建构的产物，它需要组织，甚至需要数量相当繁多的组织，才能满足其运行的要求"。① 然而，组织在很大程度上又是由规则决定的。尽管规则是属于组织的，或者说，组织总会根据自身的需要和所承担的任务类型去制定规则，但是，一旦组织拥有了规则体系，就会出现规则反过来决定组织的状况。

历史决定论关于决定与被决定的意见是在历史的总体性视角下所看到的一种情况，而不是说在任何具体条件下都可以一成不变地照搬决定与被决定的原理去解释组织的运行状况，特别是不能按照拉法格甚至普列汉诺夫的理解去谈论决定与被决定的问题。但是，组织是人类社会生活的基本形式，特别是在工业社会中，对一个社会的把握如

---

① 〔法〕埃哈尔·费埃德伯格：《权力与规则——组织行动的动力》，张月等译，上海人民出版社，2005，第 1~2 页。

果不考察其组织形式的话，就很难形成社会图式的观念。易言之，对一个社会的建构，也需要首先对这个社会的组织形式进行规划。那种以为经济发展中能够自然成长起代表时代特征的组织形式的看法，是消极的历史观，在哲学上可以称作经济决定论。其实，组织规则的制定本身，就是组织规划的一项重要内容，我们建立起了什么样的规则体系，也就意味着建构起了相应类型的组织。这是组织与社会关系的现实，据此去看规则的决定性作用，恰恰是合乎历史唯物主义的精神的。

在经济改革和社会变革的时代，我们对人类社会发展前景的瞻望，应当说是蕴含在组织建设之中的。特别是在人类社会的后工业化进程中，显然包含着寻求工业社会组织替代类型的内容。我们在何种意义上建构起了新的有生命力的组织，也就必然会在社会发展上取得相应的进步，甚至会实现一次飞跃。新的组织形式必然会为经济、社会的发展拓展出更大的空间，会包含着一种新型社会治理模式生成的动力。如果我们的社会治理不是建立在工业社会的官僚制组织的基础上，而是建立在官僚制组织的替代组织的基础上，那么这种建立在新型组织基础上的社会治理肯定会以全新的面目出现。从此出发，我们也就可以作出一个肯定的判断，那就是，新型组织在规则体系上将完全不同于官僚制组织。

正如我们已经指出的，组织是共同行动体系，它可能以协作体系的形式出现，也可以以合作体系的形式出现。官僚制组织是典型的协作体系。在20世纪后期，以官僚制组织形式出现的协作体系，已经难以适应高度复杂性和高度不确定性条件下的行动需要，以至于许多问题无法得到解决，致使这些问题延宕并积累了起来，进而把人类引入了风险社会。正是在这一情况下，我们提出用合作体系替代协作体系的构想。也就是说，我们构想了一种合作制组织，它将是一种全新的合作行动体系。在这个合作行动体系中，规则的表现形式及其所发挥的功能，都与官僚制组织不同。

在考察组织中的权力时，克罗齐耶和费埃德伯格发现，组织权力可以归结为四种来源："首先，存在着源自专门技能以及功能专业化的权力的来源；其次，存在着与组织和其他环境之间诸种关系相联的权力的来源，抑或更为准确地说，是与组织及其数种环境之间关系相联的权力的来源；第三，存在着通过对交流传播以及信息的控制而制造的权力的来源；最后，存在着以一般组织规则的形式而现身的权力的来源。"① 对于一个正常运行中的组织而言，第四种权力的来源可能是最重要的或最值得关注的。这是因为，由规则所确定的权力具有高度稳定性，不会因组织行为中的竞争等因素而发生变化，并且是不可挑战的。当然，这只是在理论分析中所看到的情况。就现实组织运行中的权力而言，都只有在具体的组织结构中才能产生出一种现实的力量，无论权力来源于哪个方面，都需要得到组织结构的支持。

不过，搞清组织权力的这四个方面的来源，对于组织的建构是有指导意义的，即运用于思考合作制组织，也具有参照的价值。比如，在合作制组织中，"源自专门技能以及功能专业化的权力"可能会得到增强，而源于信息控制的权力就不再会产生，来自规则的权力也将体现在一时一事上，具有很大的临时性。也就是说，合作制组织中的权力来源将不再从属于静态分析所提供的理解，而是需要在一种动态的视角中来加以认识。准确地说，应当理解成存在于合作行动中的权力，与规则之间并没有必然联系。一旦我们认识到了组织权力与组织规则之间并不存在必然联系，也就可以消除我们对组织结构和规则的迷信了，进而，畅想合作制组织的心理障碍也就会得以消除。

当然，克罗齐耶和费埃德伯格之所以强调组织结构和规则的非决定意义，是为了说明组织中的权力以及运行状况取决于组织成员的博

---

① 〔法〕克罗齐耶、费埃德伯格：《行动者与系统——集体行动的政治学》，张月等译，世纪出版集团、上海人民出版社，2007，第65～66页。

弈行为。事实上，官僚制组织以及其他各种各样的既存组织的确能够对克罗齐耶和费埃德伯格的这一观点提供充分的证明。可是，如果我们思考一种非博弈的合作形态的话，也就是说，当我们去构想一种围绕某个任务而展开的合作时，结构和规则的非决定性特征也就显现了出来。尽管通过组织形式开展的共同行动仍然有着自己的结构，也仍然会表现出对规则的要求，但结构和规则决定组织的历史则从此终结了。我们认为，合作制组织与既存的组织间的区别就在于，合作制组织将拥有更灵活的结构和更少的规则，组织成员超越了对自我利益的关注，从而能够自觉地开展精诚合作，他们将会把全部资源用于承担责任和解决问题而不是用来谋取权力和支持控制。

从组织与个人的关系看，尽管资本主义文化是一种关注个人的文化，但在近代资本主义条件下生成的理性化的官僚制组织并未表达任何对个人的关注。相反，这种组织被要求消灭个人甚至消灭人，处处用非人化的规则、程序去消除人的痕迹。合作制组织生成于个人主义式微的时代。但是，在合作制组织中，由于消除了个人主义，个人反而会以完整的人的形式出现。"在有效的合作组织中，……要求组织像组织的需要一样关注个人。"[1] 更为重要的是，在从官僚制组织向合作制组织转变的伟大社会运动中，我们将会看到一种组织理性向个人理性的转变过程。

在官僚制组织中，工具理性、技术理性等都是属于组织的，我们将其称为组织理性。在这个以命令—服从为特征的控制体系中，组织成员往往不被要求拥有这些理性。只是在非典型的官僚制组织中，才会承认组织成员的所谓（"经济人"的而不是"行政人"的）理性。在这些组织中，即使对组织成员的个人理性作出了承认，也是要求对

---

① 〔美〕迈克尔·贝尔雷等：《超越团队：构建合作型组织的十大原则》，王晓玲、李琳莎译，华夏出版社，2005，第102页。

个人理性加以控制的，即用组织理性去改造和规范个人理性。总之，官僚制组织的典型形态甚至不承认"经济人"，而是把人看作工具化的组织这架机器的部件，也可以称之为"行政人"。只有那些未实现典型化的官僚制组织，即在官僚制组织的一些原生形态中，才会承认组织成员作为人的理性，即经济人理性。

随着合作制组织的出现，存在于官僚制组织中的工具理性、技术理性等，都将从组织理性转变为由组织成员个人承载的理性。在组织这里，则实现了合作理性对工具理性、技术理性等的置换，同时也使组织理性与个人理性相一致。也就是说，在工具理性、技术理性从组织理性转变为个人理性后，虽然组织成员个人承载起了工具理性、技术理性，由组织成员个人所承载的工具理性、技术理性却是从属于合作理性的。就合作理性是组织理性而不是个人的理性而言，个人所承载的工具理性、技术理性等又会作为合作理性得以实现的条件，也是合作理性能够时时反映在合作行动中的必要支持因素。事实上，可以认为，组织与组织成员都拥有合作理性。而且，正是因为组织与组织成员都拥有了合作理性，组织才不再受到工具理性、技术理性的控制，而是反过来实现了对工具理性、技术理性的驾驭。进而，组织成员也因此不再作为机械系统的组织部件，而是保留了自己作为人的完整性。总之，在合作制组织这样一个合作行动体系中，尽管规则也是必要的，但组织成员在开展行动时，更多地依据自身的知识、专业技能和道德等，从而实现对规则的超越。

我们正在走进后工业化时代，在许多方面，我们都可以看到社会虚拟化的迹象。在社会虚拟化的条件下，由于社会治理依然定位在以事实为据的惯性思维中，致使"我们的行动不再产生实效，相反，诸种反常的效应却成倍增殖。我们业已无法理解集体生活的诸种机制，面对一个似乎无法控制的体制，我们感到束手无策……经济与政治日新月异的进展，令复杂性不断积累，不断增多，这一切的确使我们超越了某种存在的域界"。① 面对这种情况，克罗齐耶的建议是："我们的使命在于，创建一种新型的规则与管理模式，使之能够取代传统的模式。更为重要的是，要培植一种新的行动能力，而不是去选择那些本身无比美妙的目标，由于我们没有行动的能力加以实现，这类目标始终是可望而不可及的。"②

应当指出的是，我们应当培植的能力将是一种驾驭虚拟世界的能力，而不是那种在既有的知识框架和行为模式的基础上所形成的能力。所以，这将是一种在全新的知识框架和行为模式基础上成长起来的能力。这就是克罗齐耶紧接着指出的："无论是这种能力的培养，还是其维持，皆不能依靠重新沿用危机出现之前的传统的方式，对于这一点必须加以强调。所有想回到专制集权的管理方式的倒退行动，注定会使其回到一事无成的原点上……惟有认识并把握住人与人之间的诸种新型关系，我们才有可能取得进展。不仅如此，尤其重要的是，我们应当深入到诸种人们的具体行动体系之中——深入到企业、学校及医院之中——去认识和把握这种具体的行动体系，去更有效地分析与理解诸种实践活动提出的问题。"③

当我们谋求这一行动方式时，当我们试图去获取这种能力时，就会发现，普遍适用的、一般性的、同一性的规则不仅不利于合作行动的开展，反而会成为非常消极的制约因素。所以，合作制组织需要在承认规则的必要性的前提下去把侧重点放在对组织成员主动性的发掘上。而且，对于这种我们所说的规则的必要性，也应当在合作行动的辅助意义上去加以定义。

---

① 〔法〕克罗齐耶：《法令不能改变社会》，张月译，上海人民出版社，2007，第 10页。

② 〔法〕克罗齐耶：《法令不能改变社会》，张月译，上海人民出版社，2007，第 10页。

③ 〔法〕克罗齐耶：《法令不能改变社会》，张月译，上海人民出版社，2007，第 10页。

# 第二节　作为社会治理行动者的志愿者

## 一　令功利主义尴尬的新现象

20 世纪后期以来，我们的社会出现许多新的因素。正是这些新的因素，促使社会治理必须作出相应的调整。事实上，非政府组织以及各种各样的社会自治力量都进入了迅速成长的过程，它们的活动正在打破工业社会的社会治理格局。这些新的因素正在用它们参与社会治理过程的行动去证明自己已经成为新生的社会治理行动者。非政府组织以及各种各样的社会自治力量所具有的典型特征就是志愿服务活动，其中，有很大一部分是以志愿者组织的形式出现的。志愿者已经成为社会治理体系中的重要构成部分，并已作为社会治理中的一支重要力量登上了社会治理史的舞台。

根据鲍曼的观察，21 世纪明显呈现的生活现象是，即时快乐取代了对人生幸福的追求。鲍曼说，"这是一个瞬息万变的世界，在这个世界中，快速消化同大胃口和日益增加的食欲相比，会许诺更多的快乐和更少的沮丧。快乐机遇会一个又一个地来临，它们也会更加迅速地消失。诀窍就是顺便抓住每一个机遇，立即利用它，并为下一个机遇做好准备"。[1] 我们承认这种现象的存在，甚至会以为伊壁鸠鲁主义的幽灵附着在了我们的时代。但是，如果仔细地观察，又会看到那并不是一个主流现象，因为，只有那些遗传了近代个人主义基因的人才会那样。与以往任何一个时代相比，在我们的时代都可以看到更多的人在这个迅速变动的社会中选择了志愿者活动，投身于公益事业，通

---

[1] 〔英〕齐格蒙特·鲍曼：《被围困的社会》，郇建立译，江苏人民出版社，2006，第 143 页。

过合作去应对危机事件。也许这部分人在人数上并不显得很多，但与以往相比，却是迅速地增多。在此背后，也许包含着一个具有趋势意义的迹象。

在历史上，志愿者的存在之久远可能是无可考证的，但作为一种社会角色而得到承认，则是 20 世纪后期的事情。显而易见，一种社会角色的出现或得到普遍承认，总是人类历史进入一个新的阶段的标志。志愿者作为一种社会角色而引起全社会的普遍关注就是这样的。

之所以需要把 20 世纪 70 年代以来的志愿者及其志愿服务当作一种新的社会现象来认识，是因为这种志愿者是被组织起来的，所开展的是一种有组织的活动。正是有组织的活动这一点，使这种新的社会现象有别于亘古以来的个人的志愿行为，这就如法官不同于主持正义的侠客一样。也就是说，20 世纪 70 年代以来的志愿服务首先是一种有组织的活动，其次是面向陌生人的服务。这两点决定了它不同于历史上的志愿活动。但是，这还仅仅是就志愿者的行为特征和行动方式而言的。如果从社会治理的角度来加以解读的话，我们还会看到，20 世纪七八十年代以来，人类进入一个高度复杂性和高度不确定性的时代，政府这一单一治理主体的行动捉襟见肘，以至于在政府社会治理不周延的地方，出现了非营利组织以及其他的社会自治力量，使一个多元社会治理主体合作治理的局面呈现正在生成的迹象。就志愿者活动已经演化为一种组织化的活动来看，也汇入了这一潮流，正在成为一支社会治理力量。而且，这一社会治理力量的出现有可能是一个重要标志，即成为我们时代所特有的一个新的特征。

作为一种新的社会现象，志愿者及其志愿服务当前尚未实现理论自觉，以致学者们试图在近代以来的各种思想框架中去寻求对这一现象的解释。比如，在个人主义的语境下，人们往往认为它反映了某种自我实现的个人主义追求，认为"志愿服务是展示内心力量、自信心以及愉快地与他人交往能力的一种手段"。① 然而，许多实证研究却显现出并不支持这一解释的状况，那就是，经济与社会地位较为优越的人群往往更乐意于投身于志愿服务。显然，对于这些人来说，他们已经通过其他途径在自我实现方面展现了自我，既然他们有更多的实现自我的机会和途径，为什么还要参与志愿服务呢？而且，如果他们不是把时间用于志愿服务，凭借他们拥有的能力、智力、素质以及其他社会资源，也许会表现出某种比从事志愿服务更为成功的自我实现状况。所以，把志愿者及其志愿服务这一现象纳入个人主义的解释框架中是非常困难的。对于许多志愿者来说，他们并不是出于自我实现的目的而投身于其中的。

我们还发现，在关于志愿者的理论叙事中，在拒绝了个人主义的解释原则时，往往又会走向集体主义的方面，即将志愿者及其服务归为集体主义的表现。其实，"个人主义""集体主义"都是产生于工业社会的概念，它适合于描绘工业社会的某些现象。如果说志愿者及其志愿服务是生成于全球化、后工业化进程中的新的社会现象，那么用集体主义的概念去描绘它，显然也是不合适的。事实上，用集体主义来理解志愿者及其活动，所造成的是一种严重的误读。我们认为，组织化的志愿者及其志愿服务是一种新的社会现象，它是人类历史进入一个新时代的标志，是一种在既有的思想和理论中无法做出解释的新现象。所以，虽然人类正在走进一个需要突出人的共生共在的时代，而且，一些预示着人类这一历史阶段到来的社会现象也被不断地推展了出来，但是，由于人们的思维还受到旧的观念和旧的思维支配，所以遇到了解释上的困难。无论是从个人主义的角度还是集体主义的角度去解释志愿者现象，都不可能准确地反映出这一现象的实

---

① 〔美〕缪其克、威尔逊：《志愿者》，魏娜等译，中国人民大学出版社，2013，第85页。

质，更不用说能够在这一现象的积极建构中发挥作用了。在全球化、后工业化的进程中，我们看到的是人类走向合作社会的要求和压力。从合作的角度看志愿者及其志愿服务活动，不可能在个人主义的语境中去加以描述，也不能够用集体主义的概念去加以理解。

志愿者及其志愿服务是一种新生事物，是需要将其作为一种有可能诱发普遍合作的社会现象来加以认识的。的确，志愿服务有着明显的道德行为特征，因而，更多的人是从道德价值的方面去解释这一现象的。然而，他们在去进行解释的时候，出发点要么是"义务论"，要么是"功利主义"，似乎他们只能在这两者之间作出选择。对此，我们是能够理解的，却不能表示认同。显然，从近代以来的认识论思维路线中发展出来的伦理学，所提供的主要是这两种基本的道德立场，以致学者们在思想库中只能找到这两样东西，因而，才有了自我实现的解释和绝对命令的理解。

从理论的逻辑去认识，在功利主义的话语中，志愿者及其志愿服务活动似乎是不可理解的。如果对志愿者及其志愿服务得以发生和迅速成长的环境进行观察的话，我们会发现，20世纪70年代以来蔚为一场社会运动的志愿者及其志愿服务活动恰恰是发生在功利主义话语占支配地位的地区。这无疑表现出了一种文化上的异动。也正是由于这一原因，囿于工业社会的社会科学观察视角，对志愿者及其志愿服务活动作出理解显得非常困难。与此不同，从关于志愿者的研究文献来看，也有许多学者试图寻求宗教、性别、社会地位、收入水平、受教育程度、种族等方面的理解，但都极其牵强。因为，有许多实证研究发现，志愿者往往拒绝人们对其行为予以崇高的评价。单就这一点而言，其与功利主义的和义务论的解释原则都是不一致的。我们认为，对于志愿者及其志愿活动这一社会现象，必须在社会的历史转型中去加以理解才是合理的。在人类历史走向一个新的阶段的时候，必然会有新的社会现象与之相伴随，或者，需要借助于某些新的社会现象去开辟道路。志愿者及其志愿服务就是在全球化、后工业化进程中开拓未来的一种新的社会现象，这是我们通过不断复述刻意强调的方面。

"由于志愿者舍弃了有价值的事物（时间）而不求回报，因而违反了资本主义文化中两条最基本的原则：一是时间珍贵，不能被浪费；二是我们的首要责任是为了自己谋利益，不能在他人身上浪费时间。"[1] 在资本主义文化占支配地位的社会中，这种与资本主义文化的矛盾和冲突，决定了志愿者及其志愿服务活动处于这个社会的边缘，甚至时时受到资本主义文化的压制和排挤。但从 20 世纪后期以来的现实看，志愿者的队伍在迅速壮大，志愿服务不断地向社会生活的各个领域迅速渗透和扩展，似乎展现出了一种强大的生命力和成长前景。这也许证明了资本主义文化的历史合理性正在遇到某种挑战。

资本主义文化归结到一点就是物质主义，"物质主义是对物质的追求或崇拜，它以牺牲对人的忠诚为代价。它使人想到的就是自私自利、'一种轻视公益、轻视关心他人的个人主义的对私利的注重'……一个信奉物质主义价值观的人是不可能花时间帮助他人的。调查结果也证实了这一发现：物质主义者更不可能从事志愿服务活动。许多志愿者以有节制、超脱物质诱惑而自豪。志愿服务赋予他们'纯净的空间'，在这里它没有被'物欲、贪婪、财富、自吹自擂，即商业世界'所污染……志愿者，尤其是那些把志愿服务当成'事业'来做的志愿者，'都表达了与主流社会的疏离感，并批评主流社会太过强调物质主义和个人成功，他们强调社区、对他人的关心以及不为功利目的的学习等另外一套价值观'"。[2] 尽管志愿者普遍拒绝

---

① 〔美〕缪其克、威尔逊：《志愿者》，魏娜等译，中国人民大学出版社，2013，第 83 ~84 页。

② 〔美〕缪其克、威尔逊：《志愿者》，魏娜等译，中国人民大学出版社，2013，第 84 页。

人们对他们作出过于崇高的评价，但就价值观而言，他们表现出了对资本主义文化的物质主义倾向的背离。在某种意义上，这可以看作人类告别资本主义时代的要求正在转化为行动，或者说，是一种先锋意识的表现。

在功利主义的视野中，会形成这样一种认识，那就是，尽管志愿者及其志愿服务活动不求一时之回报，却是期望一种战略性回报的。根据这种理解，"志愿服务就是时间的赠与，而不要求得到迅速或特定的回报。相反，志愿者得到的是能在日后兑换的象征性的信用。最后，研究表明一个能够信任他人的人对世界抱有一种更友善的态度。如果我们为他人做好事，那么好事也会发生在我们身上"。① 事实上，如果志愿者对自己的志愿服务行为持有这种期望的话，那他多半是要失望的，至少在当前资本主义的物质主义文化条件下，怀有这种期望是非常幼稚的。从理论上看，这种看法也无非是对康德的所谓"普遍立法"的一种再申述。我们看到，虽然在高尚的和富有远见的功利主义追求中也许能够逻辑地推导出我的志愿服务行为能够感染所有人，以至于在我需要的时候，也能够随机获取他人的志愿服务；在实践中，这种逻辑推论却是不可能获得充分支持的，并不会以义务论的"普遍立法"的形式出现。

就现实生活来看，只要人们怀有功利主义追求，就不可能拥有长远的目光。对于功利主义者而言，与其期望一个遥远的、不确定的回报，还不如即时得利。历史经验表明，功利主义必然使人目光短浅，任何试图从功利主义的角度去理解志愿服务活动的想法，都是错误的。虽然一切有着善良愿望的人都相信，如果每一个人都能从事有益于社会和有益于他人的善业，我们的世界就会变得更加美好，但

---

① 〔美〕缪其克、威尔逊：《志愿者》，魏娜等译，中国人民大学出版社，2013，第43页。

是，如果没有相应的制度保障，什么因素可以促使每一个人都去做有益于社会和有益于他人的事呢？更不用说去让那些怀着功利期待的人去积极地从事有益于社会和有益于他人的善业了。一般说来，如果一种行为在发生的时候被注入了明确的回报期待，那么，此行为就不属于志愿的，就不构成志愿活动，行为主体也就不是志愿者。在某种意义上，志愿者以及志愿服务活动是不从属于近代功利主义文化的理解的，它的发生前提恰恰反映了一种与个人主义不相容的社会意识。

一旦谈到文化方面的问题，人们也许立马就想到农业社会历史阶段中熟人间的互助行为，那些行为的发生的确没有近代以来的个人主义的痕迹。但是，这里需要区分的是，对志愿者以及志愿服务行为，必须在陌生人社会中加以认识。在农业社会的历史阶段中，人生活在熟人社会中，人的行为与熟人社会之间有着同质性。所以，熟人社会中的许多助人行为虽然是非功利性的和不求回报的，却不能被认定为我们今天所看到的那种志愿服务行为，尽管它们在形式上是相似的。20 世纪后期兴起的志愿者及其志愿服务活动是发生在陌生人社会中的，相对于志愿者而言，志愿服务的对象是陌生人。所以，这种行为与熟人社会中的互助行为有着根本不同的性质。

在陌生人社会中，根据功利主义的原则，人的行为是从属于成本—收益的理解的。一项行为的发生被认为是包含着一定量的付出的，因而要求得到相应的回报。尽管实际回报有正负之分，但关于回报的期待肯定是存在的。志愿服务行为也必然是有一定量的付出的行为，但它不包含回报期待。也许事实上得到了某些形式的回报，而且这种回报也许是丰厚的，但它不是作为行为主体的志愿者所期待的。所以，志愿服务行为超出了近代社会的文化理解框架，是无法被纳入近代以来的基本行为模式之中的，更不允许用成本—收益的分析框架去考察它。

　　尽管科学不主张也不愿意看到人的行为被归结到人的不可捉摸的主观动机中去，特别是对一个社会群体，更不愿意用其主观动机去解释某类行为，但是，对于志愿服务行为，可能恰恰需要从人的道德情感和道德追求的角度去加以理解。也就是说，对志愿者及其志愿服务行为的理解，不从属于行为主义的解释框架。如果试图寻找引发行为的动机的话，是不应对动机加以还原的，即不应去寻找引发动机的原因。然而，在把志愿服务与道德情感和道德追求联系在一起的时候，也许人们会认为它是一种纯粹利他的行为，并努力将其纳入义务论的解释框架中去。的确，就志愿服务行为的客观效果而言，可以说它是利他的。但是，我们却不主张从义务论的角度去理解志愿服务。如果不是用"利己"而是用"利他"的标准来评价志愿服务的话，那么，表面看来，是把志愿服务归入道德高尚的行为类别中去了，实际上，恰恰是贬低了这类行为的历史价值。

　　人类所经历过的每一个时代都存在着一种鼓励、赞赏、颂扬乐善好施行为的文化情结。虽然工业社会中的主流文化包含了个人主义的利己精神，但这个社会也包含着可能来源于宗教的某种赞赏利他行为的声音。当我们看到了志愿者及其志愿服务时，将其纳入工业社会的任何一种解释框架中去，都会割断它与一个正在生成的新时代的联系。事实上，就志愿者及其志愿服务活动是20世纪70年代以来的一种新的社会现象而言，正如我们一再指出的，它已经超出了利己或利他的评价标准，应当说，它是一种需要放在历史进步的视野中去加以认识的新的社会现象。志愿者及其志愿服务活动是人类走进一个新的历史阶段的标志，它开启的是人类历史的新的一页。志愿者及其志愿服务活动意味着人的进化正在朝着一个新的境界迈进，人际关系也将因此而发生根本性的变化，以至于人的行为也正在走向摆脱利己还是利他之考量的方向。

## 二　志愿者与社会自治

在谈到志愿者以及志愿服务的问题时，社会科学家们也许首先想到的是如何去给它们下定义，如何去界定它们与相关的人的相似行为的边界等。其实，就志愿者以及志愿服务是一种新的社会现象而言，保持概念的模糊性可能更有利于相关文化的生成。在我们的时代中产生了这一新的社会现象是有深刻的历史依据的，它的未来发展，在很大程度上取决于志愿者及其活动对于一种新的文化的塑形。但是，在我们时代的这一大背景下，是可以对志愿者及其志愿服务作出准确定位的。可以确定的一点就是，志愿服务是人际关系稠密化而引发的自主行为。尽管直接引发这种行为的因素是人的道德情感和道德追求，但人类社会的发展以及新技术带来的人的交往媒介的变革，已经使人们之间的关系变得如此密切，让人们日益深切地感受到人的共生共在是必须正视的事实，人必须通过自己（哪怕是力量极其微薄）的行动去维系人的共生共在。

20 世纪 70 年代以来，自觉参与和投身到志愿服务活动中的那些人，无非是对人的共生共在时代的来临反应更为敏感的人，属于这个时代到来前的先驱者，他们已经作出的贡献和已经取得的业绩将会在人的共生共在的时代充分显现出价值。也就是说，志愿者的功勋并不在已经流逝的过去，而是会表现在不断向我们走来的未来中，志愿服务是有着无限前景的伟大事业。我们相信，只有当人的共生共在成为一个必须承认的现实时，志愿服务的意义才能得到科学认识和充分理解。美国学者缪其克和威尔逊在谈到志愿者活动兴起的原因时认为，"20 世纪 70 年代的经济危机要求公共支出减少，赋予市场更多自由以及促进自足并激发个体的主动性。美国的里根总统抱怨民众默许政府取代了原本由私人慈善事业提供并且提供得更好的服务。英国的首相撒切尔夫人认为，志愿者运动是提供社会福利的真正中心，并且法定的服务只有在弥补私人慈善事业的空缺时才应该得到资助"。[1]

如果这样去认识志愿活动这一现象生成的原因，可能会将其归结为里根、撒切尔夫人的"阴谋"。的确，我们可以看到，志愿活动的兴起与20世纪70年代后期开始的改革运动在时间上有着同步发生的关系，但我们并不认为它作为一种社会现象可以由某些人的"阴谋"来造就。实际上，志愿活动的兴起有着更为深刻的历史原因，我们需要从全球化、后工业化运动中去发现理解这一社会现象的锁钥。在历史脉络中看志愿者及其志愿服务活动，正如我们已经指出的，在农业社会的历史阶段中，有着大量类似的行为，但它并不是组织化的，而是发生在熟人社会中的。当人类进入工业社会后，由于个人主义和功利主义的文化和意识形态全面而深入地嵌入了社会之中，非功利性行为得以发生的可能性基本上被消除。即使出现了零星的、偶然的志愿行为，也往往是由个人所承载的，甚至可以看作那些源于农业社会的宗教文化驱动了志愿行为。只是到了20世纪70年代，当人类社会出现了全球化、后工业化迹象的时候，组织化的、面向陌生人的志愿服务才出现。而且，这一新的社会现象迅速蔓延和扩展了开来，成了引人注目的现实。

我们知道，近代社会出现了领域分离。也就是说，在工业化、城市化进程中，出现了市民社会与国家的分离，到19世纪后期，则演化为公共领域、私人领域与日常生活领域的分离。在领域分离的条件下，政府担负着社会治理的责任，而私人领域和日常生活领域中的行为主体则是被治理者。然而，20世纪七八十年代以来，情况发生了改变，由于非营利组织以及各种各样的社会自治力量的迅速涌现，治理者与被治理者的边界变得模糊了。所以，当我们从领域分离的角度去

---

[1]　〔美〕缪其克、威尔逊：《志愿者》，魏娜等译，中国人民大学出版社，2013，第3页。

认识志愿者及其志愿服务活动时，会存在着对其归类的困难。尽管志愿者的非功利取向和志愿服务的无偿性可以排除其私人性质，但从行为特征来看，却具有明显的日常生活印记；就志愿服务的内容来看，又具有浓厚的公共性。

当然，西方学者在近代社会的构图中仅仅看到了公共领域和私人领域，以至于他们在排除了志愿服务的私人性的时候将其归入公共领域。然而，在我们关于工业社会的公共领域、私人领域和日常生活领域的构图中，就无法在作出简单的排除后而将志愿服务归入公共领域。所以，我们在志愿服务中读出的是领域融合的内涵。事实上，我们也只有从中发现其领域融合的价值，才能对私人领域的发展前景作出预测，那就是功利主义在私人领域中的去势。在一定程度上，私人领域中的行为主体如果不是出于品牌形象、自我营销等目的而参与到公益活动中来，那就是在营利追求得到超额报偿的情况下从事了一些非营利的活动。尽管如此，这些非营利活动显然代表了某种对功利主义的否定，至少，我们可以作出这样的解读。也就是说，虽然私人领域中的行为主体是怀着自利的目的参与到公益活动中来的，在开展公益活动的时候却使行为的性质发生了变化。这应当被看作私人领域否定自我的一种量的变化。在全球化、后工业化进程中，这种量的变化却呈现了必将导致质的变化的趋势。

尽管现代社会分化成了公共领域、私人领域和日常生活领域，但在它们之间，却存在着宽阔的中间地带，有着大量的社会构成要素以及行动方式具有多重特征，很难被果断地归入某一个领域中。可是，对于我们观察工业社会来说，这三个领域是坐标。通过这个坐标，我们基本上可以对一种社会现象进行定位。在从工业社会向后工业社会转变的过程中，我们说出现了领域融合的趋势，需要注意的是，这种融合绝不是通过领域兼并而达到的，而是由中间地带的迅速扩展带来的。比如，照顾病人的行为，发生在家庭中，可以归入日常生活领域；发生在医院里或其他社会机构中，即由医护人员来承担照顾病人的工作，就难以归入日常生活领域。现在，照顾病人的行为出现了迅速社会化的特征，除了建立在金钱关系之上的照顾病人的行为之外，大量的志愿者加入照护病人的行列。再如，发生在中国的居家养老的问题，这在传统中国社会中是一个普遍现象，一般说来，是由子女照料老人。在工业化取得进展的时候，居家养老属于日常生活领域中的解决老人问题的事务。近一个时期，出现了新的变化，虽然仍是居家养老，但子女在照料自己家中的老人的同时也照料邻里的老人，以使缺乏子女照料的老人也能同样得到照料。就照料邻里的老人而言，在性质上属于志愿行为，如果政府对其善加引导，也就会有大量的志愿组织来提供这方面的支援和服务。但是，这类服务既不可以归入公共领域，也不是营利活动，更超出了日常生活领域的边界。这一现象充分说明，中间地带正在迅速扩张，其结果就是首先逼使公共领域、私人领域以及日常生活领域的边界逐渐向后退缩，然后就是使它们作为不同领域而有的那些基本特征逐渐褪色。

在领域分化的条件下，日常生活领域虽然时常受到私人领域、公共领域的观念侵蚀甚至破坏，但它根源于历史的深厚文化性格依然在发挥作用，而且也一直通过家庭稳定地向社会输送那些群体生活的基本价值。在我们的社会中，由于人们的关注点更多地放在了经济和政治的运行中，因而在私人领域和公共领域的建构方面作出了更多的努力，而日常生活领域则受到了某种程度的忽视。在某种程度上，也存在着市场原则和民主生活方式对日常生活领域的侵入（殖民）。然而，在全球化、后工业化进程中，如果领域融合是一个基本趋势的话，那么，由日常生活领域维系和保留下来的价值，将会对社会生活产生更大的影响。至少，"家庭依然可以既作为一个对价值——社群生活就是意在服务于这种价值——的虽然原始但却深刻的表达而继续存在，可以作为一个对社群性理想日益普遍化的限制而继续存在。因为现代家庭一直会将人们拉回到这样的一种联合之中，这种联合会与对所有其他群体的忠诚相竞争；并且通过爱为个体之间的承认提供一种衡量，哪怕在缺乏共享之价值的时候也能如此"。[1]

在领域分化的条件下，"在家庭与社群之间的冲突，乃正是在具体主义者与普遍主义者两种倾向之间的斗争的另外一个方面；这两种倾向的斗争就发生在社群所追求的理想自身之中"。[2] 当领域分化的进程终结的时候，或者说，当领域融合成为一场现实性的社会运动的时候，所有这种冲突都将失去得以产生的条件。因而，也就不再是一个需要着力去解决的问题了。事实上，领域融合正是全球化、后工业化运动所呈现给我们的一个历史发展趋势，特别是组织化的志愿者及其志愿服务的出现，为我们提供了消弭所有这些冲突的路径。在领域融合的条件下，志愿者以及所有类型的活动也都需要得到规则的规范，尽管规则的规范不是充分的，却是必要的。不过，可以确定的一点是，领域分化条件下关于人的行动和行为的规则是不能简单地搬到领域融合条件下去规范人的行动和行为的，这也就意味着规则的性质和形式都将发生改变。另一方面，我们还必须指出，领域融合并不意味着普遍性的规则更多，反而会更少。虽然领域融合将成为基本的社会现实，但行动者的多样化和行动场域的具体化，都决定着规则适应面更为狭窄。

近代以来领域分化的进程造就了人的社会角色的多元化，让人在不同的领域中扮演着不同的角色。这也是职业活动生成的原因。这决定了我们在工业社会的语境下去认识人的角色时，需要从职业的角度去进行观察。志愿服务的组织化也许会让人把这种活动理解成一种职业活动。事实上，在工业社会的职业化背景下，志愿服务活动也确实

---

① 〔美〕昂格尔：《知识与政治》，支振峰译，中国政法大学出版社，2009，第380页。
② 〔美〕昂格尔：《知识与政治》，支振峰译，中国政法大学出版社，2009，第380页。

有可能被结构化到职业框架中去。如果出现了这种做法的话，显然是走向了一个错误的方向。因为，一旦志愿服务活动被结构化为职业活动，就会成为"志愿"的异化形态。比如居家养老，如果安排职业化的服务者到家中去提供养老服务，就必然是以营利为目的的，这就是私人领域征服了日常生活领域的表现。如果不是这样，而是由子女在照料老人的同时还有着足够的能力再多照料一些老人，并自愿地去这样做，那就是一种志愿行为，就不是以营利为目的。但是，这种以个人的形式出现的诸如照料多个老人的行为还只能说是一种具有农业社会特征的行为，而不是以志愿组织的形式出现的，合乎我们时代特征的志愿活动应当是以组织的形式出现的。以组织的形式出现而又不是与职业联系在一起，就是我们这个时代需要去加以形塑的社会活动，也是我们面向未来时需要发挥想象力的社会建构方向。

就工业社会中的职业活动而言，尚未看到不以谋取职业回报为目的的活动，而且任何一种职业也都是以严格的职业规范为保障机制的。事实上，工业社会的所有职业活动都必须建立在"价值祛魅"的基础上。虽然职业活动赖以展开的组织平台也要求组织成员拥有忠诚、恪尽职守、团结友邻等道德品质，但组织成员的那些出于道德情感和道德追求的活动，却总是受到组织的排斥，至少是不予鼓励的。或者说，有道德的活动并不被看成职业活动。职业活动实际上时时处处都是在外在压力和规范中进行的，根本不存在什么志愿与否的问题。所以，职业活动与志愿者所提供的志愿服务有着根本性质上的不同。就此而言，我们认为，志愿者所开展的活动不会实现职业化，它是组织化的，却不是职业化的。同样，志愿者组织也不会结构化为官僚制组织，志愿服务将是个性化的，会随时根据志愿服务所面对的特定需要而作出回应。

志愿者组织是以非营利组织的形式出现的，这可能也证明了非营利组织的非职业化特征。在某种意义上，我们在判定一个组织是不是非营利组织时，其实是不应以它是否营利为标准的，而是要看其成员是否以之为职业。如果一个组织的成员是受雇用的职业活动者，那么，该组织就不应被看作非营利组织，而是一种假冒非营利组织的传统组织形式。可以断定，这种"假冒的非营利组织"必然会按照官僚制组织模式建构起来，必然存在着结构化的权力，必然会存在着官僚主义的问题，必然会削弱组织成员对组织的忠诚度，必然会让组织成员经常性地感受到一种个人事业追求上的挫败感。非营利组织肯定是专业化的，而且，它也只有在专业化方面才能获得对自己的社会价值的证明。从这个角度看，非营利组织是专业化的，而其成员却不是职业化的，不是把参与到非营利组织中去开展活动作为其职业对待的。这一认识虽然会受到非营利组织研究者的强烈反对，但若他们认识到自己的研究对象只是一种假冒的非营利组织的话，也许在反对的时候就没有底气了。

当志愿服务成为一种普遍存在的社会现象时，会对职业活动产生积极的影响。我们知道，以服务为内容的职业活动长期以来是令人难以恭维的。那是因为，近代以来的一切职业活动都是建立在雇佣制度的基础上的，进入职业活动体系的每一个人都抱有功利取向的意识。雇用与被雇用是一种交换关系，双方都希望在这种交换过程中使自己的利益最大化，节省成本、偷工减料、以次充优等，都会被当作最为直接和最为简单的利益最大化的途径。正是这些，往往使职业活动的表现永远难以取得其应有的效果。在职业活动与志愿活动并在的条件下，随着越来越多的人参与到志愿服务活动中，随着每一个人都熟悉和了解了志愿服务活动，随着人们都有了参与志愿服务的冲动，随着人们拥有了志愿服务活动的经验，志愿精神就会被带入职业活动中，并对职业活动质量的改善产生巨大影响。反过来，职业活动也可以增益志愿服务活动。我们知道，职业活动是与社会活动专业化同步成长起来的，任何一项职业活动都包含着相应的专业技能。当职业活动者参与到志愿者的行列中来时，就会将其专业技能运用于志愿服务活动之中，从而提高志愿服务活动的质量和水平。

倘若志愿服务不是一种职业活动，那么，我们在何种意义上可以认定志愿者是一支社会治理力量呢？的确，在管理的观念中，志愿者甚至所有非营利组织都是不可能成长为社会治理主体的。因为，它既没有在管理取向的社会治理体系中发挥作用的历史，也不可能在既有的社会治理体系性质不发生改变的条件下成长为一支社会治理力量。但是，我们也应看到，非营利组织自诞生之日起就是一种服务导向的组织。非营利组织是在社会治理体系从管理向服务转型过程中产生的，它以自己的服务导向诠释了社会治理从管理向服务的转型。同时，也正是这种转型，为非营利组织成长为社会治理行动者提供了发展空间。因而，非营利组织的发展前景必然是与服务型政府建设联系在一起的。只有当服务型政府建设取得了积极进展时，非营利组织作为社会治理行动者的地位才能得以确立。否则，非营利组织就只能是属于志愿者的志愿服务组织，在社会的发展和健全中所发挥的就仅仅是一种拾遗补阙的作用。当志愿者及其志愿服务被定位在这种社会位置上的时候，其行动也必然是缺乏自主性的，在很大程度上，是取决于政府的支持或规制的。事实上，非营利组织已经展现出不同于这种情况的新特质，可以相信，在不久的将来，它就可以成为一支独立的社会治理力量。

总体看来，在非营利组织以及志愿者活动兴起和发展的过程中，传统观念以及行为模式制约了其发展，特别是存在着基于惯性而把它们结构化到传统模式中去的做法。这样做，其实大大地消减了非营利组织以及志愿者作为一种新的社会现象的属性。这其实是在非营利组织迅速成长以及志愿活动迅速增强的条件下所存在的一种极其消极的现象。缪其克和威尔逊注意到了非营利组织和志愿者活动在当前所遇到的一系列问题："非营利组织已经从非正式的、初步的、不完善的慈善模式中脱离出来，进入一个更加理性的、模仿企业公司或者政府机构的运作模式。它们也遇到了企业和国家官僚机构所面对的类似的组织和运行问题。关于在哪里可以找到愿意参加志愿服务的人以及怎样才能最好地招募志愿者，社会科学有怎样的说法？关于人们比较喜欢做哪些类别的志愿服务，社会学研究能告诉我们什么？在生活日益忙碌的情况下，怎样说服人们挤出时间来参加志愿服务？在没有任何金钱或者其他物质回报的情况下，怎样才能动员被经济刺激和物质主义价值观所包围着的人们参与志愿服务？在招募新志愿者存在困难的情况下，如何说服现有的志愿者继续做出贡献？志愿者的角色如何更好地融入由付薪人员行使权威的组织？简而言之，社会科学家的研究结论能帮助实践者们更好地为一个非营利组织招募、培训、激励和保留志愿者，使他们承担起其他组织应有的功能吗？"[1]

## 三  合作治理中的志愿者

可以判定，在我们的社会活动中，特别是在一些非常规性的社会活动中，志愿者已经成为一支重要力量。但是，我们是如何对待志愿者的呢？在许多情况下，是运用既有的协作规范去作用于他们的，是希望把他们纳入协作系统中来发挥作用的。虽然自有志愿者组织以来就一直呈现了以"协作"的方式去开展活动的特征，但这种"协作"已经无法放置到工业社会分工模式中去加以认识了，而是有了某些合作的特征，或者说，有了某些向合作过渡的特征。随着志愿者队伍的壮大，合作的要求也变得更为强烈了。然而，从20世纪后期的情况看，在志愿者出场的一切场合中，人们都努力将其安排到协作体系中，努力淡化其合作的特征，努力将其合作追求纳入协作规范的框架

---

① 〔美〕缪其克、威尔逊：《志愿者》，魏娜等译，中国人民大学出版社，2013，第4~5页。

中来。

　　我们知道，参与到志愿者队伍中来的人往往并不计较别人对他们作出了什么样的安排，为了奉献他们无私的力量，在面对攻击、羞辱和谩骂时，他们的感觉会显得非常迟钝。所以，他们不会认为那种将他们的行为纳入协作系统的做法是对他们的羞辱。可是，客观地看，把合作者、合作力量纳入协作系统中，肯定是对合作的破坏。对于这一问题，我们难道不应给予重视吗？其实，在全球化、后工业化进程中，我们发现的是一种新的情况，也许人们不愿意承认，但这是一个必须重视的问题。与几个世纪以来的志愿者不同，现在，由于社会结构的变化，志愿者的性质发生了改变，它正在以一种新的社会现象和社会活动力量的面目出现在我们的社会中。总之，在全球化、后工业化的进程中，用合作规范去替代协作规范已经成为势在必行的社会建构活动。在某种意义上，这也是一个文化更迭和文化重建的问题，是一个需要建构合作文化并用以替代协作文化的历史性任务。

　　工业社会在某种意义上可以被认为是人的社会生活的责任和义务的框架，生活在这个社会中的人，都有着对社会和对他人的相应责任和义务。人所扮演的社会角色不同，因而，他所承担的社会责任和义务也有所不同。总的说来，在工业社会中，共同体的理念要求人们对社会以及他人进行一定的奉献，并将这种奉献看作这个社会的成员应尽的义务。不过，这种鼓励奉献的追求往往是寄托于意识形态的教化中而得以实现的，而在现实的社会运行中，责任要求往往更具有可操作性，因为责任是可以纳入规则的规范之中的。对于志愿服务而言，是不能将其认作一种履行义务的方式的，更不可能指定志愿者应当承担什么样的责任，"志愿服务是'无义务的'。对大多数人来说，志愿服务是我们主动选择去做的事情。由于这个原因，有些人因从事的志愿服务工作与他们的本职工作、学校课程所要求的工作，或者某种家庭责任要求的工作有联系，就不会被认为是真正的志愿者……正是因为可以自愿选择做与不做，志愿服务才更容易被接受"。①

　　如果把志愿服务活动看作社会成员应有的义务，那实际上是说志愿服务活动是根源于某种外在性的要求，而不是出于他自己的自愿。显然，志愿服务活动不接受任何外在性的规定和要求。所以，把志愿服务活动看作责任或义务都是不成立的。可是，从当前的情况看，由于人们无法突破工业社会意识形态的桎梏，往往把参与志愿服务活动理解成自己的社会责任，或者认为那是自己应当在这个社会中所承担的义务，结果，是在责任或义务意识的驱使下参与志愿服务活动的。所以，他无法享受参与志愿服务的乐趣，无法从中获得自豪感，反而感受到一种莫名的压力。可见，工业社会的意识形态已经成为志愿者及其志愿服务运动发展的阻力。在这种情况下，如果我们运用责任或义务观念去号召人们参与志愿服务的话，只能适得其反。

　　上述已经指出，一些实证研究发现，积极进取、性格开放的人往往更乐意于参与志愿服务。实际上，这类人往往是在自我实现方面较为成功的人，他们并没有强烈的把志愿服务作为自我实现之手段的需要。反之，一些在事业上和生活上都不怎么成功的人在性格上往往显得有些抑郁，他们对志愿服务也会表现得非常消极。如果说志愿服务能够成为人们自我实现的途径和手段的话，它也应当成为那些在事业上和生活上不甚成功的人士的补偿手段，然而实际情况却恰恰相反。事实上，那些在事业上和生活上不成功的人往往会沉迷于抱怨和不满，甚至会变态地去通过指责、辱骂成功者发泄自己的莫名之火。总之，这类人可能是寻求一切对社会构成破坏的机会去开展行动，而不是在志愿服务中释放自己的哪怕一点点能量。就志愿服务活动更多地成为事业上和生活上成功者乐意去做的事而言，我们是不能将其看作

① 〔美〕缪其克、威尔逊：《志愿者》，魏娜等译，中国人民大学出版社，2013，第22页。

人的自我实现的途径和手段的。

实证研究也同样发现，受教育程度与志愿服务呈现正相关关系，而且学习成绩好的人更愿意参加志愿服务活动。"受到的教育越多，参与志愿服务的时间就越多，参与活动的范围就越广。所有的社会群体都从更多的教育中受益：教育的积极影响对于男人和女人、白人和非洲裔美国人、单身和已婚、工作的和不工作的、最近移民和已经长期定居的居民来说，都是相似的。"[1] 对志愿者的许多实证研究还发现，规范的作用对于这个特定的社会群体来说是较弱的，他们在开展志愿服务活动时并不关注其行为应当接受什么样的规范约束或支持，甚至是缺乏明确的道德标准和道德意识的。志愿者从事着助人为乐的事业，却不赋予其行为以道德神圣性，更多的时候，他们认为那是一些自己应当做的事情。这就是规范以及道德已经作为一种潜在的力量发挥作用的状况。

志愿者及其志愿服务是工业社会发展到了其顶点后的产物。我们知道，工业社会是一个陌生人社会，在这样一个陌生人社会中，人们间关系的疏离也许需要得到某种补救。人们通过志愿服务活动而与他人交往，使得这种活动因为纯净的无功利性质而一下子就得到他人的接受，从而使人与人之间的距离拉近了。就此而言，志愿服务行为也许是直接根源于消解孤独感的心理需求。就志愿服务活动作为一种社会现象发生在陌生人社会发展到了其顶点这个时代而言，是人们排解孤独感的最佳途径。果若如此，也说明了志愿服务中包含着反个人主义的内涵，是对原子化个人的扬弃。因而，其发展方向必然是对人的共生共在的自觉。

如果说近代早期的人们由于有了自我意识而告别了同质性社会

---

[1] 〔美〕缪其克、威尔逊：《志愿者》，魏娜等译，中国人民大学出版社，2013，第119页。

并建构起了原子化个人构成的社会，那么，当志愿服务活动导向了对人的共生共在的自觉时，也将意味着这个原子化的社会走到了自己的终点。比如，社区显然有着共同利益，而共同利益的实现则可能有着多种途径。人们可以通过民主的方式而实现利益共谋，防止个人利益要求凌驾于共同利益之上；也可以更多地寄托于政府去帮助社区共同利益的实现，让社区与政府间建立起托管关系；同样，还可以将这种托管关系交给私人性的公司，通过少量的付费而求得企业提供可期待的服务，使共同利益得到维护。但是，如果囿于利益的视角，无论选择何种方式和路径，在追求社区和谐方面，都会大费周章。

在可以想象的社区生活模式中，道德社区可能是值得追求的境界，如果斤斤计较于利益而不是社区居民共在的事实，总会因不同的利益主张和利益诉求而产生龃龉，从而使共同利益存在认识上的分歧。一旦这种分歧出现，就必然会使部分社区居民处于受压制的状态。结果，即使营建了社区和谐的局面，也是虚假的。所以，现在人们普遍推荐的是社区自治，认为这是一个良好的选项。在社区自治中，我们希望营造的是一种合作共治的局面。然而，合作共治需要某种驱动力量，志愿者及其志愿服务正是这种力量的发生器。

在全球化进程中，志愿服务活动也突破了民族国家的边界，"志愿服务的全球化在1997年11月得到认可，当时联合国大会通过了一项决议，该决议宣布2001年是国际志愿者年。在源于该年的倡议中有一项是：对各国这单独的研究转向志愿者范围和分布研究；准备衡量志愿服务的'工具包'；介绍志愿者奖励和其他认可志愿者贡献的方法；在各国单独成立志愿者中心和机构提供信息、培训、教育和匹配服务；许多政府承担了推动形成有利于志愿服务环境的责任；修订现存法律以保护志愿者；增加政府、企业的基金，建立更多非营利机构；改善跨国志愿服务机构网络（中国主办了第一次志愿服务国际会议）；推广活动和项目"。① 尽管从这些具有明显官方色彩的举措中很难解读出新的观念，但作为实践中已经引起广泛关注的社会现象，志愿者及其活动正在展示着自身的历史合理性，甚至在向世界宣告：志愿服务有着更为辉煌的发展前景。

也许志愿服务永远不会完全取代职业活动，但志愿服务本身反映了社会变革的迹象。一方面，志愿服务是人际关系以及广泛的社会关系变革的产物；另一方面，志愿服务也对历史进程产生了影响，正在诱发出新的文化、思想和观念，正在改变人的行为取向，并最终造就出新的社会及其社会治理形态。

---

① 〔美〕缪其克、威尔逊：《志愿者》，魏娜等译，中国人民大学出版社，2013，第512~513页。

# 第九章
# 走向服务型政府

自 20 世纪 80 年代以来，世界各国都在致力于改革，从而使我们的时代显现为一个改革的时代。然而，走过了数十年的改革历程，我们需要在思维方式上对改革进行反思。工业社会是一个竞争的社会，正是工业社会的竞争，把人类引入了风险社会，以至于我们今天必须面对危机事件频发的困扰。然而，在改革的过程中，由于新公共管理运动的话语指向依然是从竞争起步的，在转化为改革方案时不仅未能解决人类当前所遭遇的各种各样的问题，反而使问题变得更加严重。其实，如果我们意识到了，起于 20 世纪 80 年代的全球性改革是适应人类社会历史性转型的要求而发生的，就应当自觉地放弃在竞争的前提下开展社会建构的行动，而是需要转向对人的共生共在的关注，让一切改革方案的设计都从属于人的共生共在的目标。

从竞争的社会走向人的共生共在理念的确立，其实是人类社会的一场深刻的历史性变革。就这场变革需要通过改革来实现而言，不仅凸显出社会治理体系的功能，而且也要求社会治理模式实现根本性的变革。我们知道，在农业社会，人类建立起了统治型政府；到了工业社会，人类建立起了管理型政府；在后工业化的进程中，我们的任务应当是建立起适应后工业社会治理要求的服务型政府。当前，在关于服务型政府的理论探讨中存在着很大的混乱，这是由对服务型政府的历史定位不清所造成的。关于服务型政府，必须从人类走向后工业社会的进程中来加以认识。服务型政府建设是历史的必然，也是当前行政改革的目标。在当前，我们只能说服务型政府是以一种理念的形式出现的。

# 第一节　在改革的时代中思考竞争

## 一　工业社会是竞争的社会

回顾近代以来的思想，唯有自由主义的政治理论取得了极大成功。就自由主义理论来看，其在目的论的意义上确定了利益追求的至高地位，并围绕着利益实现去作出政治的和社会治理的安排，赢得了我们所看到的工业社会的如此伟大的业绩，并把人类文明推向了一个高点。然而，"自由主义思想的那些二律背反都存在于这样的事实之中：主张形式与内容的区分以及抽象与具体的区分，是既有必要，但又是不可能的"。① 反映在这一理论所形塑的社会中，则是无处不在的矛盾，以至于人们的行动在某一方面取得了成功时，在另一些方面却必须承受失败；在个人利益追求和实现的过程中，社会在整体上陷入各种各样的困境；在物质生活水平普遍提高的同时，社会正义则荡然无存；在竞争为社会提供了取之不尽用之不竭的动力时，社会却又必须承受周期性的经济危机以及社会危机之苦……最为重要的是，来自和根源于个人利益追求的行为，不断地为社会整体的运行注入推力，

---

① 〔美〕昂格尔：《知识与政治》，支振锋译，中国政法大学出版社，2009，第194~195页。

使它的运行持续加速，从而把一个运行速度与日俱增的世界给予我们，迫使我们生存于一个高度复杂性和高度不确定性的环境之中。

我们今天所拥有的世界，可以说是自由主义理论的造物。尽管自由主义是在无意中造就了这个世界，但它是把社会建构放置在个人的原点上的，让个人以及各种形式的放大了的个人——如组织、民族国家等——去开展竞争，在极大地推动了社会发展的同时，也使人们陷入了风险社会。在今天看来，正是自由主义的这一造物，把自由主义理论中所包含的所有二律背反汇聚在了一起，形成了一种总体上的二律背反，那就是，作为自由主义理论造物的世界是反自由主义的，而且包含着强烈的终结自由主义的要求。既成世界中的高度复杂性和高度不确定性对自由主义理论中的所有二律背反都作出了终结性的批判，认为它们都不再具有理论价值，更不用说用来指导实践了。尽管在一些后发现代化国家中依然有着高分贝的呼唤自由主义的声音，但风险社会以及危机事件频发的现实，却要求人们不能再在自由主义所设定的个人原点上去寻求社会改进的方案了，而是需要把人的共生共在作为一项优先考虑的课题对待。

在自然界，外来物种的入侵往往会导致一场生态灾难。同样，对于社会而言，外来的行为模式一旦扎下根来，对既有的社会生活及其文化也将是一种灾难。当后发现代化国家努力学习和借鉴发达国家的发展模式时，当后发现代化国家中的一些人无限倾慕发达国家曾经拥有的自由主义理论以及人际关系上的竞争行为模式时，诸多令人困惑的问题出现了。比如，竞争行为模式是在工业社会中成长起来的，作为这些竞争行为模式的原生地，西方国家有着一系列文化、制度以及其他观念来保证竞争行为最大可能地实现理性化，即使竞争可能或已经导致了消极结果，相应的宗教也发挥着补救的作用。然而，当一些农业地区或国家开始工业化的时候，竞争行为模式被引入了。由于这种行为模式是外来的，缺乏文化、制度、宗教等生态制约和支持，其消极效应和破坏性影响也就总是表现得非常惨烈。

正是由于这个原因，市场经济在它的原生地总是表现为一种不完全市场经济，它的政治、宗教等都拒绝市场化。那些引进市场经济模式的国家则实现了完全市场经济，它的一切都被市场化或正在被市场化。我们在后发展国家中往往看到的是，因为它的一切都因市场化而陷入极其惨烈的竞争之中，不仅在经济活动中，而且在政治活动、宗教生活等几乎所有的社会生活领域中，都存在着一切人把一切人都当作竞争对手对待的情况，而且在竞争中从来也不顾忌道德以及情感的要求。认识到了这一点，却不意味着我们需要再从西方国家引入与竞争相适应的那一整套文化及其规范体系，而是需要基于全球化、后工业化进程中所呈现出来的新生因素去进行社会及其治理方式的建构。

工业社会是一个竞争的社会，竞争的社会所遵从的是"适者生存"的法则。在竞争的社会中，尽管你的同事、朋友是你不想予以淘汰的对手，但适者生存的法则却决定了你事实上是把他作为对手对待的。你不想也不愿意战胜他，但客观的社会机制却造成了你必须战胜他并将他淘汰出局的情势。这不是因为你无情冷酷，而是社会机制使然。然而，在竞争过程中，胜利者和失败者却被要求不把结果归为客观机制，而是将结果看作自己的应得，成功者之所以成功是因为自己的努力或比他人更为高超的智力等。所以，"这是一个残酷的世界，在这样一个世界中，失败者的失败是由他们自己造成的，受责备的也只能是自己，他们没有权利因他们的不幸而要求补偿，甚至同情"。[1]

---

[1] 〔英〕齐格蒙特·鲍曼：《被围困的社会》，郇建立译，江苏人民出版社，2006，第44页。

正是遵从适者生存法则的资本主义社会机制，重新塑造了人，即用这一冷酷的客观机制把人也塑造成冷酷的动物，让人战胜每一个与自己有联系的他人。如果说自己在成功的道路上也与一群又一群他人联手承担了一些任务，共同取得了某些漂亮的业绩，那也是权宜之计，是为了自己的成功而利用他人后所取得的附产品。对于我的行动而言，或者说他人之于我的成功而言，只不过是工具。正是这个原因，协同行动无非是少数人取得成功的途径，是少数人向社会的高层攀爬的阶梯。在竞争的社会中，"你的所得就是他人的所失，一点儿也不会少。而且，他人的所得也必然是你的所失。因此，行动没有太大的意义，除非你存心想拥有的诚然是一个临时结盟，是你攀登的阶梯的一个台阶：你每向前一步，刚走过的台阶不再有意义。结盟只要有助于你的进步，就是好的。但是，一旦结盟不再被需要，它们就很快变成多余的或完全具有破坏性的。这时，它们就从资产转变成了债务，而没有注意到这一时刻的人就会遭殃"。①

竞争根源于人的利益追逐，而利益追逐是通过竞争的方式进行的。就竞争行为得以持续发生而言，应当归功于工业社会健全的规则体系和制度，但所有的规范力量都不能够避免矛盾每日每时地发生。事实上，工业社会的矛盾无论在哪个方向上，都会无节制地延伸过去，在向人的内在世界延伸的时候，也会表现出矛盾，会表现出"自我的每一个部分，都被宣称为针对其他部分而斗争"。② 因而，当欲望得以张扬时，顺应潮流要求而突破理性的限制；在强调理性的时候，就极力扼杀欲望。可见，在工业社会的历史背景下，让理性与欲望统一起来，那是一种根本无法实现的愿望。在市场经济的竞争较为激烈的阶段中，经营策略往往走向对消费者感性直觉的迎合，就一些名牌

---

① 〔英〕齐格蒙特·鲍曼：《被围困的社会》，郇建立译，江苏人民出版社，2006，第46页。

② 〔美〕昂格尔：《知识与政治》，支振峰译，中国政法大学出版社，2009，第81页。

的塑造来说，更多的是出于消费者的情感需要，让其在购物的过程中去获得购物附加值。这说明，市场经济在起初是由理性的经济人承载起来的，到了其发展得较为完善的阶段，在经营者与消费者之间产生了差别。消费者不再被当作理性经济人看待了，在一定程度上，经营者也会在进一步的发展中走向感性化。虽然这种变化是相当微妙的，却说明当代市场经济与其原初的状态渐行渐远。

竞争本身倾向于破坏公平竞争，因而，会时常地以斗争以及各种各样的冲突的形式出现。在某种意义上，我们倾向于说，这个社会在本性上（如果社会有本性的话）就倾向于制造人与物、人与人的分离和对立。一方面，是人与人、人与物必须联系在一起才能构成具有现实性的存在形态；另一方面，分离、对立和冲突又是必然的。人们甚至将此谑为"刺猬原理"，辩证法则将此种状态描述为"对立统一"。在时间的序列中，"对立"在起源上可以追溯到差异，而"统一"在结果上则走向了同一。同样，在空间的图景上，从差异到对立和从统一到同一，也留下了清晰的逻辑线条。至于与市场经济联系在一起的工业社会的基础性思维方式——分析性思维——所要追求的，则是同一。所以说，"在整个现代思想中并且在整个现代思想史上，一个辩证的作用与一个不具形而上学的本体论相互呼喊和相互呼应：因为现代思想不再朝向差异之从未完成的构成行进，而是朝向相同之总是被完成的揭秘前进"。①

然而，分析性思维包含着走向自己反面的可能性，"它在表明人是确定的时，关注的是表明那些确定性的基础是处于其根本的界限中的人的同样的存在；它还必定表明经验内容早已是它们自己的条件，思想事先缠绕非思（非思逃避这些条件并且思想总是努力恢复非思）；

---

① 〔法〕米歇尔·福柯：《词与物——人文科学考古学》，莫伟民译，上海三联书店，2001，第443页。

它表明那个从未与人同时代起源在回撤的同时，又根据逼近的样式而被给出。简言之，它总是关注着去表明他者、遥远如何还是相近和相同"。① 实际上，无论是相近还是相同，都重新将人的视线引向了表象而不是表象背后的同一性。一旦朝向表象纵深处的揭秘在返回来的时候，即在回到了表象的时候，去再次回观表象的相近和相同，所发现的则是差异。可见，差异相对于分析性思维与相似性思维，都是先验性的存在，无论是分析性思维还是相似性思维，都必须以差异为起点。

不同的是，分析性思维从差异出发后是通过一系列的揭秘行动去发现同一性的，然后再携带着同一性返回到起点；相似性思维在从差异出发后发现了差异中的联系，让差异因联系的发现而获得了意义。因而，相似性思维一往无前，从不止步，更不会走回头路。关于这两种思维方式的功能，显然可以借用福柯对古典思想与现代思想的比较来加以描述。福柯说，"古典思想把在图表中对物加以空间化的可能性与纯粹表象序列的那个属性关联起来了，这个序列从自身出发回忆自身，从一个连续的时间出发重叠自身并构成了一个同时性：时间创立了空间，在现代思想，在物之史的基础上以及在适合于人的历史性的基础上，被揭示出来的是在相同中进行挖掘的距离，正是间距在相同的两端对相同作分散和重组"。② 如果人们之间在相似性思维中发现了表象的联系，也就不需要透过表象去发现同一性了。这样一来，人与人之间的联系就走向了人的共生共在的方向，而不是致力于在人的区别中去发现利益等同一性的存在，更不会让人们去为了利益追求而把对方当作对手并相互伤害。

---

① 〔法〕米歇尔·福柯：《词与物——人文科学考古学》，莫伟民译，上海三联书店，2001，第442页。

② 〔法〕米歇尔·福柯：《词与物——人文科学考古学》，莫伟民译，上海三联书店，2001，第443页。

## 二　基于竞争的改革方案设计

在资本主义条件下，企业的活动是以对利润的追求为目的的。在利润追求中，开展竞争可以形成一种市场机制，可以最大可能地挖掘人的潜能，可以最有效地节约资源，可以更多地基于理性去行动。这一点是非常重要的。正如法默尔所指出的："追求利润是一种理性主义，资本主义可以抑制或缓解非理性的欲望。而且，资本主义是在一个理性主义的体系内持续地追求利润，这一体系能够使经济手段与这一追求相协调。这一体系，如同动机一样，是资本主义的一个绝对必要条件；其之于资本主义就如水之于鱼。"① 就资本家个人来说，他可以摒弃生活中的其他方面的要求而全力投注于利润追求的行动之中，但对于一个社会来说，除了利润追求之外，是否还应有更高的目标？答案显然是肯定的。

就资本家所追逐的利润而言，可以认为，当社会目标被分解到企业那里时，是可以具体化为利润追求的，但在被重新综合到社会目标的层面时，利润追求就不再是以目标的形式存在了，而是作为众多手段中的一个而存在。利润追求只有在不危及社会整体和谐的时候，不在社会各阶层、各群体之间造成不公平的时候，才是有益的。要保证利润追求不产生上述所说的各种负面影响，除了政府之外，没有任何一支力量能够做到。这样一来，我们就清楚地看到公共行政应将着力点放在什么位置上了。

从现代化的历程看，企业的利润追求、个人的利益追求等导致了竞争。竞争是社会分化的催化剂，使整个社会分化为不同的利益集团，也使社会分化成不同的领域。在某种意义上，我们也是可以把近

---

① 〔美〕戴维·约翰·法默尔：《公共行政的语言——官僚制、现代性和后现代性》，吴琼译，中国人民大学出版社，2005，第141~142页。

代以来的社会分工归结为竞争的。或者说，出于竞争的需要，人们找到了通过社会分工—协作的方式去提高竞争能力这一途径。如果说竞争直接地催生了利益集团的话，那么在领域分化的问题上，则是通过分工这一中介而实现的。首先是出于竞争制胜的目的而作出分工的选择，而在分工中则走上了专业化的道路，专业化又促使了各种各样的领域的生成，结果，对社会治理构成了挑战。事实上，社会治理也是通过分工—协作的方式去回应社会要求的，即建立起了拥有官僚制的政府，并使政府进入了对分工—协作这一思路的路径依赖之中。

然而，分工—协作也同样出现了自反。从现代政府的运行来看，部门划分的越来越细，这不仅导致了协作障碍，而且也难以避免职能交叉、推诿扯皮的问题。正是由于这一原因，在政府实现了科学自觉的 20 世纪中，却又总是周期性地出现通过改革去调整政府部门的行动。从现实来看，为了纠正部门划分越来越细的问题，往往会提出大部门制的要求。反之，当大部门制出现了严重的官僚主义和效率低下的问题时，又会回到小部门状态。总的说来，就单个部门来看，小部门往往是与高效率联系在一起的，部门内协调方面的工作较少，行政资源消耗较少。如果职能边界能够得到明晰的科学界定，小部门在部际协调方面的灵活性优势也是非常明显的，从而将推诿扯皮的问题降到极小的限度。与小部门的划分不同，大部门会遇到极其艰苦的内部协调问题。经验证明，大部门往往存在着效率低下的问题。之所以如此，在很大程度上就是源于内部协调的困难。不仅内部协调的困难会导致效率低下，而且内部协调本身就会导致行政成本增长。一般说来，为了减少内部协调的成本，往往需要采用集权的方式。然而，一旦集权，又会导致决策失误问题的出现。在出现了决策失误的时候，有可能造成组织难以承受的损失。

此外，大部门容易养成惰性，因为部内的等级化使上下的等级差别变得巨大，来自上层的积极性很难传导到基层。大部门在行动过程中的命令主义无论被强化到何种程度，在基层都有可能被化解掉，致使整个部门都有可能成为高层无法推动的巨石，即使努力去推动它，也可能推一推晃一晃。所以，现代科学理性的组织设计原则往往不推荐大部门制的组织结构形式。不过，大部门制也有其优越之处：其一，它将无法清晰划分的诸多模糊性的职能部门化，避免因部门间配置的不合理而造成职能交叉、推诿扯皮；其二，它缓解了部门间的竞争，消除了诸多因分工过细而导致的负面效应；其三，它集中了专业领域的管理权威并形成一个整体，从而使组织功能得到较好的实现；其四，它在组织的每一个层级都会显现越向上就越节约更多的职位和岗位的特点，从而有助于实现精简机构的目标。

始于20世纪80年代的改革为了避免陷入"小部门制"与"大部门制"之间的循环往复，开始引进竞争机制和促进民营化。这就是新公共管理运动所倡导的一些基本做法。其实，新公共管理运动的全部精髓就在于实现社会治理运行与工业社会市场运行的一致化，即彻底地把竞争行为贯穿到社会治理的每一个环节之中。所谓民营化，无非是把社会治理和公共服务的过程植入竞争行为之中。法默尔认为，"民营化实际上是对官僚制的解构。民营化的一条基本原理……就是：政府官僚制比私营企业的官僚制更加没有效率"。因为，根据"公共选择理论的结论，其中一条就是：一个理性的公共管理者并不必然能提供最佳的产出。……供给的压力与缺乏有效的需求约束结合在一起，必然会导致不恰当的产出。……在尼斯卡宁的模式中，政府官僚制超大规模的扩展达到了最佳产出的两倍。假定尼斯卡宁的模式'反映的是现实'，一个现代主义的处方可能就是：将规模削减到产出的一半，剩余的部分民营化"。[①] 这就是行政机构改革即精简机构的基本

① 〔美〕戴维·约翰·法默尔：《公共行政的语言——官僚制、现代性和后现代性》，吴琼译，中国人民大学出版社，2005，第270页。

理论依据。但是，法默尔立即就指出，"民营化作为一种政策是有局限的"。①

　　根据法默尔的分析，所提出的要求是要把"有效需求"与"垄断"联系在一起考虑。他说，"政府行政管理的无效率据说不仅与缺乏有效的需求有关，而且与所存在的垄断有关；也就是说，这种无效率不仅取决于需求方面而且取决于供给方面公共部门运作的特征。如果民营化也建立私营部门的垄断和专权来实施公共部门的政府计划，结果也将是无效率。就私营部门管理者追求一己之私比公共部门管理者更甚而言，民营化的实体只会使这种无效率更严重"。② 当然，也可以设想政府找到了有效促进私营部门竞争而防止垄断的途径，但其结果将会是出现公共产品供给机构的"复制"问题。即使这种"复制"表现为私营的公共产品供给机构的复制，事实上，对于整个社会而言，也应当将其看作浪费的和无效率的。

　　也就是说，如果民营的公共产品在有效需求的范围内，那么竞争的而不是垄断的供给并不能保证公共产品供给成本的降低。就实际表现来看，显而易见，导致了成本的增长。比如，有三个机构提供同一项公共产品，其中一个机构是有效率的，另两个机构是无效率的，只要那两个无效率的机构存在，在这一个有效率的机构所提供的公共产品的成本中，就必然包含着那两个无效率机构存在和运营的花费。所以，如果不考虑空间上的这种情况，而是仅仅把效率与时间相等同的话，那么，在公共产品供给的总体上，依然是无效率的。这是因为，提供公共产品的部门并不像企业那样很容易地被市场所淘汰。即使在公共产品供给上实现了民营化，而且那些低效率的民营机构也能够被

---

① 〔美〕戴维·约翰·法默尔：《公共行政的语言——官僚制、现代性和后现代性》，吴琼译，中国人民大学出版社，2005，第270页。

② 〔美〕戴维·约翰·法默尔：《公共行政的语言——官僚制、现代性和后现代性》，吴琼译，中国人民大学出版社，2005，第270～271页。

淘汰，其结果是怎样的呢？显然又会回到了垄断状态。如果这种垄断是由政府做出的，则意味着改革是无意义的，即一切恢复如常；如果这种垄断是由一个胜出的民营机构做出的，那么，这个民营机构会有着什么样的表现呢？那个时候，它会不会绑架政府而成为"挟君主以令诸侯"的霸王？那样的话，岂不是改革的失败？

在公共产品供给问题上，即使把"有效需求"与"排除垄断"联系在一起考虑，民营化也必然导向低效率。这可以说是一个基本原理，它的必然结果就是在效率上形成一个能者多劳的局面。法默尔说："我们可以把这一不可避免的冲突描述为是民营化追求经济效益的动机与其他动机如渴望平等之间的冲突。"① 事实上，公共产品之所以是公共的，就在于它不能还原为可计算的经济指标。任何试图把公共产品还原为某些经济指标的做法，都是对公共产品的公共性的侵害，进而，也是对公共利益的破坏。然而，在行政改革中所引入的民营化方案，显然包含着把公共产品还原为经济指标的内容。或者说，就实践来看，也正是在这一前提下形成了改革方案的设计思路。

如果说私人部门中的企业可以把一切生产和经营活动都还原为一个同一性的因素——利润，并以利润实现的预期去设计生产和经营策略，设计与他人开展竞争的方案，那么，对公共产品进行还原时，则可以找到许多可供选择的选项，比如，公正、公平、普惠、公共利益、最少受惠者的最大利益等。在这些选项中，我们无法再进行抽象并去发现同一性的因素，而且对每一选项的选择也需要根据具体情境做出。由此可见，因为不能还原为单一的利润指标，从而公共产品的供给是不应当引入竞争机制的。可是，不应当的事情却因为新公共管

---

① 〔美〕戴维·约翰·法默尔：《公共行政的语言——官僚制、现代性和后现代性》，吴琼译，中国人民大学出版社，2005，第271页。

理话语在"竞争"中胜出而发生了，它对公共利益的危害也就不言而喻了。就此而言，民营化的方案即使解决了公共产品供给的效率问题，这个效率也是没有意义的，甚至是有害的。令人不解的问题出现了，为什么民营化的方案在一些集权国家会得到推崇呢？其实，那是因为这些国家的政府更愿意而且也能够通过这一途径去推卸责任，即轻松地把包袱甩给社会。

弗雷德里克森在评价公共选择理论时所发出的疑问是，"辖区或机构之间的竞争是诱人的，因为竞争可以普遍地'提高'服务的质量。然而，我们能够承受得起竞争的代价吗？如果说我们能够承受得起竞争的代价的话，那么这种代价有多大呢？如果竞争可以促进效率和经济的话，那么它是否能够为每一个人促进这些价值呢？市场模型在私人部门的应用是否已经导致了广泛真实的顾客选择和高水平的组织生产率？集体联合组织（工会）在私人部门的发展是否已经导致了公民选择范围的减少和生产率水平的降低？而且，随着工会权力的扩增，公共部门是否也会发生同样的情况？"[①]

对于新公共管理运动在公共部门引入竞争机制的做法，胡德也是表示怀疑的。根据胡德的分析，"个人主义者用以解决公共管理问题的灵丹妙药是竞争。竞争的长处在于激励，如果没有竞争，人们更可能会选择逃避或自保平安。但同时，从集体精神的角度来看，竞争也可能带来成本的大幅上升，因为它可能会削弱人群和组织之间的相互信任，并妨碍信息及其他重要资源的共享。对竞争强调得越多，就越没有可能与其他类型的控制方式相互配合。任何监督都会产生问题，因为没有人能够高居竞争各方之上而对比赛作出评判。同样地，在这种情况下，相互性的任何要素都难以维系，因为耗时的群体组织程序

---

① 〔美〕弗雷德里克森：《新公共行政》，丁煌、方兴译，中国人民大学出版社，2011，第18页。

很容易受到'搭便车'现象的破坏，机会主义者总是试图通过搭便车而打击系统"。[①] 其实，在一切鼓励竞争的地方，都会产生自反性的结果，只不过这种结果会以不同形式表现出来而已。

当新公共管理运动征服了全世界的改革者时，在中国的改革进程中则萌发了服务型政府建设的构想。然而，就服务型政府建设在中国的表现来看，道路是不顺畅的。不仅一些学者盗用服务型政府的名义去偷运新公共管理运动的思想，而且也有一些学者甚至到18世纪的启蒙思想家那里去寻找服务型政府的思想原型，似乎是要把近代以来西方国家的所有政府都称作服务型政府，并认为中国政府只要学习西方就建成了服务型政府。即使对服务型政府有着正确的理解，甚至是切实地走在了服务型政府建设的道路上，也需要认识到，此时的服务型政府更多的还是作为一种理念而存在的，是作为行政人员的行为原则提出来的，而不是政府的一种现实形态。当然，关于服务型政府的理念也正在或已经物化为了一些行政设置（如政策以及政府流程等），但不能因为这些设置而判定一个服务型的政府已经建立了起来。

同样，把管理型政府已经拥有的甚至已经承担起来的某些公共服务职能放置到服务型政府的名下，肯定不是关于服务型政府建设的积极构想。服务型政府绝不会在对现有的公共服务职能的强化中建立起来，而是需要与政府相对应的社会联系在一起去寻求建构路径。就工业社会同时也是一个竞争的社会而言，是在"经济人"的原点上产生出来的。正是工业社会中的竞争，对管理型政府的建立提出了合乎逻辑的要求。认识到这一点，我们也就清楚了，那就是，只有在后工业社会即合作社会的背景下，才能想望真正的服务型政府。当前，如果说服务型政府在哪些方面处于萌动和成长的过程中的话，那也是一个

---

① 〔英〕克里斯托弗·胡德：《国家的艺术：文化、修辞与公共管理》，彭勃等译，上海人民出版社，2009，第183页。

需要在全球化、后工业化的进展中去加以观察和认识的问题。如果我们在全球化、后工业化进程中捕捉到了那些向政府提出的新要求，并自觉地根据这些要求去变革政府，毫无疑问，就是走在积极建构服务型政府的道路上了。

我们看到，与理论研究中的各种各样的错误认识不同，实践部门有着更为强烈的服务型政府建设愿望。这是因为，改革开放以来，特别是在中国社会实现了大幅度的变革后，许多人、许多群体不能适应，而且，旧的观念与新的追求之间的冲突也经常性地呈现激化的可能性，加之腐败的问题较为严重而损害了政府形象。总之，社会矛盾显得空前的复杂，而且，主要表现为政府与社会、官员与公众间的矛盾日益加剧。在这种情况下，政府有着强烈的愿望去通过服务型政府建设改善政府与社会、官员与公众间的关系。这无疑是一种积极的追求。但是，也需要指出，服务型政府建设并不能够仅仅满足于当前的目标，还应当在社会治理转型的意义上去把握方向。其实，服务型政府建设本身就是社会治理转型的具体举措，是适应社会转型而提出的一项课题，我们只有在全球化、后工业化的历史趋势中去规划服务型政府建设的实现路径，才是正确的选择。

之所以说服务型政府建设的任务存在于和根源于全球化、后工业化进程中的"新"的要求之中，是因为需要根据这些新的要求而对政府进行改革的，那是一个关系到政府是朝着前还是后的方向移动脚步的问题。在从工业社会向后工业社会转型的过程中，是社会向政府提出了改革的要求。不过，有些要求在性质上可能是属于工业社会的，而有些要求则是新生的。在中国这样一个农业社会痕迹尚存的社会中，还有些要求可能是属于前工业社会的。在这种情况下，政府根据哪种要求去变革自己，显然是一个关系到方向的问题。如果政府出于建构超强秩序的目的而去变革自身，所建立起来的就是统治型政府；如果政府出于促进竞争、规范竞争的要求而去设计改革方案，所建构起来的就是管理型政府；如果政府认识到了风险社会和危机事件频发的现实，并把人的共生共在放在突出位置上，就会真正走向服务型政府建设的方向。

## 三 为了人的共生共在

古希腊哲人根据引发人的快乐的因素把人的快乐分为"爱智的"、"爱胜的"和"爱利的"快乐三类，认为只有爱智的快乐才是"真实的快乐""纯粹的快乐"，而爱胜者与爱利者始终得不到这种快乐。另外，爱智者的快乐在分量上也比爱胜者与爱利者所得到的快乐有"最多的体验"，因为金钱和荣誉所带来的快乐是人人都会体验到的，爱智者当然也会体验到，但爱胜者与爱利者却"不一定"也"不容易"体验到爱智者认识真理所得到的快乐。这种快乐是"最甜蜜的"，这种人的生活是"最快乐的"。① 这是极其深刻的描述，是对人生境界的最为准确的把握。直到今天，当我们处于市场经济的海洋中的时候，这三种快乐依然是描绘我们的人生境界的标尺。我们在竞争中取得了爱胜的快乐，我们在追逐金钱的行动中实现了爱利的快乐，但这还只是极其低层次的快乐，而且这些快乐本身也可能是一系列烦恼的根源。只有爱智的快乐，才具有永驻于心的特征。

卢梭在自然中所看到的只是因人类的出现而被摧毁的爱、和平与和谐；克鲁泡特金则强辩说，这种爱、和平与和谐从来都没失去过，从自然界到社会，爱、和平与和谐一直是实质性的物种存在形式。就这两种对立的看法来看，可以说，一种是无理由的悲观，另一种则是无根据的乐观，都是错误的。首先，所谓爱、和平与和谐是一种只适应于人类的考察视角，是一些用来标示人类社会的理想的存在形态的概念；其次，爱、和平与和谐是一种历史性生成的社会形态，在人类

---

① 《柏拉图全集》第 2 卷，王晓朝译，人民出版社，2003，第 594～604 页。

已经经历过的历史时期中，只存在着短暂的比较而言的爱、和平与和谐。这是因为，在以往人类社会的每一个时期中，爱、和平与和谐赖以确立的基础都是极其脆弱的，反而，竞争、斗争等一直是贯穿于人类社会各个历史阶段的行为。

我们必须说，在人类社会处在简单的和确定的状态时，人与人之间的斗争不会导致人类的毁灭。而且，如恩格斯所指出的那样，为了让人们不至于在斗争中同归于尽，发明了社会治理机构去控制矛盾。同样，在人类社会处在低度复杂性和低度不确定性的状态时，是可以通过普遍性的、同一性的规则体系的建构和完善去规范竞争的，从而使竞争不演化为群体间的暴力冲突。事实上，就工业社会这个历史阶段的社会发展来看，竞争赋予这个社会以活力和发展动力，特别是当竞争转化为竞选的时候，民主政治的氛围被营造出来。但是，当人类进入高度复杂性和高度不确定性的状态时，竞争的后果可能是人类不堪承受的。从20世纪后期以来的社会运行状况看，竞争的累积效应是以风险社会和危机事件频发的形式表现出来的。所以，在全球化、后工业化进程中，我们应当把人的共生共在作为一个社会建构的主题提出来。

蒂利说（蒂利的书出版于1990年），"根据一个详细的计算，自从1900年，世界上已经有237场新的战争——国内的和国际的——其战场有的历经多年，最少的也会死亡1000人；到2000年，这一可怕的数字估算为大约275场战争和一亿一千五百万战争死亡人数。平民死亡数能够很容易达到这个总数。血腥的19世纪只带来了205场这样的战争和800万的死亡人数。这些数字转换成每一千人口的死亡率，18世纪大约是5，19世纪是6，20世纪是46——8或9倍高。从1480年到1800年，每两年或三年在某地就出现一个新的大的国际冲突，从1800年到1994年，则每一年到两年，自从第二次世界大战起，则14个月左右。核时代并没有减缓走向更频繁、更致命战争的历史趋势"。① 如果这项数字统计是确切的话，如果这种状况是一种趋势的话，所指示的一种悲惨的人类前景的确会令人不寒而栗。如果把大规模杀伤性武器也考虑进来，前景就更加不堪设想了。

对此，我们是否要考虑这一统计数据所显示的趋势与人的竞争行为的关联性呢？事实上，正是人的利益追求导致了竞争，而在竞争的不断扩大和普遍化中，形成了侵略性人格。这种人格一旦为组织和国家所拥有，也就必然导致战争。人类难道就要在这条道路上永远走下去吗？显然，每一个人都不愿意接受这样一个残酷的前景。但是，人们能否加以干预，即扭转这种趋势呢？应当说这是一项必须立即开展起来的行动，而不是去考虑作出选择的问题。至于如何开展行动的问题，那就是我们从蒂利所描绘的这幅趋势图中所获得的启发。概括地说，工业社会的竞争文化及其行为模式是引发战争的总根源，扭转这一趋势的全部努力，都应当指向这一建立在个人主义原点上的竞争文化及其行为模式。所以，我们提出的是用合作替代竞争的构想。

我们在全球化、后工业化进程中日益感受到了人的行为的相互影响，我们也更加相信，"社会影响的过程不仅适用于语言，同样也适用于信仰、态度和行为。它适用于从穿着打扮的形式到根本的价值观，从阿拉伯数字到计算机标准的采用的任何事情"。② 其实，社会的概念中就包含着人们之间相互影响的内涵，人们的社会生活就是一个相互影响的过程。但是，在人们的相互影响是趋于同质化还是差异化的问题上，则可以确立起衡量社会进步的至少一项标准。也就是说，社会发展呈现出来的是人们之间相互影响的频率和深度都不断增强的趋势，差异的普遍化也是同步增强的。迄今，我们在思考社会建构的

---

① 〔美〕查尔斯·蒂利：《强制、资本和欧洲国家》，魏洪钟译，上海人民出版社，2007，第74页。

② 〔美〕罗伯特·阿克塞尔罗德：《合作的复杂性：基于参与者竞争与合作的模型》，梁捷等译，上海人民出版社，2008，第162页。

问题时，已经不仅仅是把着眼点放在如何规范人们的交往互动上来，还需要更多地考虑承认差异和包容差异的问题了，需要基于人的差异的客观性去寻求保证人们能够开展共同行动的方案。

在这一问题上，协商民主理论要求在对话中重视个人以及群体的差异，认为正是对差异的关注才能在对话中决定什么是可普遍化的利益。可见，协商民主的追求是要让所有声音都能自由地进入话语，不使任何一种利益表达被排除在外。但是，我们应当看到的是，协商民主的对话是为了寻求共识和消除差异，认为"话语的目的——它决定了目标和方法——是达成共识。差异是即将成为过去的事物。而且互惠性的承认主要在于普遍的同意，而不在于它能够增强和表达多样特征。多元性是一种多元声音的话语的原初条件，但是同一的声音是它的规范性原则"。① 如果能够达成同一的声音，如果本来就存在着同一的声音，那么，这种同一的声音会不会是话语霸权呢？会不会成为"话语的原初条件"之后的又一项条件？这样追问下去的话，作为前提的"多元声音"可能就会变得没有多大意义了。如果是这样的话，那就说明，协商民主与传统的民主并没有实质性的区别，至多也只是在理论上把人们的注意力引向了对传统民主得以成立的条件方面的关注。最为重要的是，在这里，包含着一个潜在的判断，即把差异作为某种最终需要加以消除的消极因素。

如果现实的发展走上了我们所推论的这条道路，那显然是不能接受的。因为，差异本来就是一种客观事实，任何时候和通过任何方式也不可能消除普遍存在着的差异。即使在协商民主理论所推荐的对话中，也只能在有限的范围内针对某一具体的事项去追求消除差异的结果，对于一个社会中普遍存在的差异，则是无能为力的。其实，根据

---

① 〔美〕塞拉·本哈比主编《民主与差异：挑战政治的边界》，黄相怀、严海兵等译，中央编译出版社，2009，第170页。

黑格尔的看法，差异恰恰是发展的动力所在，一个社会中普遍存在的差异，不仅赋予这个社会以活力，而且为这个社会的发展提供了不竭的动力。之所以差异会成为某种消极的因素，那是因为社会结构以及制度等使差异的性质朝着消极化的方向变化了。也就是说，恰是近代以来的这种社会结构和社会制度，导致了差异总是呈现消极效应这样一种结果，正是把差异作为人以及人群分隔的壕堑而使差异表现为一种消极性的因素。如果社会结构以及制度发生了根本性的变革，就会发现，差异不仅不是一种消极的因素，反而是蕴含着无限积极力量的社会现实。

协商民主理论要求承认差异，但它是将承认差异作为话语的前提而加以承认的，而在经历了话语活动之后，则要达到消除差异的目的。我们不同意这样一种思维路向，我们不是从对话的角度去看问题，而是从人们的合作实践的角度去看问题。正是看问题的角度不同，让我们形成了这样的认识，那就是，合作的行动不包含哪怕一丝消除差异的追求。我们主张像协商民主理论一样承认差异，但不同意协商民主在民主过程后得到消除差异的结果。我们认为，差异是不可消除的客观现实，差异是普遍存在于任何一种社会形态之中的。而且，随着人类社会的发展，差异化也是一个基本趋势，在我们必将走向的未来社会中，差异化的程度只会扩大。

在竞争的社会中，一切社会设置都是为了迎合竞争的需要和去保证竞争的顺利开展，是把关注重心放在了竞争的可持续性方面的，是出于对具体的竞争行为和竞争过程进行规范的需要。在这样做的时候，所引发的却是另一种结果，那就是，在整个社会的层面上任由竞争的消极效应持续地积累起来，并最终把人类引入了风险社会。也就是说，在征服自然界的行动中所存在着的竞争破坏了人类赖以生存的环境，而在利益追逐中又存在着竞争把人们重新引回到了霍布斯希望防范的"一切人反对一切的人战争"。所有这些，又都倾向于进入对规范人的行为的规则体系提出越来越多和越来越高的要求的恶性循环之中，以至于规则的繁复导致了社会的僵化，而在社会僵化的同时，我们又不得不接受社会高度复杂性和高度不确定性的现实。

与之不同，在承认差异和尊重差异的前提下用合作代替竞争，则会发展出完全不同的社会建构逻辑，并走向人的共生共在的方向。所以，关键的问题不是去发现消除差异的路径，而是需要寻求把差异转化成社会和谐和社会发展动力的道路。正是这一追求，令我们提出了合作社会的构想。在我们看来，合作的而不是民主的社会生活形态，才会使作为客观现实的差异成为社会存在和社会发展的积极因素。在合作的社会中，合作行为而不是竞争行为，将成为一种占主导地位的行为模式。在合作的社会中，尽管人们在开展合作行动时并不把关注的重心放在人们之间的差异上，而差异却无可否认地能够赋予合作以动力，使合作所具有的各种积极效应得到放大。

在对人类社会发展史的关注中，我们可以肯定地说，人是来源于某个远古的开端，作为现实的人的绝大部分，甚至人的完整的现实形态，都是历史积淀的结果。这一点是谁也不会怀疑的。但是，历史上的哪一个点可以成为人之为人的源头，历史上的哪些因素被积淀了下来而构成了人之为人的基础，却取决于我们的理解和解释。福柯说，"正是始终在一个早已开始的基础上，人才能思考可以用作为其起源的东西。因此，这个起源对人而言根本不是开端，不是人以后的所有获得都可据以被积累的历史的第一个早晨。起源，更确切地说是一般的人、无论什么样的人借以与早已开始的劳动、生命和语言相联结的方式；起源必须在这样一个褶痕中被寻找，即在这个褶痕中，人完全朴素地耕耘着自己千年来一直被加工着的世界，生活在其唯一的、近期的、不确定的清新存在之中，这个生命一直进入最初的有机构成，并把比任何记忆都要古老得多得词组合成从来被讲述得词句（即使每个世代都在复述这些词句)"。①

　　福柯关于人的起源的这一论述反映出了认识的困惑。虽然历史是人的构成部分，但是，如果根据客观地反映事实的原则，古希腊所告诫的"认识你自己"是否能在认识人的起源的问题上给予客观真实的反映？在很大程度上，这是难以证明的。达尔文所给予的也只是一种解释，而且他是把近代以来的社会平面图景拉长而成为一个进化史的，是用现实的人们之间的竞争去解释生物演化过程的，赋予生物生存历史一个竞争的框架。所以，我们同意福柯的意见，"来源的层面可能对人来说就是最接近于人的：即人所不怀恶意地加以浏览的这个表面，总是第一次加以浏览，人那双勉强睁开的眼睛在这个表面上发现了与其目光同样年轻的形态，这些形态同人一样不具年龄，但理由正好相反：这并不是因为这些形态与人一样年轻，而是因为这些形态属于这样一个时间，这个时间既不具有与人相同的度量，也不具有与人相同的基础"。② 赫拉克利特告诉我们，"人不能两次踏入同一条河流"，就人自身来看，每一天都是对前一天那个自我的否定。当我们今天成了人，那么，前一天的那个自我就是人的否定形态。

　　然而，人是可以制定标准和提供标准的，比如，劳动、生命、语言等都可以作为标准被提出。生命的历史可能很早，其次是劳动，再后来是语言。当笛卡尔提出"我思故我在"时，另一个标准就又被引入了。依据不同的标准，可以把人的历史拉伸或缩短。以生命为标准时，就会像达尔文那样在生物史中看到人的生存竞争；以劳动为标准，则可以将社会在人与人之间作出区分，即区分出劳动者和剥削者；以语言为标准，又可把人们的视线导向交往活动。一旦把人看作

---

① 〔法〕米歇尔·福柯：《词与物——人文科学考古学》，莫伟民译，上海三联书店，2001，第 430～431 页。
② 〔法〕米歇尔·福柯：《词与物——人文科学考古学》，莫伟民译，上海三联书店，2001，第 431 页。

一种具有反思能力的动物，是时时处在反思之中的自我，那么，人的起源的终极源头就存在于人的自我反思之中。而且，以反思为标准，会把人的精神活动看作最为重要的因素，并在科学与文化的意义上解读人类文明化的进程。总之，依据不同的标准，会对人的现实生存形态作出不同的描述，进而提出不同的社会建构和行动方案。

事实上，人的共生共在是第一位的。在人的历史中，我们所应努力发现的，是那些能够对人的共生共在提供支持的资源，而不是为了某种理论和行动去对历史做出主观性的解释，更没有必要去谋求某种表面科学的解释。因为，纯粹的解释是没有意义的。如果只是为了寻求对某种理论形成支持的解释，无论在表面上显得多么科学，在实际上，总是包含着对行动造成方向性误导的可能性。人的共生共在是最具现实性的课题，在某种意义上，对这一课题的承担，并不刻意关注是否有着强烈的理论渴求。我们相信理论的价值，但是，如果理论建构不是从属于人的共生共在的目的，无论它以什么样的面目出现，都可能是对人类有害的。所以，在今天，我们把人的共生共在作为一个标准给予人们，让人们充分领会如果没有人的共生共在的话，人将是什么。这样一来，人就不是起源于远古时代的某个点，而是起源于人的共生共在。

我们认为，对人的起源问题的探讨，如果不是出于单纯求知的兴趣，而是服务于对某些行动方案的论证，就必须从属于人的共生共在的标准，借此去检验一切理论是否有益于人的共生共在。也就是说，服务于人的共生共在要求的理论更为关注的是时代的现实，而不是从理论对自身的逻辑证明中去寻求对人的起源等问题着意作出的解释。一旦我们认识到了这一时代主题，就会发现，当人有了共生共在意识的时候，他就成了真正的人；当人类确立了人的共生共在的意识形态时，真正属于人类的历史也就开始了。在真正属于人类的历史开始之前，我们看到的是人类的一个持续展开的野蛮状态。可见，在我们的思想库中，有着各种各样的理论，但它们都是对人类野蛮状态的认识，它们所提出的社会建构方案，也无非是对人类野蛮状态的经营方略。今天我们所要做的工作，就是用真正属于人的语言去诠释人的共生共在的主题。有了这种理论，并根据这种理论去开展社会建构，人类的文明形态才会立足于这个地球之上。

# 第二节　对服务型政府建设的陈述

## 一　关于后工业社会的预测

在人类文明史开始的时候，我们会更加关注社会治理的问题。虽然我们告别了人类漫长的野蛮时期，但我们依然相信，政府不仅是必要的，而且是社会治理的一支重要力量。但是，这种政府将是服务型政府，而不是以往曾经出现过的任何一种政府。所以，在当前以及今后的一段很长的时期中，我们关于社会治理的一切理论思考，都应当从属于服务型政府建设的目标；我们在每一个论题下所开展的社会治理研究，如果说能够成为有价值的工作，都应走在对服务型政府的探讨之路上。如果人们不关心服务型政府这个问题，那么，他说他在进行社会治理方面的研究，那是没有意义的；如果人们对服务型政府这个问题带有某种偏见，那么，他说他在从事着社会治理方面的研究，那可能是对人类社会的发展非常有害的，他可能会成为整个人类的真正敌人，尽管他在他生存的那个时代中没有被人们识破。所以，我们关于社会治理的探讨，最终需要落脚到服务型政府建设上来。这是合乎历史进步的客观要求的，也是寻找解决人类当下诸多复杂问题的唯一正确的道路。

一场始于20世纪70年代的科学技术进步运动，在进入21世纪之后，呈现加速的态势。我们发现，以信息技术为表征的科技革命发展势头之迅猛，令人目不暇接。社会生产力不仅因此而迅速地提升到一个又一个新水平，而且发生了性质上的变化。人类在几个世纪建构起来的工业文明正逐步走向所谓"历史的终结"。在更宏观的视野中，说历史的终结，应理解成人类野蛮史的终结，但这个历史的终结，正如恩格斯曾断言的，恰恰是人类真正文明史的开端。不过，从当下的情况看，只是因为从属于工业社会的生产关系、交往关系还未受到根本性的触动，这个社会才维系着某种苟延残喘之态。尽管如此，后工业社会的基本特征已逐渐清晰地显现了出来。特别是经历了 2008 年的全球性金融危机，再进一步地说，经历了 2008 年开始的全球性动荡，我们已经不得不承认，人类正处在从工业社会向后工业社会过渡的历史转折点上。

发生在 2008 年的金融危机意味着工业社会的治理方式以及社会运行模式由于后工业化而不再适用。然而，在此时，那种属于后工业社会的治理方式以及社会运行模式又尚未建立起来。所以，金融危机既是一次挑战又是一次伟大的机遇。面对这场金融危机，如果按照工业社会的思维方式去加以"医治"的话，也许能够在短时期内恢复旧的经济和社会秩序。但是，那肯定是以牺牲人类进步为代价的，只能偷安于一时。从金融危机发生后十多年的情况看，整个世界走向了持续的经济低迷和全球性政治冲突加剧的方向，也说明应对金融危机的方案是可疑的。

如果说人类社会也像动物的机体一样，在受到了伤害之后能够有自愈能力，那么，可能需要经过一个很长的时期，经济以及政治才能走出当前的低谷。然而，全球化、后工业化进程中所呈现出来的高度复杂性和高度不确定性又在暗示我们，人类社会也许没有一个良好的自愈环境。我们可以作出另一种设想，那就是在 2008 年金融危机爆发的时候，如果人们能够有着直面全球化、后工业化的现实主义精神，能够拥有面向后工业社会的勇气，积极探索全新的应对方式，探索经济以及社会秩序重建的全新路径，那么，这次金融危机也许就成了开创人类历史全新阶段的机遇和起点。

就社会治理而言，工业社会建立并一直致力于完善的是一种管理型社会治理模式，而后工业社会的治理模式将属于服务型的，是一种服务型社会治理模式，它的政府将是服务型政府。也就是说，人类社会治理（特别是政府）必然要经历一个从管理型的模式向服务型的模式转换过程。我们今天正处在这样一个历史性的转型时期，自觉的、主动的和积极的行动应当表现在对服务型社会治理模式的探索中，特别是在当前危机事件频发的情况下，更应当在采取直接的应对各种各样的危机的行动中去主动地对全新的社会治理模式进行探索。

关于后工业化的话题，早在 20 世纪中期就开始有人提及，美国学者丹尼尔·贝尔在 1959 年夏于奥地利召开的一次学术会议上就使用了这一概念，并对它做了明确的阐发。他甚至乐观地认为，人类"社会已经从产品生产的阶段过渡到了服务性社会的阶段"[①]。此后，贝尔在发表的论文中，不断地拓展和完善了"后工业社会"的构想。1973 年，贝尔正式出版了《后工业社会的来临——对社会预测的一项探索》一书，系统地描绘了工业社会的未来前景，预测了发达国家的社会结构变化及其后果，提出了"后工业社会"的构想。

贝尔的后工业社会观是以生产方式的发展与科学技术的进步为依据的，他将人类社会划分为三个相互联系的不同发展阶段：前工业社会、工业社会与后工业社会。在贝尔看来，前工业社会就是以农业、矿业、渔业、林业等为产业的社会，社会经济部门以消耗自然资源为主，产业受自然环境的影响较大。所以，贝尔也将这一阶段的特征称为"对自然的博弈"。工业社会则是以加工业、制造业、建筑业等为

---

① 〔美〕丹尼尔·贝尔：《后工业社会的来临——对社会预测的一项探索》，高铦等译，商务印书馆，1985，第 47 页。

主要构成部门的社会经济结构形态，是一种依靠机器大批量生产产品的社会。在工业社会中，人对机器形成了依赖，劳动强度高度紧张，注意力需要高度集中，这一社会中的工作主要是设计"人对付人造自然的策略"。后工业社会是一个信息社会，社会活动主要与信息的搜集、整理、传递、过滤和使用密切关联。在后工业社会的历史阶段中，信息技术不仅给经济结构和劳动力构成的变化带来重大影响，而且其影响力将越来越深入社会、政治、经济、文化及日常生活的一切领域，主要表现为绝大多数社会劳动者从事创造、处理和分析信息的工作。信息成了最为重要的社会战略资源，知识成了推动经济社会发展的主要动力。也就是说，在后工业社会，人们所从事的工作就是使知识的生产系统化，并不断地开发智力资源。

贝尔所描绘的后工业社会是一个以知识为轴心的社会。在这个社会中，知识日益成为社会革新和政策制定的源泉。在贝尔看来，"工业社会是机器和人协作生产商品。后工业社会是围绕着知识组织起来的，其目的在于进行社会管理和指导革新与变革"，而"对于组织决策和指导变革具有决定性意义的是理论知识处于中心地位——那就是：理论与经验相比占首位"[1]，"实际上，理论知识正日益发展成一个社会的战略源泉，而大学、研究机构和知识部门等汇集和充实理论知识的场合则成了未来社会的中轴结构"。[2] 知识中轴原理的向外扩展就是技术发展的优先性。因而，后工业社会中的经济发展将更多地依赖于科技进步，而这个社会的主要任务也就是不断地去开辟新的技术领域。新的发明、创造是具有"不确定的性质"的，因而，在走向未来的发展中，需要有意识、有计划地推动技术变革，控制技术发展，

---

[1] 〔美〕丹尼尔·贝尔：《后工业社会的来临——对社会预测的一项探索》，高铦等译，商务印书馆，1985，第26页。

[2] 〔美〕丹尼尔·贝尔：《后工业社会的来临——对社会预测的一项探索》，高铦等译，商务印书馆，1985，第34页。

重视技术鉴定，以减少经济发展的不确定性。自觉的、有计划的和控制技术发展的要求必然反映在决策上，而决策也反映出不同于工业社会管理决策的基本特征，即更多地包含着"智能技术"，整个决策系统都表现为自动化装置、计算机程序和基于某些统计资料或数学公式的一套指令性规则系统。

在贝尔看来，人们运用新的"智能技术"，"能够确定理性的行动并识别实现这种行动的手段"，对"条理化的复杂性问题"进行系统的分析，"在使人眼花缭乱的选择之中找到'最佳'解决办法"。[①] 新技术的革新与发展，也将使社会结构发生新的变化。在后工业社会，知识分子所占的比例和绝对数量都将大大超过其他社会阶段。"新社会的主要阶级首先是一个以知识而不是一个以财产为基础的专业阶级"[②]，"在后工业社会里，专门技术是取得权力的基础"。[③]谁拥有知识，谁就会成为后工业社会的主宰者。其实，托夫勒也表达了基本相同的意见，他认为社会权力的取得，在传统社会以暴力为基础，在工业社会则凭借金钱，而在后工业社会或信息社会主要靠知识。

在行为以及产业特征方面，贝尔把后工业社会描绘成一个"服务的社会"。根据贝尔的意见，在经济方面，后工业社会将从产品生产经济转变为服务性经济。他说，"后工业社会第一个、最简单的特点，是大多数劳动力不再从事农业或制造业，而是从事服务业，如贸易、金融、运输、保健、娱乐、研究和管理"。[④] 在他看来，"在工业社会

---

① 〔美〕丹尼尔·贝尔：《后工业社会的来临——对社会预测的一项探索》，高铦等译，商务印书馆，1985，第 42 页。

② 〔美〕丹尼尔·贝尔：《后工业社会的来临——对社会预测的一项探索》，高铦等译，商务印书馆，1985，第 411 页。

③ 〔美〕丹尼尔·贝尔：《后工业社会的来临——对社会预测的一项探索》，高铦等译，商务印书馆，1985，第 397 页。

④ 〔美〕丹尼尔·贝尔：《后工业社会的来临——对社会预测的一项探索》，高铦等译，商务印书馆，1985，第 20 页。

中，各种服务性行业不断增长"，但它们只是"对生产提供辅助性劳动"，"例如运输和销售"。"在后工业社会里，强调的是一种不同类型的服务业"，主要指保健、教育和管理，"这个类别的增长对后工业社会是具有决定性意义的"。"因为这是表示一个新的知识界——在大学、研究机构、各种专业以及管理部门——不断扩张的类别。"① 其次，在职业分布变化上，"在工业化社会中，半熟练工人是劳动力中最大的一部分。着重办公室工作、教育和管理工作的服务性经济的发展，自然而然地使劳动力向白领职业转移"。"然而最惊人的是专业和技术人员的增加"，"他们是构成后工业社会的关键集团"。②

贝尔从政治的角度把后工业社会描绘为一个"公众的社会"，认为非市场性的公众决策方式开始得到发展，社会权利需要从公众而非个人的角度来加以诠释。在解决与公众利益攸关的社会问题方面，依赖于公众的权威，由公众投票来予以解决，而不再像工业社会那样主要借助于市场的途径，公众的权利已开始奠立在全体成员的基础上，而不再以个人属性为基础。在此，贝尔引入"公众家庭"的概念来加以解释。他认为，公众家庭就是满足公共需求和欲望的媒介，与个人的欲求是背道而驰的，它是社会中诸多政治力量登场亮相的场所。从理论上来看，贝尔的所谓"公众家庭"的概念显然是出于解决工业社会由市场经济所造成的个人欲求无止境的问题，是希望通过它来抑制个人欲求，满足共同需求，提供一些个人无法用金钱为自己购买到的商品和服务。在此，公众家庭实际上被设定为一种政治市场，其功能在于集中各项决策对社会进行管理，以求减少市场经济所带来的不良后果。

---

① 〔美〕丹尼尔·贝尔：《后工业社会的来临——对社会预测的一项探索》，商务印书馆，1985，第23页。
② 〔美〕丹尼尔·贝尔：《后工业社会的来临——对社会预测的一项探索》，高铦等译，商务印书馆，1985，第24页。

贝尔认为，在后工业社会，虽然公众的需求也是政府决策的一个重要因素，但决策权是不会掌握在公众手中的，而是掌握在知识阶层的手中。根据贝尔的看法，后工业社会中的最为关键的东西——知识——是掌握在科研人员手中的，他们通过约束和平衡政治力量来影响政府的决策，并通过教育来获得这种权力。由此，专门技术成为取得权力的基础，而教育则是取得权力的途径。知识阶层是社会的最高阶层，是政府官员在公众影响力方面所不可缺少的管理参谋，政府决策中的许多问题必须依靠他们而非公众来加以解决。贝尔将后工业社会的政治比作一个"斗鸡场"。在这里，各类政治人物、专家、公众人物等，都将作为政治参与者来参与国家事务的管理。因此，后工业社会的政治将变得更加复杂和更具有冲突性。

应当看到，在 20 世纪 70 年代初，工业社会还处在它的鼎盛时期，后工业化的迹象尚未充分地显露出来。在这种情况下，贝尔提出了后工业社会的概念并加以描绘是非常可贵的。虽然贝尔此时关于后工业社会的描绘更多的是从工业社会出发的，表达的是否定工业社会的立场和观点，但他的这一"后工业社会"概念提出之后，对思想界造成了强烈的冲击，而且，"后工业社会"的概念也确实得到了广泛的传播。

就现实的社会发展进程来看，自 20 世纪 70 年代末开始，以信息技术、生物技术和材料技术三大前沿技术的发展为标志，以知识为基础的信息革命，突出地反映出后工业社会来临的迹象。特别是在西方发达国家中，已经显现出明显的后工业化迹象。当人类进入 21 世纪后，随着后工业化进程的加快，全球化的浪潮也席卷了整个世界。不仅发达国家，而且几乎所有的后发展国家，也都因全球化而感受到了后工业化带来的冲击。21 世纪所展现出来的社会复杂性和不确定性的迅速增长，各种各样的矛盾和冲突的加剧，都需要放置在后工业化的历史背景下来加以认识。虽然今天看来贝尔对后工业社会的描述显得非常幼稚，而且其实质性的部分显然是错误的，但就他提出了后工业社会的概念而言，这是一项非凡的贡献。

在直观上就可以看到，"后工业社会"这个概念代表了对工业社会的否定性判断，是指人类社会将告别工业社会而进入一个新的历史阶段。事实也正是如此，从 20 世纪 80 年代开始，全球化、后工业化已经把我们引入了一个伟大的社会转型过程之中。正如历史上的每一次社会转型都会把各种各样的要求和社会力量推展到前台一样，在今天这一社会转型的过程中，我们也同样可以看到无数相互矛盾和冲突着的要求：第一，维护工业社会已有秩序的要求依然处于优势地位，而后工业社会的新生力量一次又一次地向它发起进攻；第二，由于工业社会这个历史阶段的全球发展不平衡，许多地区依然处在农业社会的历史阶段或抱持着农业社会的文化和观念，他们与工业社会的核心地带的冲突尽管已经持续了一二百年，新的社会转型却把这种冲突推向了更加激烈的地步，甚至以"人体炸弹"以及各种各样的恐怖主义行为表现出来；第三，工业社会在其自身发展过程中积聚起了各种各样的矛盾，这些矛盾是在工业社会的控制技术下积聚起来的，而社会的复杂性和不确定性的增长以及社会的急剧变动，使得工业社会的控制技术走到了失灵的临界点，从而表现为风险社会和危机事件频发；第四，后工业化进程是与全球化浪潮交织在一起的，特别是在互联网等新的"交通"和传播技术的推动下，任何一个地方出现的危机以及动荡都可能得到迅速的传播和放大，甚至可能置整个世界于全面失控的境地，使那种在工业社会这个历史阶段中具有巨大优势的一国内部的相对封闭性治理也出现了失灵，即不得不面对全球性因素的冲击。

所有这些，都意味着一场全面而深刻的社会变革的到来。在工业文明包含着大规模杀伤性武器的情况下，在人类可能毁灭于一个早晨的可能性之中，工业社会所建构起来的和创造出的带来了无比辉煌成就的社会治理模式既不能处理好当下的问题，也不能防范任何一种导致人类毁灭的可能性。所以，为了保证走向后工业社会的社会变革不以人类灾难的形式出现，社会治理模式的变革就必须先行。只有当社会治理模式自觉地按照后工业化的要求而率先实现了变革，特别是服务型政府建设取得了积极进展的时候，政府才能够成为自觉领导社会变革的积极力量。相反，社会治理的控制模式、管理型政府对社会问题的被动回应，都可能在全球化、后工业化这场社会变革中置人类于危险境地。也正是在此意义上，关于服务型政府建设的理论彰显出了其巨大的实践价值。

## 二 后工业化中的政府变革

农业社会没有现代意义上的政府，但在农业社会的治理体系中，有着可以比拟为现代政府的"王室"或"朝廷"及其派出机构、衙门等。不难理解的是，当人类进入工业社会的时候，农业社会的王室或朝廷是根本不可能适应工业社会的治理要求的，工业社会必然要求建立起属于这个历史阶段的治理方式和治理体系。到了工业社会，即使王室或朝廷被保留了下来，也是经过改造后而具有了现代政府特征的治理机构，或者是作为人们精神寄托的一种象征性存在。同样的道理也适用于理解后工业社会的政府。我们现在所拥有的政府，都是在工业社会的发展过程中建立起来的。尽管各国的政府有所不同，但就其原型来看，都属于适应工业社会治理要求的政府。我们认为，这种适应工业社会要求的政府显然是不能原封不动地被带入后工业社会的。

实际上，在全球化、后工业化进程中，我们已经看到，在工业社会这个历史阶段中所建立起来的政府正在显现出不适应的状况。这个政府在主持社会治理活动的时候，已经显现出了各种各样的疲态，甚至已经失去了领导人类走向后工业社会的资格。就这个政府在根本性质上是属于工业社会来说，在遇到后工业化进程中的一切问题的时候，都会按照固有的思维惯性去解决问题。就世界各国应对2008年所出现的那场全球性金融危机的所谓"救市"方案来看，它们都反映出了政府是在维护既有的社会治理框架不变的情况下在疮伤处贴膏药。这类做法即使能够取得一时成效，如果不以政府及其社会治理模式的根本性变革去跟进的话，也终究是无益的。而且，社会的复杂性已经达到了一个很高的程度，任何一个行为的后果都具有不可预测的特点。因而，这种"救市"能否取得预期的效果以及将会引发什么样的后果，都是不可预测的，更不用说它在这个社会的"符号"领域（就货币是商品的符号而言，我们把金融业视为符号的领域）所开展的行动能够在社会存在的实体性领域产生什么样的影响了。也许人们一时看到了所谓"救市"的积极成果，但从一个较长时期去看的话，也许是非常消极的。事实上，从2008年后世界经济的长期衰退来看，特别是就2018年出现了经济形势再度恶化的情况而言，当时所采取的行动应当说是错误的。特别是稍后出现的"债务危机"，也证明了应对2008年金融危机的"救市"方案具有盲目性。

在全球化、后工业化进程中所遭遇的几乎所有问题，都会指向政府变革的要求，而且在对这些要求的进一步分析中还将看到，这是指向政府及其社会治理模式的根本性变革的，即要求我们根据可以把握和可以想象的关于后工业社会的预测去自觉地建构起全新类型的政府。正如贝尔所言，"后工业社会不是促进'上层建筑'变化的'下层结构'。它是社会的一个重要尺度，它的变化对于在社会上起仲裁作用的政治体制造成管理上的问题"。[①] "后工业社会的概念首先涉及

---

① 〔美〕丹尼尔·贝尔：《后工业社会的来临——对社会预测的一项探索》，高铦等译，商务印书馆，1985，第3页。

社会结构方面的变化","社会结构的变化对政治制度提出了'管理'问题"。① 在管理的意义上，政治制度的价值显然需要通过政府过程去加以体现和加以实现，事实上，是通过政府的社会治理活动去加以实现的，而政府的活动又取决于政府的组织形态以及运行模式。

所以，后工业化所带来的社会变革也必然要求政府同时作出相应的变革，政府也只有通过相应的变革才能适应社会变革所提出的要求。进而言之，在人类社会的文明化达到了今天这个地步时，政府的变革不仅应是一个适应社会结构变革的问题，而且是一个应当先于社会变革的问题。然而，恰恰在这一点上，政府的变革显然是滞后的，所以，人类进入 21 世纪后才会出现危机事件频发的问题。也就是说，正是由于政府变革在全球化、后工业化的进程中落后于了社会变革，以至于不能够正确和有效地处理不断涌现出来的新的问题，各种各样的问题才演化成了所谓危机事件。

在农业社会向工业社会转变的过程中，可以看到这样一些历史教训，那就是，原先适应农业社会要求的统治型政府在社会变革中所发挥的是阻碍变革的作用。尽管工业革命已经改变了世界，但统治型政府却不愿承认其统治方式对新世界的不适应性，它极力维护旧的统治秩序，要求把新世界纳入旧秩序之中去。结果，几乎所有的国家和地区的资产阶级革命，都是以战争的方式去最后解决问题的，即通过暴力去摧毁旧世界。显然，在全球化、后工业化的进程中，如果通过暴力去完成社会转型的话，那是非常危险的。因为，人类在工业社会所创造出的文明也是包含着大规模杀伤性武器的，如果战争使这些大规模杀伤性武器失控的话，人类历史的终结就绝不是危言耸听的了。另一方面，由于全球化的原因，已经不再有独立存在的所谓"一国"

① 〔美〕丹尼尔·贝尔：《后工业社会的来临——对社会预测的一项探索》，高铦等译，商务印书馆，1985，第 18～19 页。

了，任何一个国家内部的冲突都会引起全球的警觉，会有各种各样的力量介入其中，致使本应属于一国的革命也变得非常复杂。所以，为了保证全球化、后工业化的历史性转型平稳地进行，就需要自觉地促进这种转变，而政府恰恰应当担负起领导社会转型的使命。一个沉醉于现有社会治理模式的政府显然不能够承担起这一使命，政府欲领导社会和促进社会转型，就必须率先变革自身，即实现从工业社会的管理型政府向后工业社会的服务型政府的转变。

我们一再地指出，农业社会中的由王室或朝廷及其派出机构构成的社会治理体系属于统治型政府的范畴，经过工业革命以及启蒙运动而建立起的现代政府属于管理型政府的范畴，在走向后工业社会的进程中，我们需要建立起的应当是一种服务型政府。也就是说，统治型政府、管理型政府与服务型政府分别属于农业社会、工业社会与后工业社会这样三个历史阶段，它们的性质、社会基础、所承担的职能和实现社会治理的方式，都是根本不同的。农业社会是一个身份等级制的社会，身份差序格局是它的基本结构，对这个社会的治理也是依据身份差序展开的，表现为一种等级统治的治理结构。统治型政府就是建立在身份等级差序的基础上的，维护等级统治既是它的职责，也是它的性质所在。

存在着等级的地方就必然会产生权力。社会的等级结构为统治型政府提供了权力基础，统治型政府是拥有和使用权力的机构，通过权力的行使而对整个社会进行治理。所以，农业社会的治理基本上是依靠权力的治理。当然，在整个农业社会的历史阶段中，政府与社会之间的边界是不明确的，社会治理也并不完全是由王室或朝廷及其派出机构来承担的，宗族以及各种各样的地方势力也承担着治理职能，但以王室或朝廷为标志的统治型政府处于主导性的地位，是通过它的派出机构而对宗族的以及地方的治理加以调节和整合的，从而形成了一个完整的统治型的社会治理体系。

统治型政府是一种尚未实现职能分化的政府，即未实现政治机构与行政机构的分化，所以，也没有明显的政治权力与行政权力的分别。从权力的角度看，统治型政府还处于一种"混权"状态。而且，它与近代社会的最大不同就在于，这个社会中存在着强大的社会权力。社会权力也在社会治理过程中展示其力量，成为社会治理过程中不可缺少的环节，对统治型政府所拥有的权力提供着强大的支持。甚至这种社会权力本身，也就是统治型政府权力的延伸。就此来看，统治型政府所拥有的权力与社会权力也是一体化的，是很难作出严格区分的。在今天，要理解这一点可能已经变得困难了。因为，在人类进入工业社会后，社会权力便逐渐消解，权力的领地退缩到了治理体系之中，更多地表现为政府所拥有的权力，而社会则由于身份等级的消失而不再存在权力。如果说在什么地方还存在着社会权力的话，也只有那些在政治上以及文化上尚未实现工业化的地区。

从西方的情况看，到了中世纪后期，市场经济进入了迅速发育期，城市在教权与王权的冲突中迅速崛起，进入了一个教权与王权、王权与城市当局的多维冲突时期。这种特殊的历史条件又反过来促进了市场经济的发展。诚如马克思所说，"商品是天生的平等派"[1]，它在促进社会与国家分化的过程中，也在社会的意义上造就了平等。到了启蒙时期，这种平等的要求得到了理论上的论证，从而确立了"天赋人权"的原则。管理型政府就是在社会与国家的分化中产生的，是以"契约精神"为基础而建构起来的。

到了 19 世纪，随着政府统治职能的逐渐弱化和管理职能的不断增长，也就逐渐建立起了典型的管理型政府。管理型政府在社会治理框架中突出了规则的功能，特别是国家原有的政治与行政的混沌状态被打破，出现了政治与行政的分化。国家通过政府而实现了对整个社

---

[1] 《马克思恩格斯全集》第 42 卷，人民出版社，2016，第 67 页。

会的管理，而政府作为专门性的行政机构，在与国家的政治机构相分离的过程中，被要求秉承"政治中立"的原则去开展社会治理。这样一来，政府的行政也就具有了公共行政的性质。在整个 20 世纪，管理型政府由于得到了官僚制组织理论、科学管理理论以及其后的一系列技术主义创新方案的支持而达到了非常完善的地步。尽管管理型政府与统治型政府在根本性质上是不同的，但有一点是一致的，那就是，它们都属于控制导向的政府。只不过统治型政府是直接地运用权力去控制整个社会，而管理型政府则是运用法律并辅之以权力和其他技术手段去控制社会。当然，管理型政府在实施社会控制的时候，得到了一系列技术方案的支持，从而显得更加科学和更具有优势。

不过，管理型政府赖以实施控制的前提则是需要得到特定的社会条件支持的，那就是，社会还处于一个低度复杂性和低度不确定性的状态。到了 20 世纪后期，随着社会的复杂性和不确定性迅速增强，管理型政府的那种"以不变应万变"的控制思路便开始显现出失灵的状况。特别是进入 21 世纪，这种控制失灵的状况变得日益突出。事实上，到了 20 世纪后期，人类已经开始了后工业化的进程，出现了高度复杂性和高度不确定性的性状。由于"新市民社会"的出现以及各种各样社会自治力量的涌现并介入社会治理体系中来，社会治理主体也呈现多元化的趋势。原有的由政府这个单一治理主体开展社会治理的局面被打破了，从而要求政府重新定位，即告别管理型政府而走向服务型政府。

管理型政府在与社会的关系方面，表现出了一种"中心—边缘"结构特征，政府是"中心"，而社会则是由它来加以治理的"边缘性"存在。全球化、后工业化在社会以及治理结构上要求实现根本性的变革。其中，包含着一种社会及其治理结构"非中心化"的趋势，特别是在社会治理的问题上，要求用一种"网络结构"取代"中心—边缘结构"。在这种"网络结构"中，政府只是社会治理体系中的一元，社会治理的过程将是一个合作行动的过程，属于合作治理。在合作治理的框架之中，主体实现了转化，即转化为了行动者。合作治理不再是政府凌驾于社会之上发号施令式的治理，而是政府与各种各样的社会治理力量平等合作的治理。在合作治理体系中，政府既不可能扮演统治者的角色，也不可能扮演管理者的角色，而是一个合作伙伴。

统治是一个单向支配的过程，统治者无处不贯彻着统治意志而施行着对被统治者的支配。管理有所不同，尽管管理也表现为一种支配，但管理者会更多地借助于法律和规则去达成支配的目的，会在一些具体的问题上听取甚至接受被管理者的意见，会通过接受被管理者的参与而优化管理。合作治理又不同，它是一个互动的过程。对于合作治理而言，不再存在来自某个"中心"地带的稳固的支配性行为，而是时时处处都表现为互动或联动的过程。合作在行为上所表现出的互动和联动也会要求进入合作过程的每一方都努力去扮演服务者的角色，以服务的精神和理念去引领社会治理的行为选择。同时，服务精神和理念是否能够一贯地落实到行为上，又取决于这种精神和理念物化为制度以及组织载体的状况。需要指出的是，合作治理体系的生成，并不意味着政府的消失。政府显然是合作治理体系中的一支重要力量，而且会在合作治理过程中发挥着引导作用。但是，合作过程的互动性、联动性以及合作治理体系中各方力量相互提供服务，必然会使政府发生性质的改变，即转变为服务型政府。

由此可见，政府从管理型政府向服务型政府的转变是人类社会治理发展的一个必然趋势。对于我们而言，就是要把握这一趋势，变社会治理体系发展的自然过程为自觉过程。这就要求我们以探索服务型政府为切入点，去积极地建构后工业社会的社会治理体系及其治理模式。而且，我们在全球化、后工业化这一历史性的社会转型背景下所遇到的很多问题，都属于人类从工业社会走向后工业社会的过程中出现的震荡。对于这些问题的解决，如果是积极的话，就需要有着后工业社会的视角，就需要通过积极探索后工业社会的治理方式来应对和解决这类问题。全球化、后工业化已经是一场现实的社会运动，从而决定了我们关于服务型政府的探索，既是一个前瞻性地寻求后工业社会治理模式的理论建构过程，也是出于解决现实问题的目的。

在从统治型政府向管理型政府的转变过程中，统治者也同时转化为了管理者。根据列宁的观察，统治者是不愿变革的，他会极力维护既有的统治秩序，会成为阻碍变革的力量。管理者有所不同，管理者会时时都在优化管理方面作出努力，因而，管理者是希望变革的。但是，管理者的变革追求往往表现在维护既有的管理制度和基本框架不变的情况下去谋求管理方法等技术上的创新，他是不打算进行根本性变革的。这也是管理者在变革上的局限性。显然，从工业社会向后工业社会的转变是一场根本性的变革，因而，从管理型政府向服务型政府的转变也是政府的根本性质的变革，是对管理型政府的否定和扬弃的过程。于此之中，把管理者转化为服务者，就是一项需要首先去做的工作。

## 三　对服务型政府的初步构想

在从农业社会到工业社会再到后工业社会的转变中，包含着人类社会的两次根本性变革。同样，人类历史上的不同阶段也要求有不同形式的政府与之相适应。统治型政府属于农业社会的政府，管理型政府属于工业社会的政府。由于人类正在走向后工业社会，我们当前的任务就是要建构起服务型政府。在走向后工业社会的过程中所涌现出来的各种各样的社会问题以及所引发的社会震荡，恰恰是建构服务型政府的机遇。我们在应对当前出现的各种各样的危机事件的时候，是需要同时拥有改革政府的意识的，即需要朝着建构服务型政府的方向去改革政府。总的说来，服务型政府是一种全新的政府模式。

在服务型政府的理论建构中，任何在管理型政府的意义上对服务型政府所作出的描述，都是不正确的。服务型政府的探讨和建构，是需要得到创新性思维的支持的。如果在服务型政府的名义下去做那些"新瓶装旧酒"的事，那是无意义的，甚至会成为对服务型政府进行积极探索的阻碍因素。需要明确的是，探索和建构服务型政府的行动绝不是一种主观选择，而是适应政府发展的客观规律而进行的自觉性的研究。当前人类全球化、后工业化中出现的一切新的问题和新的社会因素，都是我们致力于探索和建构服务型政府的向导。

其一，服务型政府应当奠立在伦理精神的基础上。农业社会的等级结构决定了这个社会是一个权力支配的社会，权力贯穿于社会生活的一切方面，与这个社会相适应的统治型政府也是借助于权力而实现对整个社会的治理的。统治型政府就是建立在权力意志的基础上的。近代社会，由于"天赋人权"观念的确立，政治平等成了社会成员共在的前提。尽管存在着事实上的不平等，但在法理上，人们之间是平等的，或被要求在政治生活方面拥有平等人权。也就是说，在工业社会，人们在法理上是平等的，政府的社会治理也是在这一原则之下展开的。所以，适应工业社会治理需要的管理型政府是建立在法的精神的基础上的，在开展社会治理的过程中，所运用的也基本上是法律。在走向后工业社会的进程中，管理型政府以及法的精神的一切物化形态在社会治理过程中都表现出灵活性不足的问题。我们知道，依据权力的治理是具有灵活性的，但人类社会进步的脚步已经把那种依据权力的治理方式抛弃了，因而，在全球化、后工业化进程中，任何向那种依据权力的治理方式回归的企图，都变得不再可能。也就是说，人类不可能再回到让统治型政府承担社会治理功能的时代了，唯一的出路只能是依据道德去开展社会治理。承担这种治理功能的政府，就应当是建立在伦理精神的基础上的。

其二，服务型政府是合作治理体系中的一个构成部分。农业社会的治理结构是自上而下地展开的，权力的线条自上而下地贯穿下来。统治型政府是社会治理中的唯一性的治理主体，其他的社会力量都是它的延伸，在社会尚未分化的意义上，那些治理力量也可以理解成统治型政府的构成部分。管理型政府虽然秉承的是依法治理的原则，但它也是不允许政府之外的治理力量存在的，政府是唯一合法地颁行政策以及运用行政行为去开展社会治理的主体。所以，与统治型政府一样，管理型政府也意味着社会治理主体的单一性。然而，在走向后工业社会的过程中，社会出现了新的变动，在政府之外，出现了新生的社会治理力量。虽然这些社会治理力量在当前还非常弱小，在很大程度上，还是寄生在政府周边的，是作为政府社会治理的辅助力量而存在的，但是，这些新生的社会治理力量却出现了迅速成长的势头。相信要不了多久，这些新的社会治理力量就会提出与政府一道合作治理社会的要求。事实上，社会治理体系转化为多元治理主体并存的全新治理体系的可能性正在逐渐的明确，多元治理主体的合作治理已经在广泛的非政治领域中迅速展开，积累了大量经验。在政府还是一个单一性（也是唯一性）的治理主体的时候，直接面对的是社会，所担负的是对社会的统治或管理；当政府不再是唯一的治理主体的时候，政府与社会的关系也就变得复杂化了，而且原先那种政府与社会的分离状态也发生了变化。多元治理主体已经很难被确认为是社会的还是非社会的，而是无须在社会还是非社会的意义上去加以界定的行动者。在今天，我们仅仅把这种状态描述为一种领域融合的趋势，它的成熟形态可能需要发明一系列新的概念来加以描述。在这种条件下，无论各社会治理主体的性质是怎样的，社会治理体系则是一个多元合作的体系，政府再也不能像原先直接面对社会那样去开展社会治理，而是需要定位在服务的角色上去与其他治理主体开展合作。

其三，服务型政府具有非控制导向的特征。统治型政府和管理型政府都是控制导向的政府。统治型政府出于维护统治秩序和统治者利益的需要，必须借助于权力而实现对整个社会的超强控制。那是因为，有效的控制也就意味着良好的统治秩序和统治者利益最大可能的实现，所以，统治型政府在社会控制方面无所不用其极。管理型政府所要确立的是管理秩序，与统治型政府不同的是，它不仅依靠权力，而且也依靠法律，或者说主要是依靠法律而实施对整个社会的控制。除此之外，管理型政府也努力增强控制的科学性。我们经常挂在口头的一句"管理就是控制"的话，也可以用来描述管理型政府。就管理型政府发展出法律和科学技术的控制手段而言，它在实施社会控制方面比统治型政府更加有效。但是，我们也应当看到，之所以管理型政府能够有效地实施社会控制，是因为社会尚处在低度复杂性和低度不确定性的状态。在这一条件下，借助于稳定的法律制度和日益更新的科学技术手段，是能够实现有效控制的。然而，在全球化、后工业化进程中，社会的复杂性和不确定性都已经达到了很高的程度，而且正在迅速地增长。在这种高度复杂性和高度不确定性的条件下，通过强化法律、权力以及科学技术手段，都无法达到社会控制的目的，因而，必须终结政府的控制导向。服务型政府建设正是在高度复杂性和高度不确定性条件下提出的一项与时俱进的要求，绝不能继承管理型政府的控制导向，而是需要定位到服务导向上来。当然，我们所说的服务型政府的服务导向并不意味着控制的完全消解。正如工业社会的管理型政府在依法治理的过程中也需要得到权力的支持一样，在服务型政府的服务导向中也会包含某些控制的内容。再说，管理型政府也拥有服务的职能，而且它非常注重公共服务的问题，但管理型政府的服务是从属于控制的，是控制之中的服务。服务型政府不同，它让控制包含在服务之中，让控制从属于服务和作为服务的支持因素。这种控制发生了性质上的改变，在形式上也表现为一种颠倒，也就是说，它不再表现为一种"独白式对话"，而是建立在协商互动的基础上的。

其四，服务型政府是具有充分开放性的政府。统治型政府可以说是一个封闭性的组织体系，事实上，依靠权力去开展社会治理也必须是封闭性的社会治理体系。统治型政府的封闭性也是它的权威来源之一，或者说，是权力赖以成立的必要前提。在很大程度上，正是因为统治型政府是封闭的，所以才是权威性的，哪怕任何一点点的开放，都会导致其权威的流失。相对而言，管理型政府要开放得多了。在政治与行政二分的前提下，管理型政府要对政治部门开放；在"人民主权"的原则下，管理型政府需要向公民、公众开放。不过，管理型政府的开放性是有限的开放性，只能说它是一个半开放、半封闭的政府。管理型政府中包含着的许多行政秘密是不能面向公众甚至政治部门开放的，而且职业化的官僚也倾向于维护行政秘密。尽管如此，到了 20 世纪后期，关于管理型政府的开放性问题还是引起了人们的普遍关注，政治部门以及公众都在"政务公开"的名义下向政府施加压力，要求政府开放。这实际上反映了政府发展的方向。服务型政府会在管理型政府开放性的道路上走上一个新的阶段，它会表现出充分的开放性。这是因为，服务型政府是合作治理体系中的一个构成部分。对于一个分工—协作体系来说，协作者即使是相对封闭的，在能够满足协作需求的时候，也是能够取得良好的协作效果的。就高于协作的合作而言，所需要的则是合作者的充分开放性，合作体系中的每一方都需要面向所有的合作者开放。所以，合作治理的性质决定了服务型政府应当具有充分的开放性。

对服务型政府的构想是在面向未来的维度中展开的，在服务型政府建设的行动中，所包含的是变革的要求。自 20 世纪 80 年代起，不仅客观的社会变革每日每时都在发生，而且各国政府都在改革的名义下去探寻变革之路。然而，在此过程中，出现了各种各样的干扰，尤其是以理论面目出现的干扰，造成了极其有害的影响。在一些发展中国家，民族主义情结往往很浓厚，一些学者利用了这一点，去提出某些逆文明的所谓理论，对正确的社会发展进程造成极大干扰。但是，在中国改革开放的进程中，服务型政府理论提出来了，对于人类社会治理模式变革而言，必将被证明，这是中国对世界作出的一项理论贡献。

# 主要参考文献

〔美〕阿克塞尔罗德：《合作的复杂性：基于参与者竞争与合作的模型》，上海人民出版社，2008。

〔埃及〕阿明：《全球化时代的资本主义——对当代社会的管理》，中国人民大学出版社，2013。

〔美〕艾赅博、百里枫：《揭开行政之恶》，中央编译出版社，2009。

〔美〕昂格尔：《知识与政治》，中国政法大学出版社，2009。

〔英〕鲍曼：《被围困的社会》，江苏人民出版社，2006。

〔德〕鲍曼：《道德的市场》，中国社会科学出版社，2003。

〔美〕鲍威尔、迪马吉奥主编《组织分析的新制度主义》，上海人民出版社，2008。

《柏拉图全集》，人民出版社，2003。

〔美〕贝尔：《后工业社会的来临——对社会预测的一项探索》，商务印书馆，1985。

〔美〕贝尔宾：《超越团队》，中信出版社，2002。

〔美〕贝尔雷等：《超越团队：构建合作型组织的十大原则》，华夏出版社，2005。

〔美〕本哈比主编《民主与差异：挑战政治的边界》，中央编译出版社，2009。

〔美〕博克斯：《公民治理：引领21世纪的美国社区》，中国人民大学出版社，2005。

〔美〕达尔：《谁统治——一个美国城市的民主和权力》，江苏人民出版社，2011。

〔美〕达尔、斯泰思布里克纳：《现代政治分析》，中国人民大学出版社，2012。

〔美〕蒂利：《强制、资本和欧洲国家》，上海人民出版社，2007。

〔美〕法默尔：《公共行政的语言——官僚制、现代性和后现代性》，中国人民大学出版社，2005。

〔美〕芳汀：《构建虚拟政府——信息技术与制度创新》，中国人民大学出版社，2010。

〔法〕福柯：《词与物——人文科学考古学》，上海三联书店，2001。

〔美〕福克斯、米勒：《后现代公共行政——话语指向》，中国人民大学出版社，2002。

〔法〕费埃德伯格：《权力与规则——组织行动的动力》，上海人民出版社，2005。

〔美〕弗里德曼：《文化认同与全球性过程》，商务印书馆，2003。

〔美〕弗雷德里克森：《新公共行政》，中国人民大学出版社，2011。

〔美〕弗雷泽：《正义的中断——对"后社会主义"状况的批判性反思》，上海人民出版社，2009。

〔德〕哈贝马斯：《后形而上学思想》，译林出版社，2001。

〔美〕哈拉尔：《新资本主义》，社会科学文献出版社，1999。

〔英〕哈耶克：《自由宪章》，中国社会科学出版社，1998。

〔德〕黑格尔：《法哲学原理》，商务印书馆，1961。

〔德〕霍耐特：《为承认而斗争》，上海人民出版社，2005。

〔英〕胡德：《国家的艺术：文化、修辞与公共管理》，上海人民出版社，2009。

〔英〕吉登斯：《现代性的后果》，译林出版社，2000。

〔美〕克雷默、泰勒编《组织中的信任》，中国城市出版社，2003。

〔法〕克罗齐耶：《法令不能改变社会》，上海人民出版社，2007。

〔法〕克罗齐耶、费埃德伯格：《行动者与系统——集体行动的政治学》，世纪出版集团、上海人民出版社，2007。

〔英〕库利：《人类本性与社会秩序》，华夏出版社，1999。

〔美〕莱特：《持续创新：打造自发创新的政府和非营利组织》，中国人民大学出版社，2004。

〔美〕罗尔斯：《正义论》，中国社会科学出版社，1988。

〔英〕洛克：《政府论》，商务印书馆，1964。

〔美〕麦金太尔：《德性之后》，中国社会科学出版社，1995。

〔美〕缪其克、威尔逊：《志愿者》，中国人民大学出版社，2013。

〔美〕全钟燮：《公共行政的社会建构：解释与批判》，北京大学出版社，2008。

〔美〕桑内特：《公共人的衰落》，上海译文出版社，2008。

〔英〕斯密：《国民财富的性质和原因的研究》，商务印书馆，1981。

〔美〕汤普森：《行动中的组织——行政理论的社会科学基础》，上海人民出版社，2007。

佟德志编《宪政与民主》，江苏人民出版社，2008。

〔美〕托夫勒：《第三次浪潮》，新华出版社，1996。

〔法〕托克维尔：《旧制度与大革命》，商务印书馆，1992。

〔德〕韦伯：《新教伦理与资本主义精神》，生活·读书·新知三联书店，1987。

〔美〕沃伦编《民主与信任》，华夏出版社，2004。

〔美〕亚诺斯基：《公民与文明社会》，辽宁教育出版社，2000。

周辅成编《西方伦理学名著选辑》，商务印书馆，1964。

# 后 记

本书作为一份成果得到了教育部后期资助重大项目（16JHQ003）的支持，这项资助激励我将研究工作坚持了下来。

现在到榆林，感到毛乌素沙漠已经消失了。1985 年暑假我第一次到榆林的时候，它还是非常壮观的。那是我第一次见到沙漠，很好奇，想到沙漠深处看看。在问明了没有书里说的那些沙漠危险后，我拉着后来成为我妻子的女朋友，朝着沙漠深处走了一个多小时，去领略沙漠的风光。但是，这个沙漠并不像书里所描述的沙漠那样寸草不生，而是稀稀落落地长着一些树木。在其后的很多天，我对沙漠中的那种树木产生了一些兴趣，观察它们，后来成为我的弟弟妹妹的人则观察着我观察那些树木，给我普及一些这方面的知识，告诉我那些树木大致的年岁。其实，很多东西我在书里也看过，多少知道一些，一棵看起来不大的树，也许就有一二百年的树龄。不过，近距离观察，还是有诸多与看书不一样的感受。特别是在一场雨后，我发现那些树木迅速地发枝吐翠，但第二天似乎就又停止了成长。我猜想，也许沙漠中的植物有一种特殊的机制，能够迅速地成长和中断成长。因为，如果其成长不受到抑制的话，那么，在雨后漫长的干旱时期，它们不仅不会继续成长，反而会枯萎死亡。正是因为有着成长抑制机制，它们才能够在沙漠中存活几百年，树龄往往大大超过水丰土沃的平原地区的大多数树木。当然，我不研究生物学，植物方面的知识也只限于当农民时候的那点经验，所以，这种认识不一定对。

我们发现，一些历史悠久的民族往往会表现出沙漠树木成长的特征，在得到了良好治理的时候，会很快地进入一个"盛世"，但时间往往都非常短暂，更多的时候，这样的民族处在似乎休眠的状态，因而绵延甚久，被称作拥有久远传承的民族。相反，世界历史上一些一度如日中天的民族，往往像彗星划过天际，很快就消失在历史上了。如果把那些传承久远的民族比作生命体的话，它肯定有一种成长抑制机制，对于一个民族的自我保护来说，这种成长抑制机制也许是非常必要的。我想这是一个很有趣的现象，对此进行研究和作出思考，也许是一件很有意思的事。不过，我却觉得这个课题难做了，所以，不敢去触碰它。但是，我却从这里引出了另一个值得思考的问题，那就是，一个历史上源远民族似乎可以流长，而在全球化、后工业化的时代会怎样，能否依然流长？

我们认为，全球化可能会造成一种结果，就是近代成长起来的民族国家会解体，而民族却有可能继续存在下去。在我们作出全球化的另一面是"地方化"这个判断的时候，在一定程度上是把民族作为"地方化"的一个方面来看待的。可是，这并不意味着既有的每一个民族都必然会在全球化中成为"地方化"的胜利者，有些民族也许就失去了未来。假如存在着这种可能性，我们不禁要问的是，历史上的那些绵延甚久的民族，其自我保护机制还能发挥作用吗？如果能够发挥作用的话，是祸还是福？也就是说，这样的民族在全球化中将会有什么样的命运？社会治理于此之中能够发挥什么样的作用？就是带着这样的疑问，或者说，想要回答这个问题，才有了这本书。这本书希望探讨的是，社会治理的改善能否改变人类的总体状况，潜含于其中的一个主题是，当一个民族对社会治理的变革做出了贡献，那么它作为这种新型的社会治理模式的建构者，能够从中获得什么样的收益？但是，我必须指出，这是一个非常复杂的问题，个人所作出的这么一点思考，甚至用大海里的一滴水来比喻都是非常过分的。我不期望对一个民族在全球化中的命运能够产生什么影响，但是，我将自己的这些想法提了出来，并希望通过对"社会治理的经络"的解读去寻求某种可能性。

这本书形式上有些散论色调，但基本上还是按照历史叙事方式进行章节的结构安排的。我首先希望确立一个历史性的坐标，为我们的时代进行定位，接下来，把重心放在了对人的身份与角色的历史演进上进行考察，希望认识规则、规范的依据以及在社会治理中的作用。在此基础上，也希望从历史的角度去认识我们这个全球化、后工业化时代，并尽可能地去推断未来的社会状况，探讨社会治理在我们走向未来的过程中能够发挥什么样的作用。在思考社会治理的历史性作用的时候，我还是坚持要去证明建设服务型政府的必要性。当然，书中的诸多观点都是属于尝试性的，希望读者能够批评指正。

本书的书稿形成后申报教育部后期资助，得到了重大项目立项。要感谢相关部门给予的资助，更要感谢评审专家们所给予的鼓励，希望这样一项成果能够承托起评审专家们的期望。同时，也希望能有更多的学界同侪一起关注全球化、后工业化对我们的社会及其治理带来的挑战，相互激荡思想，以利于我们在即将走进的高度复杂性和高度不确定性社会中生活和行动，避免在需要的时候临时抱佛脚。

任何一个时代都应允许有人不着边际地胡思乱想，特别是在我们这样一个社会转型的时代，面对不确定的未来，如果太过注重实际，总是关注脚下的道路，也许对前方的道路就看不清了，甚至走到无路可走的地方去了。当然，对于我辈而言，生活、职业等各个方面的实际包含着太多压力，但我总想，如果基本的生存问题得到了解决，还是应当少做些课题，少做些对策性研究，给自己留下点胡思乱想的时间。因为，如果我们的社会中人人都很讲究实际，没有人愿意胡思乱想，那么，这个社会与一架机器也就没有多大差别了，至少色调显得有些单一了。我说这些，只是表达了寻找玩伴的希望。想一想我们的世界之大，也许就有了甘愿清贫的人，愿意做我的玩伴，与我一道就全球化、后工业化这样一个不着边际的问题胡思乱想，愿意一起讨论和交流想法。

张康之

2019 年 1 月

**图书在版编目（CIP）数据**

社会治理的经络 / 张康之著 . -- 北京：社会科学

文献出版社，2020.1（2024.2 重印）

ISBN 978 - 7 - 5201 - 6029 - 2

Ⅰ.①社… Ⅱ.①张… Ⅲ.①社会管理 - 研究 - 中国

Ⅳ.①D63

中国版本图书馆 CIP 数据核字（2020）第 015164 号

---

## 社会治理的经络

著　　者 / 张康之

出 版 人 / 冀祥德
组稿编辑 / 刘骁军
责任编辑 / 姚　敏
文稿编辑 / 张　娇
责任印制 / 王京美

出　　版 / 社会科学文献出版社（010）59367161
　　　　　　地址：北京市北三环中路甲 29 号院华龙大厦　邮编：100029
　　　　　　网址：www. ssap. com. cn
发　　行 / 社会科学文献出版社（010）59367028
印　　装 / 北京虎彩文化传播有限公司

规　　格 / 开本：787mm × 1092mm　1/16
　　　　　　印张：31　字数：417 千字
版　　次 / 2020 年 1 月第 1 版　2024 年 2 月第 2 次印刷
书　　号 / ISBN 978 - 7 - 5201 - 6029 - 2
定　　价 / 128.00 元

读者服务电话：4008918866